창조문예
총서 **2**

이명재 평론집

신춘문예
100년의 한국문단

한국 현대문학
성찰과 기대 지평

창조문예사

| 머리말 |

새 평론집을 내면서

 올해는 지은이(논자)가 대학에서 30여 년 동안 한국 현대문학을 강의하다가 정년 된 후 명예교수로 지낸 지 20년이다. 또한 동아 신춘문예를 통한 평론가로 발돋움해서 문단 활동을 편 지도 반세기에 가깝다. 그런데 뜻밖에 창조문예사 지원 덕분에 여덟 권째의 평론집을 펴내게 되었다. 한국문학을 구미 등의 외국문학에 대비하는 『세계문학 넘어서기』(문학세계사)를 낸 6년 만이다.
 그러다 보니, 이번 평론집 출간이 광복 80주년과 동시에 한국 특유의 문인 등단제도로 전통 깊은 신춘문예 시행 백 주년을 맞이할 시점이다. 그래서 이 문단사적인 특집을 제Ⅰ장〈신춘 1세기의 한국문학〉으로 기획했다. 3·1운동 이후 한국 신문학의 르네상스기였던 1925년부터 동아일보가 시행한 연례행사이다. 이처럼 여러 언론사에 확산되어 1세기에 이른 세계 특유한 등단제도의 의미와 성과 및 반성도 겸한 과제 등을 다각도로 논의한다. 아무쪼록 이 책이 다가온 2025년 새해맞이 전후에 출간되어 우리 문단을 활성화하는 마중물로 활용되길 바란다.
 이어서 Ⅱ장에서는 논자가 신춘 글 잔치에 뽑힌 김소월론과 한용운 및 최초의 망명 작가인 조명희를 재조명하였다. 거기에 최서해, 이효석 등에 관한 새 자료를 보완해서 수정, 가필한 작가, 작품론이다. Ⅲ장에서는 선구적인 박화성, 유주현 등의 대형 작가를 논의했다. 아울러 전후에 성실하게 자기 구축을 한 작가 등도 탐색해 보았다. 또 Ⅳ장에서는 경향 각지 및 유럽 현지 등에서 시 창작에 임해 온 시인들의 생생한 작품세계를 살펴본 것이다. 끝으로 Ⅴ장에서는 이번 노벨문학상 수상 작가의 작품론을 비롯해서 세계 각 지역에서 한글로 작품 활동을 하는 디아스포라문단의 현황이나 간추린 수필문학사도 곁들여 근년의 소설 부문 실천비평 등을 실었다.

  이 평론집은 엘리트 문인과 일반 문인이되 성실한 자세로 심혈을 기울여 쓴 창작품을 감상하고 논의한 결과물이라는 점에서 보람을 느낀다. 더욱이 100년이 훌쩍 넘는 기록일 만큼 놀라운 열대야가 계속되는 무더위 속에서도 새벽까지 파리 올림픽의 주요 경기를 시청하면서 이열치열로 작성해 낸 평론집이라는 애착도 함께 한다. 기꺼이 책을 내 주신 임만호 발행인과 일선의 관계자 여러분 노고에 감사드린다.

  그리고 마침 해맑은 한글날 다음에 평론집 교정 원고를 전송하기 직전쯤 가슴 트이는 한국 작가에 대한 노벨문학상 수여 소식을 듣고 여기에 내용 일부를 첨가하는 기쁨도 새롭다. 한강 작가의 영예로운 수상을 축하하면서 그동안 쌓은 창작의 노고에 격려를 보낸다. 주변 안팎에서 도움을 준 여러분께도 고맙다. 이전까지 우리에게 노벨문학상은 이웃 나라 잔치로만 지켜보며 수십 년 목마르도록 늦었지만 한강 작가에겐 그만큼 값진 월계관이니 더욱 건필을 빈다. 대한민국 만세! 한국문학 만만세! 한강의 노벨문학상 수상은 한국의 첫 기록이요, 아시아 여성의 첫 영광만에 그치지 않는다. 그것은 신춘문예 100년의 왕열매이기도 하다.

   그동안 직접 간접으로 신춘문예에 도전한 체험이나 낭만적인 추억을 공유한 문우들께 격려의 마음을 전하고 싶다. 신춘의 경쟁에 당선된 문인의 보람 못지않게 낙선 경험을 저력으로 삼아 각계의 중진으로 대기만성한 동지들께는 더 정 깊은 박수를 보낸다. 청소년 여러분도 함께 향상된 문화 활동을 꿈꾸는 분은 누구나 오붓한 정담을 나누듯 읽어 주길 바란다. 그리고 새해 2025년에는 우리 모두 건승한 가운데 문학나무에 꽃 피어 풍성하게 무르익는 문화인 생활에 활력소가 되길 기대한다.

2024년 10월

서울 동남재에서
이명재 삼가 씀

| 차례 |

머리말_ 새 평론집을 내면서 • 2

I. 신춘 1세기의 한국문학

1. 신춘문예 제도의 연혁과 문단 변혁   10
2. 최근 시문학 당선작의 세계   14
3. 근래 시조 시의 변모 양상   26
4. 다양한 소설의 모색과 발전   32
5. 신춘문예에 관한 일화와 기록들   45
6. 거듭난 신춘문예를 위하여   49

II. 문학사로 되돌아보기

1. 한국 시의 큰 산맥 – 김소월과 한용운론   56
2. 한인(고려인) 디아스포라 문학의 선구자 – 조명희론   66
3. 남북문학사의 한 모델 – 최서해론   73
4. 가산의 삶과 작품의 향기 – 이효석론   78
5. 한일 양국을 애증으로 품은 문인 – 김소운론   86

Ⅲ. 소설작가의 삶과 문학

1. 선구적인 초대형 여성 작가 - 박화성론   98
2. 삼위일체 문학탑을 쌓은 대형 작가 - 유주현론   119
3. 1950년대에 출현한 전후작가 - 송병수론   137
4. 본격소설과 신앙소설의 경계에서 - 오승재론   141
5. 갇힌 자아의 열린 세계 지향 - 송영론   153
6. 고된 삶 체험과 옛 선비정신 - 강준희론   170

Ⅳ. 시문학 감상과 대화

1. 강원도 풍정과 믿음의 시문학 - 이성교론   178
2. 겨울에 꽃피운 남도의 서정 미학 - 이영식론   193
3. 그리움과 남도 풍물, 이미지의 시학 - 박형철론   219
4. 별, 사랑, 생명을 아우른 서정적 신앙 세계 - 김소엽론   232
5. 영산강과 빛을 향한 구도의 순례 - 최규창론   250
6. 농민들 삶의 숨결과 남도적 향수 - 전석홍론   272
7. 삼박자를 이룬 탈 디아스포라 문학 - 유한나론   290

V. 나라 안팎 문단 살피기

1. 한강 작가의 수상 작품론-『채식주의자』, 『흰』 읽기와 담론　　304
2. 한국 디아스포라 문학의 어제-오늘-내일　　323
3. 한국 수필문단의 변천과 현황 및 과제　　335
4. 반려동물 시대, 견공들의 깨우침-류보상 장편『견공 가라사대』론　　348
5. 2017, 2019년 소설문단 속의 군상들　　354

I.
신춘 1세기의 한국문학

1. 신춘문예 제도의 연혁과 문단 변혁

먼저 한국문학 발전에 큰 영향을 미치며 문단 수준의 가늠자 역할을 해 온 신춘문예 연혁과 성과 및 과제 등을 살펴본다. 신문과 잡지는 문명을 깨우치는 개화기의 등불 같은 매체였기 때문이다. 외세의 침략들로 근대적인 충격과 각성을 촉발한 구한말의 상황에서는 현실적인 문제였다. 그러므로 개화기를 거쳐 움 튼 한국 근·현대의 문인에겐 신춘문예라는 엘리트의 관문으로서 오늘에 이르고 있다. 일반인에게 신춘문예 당선은 국가에서 시행해 온 고등고시 합격 이상의 문학고시로 인식되었다. 3·1운동 이후 1920년대를 전후해서 신문사나 잡지에서 독자 투고와 현상제도가 많이 활용되고 있었다. 하지만 거기에서 친일적인 매체를 배제함은 물론이고 상업성이나 불규칙적인 독자 참여 제도도 제외해야 마땅하다. 그래서 일관되게 선구적인 민족문학성을 띤 동아일보 신춘문예 중심으로 논의한다.

여기에서 새삼스러운 대로 한국문단의 주류 산맥을 이룬 과정을 살펴보게 된다. 1900년대 육당과 춘원의 2인 문단 시대로부터 1920년대의 《창조》, 《폐허》, 《백조》 등의 동인 문단 시대를 거친다. 1924년에 창간된 《조선문단》의 추천을 통한 문단 시대에 이어 《동아일보》가 신춘문예 시대를 열어왔다. 그 시기는 1924년에 본격적인 종합문예지로 창간된 《조선문단》에 최서해 작가, 조운 시조시인, 채만식이나 박화성, 한병도 작가 등을 추천으로 등단시키던 무렵이다. 요컨대, 한국의 신춘문예 제도는 신문학 초기에 해외문학파들이 귀국하기 전에 서울과 평양 중심의 일부 중학생들로 형성된 동인지 주축의 습작 문단을 획기적으로 개혁하는 장치였다. 신춘문예는 신문학이 움트던 동인지나 일반 신문 등에 발표 기회도 얻지 못하던 당시의 산물이다. 초창기 문단의 영세성과 폐쇄성을 극복하고 전국의 유능한 문학도들에게 등단의 문을 개방한 것이다. 그만큼 신춘문예는 알찬 국민문학으로 발전하도록 발표 무대를 제공해서 이바지해 온 한국 특유의 문단 제도로 빛나고 있다.

1925년 1월 2일 자 동아일보(당시 편집국장 겸 학예부장은 벽초 홍명희) 지면에 신춘문예 현상 모집을 해서 1월 말 마감, 3월 1일에 당선자 발표를 한다고 여러 차례 공고하였다. 아마 3·1 정신을 고취하기 위한 날짜 선택이리라 싶다. 하지만 하루 늦춰 발표했다. 동아일보 제1회 신춘문예 입상자는 최초이니만큼 주목된다. 소설 부문에서 1등 당선자를 내지 못하고 2등, 3등 외 2, 3등 선외자만 뽑고 시 부문에서도 3등 2사람과 선외 1까지만 냈다. 동화 부문에서는 1등 한정동 외 2, 3등뿐이고 동요극 부문 역시 선외가작 윤석중 외 3인만 입상하였다. 초창기에는 그만큼 등단 과정이나 그 문턱이 매우 높은 편이었다.

그러나 1926년의 동아일보 신춘문예 모집은 거르는 대신에 1927년의 모집 광고를 그해 11월 초에 내서 12월 초로 마감하여 요즈음의 모집 일정에 맞추고 있다. 12월에 본격 심사를 한 다음에 성탄절 이전에는 당선자(입상자)에게 통보를 해서 신년호에 발표하였다. 그 후 1928년부터는 조선일보사에서도 이 신춘문예 행사를 계속해 왔다. 뿐만 아니라 나중에는 《조선중앙일보》는 물론 《매일신보》 등도 일제 말기까지 독자 투고 형식의 유사한 행사를 시행해 왔다. 그리고 광복 이후와 한국전쟁 수년 동안은 중단되어 오다가 이후에는 경향 각 언론사에서도 요즘까지 질량적인 편차를 두고 경쟁적으로 시행해 오는 중이다.

따라서 이 자리에서는 논자로서 그동안 도전적 글쓰기로 신춘문예에 응모하여 당선된 여러분을 축하함과 동시에 아깝게 낙선한 여러분의 노고와 분발에 격려의 마음을 전한다. 그리고 올해는 물론 이전에 신춘문예를 통해서 문단에 오른 신예 성향을 통한 우리 문단의 향방을 가늠해 본다. 널리 알려진 대로 신문학 초엽인 3·1운동 이후 1925년부터 자주독립과 민족문학의 르네상스적인 운동으로 동아일보사에서 본격적으로 벌여온 신춘문예의 백 년 역사도 새로워서이다. 우리 신문학이 움터 온 한 세기를 훌쩍 넘긴 문학사에서는 문단의 진출 통로로서 여러 길을 마련해 왔다. 초기의 동인제, 문예지에 의한 추천제, 요즘 신문이나 문예지의 신인상제, 일부 언론사의 신춘문예제 및 장편 현상제, 개인의 단행본 출판제 등.

이런 문학인의 등단제도는 알려진 대로 각 방법 나름대로 장단점이 있게 마련이다. 추천제는 문단 지망생의 인품 및 문학적인 자질을 잘 아는 도제적인 점이 장점인 대신에 편향적이고 정실에 기울 소지가 짙다. 그리고 문예동인지를 통한 등단은 문학 성향을 함께하는 장단점을 동시에 지닌다. 또 요즘 많이 시행하는 신인상제는 문인의 양산을 걱정할 만큼 쉽게 등단시켜 상업성에 기울 우려가 있다. 장편 현상제는 대체로 신춘문예에 못지않고 단행본 출간은 자유로운 대신에 질적인 보장은 못하는 편이다. 그 가운데 한국의 신춘문예 행사는 역시 가장 권위 있고 전통 깊은 관문으로 자리 잡고 있다. 그것은 대체로 정실을 벗어나서 객관적인 실력을 평가받고 열린 문학의 등용문인 점에서이다.

따라서 이 신춘문예 코스에 도전하여 당선된 신예들은 대개 작품으로써 신진다운 패기와 참신성을 덕목으로 지니기에 한국문단의 풍향계를 파악하기에 걸맞은 편이다. 사실 이 신춘문예는 개화기 이후 대체로 1세기 남짓 발전해 나온 바로미터이기도 하다. 그러므로 이 글에서는 편의상 시문학과 시조문학 밖에 산문의 왕자인 소설 중심으로 살펴본다. 과연 신춘문예를 통한 좌표나 바람직한 한국문학의 방향과 모색점은 무엇일까?

해마다 늦가을 무렵부터 문학 지망생들은 새로운 도전으로 등단을 위해서 두세 달쯤은 밤을 지새우며 글쓰기에 매달렸다. 그리고 이렇게 노심초사로 빚어서 해외에서까지 육필 원고와 전자 출력 원고로 응모한 작품이 치열한 경쟁을 벌인다. 그 결과를 초조하게 기다리며 독자들과 더불어 각 신문 신년호 문예 특집을 살폈다. 그 관심과 열정은 경향 각지의 언론사로 확대된 채 종이신문과 전자신문 형식으로 요즘에까지 이어진다. 지난해와 새로 맞는 연말연시 동안 반성과 새 설계의 의식을 반영해 담은 신춘문예의 정기가 서려 있는 셈이다. 그러므로 한국 특유한 등용의 관문으로 자리 잡아 온 신춘문예를 시작으로 해마다 한국문단은 재래의 추천이나 신인상 밖에 일부 서구식을 절충한 단행본식 작품집 출간 등을 선도하며 이끌어 오고 있다. 더구나 요즘은 서울 소재의 전통 있고 큰 예닐곱 개 신문사 중심의 갑절 많아진 지방 각지의 군소 언론사들이 경쟁적으로 신춘문예 행사를 하고 있어서 주목된다.

신춘문예 제도를 시행한 이래 일제 말엽과 한국전쟁기 몇 년 말고는 이제 한 세기의 나이테에 이른 오늘의 한국문학이나 사회 기상도는 어느 성향을 드러내는지 알아본다. 참고로 해당 신문사가 밝힌 여러 장르별 응모 편수나 응모자 수효를 보더라도 그 중요성이 인지된다. 2020년 당시 동아일보 신춘문예에 참여한 총 응모자는 2,196명이었고 총 응모작은 6,612편으로서 각 장르에 따라 상이한 분포를 이룬다. 시 4,762편, 단편소설 552편, 중편소설 285편, 시조 611편, 동화 234편, 시나리오 74편, 영화평론 40편, 희곡 39편, 문학평론 15편이다. 이 가운데 당선자는 이 기간에 각 부문 1명씩 모두 9명이다. 그리고 2024년 동아일보에 당선된 9명 신인들의 평균 연령은 47.9세, 2022년 37.4세와 2023년 34.8세보다 10세 이상 높아졌다고 해당 신문 신년호 특집 기사에서 분석해 놓고 있다.

위에서 살핀 바처럼 논자는 직접 읽은 여러 신문사 신년호의 발표분 외에 일부 출판사나 협회가 간행한 당선 시집도 참고한다. 그러면서 독자 겸 평론가로서 여러 작품을 정독한 가운데 비교적 공감도가 높고 대체로 완성도 또한 짙은 작품을 주로 하였다. 그런 과정에서 논의할 경우,

작품 인용에서 전문보다는 부분 인용을 많이 활용함을 이해해 주길 바란다. 요즈음은 이전과 다른 출판법의 뇌관도 우리 주위에 도사리고 있기 때문이다. 따라서 편의상 평설 대상 작품은 지면 관계상 2020년 이후 최신작을 참고로 삼았다. 물론 본의 아니게 해당 작품을 접하지 못하거나 더러는 난해해서 부담된 경우는 그만두고 가끔은 쌀 그릇에 뉘처럼 수준이 못 미치는데도 당선시킨 의혹이 짙은 경우는 제외한 경우도 없지 않다. 하지만 논자는 선입견 없이 작품의 질량과 해당 언론사 등의 균형을 객관적으로 안배함을 밝혀 둔다.

2. 최근 시문학 당선작의 세계

2024년 경우, 맹재범의 「여기 있다」(《경향신문》)는 모두 열한 개의 연과 33개의 행에 담긴 이 작품은 많은 응모작 가운데 본심에 오른 네 명의 작품 중에서 뽑힌 당선작이다. 여느 시 경우와 달리 만만찮은 낯설게하기 기법을 보여준다. 지은이는 시 내용을 술래잡기처럼 투명 인간으로 행동하는 자신이 인간 사회에서 대응하는 이야기로 풀어 간다. 미스테리적인 투명 인간을 내세워 기이한 경우를 보여 준 잡힐 듯 잡히지 않는 정체가 주목된다. 그러기에 호기심 이상의 문제점이 모호하여 이 작품의 매력으로 다가온다.

접시와 접시 사이에 있다 / 식사와 잔반 사이에 있다 / 뒤꿈치와 바닥 사이에도 있는 // 나는 투명인간이다 // (중간 5개 연 17개 행 생략) 나는 도마였고 지게차였고 택배상자였다 / 투명해서 무엇이든 될 수 있지만 무엇이 없다면 아무것도 될 수 없다 // 밖으로 내몰린 투명인간들이 / 어디에나 있다 사람들은 분주히 주변을 지나친다 // 나를 통과하다 넘어져 뒤를 돌아보곤 다시 일어서는 사람도 있었다 / 너무 투명해서 당신의 눈빛을 되돌려줄 수 없지만 // 덜컥 적시며 쏟아지는 것이 있다 // 간판과 자동차와 책상과 당신의 어깨까지 / 모든 것을 적실 만큼 / 나는 여전히 여기에 있다 //
— 맹재범,「여기 있다」에서

엄지인의「파랑」(《광주일보》)은 12연 23행으로 다양하게 이루어진 시편으로서 산뜻한 맛을 준다. 주변의 식물이나 반려동물 같은 대상을 선명한 이미지로 특성 있게 다룬다. 잔디 깎기와 고양이의 날카로운 울음소리, 쇄빙선의 날카로운 얼음 깨기의 이미지들이 선명한 대조를 이룬다. 그럼에도 여기에서 던져 주는 메시지 역시 더는 기대하기에 아쉬움이 없지 않은가.

잔디를 깎습니다 / 마당은 풀 냄새로 비릿합니다 /(첫 연-후각 이미지)
골목 밖에선 길냥이의 울음소리가 날카롭습니다 / 고양이는 사람에게만 소리 내 운다고 하는데 /(여섯째 연-청각 이미지)
다치지 않게 손톱 칼로 조심히 군살을 깎지만 / 소스라칩니다 / (일곱째 연-촉각 이미지)
쇄빙선 얼음을 부수고 지나간 듯 / 물살이 온통 파랗습니다 //
(끝 연-시각 이미지)

박동주의「상현달을 정독해 주세요」(《농민신문》)는 모두 6연 25행의 한껏 오롯한 여성적 서정시이다. 이 작품은 제목에서부터 한 편의 시를 쓰는 과정을 남달리 정갈하고 정성 들여서 송편을 빚는 일로 입체화하여 성공하고 있다. 초승달과 보름달 사이에 뜬 반달 같은 송편에다 아기자기한 첫 마음을 담아 쓰는 자세를 들고 있다.

햅쌀을 대야에 가득 담아요 / 차고 푸른 물을 넘치도록 부으면 / 햅쌀은 물에서 부족한 잠을 채워요 / 쌀눈까지 하얗게 불었을 때 / 당신을 향한 마음이 몸을 풀어요 //

상현달처럼 차오르는 / 마음을 알아차렸다면 속삭여주세요 //

도톰한 떡살에 소를 넣어요 / 당신을 향한 비문은 골라내고 / 꽃물결 이는 구절만 버무려 소를 만들어요 / 당신 생각으로 먹먹해지는 마음이 /
색색의 반달로 차오르도록 / 한밤중이 되었을 때 / 서쪽 하늘을 골똘히 보아주세요 /
— 박동주,「상현달을 정독해 주세요」전반부에서

특히 한백양은 「왼편」(《동아일보》)과 「웰빙」(《세계일보》)으로 동시 당선되었다. 한 시인은 37세의 여수 출신으로서 본명은 이상정이고 동국대 국문학과를 졸업했다. 당선작 「왼편」에서는 시인 자신이 서민 동네에 살며 불면증에 시달리면서 도시 서민층 주민들의 삶 현장의 애환을 서사화하여 리얼한 데다 재미를 곁들인 재치를 보여 준다. 빈부차를 곁들인 빌라로 인한 편 가르기나 가끔 소고기를 사준다면 한편이 된다는 이야기 등은 넉넉한 친화력과 유머를 활용한 글의 매력이다.

집의 왼편에는 오래된 빌라가 있다 / 오랫동안 빌라를 떠나지 못

한 / 가족들이 한 번씩 크게 싸우곤 한다 //
너는 왜 그래. 나는 그래. 오가는 / 말의 흔들림이 현관에 쌓일 때마다 / 나는 불면증을 지형적인 질병으로 / 그 가족들을 왼손처럼 서투른 것으로 //
그러나 아직 희망은 있다 //
집의 왼편에 있는 모든 빌라가 / 늙은 새처럼 지지배배 떠들면서도 / 일제히 내 왼쪽 빌라의 편이 되는 / 어떤 날과 어떤 밤이 많다는 것 //
내 편은 어디서 뭘하고 있을까 / 아직 잠들어 있을 내 편을 생각한다 / 같은 무게의 불면증을 짊어진 그가 / 내 가족이고 가끔 소고기를 사준다면 / 나는 그가 보여준 노력의 편이 되겠지 //

— 한백양 「왼편」 전반부에서

이어서 김해인의 「펜치가 필요한 시점」(《부산일보》)은 전편 22행으로 이루어진 자유시로서 현장형 기술자들의 화통한 표현으로 잘 읽힌다. 우선 용접공으로서 친근감 있게 와닿는다. 상징이나 은유가 아닌 직설적 물상의 언어가 직감적으로 다가든다. 우선 연과 행 구분 없이 처음부터 우리 일상생활에서 쉽게 주문하듯 내리받이로 쓴 문장이 상쾌하다.

짜장면과 짬뽕 앞에서 고민하는
나를 절단해 줘요
불가마에 단련된 최초의 연장이 되느냐
컨베이어벨트를 타고 나오는 레디메이드 툴이 되느냐
이것도 중요하지만
선택 후의 방향은 어디인지 알 수 없어요
차라리 한 끼 굶을 일을
어느 시궁창에 빠질지 모를 일입니다

오른쪽 손과 왼쪽 손이 친척이라고 생각하나요
나를 꾹 눌러서 이쪽저쪽으로 갈라줘요
이쪽으로 가면 강의 상류 끝에 서 있는 물푸레나무를 만나고 싶죠
— 김해인, 「펜치가 필요한 시점」 전반부에서

또한 추성은의 「벽」(《조선일보》)은 16개 연에다 46행에 이르도록 요즘 시로서는 비교적 긴 분량에 속한다. 물론 거창한 주제 의식과 긴 서사로 인해서 신춘문예 스타일이라는 식으로 유행하던 1900년대 중엽의 응모작 성격과는 상이함은 물론이다. 그만큼 많은 서사와 자상한 묘사를 활용한 터라서 진지하고 시적인 긴장을 지니고 있다. 더욱이 이 작품에서는 우리가 흔히 목격하는 현대 도시 고층 건물의 투명하고 넓은 유리창에 부딪혀 떨어진 새들의 죽음을 통해서 생명에 대한 경외감을 일깨운다. 아울러 연인으로부터 자신(나)이 죽으면 새 모이로 던져 주라는 말도 건네는 인간 자아의 죽음 의식에 연결하는 시편으로 눈길을 끈다.

죽은 새 / 그 옆에 떨어진 것이 깃털인 줄 알고 잡아본다 / 알고 보면 컵이지 //
깨진 컵 / 이런 일은 종종 있다 //
새를 파는 이들은 새의 발목을 묶어 둔다 //
날지 않으면 새라고 할 수 없지만 사람들은 모르는 척 새를 산다고, 연인은 말한다 /
나는 그냥 대답하는 대신 옥수수를 알알로 떼어내서 길에 던져두었다 /
뼈를 던지는 것처럼 //
새가 옥수수를 쪼아 먹는다 //
몽골이나 오스만 위구르족 어디에서는 시체를 절벽에 던져둔다고 한다 /

바람으로 영원으로 깃털로 / 돌아가라고 //

(중간 8개 연 생략)

새는 토마토도 아니고 돌도 아니기 때문에 조용히 죽어갈 것이다 //
카페에서 노래가 흘러나온다 / 그건 어디서 들어본 노래 같고 나는 창가에 기대서 바깥을 본다 //
곧 창문에 새가 부딪칠 것이다 / 깨질 것이다 //

— 추성은, 「벽」에서

김유수의 「take」(《한국일보》)는 흔히 '잡는다'나 '줍는다'는 영문 제목부터가 별난 데다 9개 연 24행으로 펼쳐진 내용마저 계속 연달아서 특색을 보인다. 여느 시보다 알쏭달쏭하게 이어져 낯설게 앞세운 영어 제목과 함께 수수께끼 이상의 술래처럼 잡힐 듯 잡히지 않는다. 이런 점 자체가 이 작품의 매력일까. 작품 속의 주체인 나와 객체인 그것의 정체는 무엇인가? 그럼에도 이 작품은 나름대로 여느 단순한 시편들보다는 퍽 궁금한 수수께끼 이상으로 흥미롭다.

쓰레기를 줍는다
나는 쓰레기가 아니기 때문이다

지나가는 그것이 나를 쓰레기라 불렀다
쓰레기를 입고 거리를 활보했다

추운 거리를 그것이 배회하고 있었다 지나가는 그것의 입 속은 차갑다 지나가는 그것의 입술은 아름다웠다 지나가는 그것의 코트가 차갑다

(중간 3개 연 생략)

지나가는 그것이 무덤, 이라고 말한다 지나가는 그것이 나의 자리를 탐내고 있다 나는 자리나 잡자고 이 거리의 쏟아짐을 목격하는 자가 아니다 이 거리의 행려는 더더욱 아니었다

행려는 서울역 앞에서 담배꽁초를 줍고 있다
담배꽁초에 나의 시선을 투영하고 있다

그것이 서울역으로 타들어 가고 있었다
서울역의 시계가 서울역으로 돌아오고 있었다
— 김유수, 「take」에서

하지만 이상의 「烏瞰圖」 같은 가치나 값진 모더니티 의미도 없이 자행되는 시 작품들의 너무 흔한 행태 등에 다수 독자는 찬동하지 않을 것 같다. 논자 역시 이런 정도로 심한 신춘문예 당선작에는 은연중 회의를 안고 회피하는 편이다. 태반의 일반 독자들로부터는 난해하다는 곤혹감으로 작품을 외면하지 않을까 싶다. 그러기에 심지어는 적지 않은 독자층이 신춘시를 경원하고 차라리 지하철역 스크린에 게재된 시민공모작을 선호해 읽는 실정을 아는지 모르겠다. 이전의 단순한 서정시 수준에 안주한 채 현대 사회의 메커니즘적인 복합문화를 몰라서 그런 것만은 아니기에 더욱 그렇다. 요컨대, 김유수 시인의 성장 가능성을 믿기에 아끼는 격려의 말을 받아 주기 바란다.
그런데 전 지구촌의 시련기이던 2020년대 초의 당선작들에서는 볼 수 없는 강우근의 「단순하지 않은 마음」(《조선일보》, 2021)이 발견되어 기쁘다. 2019년 겨울 이후 삼 년 넘게 창궐하던 코로나바이러스 감염증 상황을 모처럼 다룬 작품으로 빛난다. 역시 2000년대 초기의 수년간에 걸친

코로나 팬데믹 동안에 참여한 신춘문예 예심위원들 체험담에 의하면 그 무렵 응모작에는 코로나 상황에 대한 작품 응모가 많았던 모양이다. 그런데도 코로나 현안의 당선작은 이 정도뿐임을 고려하면 정작 긴박하게 맞닥트린 문제에 접근하는 응모자들의 고충이 많았음을 일깨워 준다. 그러기에 이 한 편이 당선작으로 뽑혀 눈길을 끈다.

별일 아니야, 라고 말해도 그건 보이지 않는 거리의 조약돌처럼 우리를 넘어뜨릴 수 있고
작은 감기야, 라고 말해도 창백한 얼굴은 일회용 마스크처럼 눈 앞에서 쉽게 사라지지 않는다.
(2개 행 생략)

병은 이리저리 옮겨 다니면서 밥을 먹고, 버스를 타고, 집으로 걸어오는 우리처럼 살아가다가 죽고 만다.

말끔한 아침은 누군가의 소독된 병실처럼 오고 있다.

(3개 연, 9개 행 생략)

버스에서 승객들은 함께 손잡이를 잡으면서 덜컹거리고, 승용차를 모는 운전자는 차창에 빗방울이 점점이 떨어지는 것을 보고, 편의점에서 검은 봉투를 쥔 손님들이 줄지어 나오지.

돌아보면 옆의 사람이 없는, 돌아보면 옆의 사람이 생겨나는. 어느새 나는 10년 후에 상상한 하늘 아래를 지나고 있었다.

쥐었다가 펴는 손에 빛은 끈질기게 달라붙어 있었다. 보고 있지

않아도 그랬다.

내가 지나온 모든 것이 아직 살아 있다는 믿음을 가지고 무사히 집으로 돌아가야만 했다.
— 강우근, 「단순하지 않은 마음」에서

더욱이 논자를 기쁘게 한 시편은 대구에서 오래도록 큰 업적을 내고 있는 언론사에 당선된 유진희의 「왜소행성 134340」(《매일신문》, 2022)의 발견이다. 제목부터 두드러지게 이전의 명왕성이 태양계에 지천한 왜소행성의 하나로 번호 매겨진 채 퇴출된 경우를 부각시킨 점이다. 이런 시야말로 신춘문예에서 빚어낼 시공간의 우주과학적 발상과 시인적인 감성으로 이룩해 낸 창작 성과가 아닐 수 없다. 진지한 대화체로 설득하는 자세와 지성적인 접근이 감동을 준다.

우주는 조금씩 부풀고 있고
우리는 같은 간격으로 서로 멀어지고 있어요
사방이 우주만큼 트여 있어도 어쩔 수 없는 일
좌표만 같은 비율로 커지는 세계에서
시간만이 변수라고 한다면
아득한 게 쓸쓸한 일이 되고 맙니다
(중간 4개 행 생략)
이로써 우리 행성계는
완벽하게 끼리끼리 어울리게 되었습니다
자신의 공전 주기를 늦추고 싶은
사람들은 서둘러 여행을 떠나지만
매진 행렬이 더 빠르게 이어지고
출발을 위한 서류는 늘어납니다

(중간 5개 행 생략)
관료의 심장을 뚫어버릴 별빛은
어느 블랙홀에 갇혀버렸을까요
다른 시간 속에서 유영하던 우주비행사는
돌아오자마자 순식간에 늙어버립니다
　　　　　　― 유진희, 「왜소행성 134340」에서

　　우주적인 천체의 운행을 지구에 사는 인간의 시선과 애정으로 파악한 이상적 경지를 동화처럼 재미나게 작품화한 성취의 보람이다. 논자는 2020년대 전반의 당선작들을 탐색하는 과정에서 좀처럼 신춘문예 당선작에 부응할 만한 작품을 소설에서도 발견하지 못해 못내 아쉬웠다. 그런 중에 시공간과 의식 및 발상에서 두드러진 유진희 작품을 만난 보람이 크다. 더욱이 한국문학의 공간 영역을 멀리 우주에까지 넓혀야겠다고 AI로봇과 함께 달나라의 기지촌에서 생활상을 담은 중편소설 『파이오니아 일기』를 2016년 4월호 《한국소설》에 발표한 논자(당시 필명 이문명)로서 격려의 박수를 보낸다. 마침 우리 정부에서도 우주시대를 향한 전향적인 시책의 일환으로 2024년 5월 하순에 사천에다 우주항공청까지 설립하게 되어 더 뜻깊다.

　　이제 여기에서 이전 신춘문예의 수난이나 흐름을 논자가 문청 시절인 반세기 전의 신춘시를 통한 시문단 산책으로 곁들여 본다. 되돌아보면, 1930년대 중엽에는 베를린 올림픽 직후 손기정 선수의 일장기 말소 사건 이후 언론탄압과 동아, 조선의 폐간 등으로 신춘문예 활동이 중지되곤 했다. 광복 이후도 복간을 늦게 한 데다 예의 6·25 한국전쟁으로 신춘문예 활동이 원활치 못하였다. 1950년에 서울신문 등에서 한번 신춘문예 행사를 가진 다음, 휴전 후에 본격화된 성과를 볼 수 있다. 박봉우의 시는 당시 휴전 이후의 남북이 대치하고 있던 분단 상황을 개탄한 것이다.

그 세대 시인들은 거의 응모자 태반이 가작 평가를 받은 처지에서도 글쓰기에 성실했었다. 그런데 그 이후 요즘의 신춘문예 작품에는 왜 이렇게 절실한 문제작이 없는 것일까. 반성할 일이다.

반면에 1950년대 중엽에 신춘문예를 통해서 등단한 몇 시인들의 작품들을 만나본다. 이 시인들은 거의 두 군데 신문사에 당선 또는 동시 입상한 경우에 해당된다.

> 김규동, 「우리는 살리라」《한국일보》 당선(1955), 「포대가 있는 풍경」《조선일보》 당선(1955).
> 권일송, 「不眠의 胸章」《한국일보》 당선(1957), 「강변 이야기」《동아일보》 가작(1957).
> 박봉우, 「휴전선」《조선일보》 당선(1956, 박종화 선).
> 윤삼하, 「凝視者」《조선일보》 당선(1957, 김광섭 선), 「벽」《동아일보》 가작(1957).

이 가운데 1956년에 조선일보 신춘문예에 최봉령이란 필명으로 응모해서 김광섭 시인의 심사로 당선된 박봉우의 「휴전선」을 들어 본다. 이 작품은 양대 진영의 전쟁 비극을 겪다 휴전된 한반도의 분단 상황을 처연하게 바라본 의식을 만날 수 있기 때문이다.

> 山과 山이 마주 향하고 믿음이 없는 얼굴과 얼굴이 마주 향한 항시 어두움 속에서 꼭 한번은 천둥 같은 火山이 일어날 것을 알면서 요런 姿勢로 꽃이 되어야 쓰는가.
>
> 저어 서로 凝視하는 쌀쌀한 풍경, 아름다운 風土는 이미 高句麗 같은 정신도 新羅 같은 이야기도 없는가. 별들이 차지한 하늘은 끝끝내 하나인데…… 우리 무엇에 불안한 얼굴의 의미는 여기에

있었던가.

모든 流血은 꿈같이 가고 지금도 나무 하나 안심하고 서 있지 못할 廣場. 아직도 정맥은 끊어진 채 休息인가. 야위어가는 이야기뿐인가.

언제 한번은 불고야 말 독사의 혀같이 징그러운 바람이여. 너도 이미 아는 모진 겨우살이를 또 한번 겪으라는가. 아무런 罪도 없이 피어난 꽃은 사방의 자리에서 얼마를 더 살아야 하는가. 아름다운 길은 이뿐인가.

山과 山이 마주 향한 믿음이 없는 얼굴과 얼굴이 마주 향한 항시 어두움 속에서 꼭 한번은 천둥 같은 화산이 일어날 것을 알면서 요런 姿勢로 꽃이 되어야 쓰는가.

— 박봉우, 「休戰線」 전문

이어서 1960년대 초엽 당시 이근배 시인 등의 정규 예술대학 출신 세대들의 경우와는 치열한 전쟁을 전면에서 겪은 이전 세대와 문단의 주류를 바꾼 주역들로 주목이 된다. 그리고 그 이후 차세대에 해당되는 응모지 성향도 살펴볼 만하다.

그리고 주마간산 격으로 1970년대와 1980년대의 신춘문예를 통한 시단 상황을 살펴보면 당시 문단의 분포가 드러난다. 해당 신문사에서 집계한 1977년도 조선일보 응모 편수와 입상 현황이다. —시 부문 3,131편(당선 1편), 시조 413편(당선 1편), 소설 513편(당선 1편, 가작 1편), 동시 653편(당선 1편), 동화 120편(가작 2편), 희곡 48편(당선 1편), 문학평론 23편(가작 1편)으로 이상 7개 부문 합계 총 4,891편(당선 5편, 가작 4편)이다. 참고로 1982년《동아일보》에 응모한 당시의 응모 편수와 입상 현황을 지켜본다. - 시 부문 2,697편(당선 1편), 시조 327편(입선작 없음), 중편소설 122편(가작 1편), 단편소설 390편(가작 1편), 동시·동요 495편(당선 1편), 동화 125편(당선 1편), 시나리오 20편(당선 1편), 희곡 25편(당선 1편), 문학평론 21편(가작 1편), 음악평론 3편(가작 1편), 미술평론 10편(가작 1편)으로 이상 11부문 합계 총계 4,235편(당선 5편, 가작 5편)이다. 이런 작품 성향이나 당선 비율 사정은 시대에 따라 조금씩 달랐던 면을 참고하여 시대상을 제대로 파악하자는 취지에서이다.

3. 근래 시조 시의 변모 양상

 이런 논의를 위하여 먼저 한국 시조문학의 위상이나 중요성을 생각해 봄이 순서일 것 같다. 우리는 으레 한국 현대시나 소설문학에 길들어진 나머지 시조문학에는 소원하기 쉬운데 논자에게 모처럼 친근감으로 다가왔다. 그동안 논자는 희곡이나 시나리오 등에는 생소하지만 여러 장르에 접해 온 편이다. 그런데 정작 시조는 경원하며 다룰 기회를 갖지 못하다가 이번 기회에 요긴하고 흥미롭게 접근하게 되어 기쁘다. 수천 년 동안 연면하게 이어 온 우리 민족의 삶과 심성 생활을 함께해 온 우리 전통문학의 종갓집을 찾은 마음이다. 일제 통치가 심화되던 1920년대 중·후엽에 항일적인 문화적 민족주의운동이었다. 육당, 가람, 위당, 노산, 수주, 파인, 일석 등이 펼치던 메나리 조선의 시조 부흥 운동이 새롭다. 그리고 멀리 이조년, 황진이, 윤선도, 이매창, 임제 등의 절창

들도 생생하게 느껴진다. 그 흐름이 요즘 K문화 열풍과 함께 한글과 시조문학으로 세계에 펼쳐가고 있다.

먼저 2024년도 신춘문예 시조 부문 당선 작품을 편의상 신문사별 가나다순으로 점검, 감상해 본다. 한국 특유의 문단 등용문인 신춘문예 현상모집 초기부터 시조문학 부문은 서울과 지방 각지의 주요 신문사에서 계속되고 있기 때문이다. 아마 전체 언론사의 절반 가까운 분포를 이루고 있을 만큼 꾸준한 현상이다.

논자가 선택한 2024년도 신춘문예 당선 시조 네 편의 성향을 참고하면 세 편의 당선작이 대개 고시조의 초-중-종 3장의 격식에다 음수율에서도 3 4, 3 4, 3 5, 4 3의 초-중-종장처럼 엄격한 정형성을 탈피하였다. 현대 사회에 걸맞게 음수율도 더 자유롭고 이전의 초-중-종식 구성 역시 기-승-전-결 형식의 보완성을 드러내서 수긍된다. 하지만 제각기 자신만의 작품적인 유기성을 드러낸 채 작품적인 완성도를 지닌다.

고은산의 「동물성 바다」(《동아일보》)는 바다의 정경을 각각 네 계절에 따른 동물적 이미지로 형상화한다. 정형 시조로서는 네 개의 장부터 매 장의 길이 또한 본디의 길이보다 갑절은 길어서 이중적인 파격이다. 그럼에도 오히려 사회가 예전과는 판이한 현대인의 호흡에 걸맞게 의미 있는 파격이기에 의미가 더한다. 철 따라 달라지는 바다의 정경을 동물이나 새로, 각각의 계절에 어울리는 식물 이미지로 조화를 이루어 마무리 짓고 있다. 과감한 파격을 통해서 복합적인 이미지로 질서화한 예술적 시조 작품이다.

창 열고 바라보는 봄 바다는 고양이, 저 혼자 부딪치며 살아온
목숨여서 오늘도 조선 매화를 파도 위에 그린다

활짝 핀 공작 날개 흉내 낸 여름 바다. 어느 문중 휘감은 대나무

뿌리처럼 푸르고 깊은 가문을 댓잎으로 상감한다

발굽도 닳아버려 혼자 우는 가을 바다, 멀리멀리 떠나가는 비단 같은 노을길을 갈매기 수평선 멀리 지평선을 물고 간다

폭설을 삼켜버린 캄캄한 겨울 바다, 천 길 어둠 밀어내고 동살로 여는 아침 부스스 잠 깬 고라니 동백숲에 숨어든다
— 고은산의 「동물성 바다」 전문

    그런가 하면, 강성재의 「어시장을 펼치다」(《서울신문》)에서는 어촌 어시장의 풍경을 하루의 일과 순서로 그려낸다. 초장에서는 새벽의 "초승달 어둑새벽 선잠 깬 종소리에 / 경매사 손짓 따라 어시장이 춤을 추고 / …" 청각적 이미지를 활용한다. 이어서 중장에서는 아침결 "항구엔 수유하는 어선들의 배냇잠 / 활어판 퍼덕이는 무지갯빛 물보라 /" 시각적 이미지가 조화를 이룬다. 그리고 3장에서는 오전의 고기잡이 중에 "활강하는 갈매기 떼 생사의 먹이 다툼"을 생태적 이미지로 그린다. 종장에서는 저녁때 "자자자, 떨이를 외치는 어시장 안 / 손수레 바퀴가 풀고 가는 길을 따라 /" 청각 이미지가 어지러운 하루를 마무리한다.
    이어서, 조우리의 「스마일 점퍼」(《조선일보》)에서는 시조 제목의 두드러진 점과 운동선수의 피나는 노력과 시인의 글쓰기를 대비시키는 입체적 접근 노력이 돋보인다. 근래 세계적인 육상 높이뛰기 신기록을 세우고 있는 우상혁 선수를 지칭하는 일종의 객관적 상관물로서 신춘문예 작품에서 이렇게 스포츠선수를 활용함은 신선한 일이다. 그런 한편으로 참고할 사항으로서는 다음 대목 중에서 두어 군데 시어를 다듬었으면 더 좋을 듯싶다.

눈꺼풀 위로 쌓인 생애의 나지막이
그림자 당기면서 저 혼자 저무는 때
대머리 독수리처럼 감독만이 너머였다

녹말가루 풀어지듯 온몸을 치울 때까지
일 년에 쓰는 시가 몇 편이 되겠는가
평생을 바치는 것은 무엇쯤이 되던가
　　　　　　　—「스마일 점퍼」본문 4연 중 전반부 1, 2연

　끝으로 조은정의「휠체어의 반경」(《국제신문》)은 현실적으로 병원에 입원해서 치료 중인 어머니의 휠체어를 대상으로 쓴 시조로서 친근감을 지닌다. 형식 면에 있어서도 위의 시편들과는 달리 초-중-종장의 정형성을 지닌 채 현대적인 응용성을 지닌 시조이다. 병실 옆자리에서 지켜보듯 자상하고 안정감을 준다.

아픔의 무게만큼 하루를 밀어낸다
불 꺼진 병실에 접어놓은 우두커니
온종일 바쁜 바퀴는 이제야 잠이 든다

꿈속을 굴려봐도 상처뿐인 막다른 길
굴리는 대로 굴러간 당신 손을 감싸면
가파른 시간 앞에서 잠시 숨을 고른다

주저앉은 불빛마저 걷기 연습 한창인데
환한 봄 언제 올까 길목이 피어난다
당신과 멀어질수록 일어서는 내일들
　　　　　　　— 조은정,「휠체어의 반경」에서

수년 동안의 시조 당선작 점검

그리고 위의 2024년 이전의 신춘문예 시조 부문 당선작 가운데 주목되는 몇 작품을 견주어 보면서 그 장단점을 대비해 봄이 시인 자신과 시조문단에 유익하리라 싶어 첨가한다.

현대시조 2021년 서울신문에 당선된 정상미(본명 정명숙)의 「너라는 비밀번호」(《서울신문》)는 연의 구분 없이 전편 12행의 자유시적인 호흡으로 이루어져 있다. 이 또한 시조 본연의 형식이나 구조의 틀을 깨서 더 새롭게 생활화한 정도로 탈바꿈을 거듭한 경우처럼 신선감이 든다고 느낀다. 구어체로 피력한 마음의 결이 현대 도시민들 감성에 원활하게 다가든다.

> 너를 열 땐 언제나 처음처럼 진땀이 나
> 쳇바퀴 다람쥐처럼 단서들을 되짚는다
>
> (5개 행 생략)
>
> 숨겨둔 꽃대라도 찾을 수 있을까
> 불현 듯 네가 열린다
> 꽃숭어리 활짝 핀다
>
> ─ 정상미, 「너라는 비밀번호」에서

뿐만 아니라 2021년 《조선일보》 시조 당선작인 황바울 시인의 「부여」는 본디 정형시의 정석 그대로 초-중-종 세 장으로 이루어져 있다. 그리고 호흡 또한 정형시의 율조에 어울려 인상적이다. 그런데 얼핏 보아 투박하게 느껴지는 표제와는 달리 특히 시어의 활용에서 남다른 특장점을 보여 주목된다. 심사위원께서도 지적한 바에 공감한다. 동화,

동시, 소설도 당선된 저력을 지닌 신진이기 때문이리라.

> 유적 같은 도시에서 유서 같은 시를 쓴다
> 아버지와 어색하다 식탁이 너무 넓다
> 갈증이 나기도 전에 아버지는 물을 따랐다
>
> 날개 뜯긴 잠자리처럼 눈알만 굴려대다
> 발소리 죽이며 잠자리를 빠져나온 밤
> 유유히 강이 흘렀다 삼천명이 빠졌는데도
>
> 사계절이 가을인 이곳에서는 모두 안다
> 찬란은 잊혀지고 환란은 지워진다
> 오늘은 얘기해야지 밥을 꼭꼭 씹었다
> ― 황바울, 「부여」 전문

그야말로 모두 3장(연) 12행 거의가 구구절절 명문장일 정도로 구수하게 잘 읽힌다. 1연의 '유적'과 '유서', 2연의 '잠자리'와 '잠자리', 3연의 '찬란'과 '환란'에서의 동음이의적인 언어유희 감각과 읽는 이의 재미만이 아니다. 첫 연에서의 "식탁이 너무 넓다"와 "갈증이 나기도 전에 아버지는 물을 따랐다"에서 부자의 심각한 갈등을 느끼기에 충분하다. 더구나 리얼하게 묘사한 둘째 연의 "날개 뜯긴 잠자리처럼 눈알만 굴려대다" "잠자리를 빠져나온 날"과 끝 연의 "밥을 꼭꼭 씹었다" 대목은 부자간 불화의 앙금이 얼마나 깊은 정도인지를 절감케 하고 남는다.

하지만 위에서 보기로 든 작품 가운데 두세 작품은 요즘 현대시와 유사하여 앞으로 이런 시조와 현대시의 구분이 안 될 정도로 변해간다면 문제점이 아닐 수 없다. 요즘의 시조 작품이 참신성이나 파격적인 새로움을 추구하다 보면 시와 시조가 구분될 수 없을 만큼 현대시에 동화,

흡수되기 십상이다. 그러기에, 결국 시조문학 본연의 위상을 지키며 전통적인 율격을 지니면서 독자들과 함께하기 위해서는 시문학과 상생적으로 양립되어 발전하는 길이 바람직하다.

이어서 조선일보에 발표된 2023년 12월 12일 자 신문과 온라인 기사 내용에서 간추린 정보를 첨가한다. 2024년 조선일보 신춘문예에는 8개의 모집 부문에 총 9,538편의 응모작품이 접수되어 4년 만에 최대치로서 여덟 부문에 모두 당선작을 냈다는 것이다. 시 6,303편(결선 9명), 단편소설 811편(결선 10명), 시조 570편, 동시 1,425편, 동화 276편, 희곡 97편, 문학평론 37편, 미술평론 19편이다. 이전인 2023년 8,359편, 2020년 8,848편을 비롯해 2019년(1만 383편) 이후 코로나 팬데믹 기간 이후 수년 동안의 응모작 수는 8,000편대에 머물렀던 셈이다. 코로나 창궐 기간에는 오랜 시간을 집안에 갇혀 지낸 문학 지망생들이 오히려 작품을 더 못 쓰고 지냈다는 사실이 참고된다.

4. 다양한 소설의 모색과 발전

근래 소설문학 부문의 신춘문예 당선자 분포는 위의 시 장르나 시조 장르의 경우와는 상이하게 드러난다. 시문학 부문이나 시조문학 부문의 경우, 근래에 행해진 신춘문예 당선자 분포를 연도별, 지역별 구분부터 제대로 평가하기는 간단하지 않다. 그럼에도 시와 시조 부문의 신춘문예 당선 비율은 대체로 남녀 분포가 엇비슷하게 보인다. 그에 비해서 소설 부문의 경우는 20년 가까이 해마다 한국소설가협회에서 『신춘문예 당선소설집』을 시행 언론사별 서울과 지방 가나다순으로 출판하여 그 비율이 대체로 다음처럼 선명하게 드러난다.

이를테면 2011년 경우, 전국 언론사 15군데(서울 7, 지방 8) 가운데 소설 부문 당선자는 남 5명, 여 10명이 당선된 분포를 드러낸다. 이어서 2016년의 경우, 전국 20군데 언론사(서울 9, 지방 11)가 시행한 현상 모집에서는 남 4명, 여 16명이 당선되어 여성의 초강세 현상을 빚었다. 그리고 2020년대 상반기에 와서도 연도별로 다소의 차이를 보이면서도 최근 2024년 경우처럼 소설 당선자 분포에서는 여성이 남성 당선자보다 갑절 이상의 강세를 드러내고 있다. 즉, 최근인 2024년에는 전국 24개 언론사(서울 9, 지방 15)에서 시행한 신춘문예 행사에서는 남성 8명, 여성 16명의 분포이다.

따라서 논자는 신춘문예 시행 100년을 되돌아보는 논자 나름대로 대상 작가와 작품을 선정하는 면에서 신중한 배려를 했다. 남녀 작가의 합리적 안배와 작품 성향의 상호보완적 조화는 물론, 출신 언론사의 균형도 고려하는 면에서 15~16편의 작가 작품을 샘플처럼 다루어 본다. 이런 접근방법은 으레 찬반이 따르게 마련이지만 당연한 선택과 배려이기에 여러분의 해량이 함께하길 바란다. 작품의 가치야 심사위원뿐 아니라 독자의 다양한 독후감 못지않게 평론가 겸 소설가협회 회원으로서의 의견이다. 참고로 2020년대 상반기의 신춘소설 당선작 세계를 살펴본다. 위에서 살펴본 시문학이나 시조 부문과는 상이한 소설 분야 당선작들을 살펴보면, 우선 남성들 경우보다는 여성들의 당선자 분포가 평균 갑절을 넘는 현상을 만난다. 그러기에 여기서는 편의상 최근 5년 동안에 각 연도별로 여러 언론사들이 배출해 낸 당선 작가들의 작품들을 통하여 요즘의 우리 소설 위상과 앞으로 지향할 방향에 관한 모색점을 순서대로 점검해 본다.

1) 소설 당선자의 남녀 비례

참고로 신춘소설 당선의 성향에서 남녀 분포를 살피기 위한 텍스트로는 먼저 언론사별로 해당 연도마다 신년호에 발표한 작품들을 주로 한다. 하지만 편의상 당선작만을 한군데에 모아서 해마다 출간한 (사)한국소설가협회의 『신춘문예 당선소설집』 등을 활용한다. 그중에 2020년대 상반기의 당선자 분포를 참고하면 여성 작가들이 강세이다. 이 무렵이 특이하게 코로나가 창궐했던 기간이어서만은 아닐 것 같다. 서울과 지방의 언론사들이 배출한 당선자의 남녀 비율에서 여성의 분포가 과반수를 훌쩍 넘어 남성 당선자의 서너 곱절인 경우도 있다. 이를테면 2020년 경우, 서울과 지방의 언론사들이 실시한 총 23명의 당선자 중에 남 5명, 여 18명으로 여성 당선자가 남성의 3배를 넘는다. 그러다가 2024년 경우, 총 24명 당선자 중에 남 8명, 여 16명이다. 그러기에 평설 대상의 작품에도 여성이 더 자주 다뤄지게 마련이다. 등단문예지 경우 역시 서울보다 지방이 많은 가운데 해당 작품 역시 되도록 균형감 있게 다루려 하지만 여러모로 주요 대상에 중점이 감을 피하기 어려울 것 같다.

2020년 신춘문예에 당선되어 신년호를 장식한 서장원의 「해가 지기 전에」(《동아일보》)는 의사로 활동하던 아버지와 아들이 실제적인 환자로서 입원한 경우를 다뤄 진한 인상을 드러낸 단편이다. 서울에서 오래도록 수의과병원을 경영하던 아버지는 노쇠한 나이에 앉아서 어렵게 소변을 보는 전립선 환자 겸 치매증을 앓고 있고 젊은 아들은 명문 의대를 수석으로 나와 근무하던 정신과 전문의지만 스스로 자신이 우울증 환자라며 시골의 외딴 정신병원에 입원 치료 중이다. 그러기에 부부는 강원도 지역의 외진 정신과병원에 입원 중인 아들을 외출시키기 위해 아들이 몰던 고급 외제 차를 운전하여 면회하러 간다. 하지만 아버지는 네비게이션 작동법도 모르는 데다, 부부가 커피샵의 주문법마저 몰라 헤매는 모습들이 연속이라 흥미롭다. 거기에다 어릴 적에 두 번의 유산 끝에 얻은 이 아들을 영재로 키우기 위해 개성형성기에 과잉보호하며 외곬으로 교육을 시킨 어머니의 죄과와 뼈저린 반성을 담고 있다. 더욱이 조수석에서 발견된 아들의 일기장에서 어머니 생일에 관한 기록이 최근엔 공란을 이룬 점도 여러 의미를 짙게 한다. 일몰을 두 시간 남기고 바닷가의 도로를 거쳐서 서울에 돌아오기 전에 나눈 부부의 대화가 귓속에 잠겨 든다. -"아까 병원에서 전화가 왔어."-"우리 돌아 가야 해."-"사정이 있어 오지 말라는군."-"영환이가 오지 말래?"-이 단편은 요즘 우리 사회가 선망하는 엘리트층의 고뇌와 가정교육의 문제점에 대한 경종을 울린다.

위 작품과 다른 전미경의「균열 아카이브스」(《서울신문》)는 드물게 민감한 음악 공연장에서의 관객과 공연 안내원인 살라를 다룬 단편이다. 유럽이 낳은 세계적인 클래식음악 지휘자로서 전설적인 카라얀의 내한 공연(1984년 가을)이 참고된다. 그만큼 세계적인 음악 지휘자를 다룬 접근이라 주목을 끈다. 서두부터 입장객들에게 기침 예방용 목캔디를 나눠 주고 주의하는 과정에도 신경이 쓰인다. 긴장 때문인지 카라얀의 지휘로 음악을 연주하는 중에도 살라는 집에 신경을 쓴다. -'집의 수도관들은 지금쯤 단단히 얼었을까? 균열처럼 연속되는 성에물이 물을 막고 있을까?' 그러면서 거기서 근무하는 여성이 권하는 사탕을 건네받아 입안에 넣었을 무렵, 갑자기 오케스트라 홀 문이 열린 것이다. 그러자 갑자기 살라의 어깨에 힘을 실은 중년 남자가 "당신이지요?" "당신이 벨을 울렸어." 하며 시비한 남자는 이를 말리는 젊은 어셔들과 몸싸움도 벌인다. 그 후로 살라는 공연장에 나가도 일감을 주지 않고 어셔들마저 외면하자 중년 남자를 찾아가 사과하지만 좀처럼 받아들여지지 않는다. 또한 이 작품을 통독한 독자에게는 아무래도 섬약한 작중인물의 처세뿐 아니라 모호한 작품 제목과 더불어 화통한 메시지를 주지 못한 작가에게도 안타까운 마음이 적지 않다.

2) 세 유형으로 사랑하는 남녀들

　2021년에 당선된 김화진의 「나주에 대하여」(《문화일보》)는 괄목상대라 할 만큼 문필력을 지닌 작품이다. 서두에서부터 –너를 처음 봤을 때 들었던 생각은 어리다, 였다. 어리구나, 한눈에 봐도 알 만큼 매끄러운 볼과 초조한 눈에서, 붉은 손끝에서 알 수 있었다.– 어쩌면 의식의 흐름이나 자동기술법을 연상케 하는 물 흐르듯 유연한 문장은 요설적인 흡인력을 지녔다. 더구나 이 작품의 내용은 한 남성 애인을 두고 두 여성이 라이벌이던 관계에서 그 남성이 죽음으로써 두 여성의 우정이 깊어지는 터라 눈길을 끈다. 요컨대, 죽은 애인의 전 여자친구인 '예나주'와 같은 회사에 근무하게 된 라이벌보다는 우정겨운 화자인 김단 여인의 이야기이다. 처음엔 궁금하게 끌고 가다가 종말 강조법으로 의문을 푼다. – 그거 있잖아 규희가 죽었어. 널 떠난 남자 말이야. 널 떠나 나에게로 온 남자. 본가로 가던 길이었어. 너는 그날 뭐했니? 왜 버스 사고가 났는지는 모르지 … 규희가 살아온 모든 게 복선 같고 이상했어. 우린 달라, 다르지만 좋아. 그런데 있잖아. 다른 걸 좋아할 수 있는 건 어디까지일까. 언제까지일까. 누구에게도 못 한 이야기, 너에게만 할 수 있는 이야기, 나주 씨, 나주 씨, 그거 알아요?
　같은 해에 당선된 윤치규의 「일인칭 컷」(《조선일보》)은 위의 연애 경우와 차별화된다. 「일인칭 컷」에선 한 직장에서 친해진 남녀 간 커플의 경우를 들어서 요즘 젊은 세대의 페미니즘 성향과 비혼적인 연애 풍속 중의 애정 모럴을 흥미롭게 다룬다. 작품에서 회사원인 '나'(화자)는 여사원인 희주와 사내 커플로 지내는 사이였다. 그러기에 직장에서 최 팀장이 희주를 성희롱으로 괴롭히자 '내'가 회식 자리에서 팀장을 구타까지 하여 팀장이 고개를 조아리고 성희롱 발언을 사과한다. 결국 사내에서 구차하게 자리를 옮기기보다 희주가 회사를 그만둔 후에 희주네 커플은 말레이시아로 여행을 떠난다. 하지만 희주는 결혼은 않고 비혼식만 올린

뒤 성 평등적인 생활을 하겠다는 태도이다. 전에 두 사람이 유럽에 여행할 때도 서로 다른 여행코스를 택해서 다툰 바도 있다. 게다가 사진 찍기를 좋아하는 희주는 창문 밖으로 펼쳐진 야자나무를 사진 안에 전부 담으면서도 정작 희주의 뒷모습은 왼쪽 밑 공간의 3분의 2 정도만 넣는 일인칭 컷을 선호하는 것이다. 결국 큰 소나기를 피해서 택시 속에서 내린 커플은 후줄근히 젖은 채 버스 편으로 옮겨타기 위해 낯선 도시의 길을 건너고 있다. 심사위원 두 분 나름대로 취약점을 지적했으나 논자 역시 작품의 시점부터 적지 않은 곤혹감을 느꼈다.

　다음은 2022년에 당선된 김기태의 「무겁고 높은」(《동아일보》)이 눈길을 끈다. 서두부터 –'땅에 붙인' 두 발바닥, 그것이 시작이다. 바벨을 쥘 때는 엄지를 먼저 감고 나머지 네 손가락으로 감싼다. – 이 작품은 특이한 제목에 걸맞게 우리 문단에서는 보기 드문 스포츠 분야의 글감(제재)을 통해서 일반 독자에 선보인다는 점이 두드러진다. 사실 논자는 20여 년 전부터 한국소설가협회 세미나 등에서 우리 문학에는 근래 올림픽대회에서도 스포츠 상위에 든 만큼 앞으로 스포츠 소설 분야를 개척해야 한다고 주장한 바 있어 더욱 관심을 보인다. 아마 응모작들이 예의 애틋한 사랑의 추억 아니면 이산의 아픔이나 사회 일선에서 갈등하는 여느 서사들과는 차별화되기에 돋보인 작품인 특장점을 지닌다. 현대 사회에서 사양길에 든 석탄산업 일선인 폐광촌에 남아있는 역도부에서 고3 졸업반인 여학생의 모습이 대견하게 다가든다. 역도선수인 송희가 대회 일주일을 앞두고 출전 준비를 하는 중의 자세가 당차다. 하지만 거기에는 가끔 만나는 철부지 남학생과의 성적인 스침 말고도 폐광촌에 카지노가 들어서면서 집을 떠난 어머니의 주소 없는 편지 생각은 사라지지 않는다. 그럼에도 송희는 한때 탄광 광부로서 누구보다 힘이 셌던 아버지의 응원을 받으면서 100킬로그램을 들어 올리는 역도선수의 꿈을 키우며 자란다.

　이에 비해서 같은 2022년의 당선작인 박민경의 「살아 있는 당신의 방」

《세계일보》은 인터넷 세대 용어 활용에다 중편 이상의 용량을 지닌 낭만적 사랑의 서사로서 두드러진다. 그리고 일 년 전의 당선작인 김화진의 「나주에 대하여」와 사랑의 농도나 남성 대상과의 밀도감에서 더 두드러진 면을 보인다. 화자는 연영과 출신으로서, 윤재언 선배와의 교감이나 카메라 기기 등의 활용은 물론 여러 해를 서로 경멸하면서도 부부처럼 사랑해 온 농도가 각별하다. 동물을 좋아하고 〈동방〉에 틀어박혀 음악을 듣거나 술을 마시며 보내고 찾아오는 발자국 소리로 누구인지 잘 알아차리는 동아리 중의 최고 학번 – 그녀는 몇 년째 〈무제〉 다큐를 찍느라고 방학도 아랑곳 않고 혼자 카메라를 메고 다니며 위태롭게 사는 선배를 그대로 놔둘 수만은 없어서 지켜온 처지이다. 작품 속에서도 실제로 밝혀 실감을 준다. – 선배와 나는 3년 동안 연인으로 지내며 … 결혼하여 신방 준비하는 딸 신우는 선배를 닮은 구석이 하나도 없지만. – 나중에는 루게릭병에 걸린 나머지 본가로 들어가 어머니보다 먼저 세상을 뜬 선배를 잊지 못한다.

3) 여성 가장의 삶 모습들

그런가 하면, 2023년에 당선된 공현진의 「녹」(《동아일보》)은 녹이라는 별난 이름으로 근래 한국에 들어와 생활하는 이주민이나 다문화사회 문제를 다루어 주목되는 작품이다. 동시에 이 단편은 화자인 노 교수(나) 같은 이혼모로서 강의를 나가며 전남편으로부터 정액에서 몇만 원씩 부족한 양육비를 받아 고달픈 삶을 영위하는 사회 약자 처지의 복지 의식도 곁들인 문제작이다. 위 두 여성은 대학에서 강사와 수강생으로 만나 지내면서 음식 솜씨가 있는 녹이 비교적 영리한 자기네 아들 '바잇'을 통해서 네 살짜리 노 교수의 아들 태오를 돌봐주겠다며 접근하여 돕는 사이가 된다. 하지만 비 오는 날에 수강이 끝난 어머니를 기다리던 녹의 아들이 우산을 든 채 교문 앞에서 버스에 치여 죽은 후에, 문제가 심각해진다. 녹은 교문 앞에서 혼자 어설픈 종이 전단판을 들고 아들의 사망 문제를 제기한다.-〈노교수를 고발하는다. 저가 아이를 잃었습니다. 왜냐하면 노교수는 책임입니다.〉- 대학에서도 문책성 강의 문제로 어려움을 겪는 노 선생 처지를 리얼하게 그려낸 신춘 당선작의 샘플로서도 평가될 만큼 여러모로 두드러져 보인다. 특히 이혼모 처지에다 아이 하나씩을 둔 결손 가장 격인 녹과 노 교수(강사)의 유사하되 상이한 두 인물을 대조적인 축으로 구성한 서사적 미학 구조도 돋보이는 작품으로 인상에 남는다.

또한 드물게 같은 외자 작품명으로 당선된 전지영의 「쥐」(《조선일보》) 역시 인상 깊다. 서두부터 해군 기지에 위치해 있는 관사 단지의 20여 층 아파트 구조 설명부터 이채롭다. 바다를 조망할 방위나 층높이가 계급 순으로 되어있어 흥미롭다. 영관·위관 등으로 구분되는 계급사회이고 상명하달의 위계질서가 철저한 조직사회 분위기이다. 남편들 근무 시간 중에는 오후 4시쯤 휴식 공간인 어린이집 옆의 분수대 앞에 모인 위관 부인들도 남편의 계급과 기수에 따라 선배, 후배로 통한다. 두 아이를 키우는 윤진은 결혼 전에 대형 정형외과 물리치료사였지만 결혼 후 부대 이동이 잦은 장교의 아내로선 취업도 할 수 없다. 이 작품 중에 혼자 밤낮 쥐를 잡는다는 대령의 부인은 저승사자라고 불린다. 그리고 석 달 전에 이사 온 그녀는 "내가 찾아봤는데 힘 좋은 쥐는 하수구를 타고 꼭대기까지 올라간다더라고", "쥐가 낮에 기어 나오는 건 죽을 때 딱 한 번뿐이라지"라 말한다. 따라서 이 작품의 쥐는 음험한 사건을 은폐한 실체로서의 객관적 상관물이다. 실제로 이 작품의 후반부에서 뜻밖에 빨리 귀국한 남편이 정확한 정보를 숨기며 "파병 신청했어. 아랍 에미리티 부대로." "언제?" "한 달 뒤." "그렇게 갑자기?" "천운이야."라는 말도 수상하다. 장교들 부인 모임 중에서 소문으로 듣던 윤진이 절친인 선에게 전화해서 통화한다. "제대하기로 했어요." "갑자기?" "버티는 건 힘든데, 사라지는 건 일도 아녜요." 그리고 말한다. "전원 구출이라고 보고한 건 대위님이지, 우리 남편이 아니었어요." 그럼 쥐의 정체는 다름 아닌 유능한 장교로서 해군 대위로 신뢰해 온 자신의 배우자라는 사실에 윤지도 놀란다.

4) 사회에 대응하는 자세

이제 최근인 2024년의 신춘문예 당선작에서는 서울의 언론사 밖에 지방 언론사에서 행하는 작품까지를 포함해서 간추려 본다.

먼저 허성환의 '아이'「i」(《경향신문》)는 특이한 제목에서 보듯 사회에서는 시민 모두가 주어의 존엄을 지닌 인격체인데도 대문자의 자아 (I) 지위를 위협당하는 기호(소문자)로 암시한다. 그만큼 주인공이 근무하는 회사는 사원 복지는커녕 연차도 주지 않고 임금마저 짜다. 이 회사는 대량으로 포장해서 발주하는 매장에서 일하는 직원들이 잠깐 앉아 쉴 의자마저 갖춰놓지 않고 혹사시킨다. — 반차를 쓰고 출근하니 막내의 손가락에 괴사가 왔다. 젠장. … 우리는 고졸이고 토익점수가 없었다. 그래서 우리는 의자가 없어도 아무렇지도 않은 척하며. — 그러나 만삭으로 하혈한 아내 때문에 겨우 사장한테 연차를 얻어 산부인과에 다녀온 아내는 난데없이 소설을 쓰겠다고 나선다. 「의자」 초안을 잡았다고 말하는 아내는 방에 의자까지 갖춘 채 자신감을 보인다. 결국 이 단편은 흔히 노동 일선에서는 광화문 광장 등에서 단체로 투쟁하던 방식과 다른 대응 자세를 보여 주목된다.

이어서 김슬기의 「공존」(《국제신문》)에서는 대도시 마트에서 점원으로 일하는 '나'의 각박한 환경과 가족의 연결을 다룬다. 부모가 일찍 작고한 탓에 고교를 중퇴한 나는 모처럼 집에서 쉬는 중에 올케의 문자메시지를 받는다. — 〈형님, 오늘을 넘기기 어렵답니다〉 — 문자를 보고도 핸드폰을 쥔 채 부엌으로 향한다. 오래전에 세일로 샀던 커피포트에서 타는 냄새가 나기 때문이다. 그걸 고치는 회사 연락처에 여러 번 기다려서 문의하고 오랜만에 연차를 신청한다. 마트에 8년 근무하면서도 한 번도 쓰지 않은 연차를. -〈한 매니저님, 오늘 출근이 어렵습니다. 죄송합니다. 사유-동생의 위독〉- 이렇게 화자는 현대인의 톱니바퀴 사회에 시달리는 상황을 그려낸다. 그런 조직 속에서 버텨오던 커피차 코너의 여직원 역시 얼마 전에 자취방에서 자살한 일도 있었다. 유서에는 그녀를 괴롭혔던 마트 직원 몇의 이름이 적혀있었다. 그리고 승환 누나는 올케의 삶도 생각한다. - 10년의 결혼생활 중 4년은 아픈 승환과 살았던 승환의 처였다. 서른여덟에 병 수발을 들기 시작해 마흔둘 남편을 잃기까지. - 그래도 이날 상갓집에는 맨 먼저 도착한 고모랑 승환 처제 등도 함께하여 가족 공존의 의미를 함께했다.

한편 유재연의 「벽장 밖은 어디로」(《광주일보》)는 서울에서 횟집 등에서 일을 돕는 은경과 절친인 민희가 지리산 선원에서 밤새우며 50 넘도록 얽히고설킨 인생의 곡절을 풀어낸다. 초등학교 적에 시골의 한 사이비 종교촌에서 지낸 동갑내기 단짝 친구이다. 어른들이 일을 나간 집 벽장 속에 숨어있다가 민희를 고아로 데려왔다는 출생의 비밀을 알았다. 그후 민희는 공장에서 일하던 청년이 기계 사고로 죽자 두 번째 남자한테 자폐아 아이를 맡긴 채 췌장암 말기로 요양 중이다. -"은경아, 나는 세상이 너무 추웠다. 그래서 조금만 따뜻한 공기가 느껴지면 그 한 줄기 따스함에 목숨을 걸고 매달렸다. 삶이 나한테는 생존의 문제였는데 어떤 사람에게는 산책 같은 거겠지." 헤어질 때 "항암치료는 안 받을 거니?" 물음에 대답 대신 "은경이 넌 언제나 용감했어. 자기 마음을 따라 살았잖아. 그게 멋있고 부러웠어. 계속 그렇게 살아." - 이 단편은 서울에서 출발한 은경이가 버스편으로 지리산에 내려가서 환우들과 저녁을 들고 티벳출신 원장스님과도 대화하다 하룻밤 자고 오는 여로형소설이다. 하지만 더 중요한 문제는 1박 2일 여행하는 동안에 줄곧 마음으로는 수년 전에 은경이 소설 공부를 하는 동료들과 서울-대구-포항을 오가며 습작을 하고 어울려 다니던 추억의 행적을 함께한 이중의 여로형

성격을 띠고 있다. 사실 코로나 3년 동안 인터넷이나 줌을 활용한 소설 공부에 임하던 은경과 대구 동인인 시진과는 포항에서 함께 방세만 내고 각자의 방에서 작품을 써서 시진은 등단작가로 활동하지만 은경은 현재 소설을 쓰지 않고 있다.

5) 노년 인생의 현주소

유호민의 「붉은 베리야」(《세계일보》)는 노년의 치매 문제를 흥미롭게 다룬 단편이다. 예전의 추억될 일은 멀쩡하게 생각나도 최근의 일은 까맣게 모르는 증상이다. 자기 부인이 세상을 먼저 떠난 사실도 깜깜하게 모르는 형편이다. 가족이 함께 유명한 바지락식당에 가서 저녁을 들 적에도 "잘못하면 모래가 아작아작 씹히는데"란 이야기를 여러 번 되풀이해서 분위기를 흐렸던 일이 다반사이다. 항공우주공학 전공인 교수지만 아내가 작고하자 치매 증상이 급격히 악화된 것이다. 화자에 따르면 아빠는 전공 서적뿐 아니라 일반인이나 어린이를 대상으로 하는 우주이야기 같은 책들도 썼다는 것이다. 안 그래도 많은 손주들이나 외손주들 이름을 기억 못함은 물론이다. 그러니 본디 동남아나 하와이, 호주에 많은 아열대 식물인 부겐베리아를 동대문 길가의 꽃나무 파는 아저씨도 그냥 알기 쉽게 붉은 베리야라고 불렀다는 꽃이다. 하지만 이 작품의 초점은 소설 마무리 부분에서 밝혀진다. 치매를 앓던 교수가 요양 중에 크게 도움받은 장 요양사에게 손수 선물한 장난감 유리 꽃받지다. 붉은 꽃받침 위에 조그맣고 하얀 꽃으로 빛난 그 부겐벨리아를 장 요양사가 본 가정에 가져온 것이다.

또한 노년 인생의 모습은 권희진의 「러브레터」(《조선일보》)에서 더 절실하게 나타나고 있다. 이 작품은 한 노인이 수도까지 얼어붙는 겨울밤에 아파트 16층에서 동사한 사건을 진지하게 다룬 소설 작품이다. 그날 일어난 이 사건은 당일 아파트 경비실 근무자로서 현장을 지킨 당사자인

이 주임(나) 자신의 증언에서도 파악할 수 있다. – 여기 16층에서 죽은 노인은 내가 자주 마주치는 사람 중 하나였다. 나는 이곳에서 일하던 3년 내내 노인을 알고 지냈다. 라고는 했지만 실은 나는 그의 이름이나 나이조차도 모른다. 내가 아는 것이라고는 그에게는 가족과 집과 직업이 없다는 사실뿐이었다. '그래서 말인데, 나 여기 계단에서 자도 되는가?' 나는 그때 안 된다고 했었다. 그게 나의 본분이었고 나는 그걸 성실하게 해내고 싶었다. 어리석은 정에 약해지면 안 된다는 걸 오래 전에 배웠으니까. 나의 단호한 거절에 노인은 짧게 한숨을 쉬었다. 나는 잠시 고민을 하다가 쉼터 같은 게 있지 않나요? 라고 그에게 물었고 그래서 노인은 뭐라고 했었지? 자신 같은 사람한테는 그런 복지가 없다고 했던가, 자격이 없다고 했던가. – 결국 이 주임은 노인이 쓰러져 있던 진상을 치우지 않은 사건으로 인해서 변호사를 통해서 보호관찰 처분을 받고 경비 일을 그만뒀다. 그러기에 이런 노인의 죽음을 소설로 접근하여 발표한 일은 의미가 있다. 2023년 여름 폭우 때 경북 예천에서 해병부대가 구명조끼를 안 입힌 채 실종자 수색 중 사망한 채 상병 사건을 근래 국회에서 쟁점화한 경우 못지않은 일이라 볼 수 있다. 따라서 이 소설의 「러브레터」는 이처럼 사회의 사각지대에 소외된 채 외롭게 숨지는 약자에게도 시민의 따뜻한 관심과 사회 돌봄의 손길이 필요함을 주문한 메시지로 읽힌다.

6) 내일을 향해서 뛰는 청년들

신가람의 「미지의 여행」(《전북일보》)은 일본에서 고학하는 학생 체험을 실감 있게 쓴 작품으로 반세기 전쯤의 추억을 되살린다. 아마 30대쯤에 일본 유학 중 열악한 기차역 근처 기숙사에서 19세인 일본의 오타 군과 중국 학생도 함께 신문 배달을 하며 겪음직한 인정 어린 내용으로서 고독과 휴머니티를 자아낸다. 혼자서 두 달 전에 죽은 아내에게 제사상을 올리는 이노우에 노인을 신문 배달료 수금 업무 중에 가진 만남이 인상적이다. 바로 달포 후에 그 집을 떠나서 한국에 여행한다며 젊은이들에게 차를 대접하는 마음이 갸륵하다. 더욱이 자신이 써오던 방한용 고다츠를 기숙사 고학생에게 택배로 붙이며 친필로 간단한 한글 인사까지 곁들인 것이다. "미안하네. 긴상金君! 오늘은 고다츠를 미리 데워놓지 못했어." 그리고 편지 말미에 깔끔한 글씨로 마무리 인사까지 곁들였다. -"그동안 고마웠습니다. 안녕!"

끝으로 곽재민의 「내규에 따라」(《농민신문》)는 일류 신문사 당선작 못지않게 성실하게 쓴 단편이다. 한 가지 조언해 주고 싶은 바는 투박한 제목을 더 문학성 짙게 달았더라면 금상첨화라 싶다. 현재 26세의 단대 문창과 출신인 화자(나)는 홀몸인지라 육아에 바쁜 직원들을 대신해서 당직을 대신 서며 수당을 받았으나 이제는 그것이 불가능하게 규정도 바뀌고 농업 관계기관에서 농약 담당 회사원으로서 농약 중독 여파로 암에 걸린 청년 경우를 다룬다. 청년은 근래까지도 근무지였던 충남의 덕산 지역 현장에서 화상병에 걸린 이장 댁의 농장이 멀리서 보면 푸릇했지만 내려와서 보니 검게 물든 잎이 쉽게 눈에 띄었다. CT사진 앞에서 미간을 찌푸리고 있던 내게 의사가 "이게 암세포예요"라고 폐암을 선고한 것처럼. 사건 전개나 비유가 순조롭고 문장도 무난하지만 앞으로 보다 유연하고 탄력성이 더했으면 좋겠다고 본다. 당선자는 물론 응모자 여러분의 건강과 꾸준한 발전이 함께하길 기대한다.

위에서 살핀 근래 수년 동안의 신춘문예 소설 부문 당선작들을 보면, 중편 부문에서 첫 당선된 이문열 같은 대형 작가는 아직 보이지 않는다. 신춘문예 제도의 길을 연 동아일보사에서 신설한 바로 1979년에 뽑힌 이문열의 중편소설『塞下曲』은 이전 중국의 변방인 만리장성 부근의 병영을 중심으로 다룬 제목을 들어 한국 휴전선 부근에서 근무 중인 병사들의 일상을 밀도감 있게 다루어 주목된다. 북한군의 남침을 가상한 부대훈련의 야전 포병대 통신장교 이상범 중위 밖에 부하들을 괴롭히는

심 소위와 부하 장병의 갈등 등을 복합적으로 다루고 있다. 유능한 고참 병인 강 병장, 술집 여성과 동거하다 살인하고 자살한 하사관, 고향서 자식을 버리고 집을 나간 아내 때문에 김 일병, 탈영병인 천 병사 등, 가혹행위와 집단구타에 의한 병사들의 불안과 무력감 등을 통한 1970년대 군부대 환경을 비교적 밀도감 있게 다룬다.

5. 신춘문예에 관한 일화와 기록들

그러니까, 1933년 늦가을, 여러 신문에 발표된 신춘문예 모집 공고된 광고를 보고 김동리는 다다미방에 칩거하면서 한 달이 좀 못 미치는 동안에 응모할 작품 쓰기에 열중이었다. 그래서 소설 2편, 희곡 1편, 시조 2편, 동요 1편, 민요 1편 등, 대충 열 편 가까운 작품을 여기저기에 투고했다. 그중에 한두 편이라도 당선하기를 바라서가 아니라 틀림없이 몽땅 당선할 거고 상금도 쏠쏠하리라고 잔뜩 기대했다. 그런데 1924년 신년호 신문들을 보고 선생은 깜짝 놀랐다고 실토한다. 달랑 시 「백로」 1편만 《조선일보》에 입선하고 그 밖의 작품들은 모조리 낙방한 의외의 사실이 납득되지가 않았다. "내가 글을 쓰면 한국문단은 문제도 아니요, 세계문학의 패자가 되리라"는 자신감에 차 있던 스물한 살 청년의 심경이 이해된다. 그만큼 좌절을 겪으며 스스로 반성하고 겸손 속에서 각고의 문학 수련을 쌓았기에 다음 해인 1935년 《조선중앙일보》 신춘문예에 단편소설 「화랑의 후예」가 당선되었고 1936년 《동아일보》 신춘문예에 단편 「산화山火」가 거듭 당선되어 김동리 문학의 큰 주춧돌을 쌓아 올렸다. 이처럼 문단 후배들은 선배 문인들 못지않은 문단 발전상의 경쟁 상대이기도 하다.

윗글은 2012년에 한국소설가협회 이사장이던 이동하 작가가 그해 신춘문예에 응모한 여러분께 격려한 내용 중의 일부이다. 그러므로 이 작가께서 발표한 김동리 작가(1913~1995)의 의미 깊은 신춘문예 도전 일화를 여기에 다시 전한다. 본명이 용勇인 이동하는 1942년 경북 경산 출생으로서 서라벌 문창과 재학 중인 1966년 서울신문 신춘문예에 「전쟁과 다람쥐」로 당선되었다. 이어서 이듬해에 당시 공보부에서 주최한 신인 예술상에 「인동忍冬」이 당선된 다음, 현대문학에서 공모한 제1회 장편소설 모집에 『우울한 귀향』도 당선한 소설 장르 다관 경력을 지녔다. 그만큼 문단 문제에 관심을 지닌 경험담을 통해서 등단의 중요성을 강조해서 알리는 메시지다.

지금까지 시행되어 온 한국 신춘문예사를 되돌아보면, 이근배李根培는 1940년 충남 당진 태생으로서 서라벌예대 문예창작과 졸업 전후인 수년에 걸쳐서 대단한 당선 기록을 세웠다. 1961년 당시 《경향신문》, 《서울신문》, 《조선일보》 신춘문예에 각각 시조 「묘비명」과 「벽」, 「압록강」이 동시에 당선되어 문단에 올랐다. 1962년에도 《조선일보》에 동시 「달맞이꽃」, 《동아일보》에 시조 「보신각종」이 당선되었다. 그리고 1964년에는 《한국일보》에 시 「북위선」이 모두 당선되어 삼 년 동안에 걸쳐서 시문학 분야에서만 3관왕을 차지하였다. 그 사이에 당시 공보부에서 공모해서 개최한 행사에서의 당선 실적은 덤으로 남는다.

또한 백시종(白始宗, 본명 白秀男)은 1944년생으로서 서라벌예대 회화과에 재학 중이던 1966년 《대한일보》에 단편 「나루터」가 가작 입선, 같은 해 《전남일보》에 동화 「꽃마음」이 당선되었다. 그리고 1967년 《동아일보》에 단편 「비둘기」와 《대한일보》에 단편 「뚝 주변」이 동시에 당선되었다. 모두 산문 분야에 3관왕 및 가작 등으로 등단했다. 특히 위 두 당선자는 1954년에 이전의 문인들이 으레 개인적인 도제식徒弟式으로 사사師事해서 등단하던 이전 체제를 벗어나서 정규적인 교육과정을 거쳐 객관적인 실력 평가로 이룩한 성과였다. 서양 선진국 학제를 평론가인 백철 교수 등이 주선하여 1954년 이후 정부의 정식인가를 얻어 개설한 예술대학 신규과정 출신 문인이라는 점이 특기할 사항이다.

한편 1943년생인 오탁번吳鐸藩은 충북 제천 출신으로서 이전의 문과 정규과정을 거친 문인 중 신춘문예의 다관왕 기록을 이룬 교수로 추가된다. 그는 고려대 영문학과 재학 중인 1966년에 《동아일보》 신춘문예에 동화 「철이와 아버지」로 당선했다. 이어서 1967년 《중앙일보》에 시 「純銀이 빛나는 이 아침에」가, 1969년에는 《대한일보》에 소설 「처형의 땅」이 당선되었다. 그러므로 그는 시인 겸 작가인 서너 해 동안에 아동문학, 시, 소설에 이르는 세 장르를 석권한 것이다. 그리고 시와 소설은 교수 정년 후 2023년에 작고할 무렵까지 활발한 활동을 계속했다.

그렇지만 아직 활발하게 활동하는 쟁쟁한 신춘문예 출신 작가 중에 오정희, 은희경, 정지아 등은 재도전의 무리를 꾀하지 않았다. 또한 신진인 김금희, 박민정, 김혜진 작가 등도 그렇다.

여기에서 참고로 단일 장르로 일 년 중에 여러 곳에 응모하여 등단의 다관왕을 이룬 경우는 홍성원洪盛原 작가 경우를 들 수 있겠다. 1937년 경남 합천 출신인 그는 고대 영문학과에 재학 중에 군에 입대하여 복무 중의 체험을 살려서 1964년에만 《한국일보》 신춘문예에 단편 「氷點地帶」 당선에 이어서 《世代》 창간기념 공모에 단편 「기관차와 송아지」가 당선되었다. 그리고 그해 연말에는 《동아일보》 장편소설 모집에 『D데이의 兵村』으로 잇달아 당선한 바 있다. 그는 대학을 졸업하지 않고 중퇴 상태로 활동하다 작고했다.

하지만 신춘문예 당선이나 다관왕 기록이 결코 문단 실적에서 반드시 우월하고 성취력이 많은 것이 아님은 물론이다. 추천이나 신인상, 장편

공모, 자비 출판 등을 통해서 등단한 여러 장르의 문인들은 우열을 가리기 어려울 정도로 즐비하다. 소월, 만해, 가람, 일석, 노산, 정지용, 김광섭, 청록파 3인뿐만이 아니다. 한용운 경우는 문학을 가르친 스승 없이 불교적인 수련과 터득으로 시를 발표하고 시집을 자비로 내서 입신했다. 그런 다음, 조선일보에 장편소설 2~3편을 연재한 작가이기도 하다. 이 밖에 모윤숙, 노천명, 조병화, 김남조 등.

작가로서는 최학송, 이태준, 유주현, 최인훈, 이청준, 조정래, 김훈 등을 들 수 있겠다. 대표적인 여성 작가 중에서도 바로 신춘문예 제도가 시행된 1925년 이후, 《현대문학》 추천 작가인 박경리 외로 신문사의 장편 현상에 당선된 박완서 및 《문예중앙》 신인상으로 등단한 신경숙 등이 쟁쟁하게 이어진다. 또한 평론 부문 경우, 1930년대 초 일본에서 귀국한 백철 이후 문예지 추천으로 등단한 이어령, 김윤식, 유종호, 김우종 등도 참고된다.

대체로 한국문단의 주도권은 발랄한 신춘문예 출신이 주도하고 있는 것으로 여겨진다. 여기에는 일찍이 서울신문 신춘문예 출신으로서 한국뿐 아니라 아시아 여성 작가 최초의 노벨문학상 수상자인 한강도 해당된다. 하지만 정작 꾸준하고 집중적인 성과는 추천이나 단행본 출신이 상대적으로 적지 않아 보인다. 물론 그들 중 상당수는 습작기 중 신춘문예에 응모한 체험이 좋은 밑거름이 되었을 터이다.

이 밖에 신춘문예 당선을 통해서 2관왕으로 당선된 경우는 해마다 또는 몇 년 사이를 동일 장르나 타 장르를 합해서 2관왕에 오른 경우는 너무 흔하므로 생략한다. 작품 당선으로 문단에 진출하는 과정은 올림픽 경기에서 메달을 취득하는 경우와 유사하면서도 상이하다. 그러기에 몇 번 도전해서 당선하면 더 권위 있는 주최사나 장르를 바꿔 도전하는 등의 특별한 경우 외로는 기성문단 속에서 작품으로 알찬 업적을 쌓아 자기 세계를 구축함이 바람직하다. 우승 또는 입상하는 실적에서 여성 경우는 근래 해마다 신춘문예 당선자 비율에서 대체로 남성 문인을 앞선 추세이다. 그 대신에 여성 당선자 경우는 다관왕이 없는 현상이 특이하게 생각된다. 그러나 그것이 전혀 능력의 우열보다 근력과 집중력 문제가 아닌가로 짐작된다.

하지만 분명한 사실은 신춘문예 도전이 청년의 바람직한 과정이란 점이다. 문화인의 인문학적인 인격 수련 과정이며 차원 높은 인격 도야의 선택이기 때문이다. 전통적으로 동서양을 통틀어서 인문적 소양의 기본인 이른바 문학—역사—철학(文史哲) 가운데서 으뜸의 자리를 차지한 문학이 문화인의 기본을 지키는 보루이다. 현대 물질문명과 영상 매체 및 AI의 발달에 따라 가뜩이나 손쉽고 다양한 음악과 영화, 스포츠의 홍수 속에서 활자를 통한 문학은 우리 문화를 지키는 뿌리이다. 문단 진출의 길에서 한국 특유의 신춘문예 100년의 한 기점起點 의식을, 새롭게 점검하고 올바로 정립해야 한다. 비록 몇 차례 신춘문예에 도전하여 당선에 실패한 경우라도 그 경쟁에 도전해서 닦은 기량이나 힘은 신춘문예 대신에 추천이나 신인상 또는 자기출판 등의 다른 관문을 통과해서 문단 활동이나 문화생활의 바탕을 다지게 마련이다.

6. 거듭난 신춘문예를 위하여

신춘문예 당선은 성공의 종착점이 아니라 먼 문단 여정을 향한 출발점을 찍는 한 성과일 뿐이다. 그러므로 적어도 도전 3년 안팎으로 당락의 승부를 내는 것이 바람직하다. 그 도중에 몇 번 휴지기가 있더라도

10여 년의 꾸준한 노력 끝에 문단에서 새롭고 알찬 작품을 통한 접근으로 인정받는 실적을 내야 한다. 거기에서 낙선자는 재기의 용기와 반성으로 새롭게 도약하거나 포기하는 성숙한 결단이 필요하다. 그 대신에 자아 형성과 다짐 속에서 새로운 계기를 마련해야겠다. 전통 깊은 우리 특유의 신춘문예가 진중한 자축 겸 뼈아픈 반성 속에서 새로운 도전과 성숙을 이룸이 바람직하다. 그러기에 세계 특유의 신춘문예 100년의 역사적 의미와 그 타성에서 생긴 한계점의 반성과 개선을 꾀해야겠다. 그리고 예년의 잉크 냄새 물씬 나는 가슴 설레는 신년호 신문 지면보다는 요즘의 인터넷을 통한 접속 문화를 통한 기대와 긴장감은 느낌부터 다르다. 그럼에도 언론 통제와 모국어 말살을 노리던 일제강점기 속에서의 민족문화 부흥의식을 현대의 전향적인 글로벌 문화화하는 데 연결해 가기로 했으면 한다. 그리고 여러 번 도전하며 길러진 기량은 이제 성숙한 문장과 인격으로 거듭나 사회에서 대기만성의 보람을 이루길 기대한다.

 마침 이번에 맞이하는 신춘문예 100주년을 계기로 일제강점기를 벗어나 1945년 광복을 맞이하던 을유년의 민족해방 의식과 더불어 한글문학 세계화의 르네상스 기념을 다짐했으면 한다. 세기를 달리하며 해가 바뀌고 새해가 열리는 정초 신문에 많은 경쟁자 중에서 뽑힌 신선한 얼굴과 패기가 앞으로 더욱 기대된다. 우리 함께 고뇌하는 문제, 벅차게 다가든 경쟁 세계에 대한 도전, 기대되는 신년의 구상으로 새롭고 당차게 임해 나가야 하겠다. 하지만 문단 진출이나 업적은 앞에서 말한 바처럼 올림픽 경기에 참가해서 메달을 많이 취득하는 다관왕 성적을 이루는 세계와는 상이한 창작 문단의 독특한 성격을 지닌다. 그러기에 일시적인 기회에 몰입된 한탕주의라는 비판적인 성격도 없지 않아 스스로 경계해야 할 점이다. 문학예술은 항상 스스로 노력해서 이룩할 과제인데 일시적인 노력으로 그쳐서는 안 된다는 면도 유의해야 한다. 신춘문예는 문학 지망생 자신의 지망하는 두어 장르에 도전해서 당선하는 건 좋으나 자칫 너무 많이 섭렵한다는 건 선비의 금도라는 면도 새겨둬야 할 것이다. 그러면서도 매년 신년 초에 신진 기예의 한글문학 작품을 통한 문학 콘테스트 축제는 자주독립과 세계문학 진흥을 위한 세계 르네상스를 향한 문화제전이기도 하다.

그러므로 3·1운동 이듬해에 민주주의, 민족주의, 문화주의를 사시社是로 내걸고 창간한 동아일보가 1925년에 연 신춘문예 제도는 백 년의 역사로 빛나고 있다. 따라서 우리는 이 백 주년의 가치에 부응하는 변혁과 행사를 필요로 한다. 우리는 신춘문예 제도의 현황과 가치를 전향적으로 개선하고 활성화해 가야겠다. 이미 엄혹한 일제강점기부터 한글문단을 씨 뿌리고 가꾸어 온 세계 유일한 신춘문예 제도인 현재의 한글문학을 번역과 국제문학상 도전으로 더욱 활성화하는 계기로 삼았으면 한다. 그러기 위해서 신춘문예 제도를 창안한 동아일보사에 솔선하는 성숙한 행사를 건의한다.

첫째, 신춘문예 제도의 가치를 진지한 세미나 등으로 재점검하고 담론하는 자리를 마련하길 바란다. 그 현황과 공과 및 개선점을 찾아 재도약하는 르네상스로 계속해 나갈 활성화 방안을 찾는 기념행사도 함께하면 더 좋을 것이다.

둘째, 인간의 영역인 문예 창작마저 영혼 없는 AI로 대체될 위기에 올바로 대응할 방안을 국제 펜 등의 예술계와 세계 과학계를 아우른 UN기구 등과도 교류, 협력하여 윤리강령 이상으로 면밀하게 강구해 나가야 한다.

셋째, 문인들 후생문제로 사회의 수준에 걸맞은 원고료의 현실화 방안을 모색하여 개선해 나가길 건의한다. 언론사별 여건에 맞는 자율성을 보장하되 유력한 신문사의 수준부터 높여나가길 기대한다. 우선 중앙지의 신춘시 당선작은 오백~천만 원으로 책정하여 장르별로 상향 조정하고 특히 신춘문예 제도를 창안해서 이끌어 온 주관신문사의 중편소설 당선작은 상징적으로 5천만~1억 원으로 시행함이 기대된다. 이 수준이 계약금이나 연봉만 수 억대인 선수 경우를 대비할 순 없어도 참고해서는 모처럼의 백 주년에 걸맞은 값이라 여긴다.

일제강점기인 1925년 이래 꾸준히 행해온 동아일보의 신춘문예부터 오늘까지 특유한 문단 등용문의 영광은 계속된다. 신춘문예는 이미 2000년대의 인터넷과 디지털 영상 매체를 이겨낸 한국 문학예술의 본체로서 더욱 활성화해야 할 대상이다. 따라서 우리는 일부 보완점을 전제로 이 전통적인 한국문단 등용문으로 앞으로 더욱 발전시켜 나감이 기대된다. 사실 해마다 겨울철 연말연시에 집중된 축제로 행하는 신춘문예는 등단 러시로 치열한 대신에 봄-여름-가을에는 일반문예지의 신인상과 보완적인 추천제 및 알찬 언론사의 기념행사를 위한 장편의 콘테스트로 조화롭게 분산되어 신춘문예 제도는 바람직하다고 생각한다.

그럼에도 우리 사회 일각에서는 신춘문예 제도는 낡은 전 시대의 유물이기에 철폐해야 마땅하다는 견해가 적지 않음도 사실이다. 그러므로 이 제도 시행 1백 주년인 이 기회에 이에 관한 분명한 논의와 합당한 행사가 있어야 마땅할 것 같다. 그리고 이제 1세기 나이테로 자리 잡은 한국 신춘문예는 모름지기 제 존재 가치를 굳건히 해야 할 단계이다. 그 한 세기 사이에 우리는 반성할 점은 솔직히 인정하고 개선할 바도 적지 않음도 인정해야 한다. 그중의 하나는 유럽에서 세계 1차대전 후에 다다이즘, 초현실주의운동을, 2차대전 후에 실존주의, 앙띠, 누보로망, 앵그리 영맨, 비트 세대 운동은 물론 일본에도 태양족, 사양족 바람을 일으켰다. 그러나 양차 세계대전에 버금가게 처절한 한국전쟁을 겪은 우리만은 빈손이었다. 그러기에 이제는 우리가 꾸준하게 이어온 한국문단으로서는 K팝 이상으로 세계문학에 파장을 일으켜 선도할 문학작품을 신춘문예로 창안해서 세계문단에 기여할 단계라고 본다. 우리 문학은 오히려 먼저 구미 무대에 오를 기회를 영화와 연극, 음악 등에 넘겨준 이제라도 제 역할을 해내야 한다. 이런 각성과 전향적 접근 노력이 노벨상 도전과도 이어진 신춘문예 중흥의 당면한 문단적 과제라고 생각한다.

끝으로, 글짓기나 응모에는 왕도가 없지만 신춘문예 초심자들을 위해서 참고해 둔다. 우선 글을 잘 쓰려면 옛날 구양수歐陽修의 말처럼 삼다三多 의식부터 떠올린다. 명작을 많이 읽고 많이 써보며 많이 헤아려 생각해 보라는 과정을 전제로 한다. 그러기에 맞춤법을 익히고 여러 번 글쓰기 단련에 노력해야 한다. 여러분도 알다시피 항상 철자법에 익숙하도록 수련함은 기본이다. 그러면서 신춘문예는 으레 너덧 번씩 응모해서 낙방한 경력을 쌓아야 한다는 말도 있다. 가히 노벨문학상 작가 한강을 배출한 제도의 무게를 느끼게 한다.

그러기에 신춘 응모에 참여하려면 다른 장르도 비슷하지만 소설의 경우, 3개월 예정으로 설정함이 바람직하다. 우선 9월 초부터 자신의 기질이나 여건에 맞게 일정표와 계획을 세운다. 각기 다른 A, B 두 편의 단편소설을 대학노트나 달력 뒷면에다 자유롭게 메모한다. 주인공이며 사건 구성, 시점, 시공간의 배경 등 큰 골격을 세운 다음, 작중인물 성격 등을 무조건 워드 활자로 써서 초안을 끝낸다. 그런 다음에 이 작품을, 문학을 이해하는 분에게 읽어 달라고 맡기고 며칠 자유로운 여행으로 피로감을 푼다. 신춘의 관문을 너무 어렵게 보지 말고 친근한 과정으로 대응함이 바람직하다.

그렇게 돌아온 후에 자신의 장단점을 듣고 검토하여 과감하게 수정, 보완한다. 그러지 않은 논자는 느지막이 혼자 쓴 걸 응모한 탓에 미세한 흠으로 당선 아닌 입상작으로 평가받은 경험이 있다. 특히 공모 철이 다가오면 일종의 숙려 기간처럼 조용한 시간을 늘려서라도 섬세한 문장 구사나 구성의 복합성 등도 밀도감 있게 보충한다. 참신한 제목과 전향적인 테마, 이미지의 실험성 모색도 함께함은 물론이다. 특히 바람직하고 산뜻한 문장 구사는 많은 내공을 요한다. 그러기에 최선을 다해서 완성한 A 작품은 11월 말 마감 전쯤 우체국에서 마음에 둔 신문사에 등기 우송한다. 그리고 미흡하다 싶은 B 작품은 차선의 신문사에 우송하거나 다음 기회에 개작, 보충해서 응모함이 올바른 결정이다. 아무쪼록 AI가 문단에 등장하기 전에 여러분의 필승을 기대한다.

Ⅱ.
문학사로 되돌아보기

1. 한국 시의 큰 산맥
- 김소월과 한용운론

1) 문제 제기

이 자리에서는 우리 민족 시인의 쌍벽雙璧으로 지칭되는 만해萬海와 소월素月의 시문학을 가족이 파탄 난 수난이나 멍울진 심적 외상心的 外傷과 연결된 심층적인 특성을 통해 살펴본다. 근래에는 한용운 가족이 동학란 때 큰 수난을 겪은 사실이 드러나고 소월의 육필 유고가 실증으로 추가되어서 새롭다. 이런 두 시인의 시문학을 회색 장삼과 흰 두루마기 차림에 동행하듯 대비적으로 살펴본다.

이런 만해와 소월의 전통적인 서정성과 여성적인 시풍의 특성들은 그 이후 파생된 시문학의 흐름을 찾는 데에도 좋은 지표로 활용할 수 있다. 이를테면, 1920년대의 카프적인 이념시나 항일적인 민족주의시, 1930년대의 모더니즘시, 1940년대의 반체제시, 1950년대 이후 실존주의시 성향들만이 아니다. 1960년대 이후의 신도시적 서성시, 1980년대 전후의 민주항쟁 시, 1990년대의 포스트 모더니즘을 모색한 반시적 해체시反詩的 解體詩, 더욱이 2000년대 이후의 대중없고 난삽한 나머지 독자는 물론 작자 자신도 종잡기 어려운 시 등, 이런 서구 지향성과 뿌리가 질긴 탈식민주의적인 자아를 추스름이 긴요한 과제이다.

논자는 대학 초년 교수 시절인 1970년대 중엽부터 10여 년 동안 만해와 소월에 심취하여 여러 논문을 쓴 바 있다. 한국문학을 올바르게 알아내기 위해서는 문학의 큰 산맥부터 체계적으로 접근해야 한다는 의식에서였다. 먼저 만해로부터는 유현심수한 불교 세계를 통해서 동양사상의 대강을 터득하고는 스스로 그 벅찬 탐색의 길에서 내려왔다. 그 대신에 만해와 대조적인 소월의 동양이나 한국적인 서정의 진수를 만난 덕에 1977년의 동아일보 신춘문예를 통해서 평론가로 발돋움한 성과도 얻었다. 불혹의 나이에 혼자 탐색해서 발표한 평론은 새롭게 생각된다. 소월의 시는 결코 눈물짓는 패배나 체념적인 순응이 아니라 한 서린 항일의 울부짖음이라는 견해로서 요즘 공인된 만해에 버금가는 민족시인의 반열에 든 타당성을 실증한 것이었다(「체념과 저항의 詩學-김소월 再論」,《新東亞》, 1977년).

2) 동학군에 수난당한 만해의 시문학 성취

만해 한용운韓龍雲은 1879년 여름에 충남 홍성(당시 洪州) 결성면에서 청주 한씨 집안인 한응준의 차남으로 태어났다. 18세 무렵까지 서당에서 한학을 익혔으나 탐관오리들의 비리를 목격하고 일찍이 벼슬은 하지 않겠다고 결심했다고 전한다. 이웃 학계마을의 2년 연상이던 전정숙全貞淑과 혼인한 그는 동학운동이 일어나자 큰 수난을 겪었다. 문제는 홍주 감영의 중군中軍이던 그의 부친 때문에 심정적으로 동조하던 동학농민군에 가담하지 못하고 어정쩡한 처지였다. 그의 형 윤경이도 관군과 농민군 사이에서 희생되고 부친마저 동학군에 처단된다. 이렇게 쇠퇴한 한명회 후예로서 가정이 붕괴된 상태에서 그는 1895년에 설악산 백담사에 피신하다가 이듬해 홍성의 처가에서 수년을 지내며 아들 보국을 얻었다. 그 후 다시 출가出家한 그는 설악산에 들어가서 여러 사찰을 거치며 20대 이후 스님의 삶을 계속하며 중견 승려가 되었다.

그의 나이 40대에 이른 1918년에 상경하여 불교 교양지《惟心》의 발행인으로서 권두시「心」을 발표했다. 이듬해 초봄에 만해는 민족 대표 33인의 한 사람으로 백용성 스님과 함께 불교계를 대표하여 3·1운동에 가담한다. 최남선의 「기미독립선언서」에 이어서 결기 넘치는 「公約三章」을 내건 만해는 일약 독립투사적인 명사 반열에 올랐다. 그 후 3년의 형기를 마칠 때까지 시종 굽히지 않는 의지로 항일의 전범을 이루었다. 그리고 출옥 후에 여러 곳에 분주한 강연을 끊고 한동안 백담사에 머물며 88편의 유일한 명시집 『님의 沈默』(1926)을 45세에 상재한 것이다. 시 세계는 강단 있는 그의 성격과 상이하게 「수의 비밀」, 「알 수 없어요」처럼 내밀하다.

만해가 변역해 낸 여러 경전과 매서운 논설문 외로 한용운의 문학적 업적물은 독특한 매력을 지니고 있어 주목된다. 일찍이 선사禪師이며 시인인 동시에 독립투사였던 그의 진폭은 특별히 전공하지 않고 대자연 속에서 스스로 터득해서 이룩한 문학에서 더욱 빛을 발한다. 논자가 조사한 바로는 한시와 시조 및 현대시 305편 밖에 산문에서도 중량감을 드러낸다. 조선일보 등에 연재했던 장편소설 『黑風』, 『薄命』, 『後悔』, 중편소설 『鐵血美人』, 『죽음』 등은 주목된다. 일제강점 당시의 한반도 정세를 청나라 말기 중국의 경우를 들어서 미국 나이아가라나 한국 서울의 뒷골목 풍정까지 풍자하여 당시로선 시공간의 놀라운 확대를 보여준다.

사실 한국 신문학의 개척자로 지칭되는 이광수나 최남선보다 13년과 11년이나 연상이면서도 늦깎이로 문단에 오른 한용운은 대기만성의 문학으로서 전통지향과 승화된 항일문학을 실천한 민족문학자였다. 만해는 왜적의 침탈로 한반도가 짓밟히는 역사적인 소용돌이 속에서 가정마저 파탄이 난 고난을 이겨내서 성공한 사표師表가 되고 있다. 노후에는 1933년에 성북동 산 중턱에 북향집으로 심우장尋牛莊을 짓고 원고를 쓰며 간호사 출신인 유숙원과 재혼해서 딸 영숙이랑 가정을 이루어 살았다. 거기에서 중풍으로 넘어진 뒤에 1944년 봄날에 66세를 일기로 입적하였다.

그러나 만해 특유의 여성 취향적 기법을 통한 흡인력과 이별을 모티프로 한 정분이나 모호성 속에 담긴 저항의식은 시집 『님의 沈默』에 내장된 채 민족시의 고전이 되었다. 여기에서 여성 취향성(female complex, 페미니떼)이란 것은 작품 이름을 비롯해서 작품 속에 여성 인물을 내세우거나 연인의 호칭인 '그대', '당신', '임' 같은 정조(情調)를 활용하여 감미로움을 자아내는 효과를 지녔다. 또한 「님의 沈默」에서의 다의적(多義的)인 모호성(ambiguity)을 지닌 '임'의 정체는 검열의 그물망을 벗어나는 고도의 상징 장치이기도 하다. 이 경우의 '님'은 정작 빼앗긴 조국이 아니라 그의 곁을 떠나던 연인인 속초의 서여연화(徐如蓮華)보살이라는 실체설이 흥미롭다.

> 님은 갔습니다. 아아 사랑하는 나의 님은 갔습니다.
> 푸른 산빛을 깨치고 단풍나무 숲을 향하여 난 작은 길을 걸어서 차마 떨치고 갔습니다.
> …(중략)…
> 우리는 만날 때에 떠날 것을 염려하는 것과 같이, 떠날 때에 다시 만날 것을 믿습니다.
> 아아, 님은 갔지마는 나는 님을 보내지 아니하였습니다.
> 제 곡조를 못 이기는 사랑의 노래는 님의 침묵을 휩싸고 돕니다.
> ─「님의 침묵」 서두와 말미

더욱이 「당신을 보았습니다」 경우는 나라 잃은 여성이라서 '民籍'도 없는 존재라고 업신여기며 능욕하려는 장군의 폭력을 고발하는 작품으로서 눈길을 끈다. 한 여성의 항일의식을 애인에게 눈물로 하소연하여 검열의 관문을 통과함과 동시에 독자들의 심금을 울리고 저항의 메시지를 전달하는 복합효과를 거둔 걸작이다. 만해는 오히려 엄혹하게 갇힌 사회인 일제강점기에 의연히 꽃피운 시인이기에 더욱 빛나고 있다.

> 당신이 가신 뒤로 나는 당신을 잊을 수가 없습니다.

까닭은 당신을 위하느니보다 나를 위함이 많습니다.

나는 갈고 심을 땅이 없으므로 추수가 없습니다.
저녁거리가 없어서 조나 감자를 꾸러 이웃집에 갔더니,
주인은 '거지는 인권이 없다. 인격이 없는 사람은 생명이 없다.
너를 도와주는 것은 죄악이다'고 말하였습니다.
그 말을 듣고 돌아 나올 때에, 쏟아지는 눈물 속에서
당신을 보았습니다.

나는 집도 없고 다른 까닭을 겸하여 민적民籍이 없습니다.
'민적民籍 없는 자는 인권이 없다. 인권이 없는 너에게 무슨 정조냐' 하고
능욕하려는 장군이 있었습니다.
그를 항거한 뒤에, 남에게 대한 격분이 스스로의 슬픔으로
화化하는 찰나에 당신을 보았습니다.
　　　　　　　　　　　　　　　—「당신을 보았습니다」에서

실제로 만해의 식구들은 일본 국민이 아니라며 호적에 등록하지 않은 신분이었다. 더욱이 이 작품은 일제의 지배적 폭력을 여성 화자의 참한 사랑으로 다스리는 일종의 우이제강柔以制剛 기법이며 부드럽고 여린 것이 굳세고 강한 것을 이긴다(柔弱勝剛强)는 노자 도덕경의 진리를 구현한 경지이다. 여기에서의 '당신'은 연인이면서 조국이나 민족일 수 있기에 수난기 문학에는 고도의 시적 대응법으로 가치를 더한다.

3) 소월 김정식金廷湜의 정한情恨과 항일성

　평북 정주군의 한 공주 김씨 집안 장손인 김소월은 1902년 여름에

외가이던 이웃 구성군에서 태어났다. 전통적인 유교 집안이기에 어른들은 그의 이름을 '정식'이라 짓고 애칭인 '갓놈'이라고 귀엽게 키웠다. 그러나 어린이 가족은 뜻밖의 수난을 당했다. 경의선 중에 정주-곽산 구간의 철로를 부설하던 일본인 십장들이, 머슴을 앞세우고 친정으로 가져가는 아낙네 술이며 안주를 빼앗아 먹은 일로 생긴 사단이다. 이 무례한 일인들의 행패에 근동의 인부들이 작업을 거부하자 그 일을 부추긴다며 오히려 소월의 부친(金性燾)을 구타하여 상처를 입힌다. 그 여독으로 실성한 가장을 잃자 한 가족의 어둠은 김소월에게 평생토록 마음의 상처(心的外傷)로 남게 된 것이다.

그러기에 김소월의 경우는, 개성형성기에 남아답게 의젓하고 씩씩한 아버지 대신에 어머니나 숙모인 계희영 영향에서 가냘프고 섬세한 여성을 닮은 문제점이 된다. 이런 트라우마적 요소는 발표자도 정신분석적으로 접근하여 도착된 동일시(identification)로 밝힌 바 있다. 그의 작품에 스민 채 드러난 참하고 귀엽되 청상靑孀처럼 가엾고 체념적인 여성 페르소나만이 아니다. 시인 자신의 정한情恨이 배인 문장의 흐름이나 한에 사무친 멍울은 제목과 시 작품 곳곳에서 어두운 그림자로 나타나고 있다.

"내 가슴에 남은 설움의 덩이 / 초닷새 달그늘에 빗물이 운다"
—「설움의 덩이」에서
"아아 내 몸의 상처받은 맘이여"—「엄숙」에서
"깊은 구멍을 남의 평화롭던 가슴속에다 뚫어놓고"
—「깊은 구멍」에서
"그대의 가슴속의 / 暗靑의 이끼여"
—「不運에 우는 그대여」에서

이런 작품을 거듭 눈여겨서 읽고 위와 같은 가족사적 아픔을 살펴본

다음에 논자는 김소월에 대한 새로운 인식을 갖게 되었다. 그것은 시집이 일제강점기 당시의 악랄한 이중 검열(1차의 원고검열과 2차의 전문 삭제나 부분 삭제라는 지시대로 이행해서 출간 전에 확인하는 납본검열)을 받아서 출간되었기에 뼈에 사무친 저항의식은 밑바닥에 가려있을 뿐 김소월은 누구보다 항일적인 민족시인이라는 점이다.

23세에 펴낸 김소월의 시집 『진달래꽃』(1925)은 스승인 김억金億의 영향으로 민요적인 요소를 지닌 채 한국인의 정서에 맞아 큰 호응을 얻었다. 45세 때 낸 한용운의 시집 『님의 침묵』보다 1년 빨리 냈다는 이유만이 아님은 물론이다. 표제작은 4연 12행으로 이루어진 전형적인 서정시이다. 백의민족의 마음을 표상하는 기호로서의 진달래꽃이라는 객관적 상관물에다 한국 전래의 고전을 접목시킨 대표작이다.

> 나 보기가 역겨워 / 가실 때에는 / 말없이 고이 보내 드리우리다 //
> (자리바꿈의 심리 묘파)
> 寧邊에 藥山 / 진달래꽃 / 아름 따다 가실 길에 뿌리우리다 //
> (산화공덕의 전설 활용)
> 가시는 걸음걸음 / 놓인 그 꽃을 / 사뿐히 즈려밟고 가시옵소서 //
> (향토적 시어 구사)
> 나 보기가 역겨워 / 가실 때에는 / 죽어도 아니 눈물 흘리우리다 //
> ―「진달래꽃」 전편

윗글은 고려가요인 「가시리」나 전래민요인 「아리랑」에서처럼 이별 모티프로 시작한 상호텍스트성을 띠고 있다. "셜온 님 보내옵나니 / 가시는 듯 도셔오쇼서" 등의 연결성은 민족시의 위상을 드높인다. 그의 시는 으레 개인의 삶과 백성들의 모습을 동심에 겨운 톤으로 노래하여 심금을 울린다. 「산유화」, 「못 잊어」, 「예전엔 미처 몰랐어요」, 「접동새」, 「먼 후일」, 「엄마야 누나야」, 「임 생각」, 「임의 노래」 밖에 첫사랑인 오순이의 죽음을 통곡했다는 「招魂」 등.

더욱이 「그대의 채찍을 멈추라」, 「바라건대 우리에게 우리의 버섭 대일 땅이 있었다면」, 「옷과 밥과 자유」는 주목된다. 또한 당나라 두보의 한시인 「春望」을 「봄」으로 번역하여 1926년 3월호 《조선일보》에 −(國破山河在 城春草木深…) 발표하여 망국 현실을 우회적으로 고발했다. 더욱이 1923년에 오산중학을 졸업한 후 동경에 건너가서 동경상과대학 전문부 재학 중인 1923년 9월 초순에 벌어졌던 일본 관동대지진의 조선인 학살 현장을 목격한 제노사이드 체험은 그의 이전 시 경향과 판이하게 민족저항성을 드러낸다. 그 대지진 직후 한 달 동안 소월 김정식은 연락이 두절되어 평안도 정주의 소월 집안에서는 김정식이 일인들의 대학살 만행 중에 희생되었다는 걱정도 있었지만 김소월은 당시 교활한 일본 경찰을 비롯한 치안 당국에서 당시 동경지방에 거주하던 박열 같은 운동가를 비롯해서 재일조선 지식층을 한 군데에 모은 자리에 있었다. 그 뒤에 대지진 중 조선인들이 살인, 약탈, 방화는 물론 우물에 독약을 뿌린다는 구실로 이른바 치안 당국의 묵인과 비호하에 극렬 자경단을 앞세운 관민이 재일 조선인에 무자비한 학살 만행을 저질렀다.

그때의 참상과 여러 비극적 학살은 그 후에 눈으로 귀로 알려졌지만 직·간접적인 언론 통제로 어둠 속에 묵혀왔다. 그럼에도 당시의 끔찍하고 처참한 일인들의 극한적인 민족 말살 만행 사실은 여러 문인의 트라우마적인 작품을 통해서 차차로 발표되고 평소의 온건주의 문인들 작품세계를 강렬한 항일민족주의 성향으로 바꾼 촉매작용을 가져왔다. 1924년 11월 24일 자 《동아일보》에 '흰달'이란 필명으로 발표한 「나무리벌 노래」, 「차와 선」, 「유선」 등이 주목된다.

이런 성향은 초기에는 1923년 9월 《白潮》 동인지에 「나의 침실로」 등의 순수 낭만주의로 시작되었던 이상화도 마찬가지이다. 일본 관동대지진 때의 대학살 사태 당시에 일본에 체재했던 상화도 이후인 1926년 6월호 《開闢》에는 「빼앗긴 들에도 봄은 오는가」 같은 작품의 변모상을 보인다.

　다음 글은 소월이 스스로 극단 선택을 하기 수년 전 11월 24일에 남긴 친필 초고로서 검열을 거치지 않아 날것 그대로의 짙은 항일성을 드러낸다. 1977년에 《문학사상》사에서 발굴한 동아일보 구성지국 구독자대장 속의 육필 내용들이다.

　　슬프니 우리 노래는 가장 슬프다. / '나아가 싸우라'가 우리에게 있을 법한 노랜가. / 부질없는 선동은 우리 孤兒에게 독이다. / 우리는 어버이 없는 아기이거든. / (중간 6개 연 생략) / 인종은 가장 德이다. / 最善의 反抗이다. 아직 우리는 / 힘을 기를 뿐, / …(중략)… / 우리가 어른 되는 그날에는 / 自然히 싸우게 되고 / 싸우면 이길 줄 안다. /
　　　　　　—「忍從」 8연 중 첫 연과 끝 연 중에서

　　무슨 탓에 이다지 / 못살게 구오? / 가라니 내가 아니 가지 못하겠소. (나더러 어디로 가라 합니까?) / 뒷동산 말벌이 꿀을 모둡고 / 앞내에 기른 고기 뛰놀습니다. / 이다지 왜 이다지 쫓아내려오?
　　　　　　—「구독자대장」 속의 메모 중에서

　뿐만 아니라 초기에는 낭만주의 시에서 출발했던 박용철과 더불어 1923년 당시 일본에 유학하며 관동대지진의 참상을 겪은 이후에는 김영랑의 「독을 차고」 같은 시편에도 항일성이 강하게 담겨 있다. 그러기에 정종배 시인도 한국문학에서 "항일 저항시의 근간은 관동 조선인 대학살 제노사이드다"(《창조문예》 2024년 1월호 232쪽)라고 주장한다.

4) 상호 대비적인 고찰

위에서 살핀바 만해와 소월은 1920년대 중반에 펴낸 유일한 시집 한 권씩만으로 민족시인의 두 봉우리로 우뚝 서 있다. 한용운(1879~1944)은 향년 65세로 입적하기까지 스님-독립투사-시인으로 살다 부인 유숙원과 1남 1녀를 두었다. 소월 김정식(1902~1934)은 시인으로서 향년 32세로 실의에 빠진 채 미망인 홍단실과 4남 2녀를 두고 자결하여 대조를 보인다. 하지만 소월보다 23년 연장자면서도 늦깎이 문인인 만해보다는 『진달래꽃』(1925)이 『님의 沈默』(1926년)에 앞서 먼저 출간되었다.

혼자서 문학을 터득하여 한시-시조-현대시-소설을 써온 만해가 문단 밖의 불교적인 문인임과 대조적으로 소월은 김억 등에게서 배우고 문단에도 소개받은 유교적 성향의 시인이다. 당시로선 남달리 여성 취향적 요소를 전략적으로 활용한 만해의 작중 여성은 이지적이고 떠난 임의 재회를 믿는 데 비해 소월의 그것은 상심에 젖고 체념적이다. 시대적 위기 속에서 맞은 가족 비극을 극복하고 전화위복한 만해에 견주어 소월은 그 수난에 매몰된 양상을 드러낸다. 그래도 만해와 소월은 그 수난 속에서 꽃피운 문학으로 우리 사회에 오랜 문학 행사로도 선양되고 있어서 보람된 성과이다.

만해 한용운은 구한말에 충남 홍성에서 성장하던 중 동학전쟁 와중에 부친과 친형을 잃어 가정파탄이 난 상황에서 고향을 뜬 뒤 불교인으로 3·1운동에 앞장서서 투쟁적인 민족시인으로 우뚝 섰다. 이와 대조적으로 소월 김정식은 일제강점기에 일본의 한반도 침탈을 위한 철도부설을 맡은 일인들에게 폭행을 당해서 부친을 잃은 상처로 인해 고향에서 정한 짙은 삶을 노래하다가 자결한 민족시인으로 거듭난 표상이다.

2. 한인(고려인) 디아스포라 문학의 선구자
- 조명희론

　여기에서는 우리 신문학사에서 주요한 위치를 지닌 선구적인 시인이며 극작가 겸 소설작가인 포석 조명희의 삶과 문학사적인 업적을 새롭게 새겨본다. 갑오동학혁명이 일어나던 1894년에 충북 진천의 전통적인 유림집안에서 태어난 그는 한문 서당과 영국의 성공회 학교에서 신구학문을 공부했다. 3·1운동 때는 고향에서 유치장 생활도 하고서였다. 그러다가 일제강점기 때 일본 유학 도중 고학하던 그는 초기에 희곡 『김영일의 死』를 써서 와세다 영문학과 재학중인 김우진 등과 극예술협회를 조직하여 방학 기간 중 한국의 주요 도시를 순회하며 신극운동도 펼쳤다.
　그러다가 일본의 관동대지진 때 일본인들의 현지의 우리 동포에 대한 대학살 참상을 목격하고 귀국하였다. 귀국 후에는 자기 고향 진천 집에 돌아와 결혼하고 한국 전통적인 서정 시집을 펴내기도 했다. 하지만 일제강점기의 처참한 생활고와 구식 여성과의 결혼생활로 회의에 빠진다. 그러는 동안 포석은 피폐한 농촌환경과 일제의 수탈정책에 반항아가 된다. 결국 카프 창립과 그 운동에 가담하고 투쟁적인 작가로 거듭난다. 1924년에 펴낸 낭만적인 시집 『봄 잔디밭 우에』같은 시 세계를 버리고 항일적인 소설작가로 변신한다. 시집을 낸 이듬해부터 연속해서 발표한 소설세계는 너무나 판이하다. 시골집에 칩거하며 써낸 일련의 단편소설인 「땅속으로」, 「R군에게」, 「저기압」 등.
　그는 결국 일제 당국의 검열과 감시 속에서도 카프 방향전환기의 흐름을 반영하여 한국적인 서정성으로 조화시켜 평가받은 창작집 『낙동강』

을 이기영 작가의 작품집과 더불어 합동출판기념회를 연 칠석날 밤에 홀로 러시아로 망명의 길을 떠났다. 그 당시 저명한 문인으로서 사회주의 국가에 망명한 경우는 처음 있었던 일이다.

소련 망명지인 연해주에서 고려인 청년들에게 한글문학을 가르쳐서 한글문단을 키운 그의 생애는 남달라서이다. 특히 그의 존재감은 원동의 조선사범대학 등에서 한글문학을 익힌 제자들이 현재 한반도 안팎에서 성행하는 세계 여러 곳의 한인 디아스포라문단과도 연결된다. 1937년에 소련 연해주에서 중앙아시아로 강제 이주된 그의 제자들은 한글신문인《선봉》을 이어 카자흐스탄에《레닌기치》를 이식시켜 오늘의《고려신문》으로 배달겨레의 정체성을 지켜왔다. 시인 강태수, 김준, 김광현 등 소설작가로선 김기철, 김두칠, 김세일 등 희곡으로선 태장춘, 연성용 등이 명맥을 이어왔다.

특히 1945년 이후로는 카자흐스탄 우스토베나 알마타의 한글신문《레닌기치》에서 문예 기자로 일하던 조명희의 엘리트 문하생들은 해방을 맞은 북조선에 들어와서 북한 문학예술 교육과 행정에 투입되었다. 연해주 시절부터 조선사범대 강의와《레닌기치》문예부장을 지낸 시인 조기천은 1946년부터 평양에서 소련 군정 기관지《조선신문》의 문예부장을 역임하며 북한에 소비에트문학을 전수하며 본을 보였다. 손수 서정 장편시『두만강』(1946)과 장편서사시『백두산』(1947) 등으로 사회주의자의 역사성과 송가 양식을 가르쳤다. 또한 시인 진동혁은 참사관으로서 이를 보필하였다. 조기천보다 북한에 점령군으로서 먼저 진주했던 평론가 정율은 김일성대학 교수 겸 당의 행정관료로서 문화부상 등으로 소비에트문학 교육과 선전부장으로서 활동하였다. 명철 또한 김일성대학 로문학부 교수로 강의하며「소비에트 시문학에서 스탈린 스승의 형상」(1950),「위대한 조국 전쟁 시기에 있어서의 소비에트의 역할」등을《조선문학》에 발표하여 북한에 소비에트문학을 알렸다.

이와 같이 중요한 여러 고려인 문단 제자들을 길러낸 조명희(趙明熙,

호-抱石, 1894~1938)는 동학 농민혁명과 청일전쟁으로 국내외의 정세가 어수선한 구한말에 충북 진천군 진천면 벽암리에서 태어났다. 사대부 집안의 일곱 남매(4남 3녀) 중 막내아들이다. 시골집에서 서당에 이어 성공회에서 세운 신명학교 등에서 구학문과 신문물을 익히기 시작하였다. 소학교 과정을 마치고 서울에서 중앙고보를 다니다가 중퇴하고 고향에서 독서를 하며 지냈다. 26세에 3·1 만세운동에 가담한 일로 여러 달 구금을 당했던 그는 석방 이후 고향을 떠나 일본에 건너가 동양대학 동양인도철학과에서 고학한다. 희곡『김영일의 死』등을 써서 김우진, 홍혜성 등과 새로운 극예술동우회를 조직하여 방학 기간 중 국내 순회공연도 펼쳤다.

1923년에 귀국한 그는 고향에 돌아와서 낭만적인 시집『봄 잔디밭 위에』(1924)를 펴낸 후에 문학 노선을 바꾼다. 1925년 카프 창립에 나서고 프롤레타리아 계급의식을 다룬 자전적인 단편「땅속으로」에서 식민 통치를 매섭게 고발한다. 시골에서 서울에 올라와 실업자로 전전하는 청년은 당시 식민지 서울의 현실을 한탄한다.

> 서울은 20만 인구의 도시로서 무직업한 빈민이 18만이라는 말을 신문 기사를 보고 알았지마는 세계지도 가운데 이러한 데가 또 있거든 가리켜내오보아라. 말만 들어도 餓死者 乞食者가 길에 널린 것 같다. …(중략)… 날로 날로 더 敗滅凋殘의 운명의 길로 들어가는 서울이란 이 땅, 아니 조선이라는 이 땅, 그 속에 굼질대는 白衣人·빈사상태에 빠진 飢餓群…
> 아무것도 없다! 이 사막에는 이 焦地에는 아무것도 없다. 마른 땅과 마른 뼈 밖에는 아무것도 없다. 이 땅에 장차 무엇이 오려노? 이 무리에게 장차 무엇이 닥치려뇨?
>
> ―《개벽》제56호

그는 14세 때 네 살 위의 아내와 결혼한 이후 가족 불협화를 겪으며 이런 개인적인 체험을 계급적 식민지민족적 투쟁 차원으로 승화시킨다. 특히 당시 사회의 궁핍상을 반영하고 잇따라 계급투쟁 작품을 발표한 그는 점차 창작의 전환을 꾀한다. 노동자나 농민의 가난과 횡포 고발을 넘어 사회주의 운동가의 인물상을 그린 것이다. 24세 때인 1927년 《朝鮮之光》에 발표한 단편「낙동강」이 그런 면에서 크게 평가받는다. 이 작품에 등장한 박성운은 본디 낙동강 유역에서 어부의 아들로 태어난 뒤 일제의 갈대밭 강탈 등으로 삶의 터전을 위협받으며 투쟁한 내용이다. 이 작품은 서두부터 한껏 서정적인 분위기를 자아낸다.

낙동강 칠백 리, 길이길이 흐르는 물은 이곳에 이르러 곁가지 강물을 한 몸에 뭉쳐서 바다로 향하여 나간다. 강을 따라 바둑판 같은 들이 바다를 향하여 아득하게 열려 있고 그 넓은 품 안에는 무덤 무덤의 마을이 여기저기 안겨 있다.(이어서 한 단락 생략)

봄마다 봄마다 / 불어 내리는 낙동강 물 / 龜浦 벌에 이르러 이르러 / 넘쳐넘쳐 흐르네 / 흐르네 에헤야. // 철렁철렁 넘친 물 / 들로 벌로 퍼지면 / 만 목숨 만만 목숨의 / 젖이 된다네 / 젖이 된다네 에헤야. /

그 뒤에 그는 남·북만주, 노령, 북경, 상해 등지로 돌아다니며, 시종이 일관하게 **독립운동**에 노력하였었다. (고딕으로 확대한 대목은 일제 당국의 원고 검열로 가위표 된 부분임)

조명희 작가는 드디어 창작집『낙동강』(1928) 출판기념회를 가진 칠석날 이후에 가족 몰래 러시아 연해주로 망명한다. 그리고 그곳의《선봉》신문에「짓밟힌 고려」등의 강렬한 항일시 발표로 큰 반향을 일으킨다.

일본 제국주의 무지한 발이 고려의 땅을 짓밟은 지도 벌써 오래다.
그놈들은 군대와 법률과 감옥으로 온 고려의 땅을 얽어 놓았다.

칭칭 얽어 놓았다 — 온 고려 대중의 입을, 눈을, 귀를, 손과 발을. 그리고 그놈들은 공장과 상점과 광산과 토지를 모조리 삼키며 노예와 노예의 떼를 몰아 채찍질 아래에 피와 살을 사정없이 긁어 먹는다.

보라! 농촌에는 땅을 잃고 밥을 잃은 무리가 북으로 북으로, 남으로 남으로, 나날이 쫓기어가지 않는가?

뼈품을 팔아도 먹지 못하는 그 사회이다. 도시에는 집도, 밥도 없는 무리가 죽으러 가는 양의 떼같이 이리저리 몰리지 않는가?

그러나 채찍은 오히려 더 그네의 머리 위에 떨어진다—

순사에게 눈부라린 죄로, 지주에게 소작료 감해달란 죄로, 자본주에게 품값을 올려달란 죄로.

그리고 또 일본 제국주의에 반항한 죄로, 프롤레타리아트를 위하여 싸워가며 일한 죄로!
주림과 학대에 시달리어 빼빼마른 그네의 몸뚱이 위에는 모진 채찍이 던지어진다.

어린 '복남'이는 저의 홀어머니가 진고개 일본 부르주아놈에게 종노릇하느라고,

한 도시 안, 가깝기 지척이건만 벌써 보름이나 만나지 못하여 보고 싶어서, 보고 싶어서 울다가 날땅에 쓰러지어 잠들었다.

젊은 '순이'는 산같이 믿던 저의 남편이 품팔이하러 일본 간 뒤에 4년이나 소식이 없다고 강고꾸베야에서 죽었는가 보다고, 감독하는 일본놈에게 총살당하였나 보다고, 지금 일본 관리놈 집의 밥솥에 불을 지펴주며 한숨 끝에 눈물짓는다.
　—《선봉》 1928년 11월 7일 자, 「짓밟힌 고려」 전반부에서

　작가는 연해주의 신한촌과 육성촌에서 고려인 청소년들에게 한글문학도 지도한다. 사회주의와 한국민의 정체성을 불어넣는다. 1934년 소련 작가동맹에 가입하고 그곳 우스리스크의 조선사범대학에서 강의도 맡아 고려인 젊은이들에게 한글문학 창작을 북돋운다. 그리고 《선봉》에 '문예란' 신설을 주선한 그는 고려인 공동작품집 『로력자의 고향』(1934), 『로력자의 조국』(1937)에 작품 총평을 싣는다. 그러나 그 책에 광고된 "조명희 작, 시-산문집 『두 얼굴의 쪼각 그림』"은 햇빛을 못 본다. 식구들이 스탈린에 의해 먼 대륙으로 끌려가기 전에 그는 일본의 첩자라는 죄목으로 갇힌 채 이듬해 1938년 하바롭스크 주르사감옥에서 아까운 45세로 처형된다.
　그러다 스탈린 사후이던 1956년 7월 20일, 소련 극동군관구 군법회의에 의해 1938년 4월 15일의 조명희의 간첩 혐의에 대한 결정이 파기되고 완전 복권되었다. 뒤늦게 사필귀정으로 사후 18년 만에 억울한 누명을 벗고 부활한 것이다. 그런 후에 소련에서도 1959년에 소련과학원 동방도서출판사에서 『포석 조명희 선집』이 고급 양장본 570쪽으로 출간되어 뒤늦게 빛을 보게 되었다.
　물론 조명희 작가 사후에도 그동안 일제강점기 당시를 통틀어 현역 작가로서는 처음인 그가 러시아 땅이 된 연해주에서 키워낸 문인들의

한글 작품은 계속 성장해 왔다. 1937년에 중앙아시아로 강제 이주된 제자들이 끈질긴 고려인 문단을 이룬 것이다. 제자들 가운데 시인 강태수, 김준, 전동혁, 조기천 등의 한글 작품들이 낯선 땅에서 《레닌기치》에 발표되고 개인 시집과 공동작품집 등으로 출간된다. 강태수, 김광현, 김기철, 김세일, 김준, 연성룡, 전동혁, 조기천, 태장춘 등의 작품들이 중앙아시아에서 꽃피고 열매를 맺는다. 조기천 시인 등은 조국광복 후에 평양에 들어와 북한문학을 소비에트화하였다.

동북아시아에서 조명희 작가로부터 시작된 한인들의 디아스포라적인 한글문단은 세계로 번져나간다. 일찍이 간도로 이주한 조선족 한글문학과는 달리 한국 휴전 이후 자유이민으로 나간 우리 문단은 여러 도시 곳곳에 벋어간다. 북미지역의 《캐나다문학》, 《미주문학》 등은 모국에 버금간다. 남미의 브라질에는 《열대문화》, 아르헨티나에는 《로스안데스문학》이 연간으로 출간된다. 한글 문예지가 여럿인 호주 시드니는 물론 근래 동남아의 자카르타에도 생겼다. 유럽에는 초청노동자로 나간 간호사나 광부 출신 중심의 《베를린문향》, 《독일한국문학》이 있다. 교민에 의한 《유럽한인문학》 외로 요즘 오스트리아의 비엔나에선 《도나우담소》도 나온다.

위에서 주마간산으로 살펴본 조명희 문학의 위상과 특성을 간추려 마무리해 본다.

포석 조명희는 남북한을 통틀어 여러 면에서 중요한 통일 민족문학사적인 인물임에도 아직 제대로 평가받지 못하여 왔다. 분단 이데올로기나 자료의 부족과 터부적인 외면의 벽을 걷어내지 못한 탓이다. 이제는 일찍이 신문학 초기 때 일본에 건너가서 동경에서 고학을 하면서 동양대에서 유학하며 김우진 등 서구적인 신극운동을 전 장르에 걸쳐서 활동했던 그 정체를 올바로 평가해야 한다. 조명희 자신의 한국 전통적인 문학으로 시작해서 이질적인 카프를 선도한 문인으로서 드디어는 올바른 한국문학인으로 돌아온 문인이다. 포석 조명희는 45년에 걸친 식민지시대를 살아오면서 항일문학의 기수로서 한반도를 벗어났다. 그러나 그 스스로 선망해오던 사회주의 국가로 스스로 망명해서 많은 고려인 청년들에게 한글문학을 전파한 민족문학자였다. 하지만 결국은 일제의 스파이라고 투옥시킨 러시아 정권에 의해 처형된 비운의 고려인 작가이다. 사회주의 고려인 디아스포라 문학의 개척자로서 드디어는 항일 반 부르주아, 귀납적인 트랜스민족주의자이다.

한평생 일제와 소련의 통치 밑에서 모국어로 작품을 쓰며 문인을 키워온 조명희趙明熙—. 조국을 떠나 일본 고학과 귀향 이후 서울을 거쳐 연해주 망명 중 숨진 그의 45년 생애는 변증법적 삶을 산 민족 작가의 모습으로 다가온다. 그러기에 요즘에 와서 포석은 새롭게 한글을 통해서 세계로 이끈 통일시대 한국 디아스포라 문학의 선구자로 떠오른다.

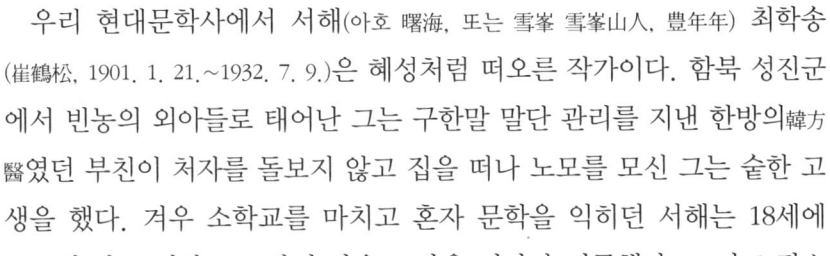

3. 남북문학사의 한 모델
– 최서해론

우리 현대문학사에서 서해(아호 曙海, 또는 雪峯 雪峯山人, 豊年年) 최학송(崔鶴松, 1901. 1. 21.~1932. 7. 9.)은 혜성처럼 떠오른 작가이다. 함북 성진군에서 빈농의 외아들로 태어난 그는 구한말 말단 관리를 지낸 한방의韓方醫였던 부친이 처자를 돌보지 않고 집을 떠나 노모를 모신 그는 숱한 고생을 했다. 겨우 소학교를 마치고 혼자 문학을 익히던 서해는 18세에 중국의 간도 지방으로 가서 갖은 고난을 겪다가 귀국했다. 그리고 평소 편지로 연락하고 여러 차례 습작소설을 보내서 지도받으며 신뢰를 얻은 그는 24세 때에 이광수 작가를 찾아 상경하였다. 그리고 마침 이전의 《창조》, 《폐허》, 《백조》 등의 동인문예지와 달리 본격적인 범문단지로 창간된 문예출판사의 일을 돕다가 바로 이듬해에 창간된 《조선문단》의 제1호로 이광수 추천을 통해서 혜성처럼 등단한 작가이다.

1) 빈궁과 체험문학의 표상

일제 강점 체제하의 일찍 고향을 떠난 최서해는 간도에서 여러 해 극한의 삶을 살았다. 가장이던 그는 유랑과 막노동, 머슴살이, 두부 장수, 나무꾼, 부두 노동자 등으로 겪은 체험을 살린 소설을 선보이기 시작했다. 귀국 후 《동아일보》에 발표한 「吐血」(1924)에서 일인칭의 자전적 주인공을 등장시켰다. – "지금 우리 집 운명은 나에게 달렸다. 여러 식구가 굶고 먹기는 나의 활동에 있다. 어머니는 늙었다. …(중략)… 그런데 나의 처는 병석에서 신음한 지가 벌써 한 달이 넘었다." 등의 내용이다.

이어서 그해 《조선문단》 창간호에 이광수 추천작 「고국」(1924)과 이듬해 발표한 서간 형식의 「탈출기」는 식민지 조국을 떠나 서간도로 새 삶의 터전을 찾아서 겪는 젊은이(나운심과 박군)의 유랑과 배고픔, 좌절 등을 보여준다. 그러다가 가족을 먹여 살리기 위해서 열심히 노력해서 사는 식구들이 빚에 몰려 지주에게 끌려가거나 죽음 등으로 가족해체를 맞게 되자 끝내는 불을 지르거나 살인을 저지르는 극단적 행동에 이른다.

「기아와 살육」(1925)의 경수는 달포 넘게 누워있는 아내의 병을 고치는 것을 미끼로 1년 머슴을 산다는 계약서를 요구한 최 의사나 약국 주인에 분노하여 가족들부터 죽이고 경찰서까지 침입하며 살인 소동을 벌인다. 박돌 어머니도 약값 때문에 아픈 아들을 숨지게 한 의원을 죽이는 「박돌의 죽음」(1925), 나가서는 「홍염紅焰」(1927)에 이르러서는 문 서방이 소작료 대신으로 끌어간 외동딸(용례)을 구하러 인가에 불을 지르고 도끼로 살인을 저지르고 만다.

서해는 이처럼 자전적自傳的이고 빈궁 체험적인 리얼리티를 살려 가족 사랑과 사회고발 작품으로 각광을 받았다. 1920년대 중엽에 선풍을 일으킨 신경향파문학의 대부로서 일제강점기 문학의 한 전형을 이룬 것이다. 그렇게 모진 삶과 문학을 일치시킨 최서해는 조선의 고리키(1868~1936, 러시아의 소비에트문학 대표 작가)로 불렸다. 그러나 최서해는 4년 남짓 선풍적 인기를 누렸음에도 그 말기에는 빛을 잃고 만다. 문제는 수필「혈흔」에서 착취 제도에 대한 항거 정신을 "참 인간의 참 생활이라는 윤리관"으로 임한 작가 자세가 옳음에도 불구하고 1925년 2월 24일 일기에서처럼 "나는 경험 없는 것은 쓰지 아니하련다"는 고정 관점에 집착해 있었다. 문학은 역시 상상력에 의한 예술임을 망각한 한계 탓이다.

그는 신경향파적인 소설의 절정을 이룬 1927년 「紅焰」 이후에는 다소 부르주아 자연주의적인 성향에서 침체를 드러낸다. 불안정한 직장과 가족을 봉양하기 위한 원고료 관계로 쓴 단편 「갈등」, 「부부」 등도 마찬가지이다. 이 밖에 여러 콩트 같은 소품들은 물론 만년에 학예부장을 맡았던 《매일신보》에 연재한 그의 유일한 장편 『號外時代』도 밀도감에 한계를 보인다고 지적받는다.

2) 호남형 작가의 가족 변전

글은 곧 사람이기에 최서해의 작품과 체험담 및 서해를 추억해서 쓴 지인들의 다소 상이한 회고담 등도 참고가 된다. 그는 늘 굶기를 밥 먹듯 하고 과식한 데다 위병으로 배 트림 소리에 소화 약병을 달고 살면서도 너털웃음을 잃지 않은 작가의 모습이다. 동료 기자였던 이명온 증언에 의하면 최서해는 구수텁텁하고 무골호인이다. 하도 굶고 고생한 나머지 광대뼈가 돋아나고 볼이 움푹 파인 최서해를 관상박사 배상철 씨가 말한 대로 《매일신보》 편집국에서는 그를 '骨相學上 美男子'란 별명으로 불렀다고 전한다.

늙은 어머니를 봉양하느라 일찍 장가들고 여러 번 바뀐 아내 탓에 최서해는 4차례나 결혼한 경력을 지녔다. 첫 부인은 함경도서 살다 간도에 가기 전 애정이 없어서 이혼했고, 둘째 부인은 간도에서 재혼하지만 곧 사망한 것이다. 서간도에 떠돌던 셋째 부인은 장녀 백금白쭉을 낳고 1년 후에 떠나 5세 딸도 아파서 죽고 만다. 결국 1926년에 네 번째 부인인 조분녀와 혼인한 이듬해에 서울서 장남 白을 얻고, 그 후 2살짜리 차녀가 죽은 대신에 막내아들을 낳았다. 그러고는 1932년 서해가 작고한 뒤 아들 형제를 데리고 살던 회령에서 그녀마저 1935년에 칠순 시어머니 먼저 세상을 떠났다.

최서해는 1920년대 신경향문학과 프로문학의 경계에서 헤맨 자세가 주목된다. 1925년 8월에 김팔봉 권유로 카프에 가입한 뒤 이익상 등과 조선문예가협회 간사, 이기영 등과 조선프로예술동맹 재무에 위촉되었으나 소극적이다가 끝내 1929년에 카프 탈퇴하고 만 것이다. 본디 가난하기에 작품은 그렇게 썼지만 이념화된 운동보다는 은혜를 입은 국민문학계의 이광수나 김동환과의 인간적인 의리 때문으로 보인다. 가장으로서 가족을 부양하기에 여념이 없던 최서해는 이데올로기적인 관념보다는 현실적인 삶의 문제에 전념했기에 카프에는 적극 가담하지 않았다.

3) 남북문학사의 한 모델

한국 신문학이 꽃피던 1920년대 문단의 한복판에서 최서해는 문단 생활 8년 동안에 발표한 독특한 작품세계 등으로 두드러진 존재이다. 동시에 남북한 문학사에서 그의 가치는 양쪽에서 높이 평가되고 있다. 그런 면에서 최서해 작가와 그의 문학은 한국 통일문학사의 한 모델이 될 만한 위상을 지닌다.

"김동인의 말처럼 서해는 당시 신경향문학의 한 시대를 획한 작가로서 그만큼 문단의 총아요 유행 작가였다. 그러나 서해의 문학은 차차 시대가 지나갈수록 광채를 잃었다. 서해의 문학은 정말 예술성이 풍부한 것이 아니고 일종의 소재문학이었기 때문이었다."(백철『신문학사조사4』) 백철은 이병기 공저『國文學全史』에서도 신경향파문학에서 당시 이론 중심으로 활동한 김기진, 박영희의 관념소설보다는 실지의 체험을 지닌 그를 크게 평가했다. "우리 작가 중에 서해처럼 쉽게 문단에 출세한 작가는 없다. 그는 대번에 뛰어서 중견작가의 자리를 차지했던 것이다."

북한 문학사의 경우, 역시 1980년대 북한 원전을 참고하면, 일제 식민통치하의 사회현실과 무산계급의 리익을 반영한 문학 1. 소설문학 분야에서 이기영－최서해－조명희 작품 가운데 서해를 가장 비중 있게 많은 분량을 다루고 있다.

4) 마무리 – 남은 과제

삼일운동 후에 민족의식 1920년대 중후반 이후 8년 동안 활발한 문단 활동을 하다가 위문 협착증으로 31세의 아까운 나이로 세상을 떠났다. 작고 후 미아리 공동묘지에 묻혀 있다가 1958년에 김광섭 시인 등에 의해 망우리 공원묘지로 이장했다. 그 후 2천년대에 와서 묘소를 찾고 우리문학기림회에서 묘비를 세운 뒤 정종배 시인이 성묘 행사를 계속해서 기리고 있다.

최서해 연구는 최초로 석·박사논문을 써온 곽근 교수 이래 근래까지는 주요 소설 작품 위주로 행해져 왔다. 지금까지 발굴된 그의 작품을 점검해 보면 총 130여 편으로 환산된다. 단편과 콩트 45편, 장편 1편, 번안소설 3편, 평론 18편, 시, 시조, 동화 및 수필 60편 등. 그러므로 앞으로는 그의 31세에 걸친 기구한 삶과 더불어 평생 동안 여러 장르를 망라해서 발표된 텍스트 전체를 입체적으로 접근함이 바람직하다.

끝으로 최서해가 가난 때문에 네 부인 사이에서 낳았던 2남 2녀 가운데 어릴 적에 죽은 두 딸 밖에 두 아들은 북한에 생존해 있다. 넷째 부인인 조분려에게서 낳은 최학송의 두 아들(崔白과 崔澤) 중에는 이미 북한에서 산업기술 분야의 부상급에 오른 바 있다고 알려졌다.

4. 가산의 삶과 작품의 향기
- 이효석론

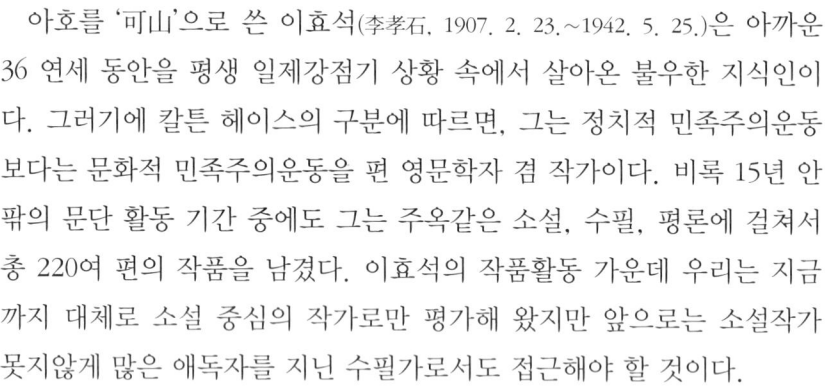

아호를 '可山'으로 쓴 이효석(李孝石. 1907. 2. 23.~1942. 5. 25.)은 아까운 36 연세 동안을 평생 일제강점기 상황 속에서 살아온 불우한 지식인이다. 그러기에 칼튼 헤이스의 구분에 따르면, 그는 정치적 민족주의운동보다는 문화적 민족주의운동을 편 영문학자 겸 작가이다. 비록 15년 안팎의 문단 활동 기간 중에도 그는 주옥같은 소설, 수필, 평론에 걸쳐서 총 220여 편의 작품을 남겼다. 이효석의 작품활동 가운데 우리는 지금까지 대체로 소설 중심의 작가로만 평가해 왔지만 앞으로는 소설작가 못지않게 많은 애독자를 지닌 수필가로서도 접근해야 할 것이다.

그리고 아울러 가산의 삶과 문학에는 적지 않은 영향을 끼친 왕년의 민요 가수와의 만남과 에피소드도 곁들여 식민통치시대에 대형 작가의 풍모를 살피려 한다. 이미 본 작가는 갔어도 이효석 작가의 고향 정취와 따스한 정서는 문학 작품으로 남아서 이렇게 새롭게 우리와 만나 마음을 열고 대화하며 옛정을 되살린다. "인생은 짧고 예술은 길다"는 의사 히포크라테스에 이어서 시인 롱 펠로우의 말이 떠오른다. 역시 문학은 정년이 없는 문우들과 더불어 명작을 재음미하며 옛 작가를 기릴 수 있어 좋다. 그러기에 논어에서도 선비들은 "글로써 벗들이 모이고(以文會友), 벗들로써 좋은 일을 한다(以友輔仁)"고 했던가 싶다. 우리는 이 고장의 맑은 정기 속에서 메밀 맛과 낙엽 태우기로 코로나 역병을 이겨내고 유익한 시간으로 지내길 바란다.

1) 작가적인 삶의 발자취

가산 이효석은 1907년 2월에 평창에서 2남 3녀 중 장남으로 태어나서 자라며 소학교를 마치고는 상경하여 줄곧 엘리트 코스를 밟은 수재이다. 명문인 경성제일고보 재학 중에는 톨스토이, 투르게네프, 체홉 등의 러시아문학을 탐독했다. 그리고 경성대학 예과 시절인 1925년에는 유진오 등과 학우들과의 교유지인 《淸凉》, 문예동인지 《文友》에 습작품을 발표했다. 대학에서는 영미문학을 익히며 1927년 경성 제국대학 법문학부 영어영문학과를 졸업하였다. 일제의 통치 상황 속에서는 영미문학을 선택해서 전공하는 것이 식민주의 굴레에서 벗어나는 통로(채널)이기도 했음이 참고된다. 그리고 그는 강의를 듣던 급우들 가운데서 원서를 해독해서 발표할 적에도 담당 서양 교수에게서 엑설런트로 뛰어나다는 격찬을 받았다고 전해진다. 그런 만큼 그는 대학 재학 중이던 1928년에 단편 「도시와 유령」을 《朝鮮之光》에 발표하여 작가로 등단하였다.

초기에는 같은 대학의 법문학부 1년 선배인 유진오와 함께 프로문학에 동조하는 동반자 작가로도 활동하였다. 두만강 하구를 건너서 공산국인 러시아로 향하는 기선에도 갑판 위의 호화스러운 상층과 갑판 밑의 보통실 밑 기관실 바닥의 밀항자는 물론, 화부의 열악한 계급 현상을 풍자한 「露領近海」(1930)와 같은 계열의 「북극사신」(1930), 「상륙」(1931) 등이 이에 해당된다. 그러다가 1931년 음악을 전공한 이경원과 결혼한 후 처가가 있는 鏡城 농업학교 교사로 재직하던 1933년에는 '9인회'에 가담하여 변모를 꾀한다. 김기림, 정지용, 이상, 김유정, 이태준, 유치진, 조용만, 박태원, 박팔양 등과 더불어 탈 계급적인 모더니즘과 순수문학을 지향하다 스스로 거리를 두고 독자적인 세계를 추구했다.

1934년부터 평양의 숭실전문대학의 교수로 자리 잡은 이후에는 자연적인 배경에다 동물의 경우를 들어 인간의 낭만적이고 관능적인 에로티시즘의 미학을 성공시켰다. 그동안 여러모로 시도한 문예 실험상의 변증법적 과정을 거쳐서 이뤄낸 결과이다. 이를테면, 작가 스스로 구인회에서 물러날 무렵에 발표한 이효석 전기를 마감하고 흔히 후기소설의 막을 열었다고 평가하는 「豚」(1933)을 비롯해서 여러 작품이 줄을 잇는다. 「山」(1936), 「들」(1936), 「石榴」(1936), 「메밀꽃 필 무렵」(1936) 등의 단편과 장편인 『花粉』(1939)이 이에 해당된다.

2) 강원도가 낳은 작가, 명작의 백미
 – 단편소설 「메밀꽃 필 무렵」 읽기

가산의 소설 가운데 백미白眉로 평가받는 단편소설 「메밀꽃 필 무렵」(《朝光》 1936년 10월호) 일부분을 감상해 본다. 작품의 중간 대목으로서 달밤의 정경과 다음 열릴 오일장 방향으로 찾아가는 장돌뱅이 일행들의 대화가 일품이다. 영미문학 전공에다 서울과 평양에서 많이 활동한 그가 토속적인 인물들을 바로 자신의 고향인 평창이나 봉평 장터에 등장시킨 작가의 의도가 가상하다. 한국의 전통 정서나 지명까지도 바꾸려는 일제강점기에 행복한 포토필리아 공간인 향토의식과 더욱이 그 가난하고 서민적인 사람들 마음에다 서정적인 자연의 정취를 빼어난 필치로써 민족정체성을 지키기 위한 모국어로 선명하게 그려낸 글솜씨 또한 뛰어난 대표작이다.

"달밤에는 그런 이야기가 격에 맞거든."

조 선달 편을 바라는 보았으나 물론 미안해서가 아니라 달빛에 감동하여서였다. 이지러는 졌으나 보름을 갓 지난 달은 부드러운 빛을 흐뭇이 흘리고 있다. 대화까지는 팔십 리의 밤길, 고개를 둘이나 넘고 개울을 하나 건너고 벌판과 산길을 걸어야 된다.

달(길)은 지금 산허리에 걸려있다. 밤중을 지난 무렵인지 죽은 듯이 고요한 속에서 짐승 같은 달의 숨소리가 손에 잡힐 듯이 들리며, 콩 포기와 옥수수 잎새가 한층 달에 푸르게 젖었다. 산허리는 온통 메밀밭이어서 피기 시작한 꽃이 소금을 뿌린 듯이 흐뭇한 달빛에 숨이 막힐 지경이다. 붉은 대공이 향기같이 애잔하고 나귀들의 걸음도 시원하다.

길이 좁은 까닭에 세 사람은 나귀를 타고 외줄로 늘어섰다. 방울소리가 시원스럽게 딸랑딸랑 메밀밭께로 흘러간다. 앞장선 허생원의 이야기 소리는 꽁무니에 선 동이에게는 확적히는 안 들렸으나, 그는 그대로 개운한 제멋에 적적하지는 않았다.

"장 선 꼭 이런 날 밤이었네. 객주집 토방이란 무더워서 잠이 들어야지. 밤중은 돼서 혼자 일어나 개울가에 목욕하러 갔었지. 봉평은 지금이나 그제나 마찬가지지. 보이는 곳마다 메밀밭이어서 개울가가 어디 없이 하얀 꽃이야. 돌밭에 벗어도 좋을 것을, 달이 너무나 밝은 까닭에 옷을 벗으러 물방앗간으로 들어가지 않았나. 이상한 일도 많지, 거기서 난데없는 성 서방네 처녀와 마주쳤단 말이네. 봉평서야 제일가는 일색이었지. 팔자에 있었나부지."

― 단편소설「메밀꽃 필 무렵」에서

3) 외면보다 내면적인 낙엽 태우기
  − 수필 「落葉을 태우면서」 새로 읽기

수필 「낙엽을 태우면서」는 한국전쟁 이전부터 교과서에 실려서 최근까지 널리 읽혀온 작품이다. 그만큼 새 고전일 만큼 많이 사랑받는 글이기 때문이다.

> 가을이 깊어지면 나는 거의 매일같이 뜰의 낙엽을 긁어모으지 않으면 안 된다. 날마다 하는 일이건만, 낙엽은 어느덧 날고 쏟아져서 또다시 쌓이는 것이다. 낙엽은 참으로 이 세상 사람보다도 많은 모양이다. …(중략)…
> 낙엽 타는 냄새같이 좋은 것이 있을까. 가제(갓) 볶아낸 커피 냄새가 난다. 잘 익은 개암 냄새가 난다. 갈퀴를 손에 들고는 어느 때까지든지 연기 속에 우뚝 서서 타서 흩어지는 낙엽의 산더미를 바라보며 향기로운 냄새를 맡고 있노라면 별안간 생활의 의욕을 느끼게 된다. 연기는 몸에 배서 어느 결엔지 옷자락과 손등에서도 냄새가 나게 된다.
> 나는 그 냄새를 한없이 사랑하면서 즐거운 생활감에 잠겨서는 새삼스럽게 생활의 제목을 진귀한 것으로 머릿속에 떠올린다.
> ― 수필 「낙엽을 태우면서」 서두 중에서

바야흐로 살아있는 생활 문학인 수필의 전성시대다. 전 세기의 중엽만 해도 우리 문단에서는 수필을 장르에서도 소원하게 여겨 왔지만 이효석은 이미 1930년대에 알뜰한 명수필을 써냈다. 바쁜 일상에 긴 소설 읽기도, 번거로운 머리에 난해한 시 작품보다도 이제는 이렇게 다채롭고 짧고 산 글이 제격이다.

위의 단편 가운데 짙은 동물적 이미지와는 다르게 이 수필 작품에서는 낙엽과 함께 물씬한 가을의 계절감을 떠올린다. 더구나 낙엽이 타는 구수한 냄새에다 알싸한 커피 맛도 일품이다. 으레 낙엽이라면 그 이파리의 색깔이나 상실의 느낌 아니면 그루몽의 시에서처럼 "시몬! 너는 좋으냐? 낙엽 밟는 소리가." 정도의 평면성을 탈피한 것이다. 상식적인 시청각보다는 후각적으로나 미각적으로 변용된 의식 세계의 경지를 보여준다. 흔히 동물적 이미지가 짙은 소설들과는 대조적으로 수필에는 식물적 상상력이 활용되고 있다. 역시 가산의 수필 작품인 「녹음의 향기」, 「수선화」, 「청포도의 사상」이라는 작품의 이름들부터도 순하고 향긋하게 다가든다.

4) 한국 민요를 사랑한 가산의 행보

새삼스럽지만, 우리 현대문학사를 살피다 보면, 험준한 일제강점기를 살아온 문인들의 행태에 많은 시선을 쏟게 된다. 엄혹한 식민 통치에 대응한 삶의 자세나 발표를 위해서 당국의 원고와 납본에 걸친 이중 검열을 의식한 작품에서의 순응의 정도와 저항적인 은유나 고발 내지 풍자의 밀도감과 강도뿐만이 아니다. 생활을 위한 취업과 처세의 방향에 이르기까지 식민지 시대의 삶은 가시나무 숲길을 헤쳐가기 같은 지성인들의 고뇌를 상기해 보게 된다. 이효석의 경우, 취업이 어렵던 당시에 총독부 산하의 첫 직장을 얻어 출근하던 며칠 만에 '가산 너마저 왜놈의 앞잡이가 됐구나'라는 주위의 눈총과 자책으로 그만두고 처가가 있는 함경도 지방 학교로 옮겨간 사실들도 이런 문제들과 무관하지 않다. 또한 일본 문화를 벗어나기 위해서 외국 문학 전공을 택하고 민족 정체성 지키기 의식으로 모국어인 한글로써 시골의 옛 정취를 취한 소설을 쓰는 행위 역시 마찬가지이다.

이런 관점에서 이효석 작가가 1930년대 당시 우리나라 가요계에서 선풍을 일으킨 민요 가수 왕수복과의 교우와 인생적인 삶도 중요한 접근

대상이라고 본다. 적어도 우리 민요는 한겨레의 기층문화층인 서민들의 애환을 대중적으로 표출한 노래로서 식민시대 백성을 묶는 공감대의 중추이기 때문이다. 실제로 당시 왕수복의 본조 아리랑은 물론 재래의 민요에다 서양 악곡을 가미한 신민요 가수로 유명해서 당시 방송이나 레코드판으로 선풍적인 인기를 끌고 있던 것이다. 「울지 말아요」, 「고도의 정한」 등. 본디 평남에서 태어난 왕수복(王壽福, 1917~2003)은 평양 권번이 세운 기생학교 제1기생으로서 10대 초부터 노래와 악기 연주, 미술, 무용 등을 익힌 민요가수로서 무용가 최승희에 못지않은 인기를 얻었다. 당시 10대였던 그녀는 경성방송국 외로 레코드 음반만 1만 장 이상 팔린 인기를 누렸다고 알려진다. 왕년의 윤심덕보다는 10년 후 세대이고 목포의 이난영과는 같은 또래였다.

 사실 일제 당국이 되도록 한국의 고유한 문화를 억누르고 없애려는 식민정책의 책동 속에서 민요는 고유문화의 뿌리 중의 하나이다. 1920년대에 성행했던 일련의 최남선, 정인보, 이병기 등의 시조부흥운동, 가야낼 제정과 조선어학회를 통한 한글보급운동, 문일평의 '朝鮮心' 찾기, 홍사용의 「조선은 메나리나라」(《別乾坤》 1928년 5월호) 등을 통한 민요운동 등은 문화적 민족주의의 발로였다. 이런 일련의 문화운동은 난국에서도 겨레와 나라의 정체성을 지키려는 의식에 직결된 것이다. 따라서 작가 이효석이 남달리 당시의 뛰어난 민요 가수인 왕수복과 밀접하게 교유하는 일은 여느 경우와 달리 의미가 짙다.

 당시 평양에서 왕성한 창작활동을 펴던 30대 중반의 이효석과 음악을 전공한 이정원 부인과는 물론 가산의 맏딸인 이나미 등의 가족에까지도 20대 중반의 왕수복과 친숙하게 지냈다. 일제강점기 당시의 스포츠 열기와 함께 식민지 백성을 달래는 대중음악계의 샛별이던 왕수복은 가산의 건강에 결정적으로 영향을 미친 정황이 짙다. 이효석 작가 부부와 유진오가 함께 극장에서 영화를 감상하던 중에 말없이 자리를 비웠다가 며칠 후에야 귀가했다는 즐거운 에피소드만이 아니다. 가산의 경성고보 수년 뒤인데다 경성제대 영문학과의 직계 후배인 조용만 작가의 다음과 같은 증언도 그 관계를 유추하는 데 참고가 된다.

> … 이렇게 활발한 작품활동을 하던 중 1940년에 부인 이경원 여사가 별세하고 둘째 아들도 사망하여서 이 돌연히 닥쳐온 슬픔을 달래기 위하여 이효석은 만주와 중국 등지로 방랑하였다.
> 1942년에 지병인 폐결핵이 악화되어 5월에 평양 도립병원에 입원하였는데 결핵성 뇌막염이 되어서 언어 불능에 빠졌고 혼수상태에 들어서 전연 회생할 가망이 없었다. 이 때문에 부득이 병원에서 퇴원하여 집으로 돌아와서 5월 25일에 별세하였다. 부친이 강원도 고향에서 달려와서, 부친과 여가수 왕수복 여사가 지켜보는 가운데서 36세의 젊은 나이로 세상을 떠난 것이다.
> 그는 스물두 살 때에 너무 일찍 문단에 나타나서 연약한 몸을 돌보지 않고 전 정력을 불태워서 작품을 쓴 뒤에 서른여섯에 별세한 것인데, 작품을 쓴 기간은 15년밖에 되지 않는다.

그런데 1990년대 말엽 봄철이었던가, 강원도 여행을 겸해서 가산문학비 성묘를 마치고 관광버스를 향해 오던 길이었다. 일행인 대학원생들과의 문답에서 조용만 교수는 단호하게 말씀한 것이다. ―"그분 사망원인을 무슨 결핵성 뇌막염인가, 뇌출혈이란 옹색한 병명은 권위를 위한 억지 치장이야. 이 선배는 누구보다 열정적이고 로맨티스트인데 말야! 순수한 사랑이면 오히려 영광된 일이지, 무슨 괴이한 병명을 붙이는 건지 몰라. 가산 선배는 젊은 왕수복과의 무리한 사랑 행각 때문에 일찍 숨을 거둔 거야."

그렇게 可山이 작고한 다음에 왕수복 자신도 광복 후에는 수년 동안

은퇴해 있다가 월북한 다음에야 평양에서 재기하여 활동하였다. 1950년 전쟁 전에 문화선전성의 지시를 따라 구소련 일대의 공연을 다녀온 바도 있다. 정율 부상의 인솔로 알마타와 타슈켄트를 거쳐서 모스크바 등지의 고려인들을 상대로 공연해서 절찬을 받은 그녀의 아담하고 훤칠한 모습을 지닌 사진을 필자가 가지고 있다.

5. 한일 양국을 애증으로 품은 문인
- 김소운론

시인 겸 수필가인 동시에 탁월한 번역가인 김소운(金素雲, 1907. 1. 5.~1981. 11. 2.)은 여러모로 독특한 면을 지닌 문학가이다. 더욱이 구한말 이래 동양 근대사의 소용돌이 속에 어릴 적부터 어두운 가족사적인 수난까지 겪어온 그의 고찰은 뜻깊다. 따라서 그에 대한 접근은 일제강점기 말에 조국광복을 맞은 논자 세대에게 일제 통치 당대 세대인 청년 문인의 삶 체험과 내면 공간을 살피는 기회이기도 하다. 그러기에 일본 동경 현지에서 행해진 두어 번의 한일 학자들의 김소운 심포지엄에 참가해서 느낀 소감은 새로운 바 있었다. 여기에 참여한 동기는 한국 일본학회를 창립하고 한국 작고 문인 현창에 함께한 이영구李榮九 교수의 뜻에 따랐음을 밝혀둔다.

아마 주최 측에서 논자를 김소운에 대한 세미나 발표자로 택한 것은 나름의 이유가 있다. 그것은 1998년 초에 논자가 주관하던 '우리문학기림회'에서 부산 영도 해변공원에 '金素雲文學碑'를 세운[1] 일을 배려해서

인 것으로 생각한다. 그리고 바로 그해 여름에 부산에서 우리문학기림회와 동경대학 비교문학회(東比會)[2] 공동주최로 개최된 '김소운 문학 국제학술 심포지엄'에 김소운론으로 평론에 당선되고 김소운 문학회 대표로 참여한 강석호 회장과 더불어 논자도 참가한 점을 참고한 셈이라 생각된다.

여기서는 실로 73년의 생애 동안 한반도와 일본열도를 넘나들며 작품 활동을 해온 김소운의 문학적 업적과 특성을 점검해 본다. 한국인으로서 일본에 필생의 애증愛憎을 함께 지닌 실체의 모델을 점검하는 작업의 일환이기 때문이다. 민족사적으로 식민 통치로 괴롭혀 온 일본에 대한 증오감과 함께 청년기 한때 일본 거리에서 탈진한 노동자로 죽음을 앞두고 있을 때 가정으로 옮겨 생명을 구해준 일본 여성에 은혜를 지닌 모델이기도 하다. 여러 장르에 걸쳐 행해온 김소운 문학은 질과 양면에서 에세이가 본령이었고 여러모로 선구적인 문필가로서의 역할을 다해 온 문인이다.

1) 시대와 전기적인 삶의 역정

김소운의 자전적 파일을 살펴보면, 그의 가족사적인 일생은 어릴 적부터 파란만장한 한 편의 드라마이다. 구한말 부산의 영도구청장쯤의 직을 맡은 할아버지 재산은 김해, 창원 등지에 많은 땅을 지닌 지주였다. 하지만 한일 합평 직전, 어린 소운은 구한말 탁지부 공무원인 부친이 진주에서 동족의 손에 피살된 데서 파탄이 인다. 할머니와 구한말 정부의 위로금 등으로 갈등을 빚던 어머니마저 소운이 4세 때 러시아로 사라져서 부모나 남매마저 없는 고아 신세가 된다. 6세에 진해의 사립학교를

---

1) 순수 민간 모임인 이들 회원들은 1998년 2월에 김소운 출생지에 맨 처음 추모 문학비를 세웠음.
2) '동비회'는 동경대학 비교문학, 비교문화대학원에 재적한 학회인데 필자는 이들과 함께 2000년 11월에 동경대학에서 행해진 제2차 김소운 국제학술심포지엄에도 참가한 바 있음.

거쳐 서당에도 다니다 7세 때 백모가 사는 김해보통학교에 입학한 이듬해에는 모친을 찾아 혼자서 진남포까지 어머니를 찾아다니다 돌아온다. 불안정한 초등학교 과정을 지내다가 삼일운동이 일어난 11세에는 민족운동적인 영도소년단을 결성하여 단장의 노릇을 하다가 12세 된 이듬해 가을에 석탄화물선 편으로 오사카의 큰어머니댁에 기숙한다. 그러다가 다음 해에는 동경으로 가서 개성開成 중학 야간부에 적을 두고 신문팔이로 고학을 하던 중 1923년 9월에는 예의 관동대지진 북새통에 제노사이드 대학살이 일어나자 위험을 피해서 다시 오사카로 옮겨다니는 삶이었다.

　성인이 된 이후의 약력에서도 소운의 신수는 그렇게 순탄하게 펴진 형편이 못 된다. 어릴 적의 충격적인 가정 수난을 비롯해서 소년기의 고난뿐만이 아니다. 광복 전 젊은 시절부터 통신사나 신문사, 잡지사에 취직했으나 결국은 오래 지속되지 못하고 그만두었다. 그런 중에도 김소운 인생의 다복하고 보람스러웠던 성취의 정점은 대체로 1930년을 전후한 7~8년과 그 이후 7~8년으로 여겨진다. 처음 기간은 소운이 문예지《地上樂園》에 글을 연재하고 서구적인 취향의 현지에서 일본어로 번역한 조선의 구전민요집 등을 일본 여성(小川靜子)과 첫 결혼생활을 시작한 1927년(19세)부터 1933년에 이와나미문고(岩波文庫)에 2권이나 실었던 기간이다. 그러나 바로 1933년 그해에 곧 귀국하여 조선아동교육회를 설립하고《아동세계》,《新兒童》,《兒童世界》를 창간했다. 하지만 의욕적인 아동문예지들 탓에 경영난에 부딪친 나머지 4년 만에 문을 닫았다. 그리고 드디어는 첫 부인과는 17년만인 1944년에 갈라서고 만다.

　그 직후 김소운 가족사에 중요한 계기를 이룬 일은 그가 37세이던 1945년에 북만주를 지나 귀국해서 광복을 맞은 부산에서 알게 된 김한림 金韓林과 11월에 재혼한 사실이다. 중고교 교사이던 그녀와 양산에 살면서 새롭게 양돈, 양계도 시작하고 젖소를 기르며 원예 생활을 시작한다. 그러다가 1948년에 다시 서울에 올라와 잡지사를 차리고 주간 풍자지《漫畫行進》을 시작해 보았으나 실패한 선비로서의 한계를 겪는다. 그러던 중에 한국전쟁기를 맞아 다시 문필생활에 접어든다. 그렇게 해서 마치 정반합의 변증법 과정처럼 결국은 원고 쓰기에 돌아와 문학을 생활방편으로 삼아온 과정이 뚜렷하게 드러나 있다. 그런 중에서도 가상한 사실은 항시 선비다운 자태를 잃지 않고 의연한 풍모를 지녀왔다는 점이다. 더욱이 이 무렵에 1남 2녀의 자녀들도 기르면서 난생 처음으로 부부가 외국 초청행사에 함께 참석할 기회를 얻는다. 그러나 이런 행운의 기회는 호사다마라는 격언처럼 엄청난 마음의 시련을 겪기도 한다.

그것은 1952년 9월에는 예의 유네스코 초청 베니스 국제예술가회의 참석차 가는 도중에 동경서 가진 자유당 정부에 대한 비판성《朝日新聞》과의 인터뷰로 인해 여권을 압류당한 채 무려 13년 동안을 강제로 체류하며 고뇌를 겪는 시련을 말한다. 일찍이 일본열도에 머무르던 때와는 사뭇 다르게 여권을 통해서 타의에 의해 겪는 억울한 처지였다. 민주주의 사회에서 문사에게 이렇게 정치적인 조처를 취한 당국에 여론의 비판도 많았다.

그럼에도 조국으로부터의 당한 추방령을 김소운은 자신에 대한 훈장처럼 여기고 일본에서 꾸준한 작품활동을 계속해 왔다. 추방객은 오히려 "그의 전 생애의 모든 작업이 '祖國愛' 때문에 이루어질 수 있었고, 조국이 그를 사랑하지 않아도 자기 혼자만이라도 조국을 짝사랑해 왔고 그렇게 계속할 것이기 때문에"[3] 귀국하기에 이른다. 자유당 정권 붕괴 후인 1965년 가을에야 서울에 돌아온 소운은 새롭게 모국에서의 수필 전성시대를 맞게 되었다. 그만큼 김소운은 자신에게 주어진 시련을 작품이나 새로운 모색으로써 충전 효과를 거두어 거듭나는 문학의 계기를 이룬 것이다. 그동안의 추방에 의한 망명 처지에서 조국 품에 돌아온 이후 김소운은 전에 없이 여러 권의 수필집들을 엮어내고 있음을 확인한다.

---

[3] 최박광, 「김소운문학과 生의 초상화」, 앞 문예지 추모특집. 121쪽. 1978년. 동경대학 문학부 초청 「한국과 일본의 틈바구니에서」 강연에서.

2) 시, 번역에 많은 업적을 남긴 수필가

잘 알려진 대로 김소운(아명-敎重, 敎煥, 아호-三誤堂, 巢雲)은 장르상으로 여러 방면에 걸쳐서 한일 양국에서 문학 작품 활동을 해왔다. 그것은 낱낱의 작품뿐만 아니라 작품집들로 확증되고 남는다. 일찍이 한국에서는 1920년대 중엽 이전부터 詩를 발표하고 어렵게 시집『出帆』도 낸 바 있는 시인이다. 그리고 또한 1950년대 초엽에 동화집『보리알 한 톨』을 펴낸 아동문학가 활동도 해왔다. 특히 1930년대 중반에는 아동문학 잡지를 3가지나 내다가 실패했던 열정도 높이 평가하게 된다.

그런가 하면, 일본에서도 1920년대 중반의 당시의 문예지인《地上樂園》에 유명 시인인 기타하라 하쿠슈(北原白秋, 1885~1942)의 추천을 받아 일본 시단에도 등단한 문인이다. 그 이래로 광복 이후까지 탁월한 번역 수준을 평가받은 단행본 여러 권을 출간하여 명성이 높다. 그 가운데 김소운이 25세이던 1933년에 이와나미문고(岩波文庫)로 간행된『朝鮮童謠選』,『朝鮮民謠選』이나 46세이던 1954년에 간행된 김소월, 박용철, 이육사, 김동명, 김소운 중심의『朝鮮詩集』에 이바지한 업적이 컸다. 1940년에 43명의 현대 한국 대표 시인 작품들을 번역, 출판된『젖빛구름(乳色の雲)』(河出書房) 또한 한국 현대 시의 이해에 참고된다.

앞에 든 부산과 동경 심포지엄에서도 김소운의 높은 번역 수준에 대한 찬사가 계속되었다. 일찍이『朝鮮詩集』서문을 쓴 사토 하루오(佐藤春夫, 1892~1964)는 소운이 구사한 밀도감 짙은 일본어 솜씨를 두고 "참으로 기적이다"[4]라고 감탄하기를 서슴치 않았다. 이렇게 일본어로 번역된 소운의 우리 작품 단행본만도 수필집을 제외하고 논자가 조사한 바만 들어도 14권에 이른다.

하지만 삶에 직결된 김소운 작품의 질적 내용이나 수량 또는 시, 공간적 영역과 그 효용성과 면에서는 수필이 상대적으로 우위를 보인다. 역시 수필은 김소운의 경우도 중년 이후 들어 점차 많은 실적으로 두드러져 있다. 그의 삶을 통한 수필집 발표 요지문 뒷면에 첨부한 김소운 연보[5]에 제시된 수필집 말고도 그 생전에 출간된 수필집을 살펴보면 다음과 같다.

한국에서 펴낸 수필집(괄호 안은 일본에서 일본어로 펴낸 경우)

『木槿通信』《대한일보》연재, 영웅출판사 출간, 1951.

『馬耳東風帖』 대구 고려서적, 1952.

『恩讐 三十年』, 일본 ?, 1953.

『三誤堂雜筆』 진문사, 1955. (『아시아의 四等船室』, 講談社, 1954)

『희망은 아직 버릴 수 없다』 남향출판사, 1964. (일본 河出書房, 1954)

『이 일본사람들을 보라』 수도문화사, 1965.

『健忘 虛妄』 남양문화사, 1966.

『일본의 두 얼굴』, 삼중당, 1967.

『물 한 그릇의 행복』, 중앙출판공사, 1968.

『하늘 끝에 살아도』, 동아출판공사, 1968.

『東京, 그 거대한 村落』, 배영사, 1969.

『붓 한 자루』, 범우사, 1976.

『일본이란 이름의 기차』, 冬樹社, 1977. (일본 冬樹社, 1974)

『김소운 수필 선집』 5권, 부산 아성출판사, 1978.

(『가깝고도 먼 나라로부터』, 新潮社, 1979)

(『마음의 벽』-김소운 에세이선, 1981)

(『안개가 보이는 날』, 1981)

『등불이 지기 전에 인생을 젊은이와 이야기하고 싶다』, 남향출판사,

---

[4] 芳賀徹 「김소운과 동시대 일본문인」, 국제학술심포지엄 논문요지문 『韓日交流와 김소운의 문학세계』, 1998. 29, 33쪽. 또한 北原白秋도 『朝鮮民謠集』(1929) 서문에서 '놀라움을 금할 수 없을 지경에까지 번역에 성공했다'고 격찬하고 있음.

[5] 《문학사상》 1981년 12월호, 김소운 추모특집, 128~129쪽.

1981.

『맨발의 인생 行路』중앙일보사, 1981.

『천냥으로도 못 사는 보배』, 중앙출판공사, 1981.

위와 같이 소운이 생존했던 당시 한국과 일본 두 나라에서 펴낸 수필집은 모두 20권을 넘는 실적이다. 여러 신문이나 잡지에 발표한 것을 모아 경향 각지의 출판사서 펴낸 단행본인지라 태반이 중복된 면이 많은 대로 대단한 분량이다. 정작 소운 자신은 수필가라고 자처하지 않았는데도 여느 수필가에게서는 볼 수 없는 작품성과이다. 그리고 일본에서의 수필 발표 경우 역시 한국전쟁 초기에《中央公論》에 전재되어 파란을 일으킨 '일본에 보내는 공개장 -「木槿通信」[6)]을 비롯하여 위의 일본어 수필집 6권을 헤아리면 소운이 일본에서 펴낸 편역본編譯本 20여 권 가운데 상당한 분포를 이룬다.

이처럼 시, 번역, 아동문학, 수필에 걸쳐 폭 너른 문필활동을 해온 김소운의 주된 장르는 여러모로 볼 때 단연 수필이 으뜸이다. 대체로 중년 이후 두드러진 그의 수필은 여러 면에서 일본서의 빼어난 번역 영향력 못지않게 한국과 일본 두 나라에서 이름을 날리며 많은 호응과 함께 원고료 수입원收入源을 이루었다. 거기에는 인기 면에서나 경제적 소득에 앞서서 독자들에게 문학 예술적인 기쁨과 공리적인 가르침을 함께 하는 것임은 물론이다.

흔히 그의 수필은 상상력보다는 "철저한 체험의 세계"[7)]를 다루면서 일본 문화의 경계와 교류의 자세로서 남다른 특성을 지녀 적잖은 오해도 받는다. 여느 상식에 갇힌 일부 층에는 다음 같은 소운 자신의 말에서도 자칫 오독誤讀할 소지를 발견하는 모양이다. -"붓대를 손에 쥔 지

---

6) 무궁화통신이란 의미의「木槿通信」은 당시 전쟁 와중의 한국을 지옥이라고 비하하는 대담을 실은 일본의 주간지《썬데이每日》사 내용에 격분하여 부산의《대한신문(국제신문 전신)》에 연재하고 그 번역문을 그해 11월호 일본《中央公論》에 특별 기고로 전재하여 큰 호응을 얻은 서간체 에세이임.

40여 년, 그새 단 한 번 산천경개나 雪月花의 운치를 두고 글을 쓴 적이 없다. (그런 글을 경시한다는 뜻이 아니고 그런 詩情에 한눈을 팔 겨를이 없었다는 것이 거짓 없는 실토다.) 인간에 대한 관심과 祈願⋯⋯, 내가 쓴 글은 언제나 이 범주를 벗어난 적이 없었다."[8] 그래서 자칫 김소운의 수필에는 서정성이 없다고 지적하며 아쉬움을 표하는 걱정도 있지만 부질없는 속단이 아닐 수 없다. 오히려 소운의 수필에는 유아 시절 개성형성기부터 절실하게 겪어온 고아의 처지를 쓴 「어머니의 털외투」, 가난한 포석 작가가 아침 끓일 쌀값으로 빌린 돈을 갚기 위해 먼 눈길을 걸어 왔다 가는 뒷모습 묘사 등은 여느 음풍명월 못지않은 서정적 비애감을 전해준다.

또한 어릴 적에 아버지와 사별한 데 이어서 어머니와 생이별한 정신적 아픔을 표출한 대목에서는 여느 서정을 뛰어넘는 감동을 느끼게 된다.

> 이날까지 그 슬픔은 면면히 이어져서 내 가슴에 자리 하나를 잡고 있다. 어떤 기쁜 일을 만나도 나는 슬픔의 베일을 가리지 않고는 그 기쁨을 대할 수 없다. 기쁨을 대할 때는 오히려 당황하고 슬픔을 만나면 정작 마음이 가라앉는다.
> 어려서 밤 기차를 멀리 바라다 보던 그 슬픔—얼굴 모르는 어머니를 가만히 입속으로 불러보던 그 그리움⋯⋯[9]

뿐만 아니라 자유당 통치 때 귀국하지 못하고 일본에 묵고 있으면서 김포로 들어가는 동료 시인 편에 전하는 「딸에게 보내는 편지」 경우도 그렇다.

---

7) 윤재천, 「철저한 체험의 세계」, 앞 문예지《문학사상》 1981년 12월호) 추모특집 100쪽.
8) 『김소운수필선집』 2, 아성출판사, 1978, 350쪽. 김효자 「김소운의 수필세계」, 앞 국제학술대회심포지엄 요지집, 7쪽. 임용택, 「김소운金素雲, 『朝鮮詩集 世界』, 中央公論新新書(1556), 2000. 권말 부록 참조.
9) 수필집 『希望은 아직 버릴 수 없다』, 남향출판사, 1964. 가운데 「분홍행건」에서.

제트기로 90분
동경―서울은 이렇게 가까운데
아버지와 너희들 사이는 땅끝보다도 멀구나.
메마른 남의 땅, 사막 같은 동경 거리를 거닐면서
영아야, 인범아, 윤아야, 하고
오늘도 너희들 이름을 입속으로 불러본다.
1962년 8월 2일[10)]

3) 의연한 선비로 살다 간 전업문인

　수필가 김소운은 민족 수난의 축소판이라 할 만큼 기구한 삶을 영위해 온 지성인으로서 드물게 우리 문단에서 오직 글을 써서 생활해 온 전업문인專業文人의 모델이었다. 그런 직업문인인 점에서는 일찍이 프로 정신으로 소설 쓰기에만 전념해서 살아온 작가 정비석鄭飛石에 못지않은 모범을 보였다. 이런 면에서 소설가 아닌 문인으로서 부업 없이 생활하기 어려운 당시에 수필작가로 솔선해 왔다는 사실은 주목할 일이다. 여기에서 주목되는 바는 김소운 자신의 숙명적일 만큼 여러모로 어려운 환경에서 생활하면서도 결코 글을 쓰는 문사의 길을 포기하지 않고 계속해 왔다는 사실이다. 그런 면에서는 어쩌면 현실적인 시련을 이겨내고 드디어는 그 간난의 체험들을 수필 쓰기 등을 통해서 문예적으로 형상화하는 데 성공한 셈이다. 이런 일련의 요소들은 결과적으로 많은 문사들에게 일종의 사표가 될 수 있다고도 내세울 수 있겠다.

　또 하나 김소운의 삶과 문학에서 참고할 사항은 우리 문단뿐 아니라 일본문단에서도 비중 있게 활동해 왔다는 사실이다. 소운은 반생을 자

---
10) 수필집 『健忘虛妄』, 남향문화사, 1966. 구상 시인의 발문에서.

의 반 타의 반으로 일본에서 생활하며 빼어난 일본어 솜씨로 한국 민요나 시 작품들을 일본에 소개하고 시와 수필을 발표하였다. 구상具常 시인도 김소운을 가리켜 '生來的인 떠돌이'라고 일컬은 바 있지만 그것은 개인적인 체질에 앞서서 식민 통치와 위정자들의 횡포에서 비롯된 요인이 더 많다. 이미 어릴 적에 부모를 차례로 잃어버린 그는 어머니를 찾아 러시아 가까운 곳에 찾아가 보기도 했고 현해탄을 자주 넘나들었으며 일제강점기 당시 만주에도 다녀온 바 있다.

위에서 우리는 100년 전 일제강점기에 일본문화의 관문인 부산에서 태어나서 73년에 이르는 한평생을 시종 민족의 수난과 더불어 가족의 고난을 함께 겪어온 소운 김소운(巢雲 金素雲) 문학의 위상을 살펴보았다. 일본문화의 관문에서 태어난 근 일찍부터 지일파로서 올바른 한일문학의 교류를 위해서 숙원사업의 하나인 『韓日辭典』 편찬에도 힘써 열매를 맺었다. 이런 문화적 활동을 논자는 여기에서 이전의 작품집이나 개인적 교유관계로서 지엽적인 인상과 특성을 주로 한 논자들의 미시적이고 전기적 견해를 보다 객관적이고 총체적으로 접근해 본 것이다.

시종 불우한 환경 속에서 뛰어난 문단 활동을 거듭해 온 김소운은 우리 근대문학사에서 남다른 위치를 차지하고 있다. 그는 거의 학벌 없이 독서와 체험을 통해서도 실로 한국과 일본 문단에서 빼어난 실력으로 시, 번역, 아동문학, 수필을 함께 써서 각광받아온 대형 문인이다. 특히 중년 이후 두드러진 그의 에세이 문학이 중심 된 나머지 살아생전에 펴낸 수필집 20권에 이른 업적과 전업적인 프로의식은 우리 문단 수준을 크게 향상한 본보기가 되고 있다. 그러기에 국제펜클럽 한국본부에서는 1977년에 한국번역문학상, 한국수필문학진흥회에서는 1778년에 한국수필문학상을 드렸고, 대한민국 정부에서도 1980년에 은관문화훈장을 내렸다.

무엇보다 김소운은 자신의 의지와 다르게 반생을 남의 나라에서 떠돌이 생활을 하였다. 그러면서도 민족의식을 올바로 지켜낸 그대로 민족과 개인의 수난을 문학적으로 형상화하여 주목되는 문인이다. 실로 반생을 일본에 나가 살면서 일본어로 글을 발표하거나 번역, 소개한 것이다. 이런 문제는 일본인들에 한국문화 전통의 우수성을 알린[11] 예의 조선 시 문학선집의 번역 말고라도 한일 양국에 화제를 불러일으켰던 「木槿通信」에서도 드러난다. 김소운의 태도는 한국전 당시 고난을 당하고 있는 한국에 무책임하고 비도덕적인 망발을 이웃 민족 당사자로서 "過不足 없이 正視[12]하여 지탄, 비판한 知日의 자세"[13]이다. 그의 일본에 대한 감정은 「恩讐三十年」이란 글에서처럼 숱한 원한과 호감이 뒤섞인 채 장단점을 그대로 인정하는 객관성을 지녔다.

그래선지, 김소운 선생은 논자도 글에서보다 서너 번 국내 행사장 등에서 먼발치로 뵌 바 있을 뿐이다. 하지만 김소운세미나에 발표자로 참석하면서 느낀 바로는 동경대 비교문학부 교수들이 매우 존경하는 태도에 깊은 인상을 받았다. 그뿐 아니라 며칠 동경과 사가대 등에서 행해진 김소운 세미나에는 일본 여러 지방에서 올라온 여성 팬 몇 분이 출장을 와서 참가하는 걸 보며 한국에서보다는 일본에 김소운 팬이 더 많다는 느낌을 받았다.

[김소운이 저작으로 남긴 귀중 도서나 연구자료들은 국립 한국문학박물관에 존치되어 있고 세 권의 이와나미문고(岩波文庫) 인세는 동경대학 비교문학연구회(東比會) 장학금으로 쓰여지고 있음]

---

11) 소운 자신도 「木槿通信」에서 "일본을 알고 일본에서 배워, 일본의 尊大 앞에서 韓國文化와 傳統의 美를 소개하는 것을 자랑스럽게 살아온 사람이다"고 말하고 있음.
12) 김소운, 「목근통신」, 아롬메니아, 2006, 9쪽.
13) 이런 성향은 강석효, 「김소운의 수필세계와 知日性」, 《月刊文學》 1989년 12월호도 참고됨.

III.
소설작가의 삶과 문학

1. 선구적인 초대형 여성 작가
- 박화성론

1) 대표 작가와의 만남과 이해

　박화성(朴花城, 1903~1988) 작가는 그 발군의 재능과 화려한 학력에다 각박했던 식민지시대와 해방공간에서 중첩되고 복합적인 삶을 굳고 밝게 꾸리면서 보람된 문학의 금자탑을 세운 주인공이다. 그러기에 우리는 그의 전기적인 고찰로부터 문학의 다채롭고 넓은 박화성탑 속에 보물처럼 내장되어 있는 작품들부터 제대로 살피고 음미해야 정작 후박한 작가의 정체에 다가갈 수 있다. 우선 그의 작품 동산 안팎에 산재한 것을 지금까지 찾아 정리한 소설 작품들만도 대단하다. 이 분야에 수십 년 매달려 파악한 서정자 교수팀의 박화성 앤솔러지에 정리된 작품 목록을 참고해 본다. 박화성 작가가 남긴 작품은 장편 17편(미완 1편, 전기소설 4편 포함), 중편 3편, 단편 63편, 연작소설 2회, 여성인물열전 10편, 콩트 7편, 동화 2편, 희곡 1편-총 105편, 기타 수필 다수, 박화성문학전집 전 20권이니 앞으로 더 많은 자료와 삶의 편린들이 더 모아지길 기다린다. 그의 전기 면을 살펴보면, 박화성은 20세기 초엽인 구한말, 1903년에 항구 도시인 목포시 죽동 9번지에서 아버지 박운서와 어머니 김문선의 3남 2녀 중 막내딸로 태어났다. 어릴 적 이름은 말제末才, 본명은 경순景順이다. 아호를 소영素影이나 '꽃재'라는 의미의 화성花城으로 정했으나 '화성'은 곧 필명으로도 널리 활용하고 있다. 이런 인적 사항은 나머지 다른 자료 등에서 호적상의 기록이나 양력과 음력은 물론 가족의 기억 등에서 차이를 보인다. 하지만 여기서는 주로 박화성 연구의 대가인 서정자 명예교수와 김은하 교수, 남은혜 박사가 엮어낸 박화성 앤솔러지 『나는 작가다』(푸른사상, 2021판)에 정리한 〈작가 연보〉에 따른다.

박화성은 우리 신문학 초기인 1925년에 《조선문단》 여성으로서는 첫 추천으로 등단하여 60여 년 동안 소설 창작에 큰 실적을 남긴 대표적 여성 작가이다. 그는 각급 학교 때부터 선망받던 재원이었다. 숙명여고와 일본 여대 등에서 인정받았기에 한때 개화기의 신여성들로서 각광받던 김탄실, 나혜석, 김일엽, 강경애 등과는 여러 면에서 차별성을 지닌 본격 작가로서 당대의 남성 문인들과 비견되는 특성도 지닌다. 따라서 1996년 가을(9월 6일)에 목포 신안비치호텔에서 한국여성문학인회(추은희 이사장)가 주최한 제1회 세미나에서 〈박화성문학의 재조명〉이라는 주제로 서정자, 정영자 교수와 함께 발표했던 논자의 글을 일부 수정 보완하여 정리해 본다.

또한 박화성은 같은 목포지방 출신으로서 오히려 그보다 뒤에 등단하여 1920년대 중엽부터 이미 문학 이론과 실제에서 한국 희곡문학을 정립한 초성焦星 김우진(金祐鎭, 1897~1926)이나 수필문단 및 해외 문학계를 이끌었던 청천聽川 김진섭(金晉燮, 1903~?)과 더불어 동인 중심인 한국 신문학의 서울과 평양 실세의 중앙문단에 버금가는 지방 문단권을 형성한 자리에 위치해 온 모델이다. 1925년에 이전의 습작기 단계인 동인지 단계를 지나 범문단 중심의 종합문예지인 《조선문단》지를 통해서 이광수 추천으로 등단하였다. 첫 회인 전 해의 최학송에 이어서 채만식과 더불어 여성으로서는 최초의 작가로서 활발한 문단 활동을 펼쳐왔다. 그러므로 이 글에서는 초창기 등단 이후 85세에 걸친 한평생을 우리 민족 수난 속에서 문단과 함께 해온 박화성의 작가적 삶이나 소설 작품 중심으로 그 문학 특질과 위상을 살펴본다.

여기에서 지금까지 박화성 연구는 서정자 교수의 꾸준하고 외로운 학구적 천착과 최일수 밖에 후세대 두어 분의 평론적 접근이나 학술적 접근이 이루어지고 있는 중이다. 더구나 장장 60여 년에 걸쳐서 빚어진 수많은 장·단편의 섭렵과 질량 분석은 힘겨운 일이다. 하지만 그런대로 발표자는 우선 주요한 대상 작품들을 중심으로 되도록 객관적인 견지에서 대체적인 문제점을 제기해 본다.

2) 박화성 문학의 형성과 특질

우선 박화성의 소설 작품들에 드러난 특질은 다음의 몇 가지로 파악할 수 있다. 이런 성향은 대개 다른 작가들과 대비되는 작가의 문학적 특성을 이루면서 그 자신의 문단적 위상에도 상관되는 요소이다. 사회생활과 곁들여 연결지으며 작품활동의 궤적을 살핀다. 연보적인 삶의 기록이나 작품 발표 건은 서정자·김은하·남은혜 엮음,『나는 여류작가다』(박화성 앤솔러지, 푸른사상, 2021) 등을 참고하였다.

박화성은 4~5세 되던 어릴 때부터 어머니나 언니들을 따라 목포에서 교회에 다니며 성경책 등으로 기독교 세례를 받으며 자란다. 목포항구에 철도가 개통된 이듬해인 1915년(12세)에 정명여학교를 졸업한 이후에는 다양하고 빈번하게 전학 또는 서울에 소재한 학교로 편입 등으로 여러 학교를 졸업한다. 1916년 서울 정신여학교 5학년으로 입학해서 김말봉 작가와 한 반이 되었지만 사신을 검열하는 등의 구속이 싫어 이듬해에 숙명여고보 3학년을 다니고(김명순은 졸업) 졸업한다.

숙명 졸업 후에는 일본 유학을 기다리며 천안공립보통학교에서 8개월 근무 후에 아산 공립보통학교 교사를 하다가 이듬해 봄에 그만두고 광주로 가서 교회 유치원의 보모로 일하고 부녀야학 등에서 가르쳤다. 어릴 적부터 문예에 관심이 많고 여고보를 졸업한 후에도 음악을 지속한다면 숙명여고보에서는 교비로, 광주에서도 김필례 씨 등이 돕겠다는 걸 미온적으로 대하였다. 이렇게 그녀의 일본 유학이 아버지의 사업 실패로 어렵게 되자 우울증을 앓을 정도에 빠진다.

바로 이 무렵인 1922년(19세)에 박화성은 전남 영광에 소재한 영광중학원 교사로 부임함을 계기로 문학에 정착하여 큰 작가로 발돋움하였다. 당시 삼일운동 이듬해에 문을 연 영광중학원은 시조시인인 조운이 새로운 국민 교육기관으로서 규모 있게 경영하였다. 더구나 바로 그곳 영광에서 1920년에 창간해서 문예동인지 《自由藝園》을 펴내던 그걸 들어서 "내 문학의 온상이 영광"이라고 설파한 바도 있다. 영광에 부임해 갔더니 전 직원의 8할 이상이 월, 금요일에 글 읽고 쓰는 써클 활동을 했다. 그런데 박화성도 3번 장원하여 개벽사에서 발행하던 《婦人》에 발표되기도 했다는 것이다. 영광의 《자유예원》은 그 무렵 전남지방에서는 강진의 김영랑 등이 내던 《靑丘》와 더불어 호남문학을 길러내던 보금자리이기도 했다.

그 덕에 박화성의 첫 습작소설이던 「팔삭동」에 이어 두 번째 작품으로 쓴 「추석전야」를 조운이 마침 계룡산에 요양 와 있던 춘원을 통해서 여성으로는 처음으로 추천받게 하였다.

3) 온몸으로써 대성한 노작勞作의 세계

박화성의 본격적인 문단 활동은 22세 되던 1925년 1월 《조선문단》 4호에 실린 「추석전야」가 이광수 추천으로 발표된 데서 시작된다. 스무 살을 갓 넘은 처녀 신분으로 등단한 이래 1988년 1월에 향년 여든 다섯의 고령으로 작고하기까지 60여 년에 걸친 해당 기간은 다음 세 가지로 나누어 볼 수 있다. 이 기간에 발표한 작품 가운데 시, 희곡, 수필, 동화, 콩트 등을 제외한 소설 작품 수효를 대체로 셈해서 윤곽을 잡아보면 다음과 같다.

전기 : 일제강점기(1925~1944)

• 1922년 – 영광중학원의 교사로 지내며 조운 시조시인으로부터 일본

문예 서적들과 글을 쓰는 창작법을 익혀 전공을 택하는 방황을 끝내고 문학에 집중함.
- 1925년 - 등단 후에 동경에서 일본여대 영문학과 입학 중 근우회 창립 위원장이 되고 대학에는 3차 진급 후 자퇴함.
- 1928년(25세) - 모친이나 오빠들에게도 연락하지 않고, 전에 박제민 작은오빠의 소개로 알게 된 와세다 정치경제학과 학적의 김국진과 동경에서 결혼식을 올림. 축하객은 20여 명, 결혼반지에는 〈사랑과 이념에 충실하자〉고 새김.
- 1930년(27세) - 오빠에게서 약간의 도움을 받아 도쿄에서 하숙을 치며 니혼 여자대학 3년을 수료.
- 1931년(28세) - 어린아이 남매(딸 승혜, 아들 승산)를 키우면서 당시 좌익 사상가였던 오빠 박제민이나 반전 데이 삐라 사건으로 남편 김국진의 3년 옥바라지로 고생.
- 1932년 - 동아일보 신춘문예에 필명 박세랑으로 응모하여 동화 「엿단지」 당선.
- 1934년 - 남편 김국진이 3년의 형기를 마치고 출옥하자 김복진, 김기진 형제에게 부탁하여 김국진이 교사 자격으로 내외가 함께 자녀를 데리고 북간도 용정의 동흥중학 근처로 가서 삶.
- 1937년 - 일제의 검열제도나 간행물 규제로 인한 한글작품 말살정책에 항거하는 자세로 광복 무렵까지 붓을 꺾음.
- 1938년 - 어릴 적의 모교 동창인 천독근과 혼인 신고, 결혼식, 장남 천승준 태어남.
  큰오빠 기화 별세.
- 1939년 승세, 1941년 승걸 출생 이후, 1943년 - 금강산 탐방.
- 작품을 발표하지 않는 대신에 가사를 챙기는 틈틈이 1940년 이후 목포에서 청장년층의 문학 지망생들을 격려하며 지도함.

이 밖에도 위의 전기(1925~1944)에 해당하는 작품은 다음과 같다.

단편 「추석 전후」(1925), 「하수도 공사」(1932), 「떠내려가는 유서」(1932), 중편 「비탈」(1933), 「젊은 어머니」(1933), 「홍수전후」(1934), 「논 갈 때」(1934), 「신혼여행」(1934), 「중굿날」(1935), 「한귀」(1935), 「불가사리」(1936), 「고향 없는 사람들」(1936) 등을 발표 - 특히 1931년에 집필하여 1932년 동아일보에 180회 연재한 후 1932년 창미사 간행인 『白花』는 한국 여성 최초의 장편 역사소설로서 고려시대 남존여비의 도덕적인 계율 속에서 살아온 여성의 삶을 고발한 야심작임. 그리고 장편 『북국의 여명』(1935) 등은 동반작가적 고발, 외적 저항의 음울한 작품 성향을 보임. - 위 작품 무대, 제재, 방언 등에서 목포 중심의 지방성을 지향하고 있음.

중기 : 분단시대 전반기(1945~1964)

- 1945년 - 목포 자택에서 해방을 맞음. 당시에는 부군인 천독근을 친일파로 모는 분위기에서 나중에는 작가 본인에게도 그렇게 지탄하는 분위기에 시달림.
- 1947년(44세) - 문학가동맹 목포지부장에 뽑힌 탓에 다소의 긴장을 겪음. 광복 이후 목포에서 생활하면서 여순 반란 사건이나 6·25 전쟁 등을 겪음. 그 와중에도 서울에 사는 김안서, 백철, 정비석, 김송, 최영수 일행이 흑산도 여행길에 목포 자택에 들렀을 때 만찬 모임을 베풂.
- 1948년 - 서울 사간동에 집을 마련하여 학생인 승해, 승산의 서울 생활을 도움.
- 1949년 - 제주 4·3항쟁을 다룬 생생한 소설 「활화산」을 탈고하여 발표를 기다리는 중에 게재 전에 소실됨.
- 1950년 6·25 발발 후 7월 하순 - 친구에게 들켜 집을 나간 승산의

행방이 묘연해짐.
- 1955년(52세) – 서울 사간동에서 작은 전셋집으로 이사하여 아이들 헌 스웨터 등을 고치면서 눈이 쓰리고 쇠약한 자신을 걱정함.
- 1955~1956년 – 장편소설 『고개를 넘으면』을 장기영 사장의 배려로 한국일보에 연재하며 활동을 재개하여 남편 와병으로 침체된 가정을 일으키며 왕성한 실적을 이룸. 이듬해에도 『벼랑에 피는 꽃』(연합신문, 1957~1958 연재로 신문소설 활성화)
- 1957년 – 천독근 와병으로 요양 중, 사업도 어려워지자 적극적인 집필활동을 폄.
- 1958년 – 영화화 원작료로 정릉에 20평짜리 집을 사서 새 삶의 보금자리로 삼다.
- 1964년 7월 – 한국여성(여류)문학인회 초대 회장(이사장)에 당선. 회갑을 맞은 기념으로 자전적인 장편 『눈보라의 운하』 출간. 정릉의 진풍사를 떠나 하월곡동으로 이사.

  위의 중기에 해당하는 단편으로는 「봄안개」(1946), 「파라솔」(1947), 「광풍 속에서」(1948), 「홍수전후」(1948), 「진달래처럼」(1950), 「부덕婦德」(1955), 「나만이라도」(1957), 「딱한 사람들」(1958), 「하늘이 보는 풍경」(1958), 「청계도로」(1961), 「버림받은 마을」(1962), 「별의 오각은 제대로 탄다」(1962) 등을 발표.
- 1960년 11월~1961년 7월 『태양은 날로 새롭다』를 연재했었고
- 1961~1962년 장편 『타오르는 별』도 발표했다.
- 특히 첫 창작집 『고향없는 사람들』 중앙보급소 출간, 1947. 가을 경우는 연말에 목포에서 출판기념회를 가짐. 제2창작집 『洪水前後』를 백양당에서 1948년 출간. 「현대적」, 「잔영殘影」, 「비취와 밀화蜜花」 등 대체로 중기의 활발한 장편 연재보다 단편을 발표.

  다양한 제재, 내면적이나 밝은 작품으로 인생 관조 경향으로서 점차 구미歐美 등의 국제적인 제재(글감)도 활용. 1964년에 회갑기념

으로 자전소설, 『눈보라의 운하』, 여원사 출간.

본격 단편과 장편보다는 연재소설이 강세를 보임. 세대 간의 갈등 등에서 새 모럴 추구. 열린사회 속에 내면적 성찰. 1950년대 중반 이후 남편의 건강 악화로 서울로 이주하면서 호남 중심의 작품에서 목포 중심이던 이전 상태로부터 탈지방주의 성향을 보임.

후기 : 분단시대 후반기(1965~1988)

- 1965년 – 자유중국 부인협회 초청으로 대만을 방문하고 좌담회 등을 하고 귀국.
- 1966년 – 뉴욕에서 열린 제34차 국제 펜 연차대회에 한국 대표로 2개월간 미국을 방문하여 문화계를 시찰.
- 1968년 – 제3창작집 『殘影』을 출간. 한일친화회의 초청으로 도쿄, 오사카, 교토 등을 탐방하며 문학강연, 좌담회 등을 갖고 오다. 장남 승준, 작가 이규희와 혼인.
- 1969년 – 서울대 병원에서 위암 수술을 받다.
- 1973년(70세) – 단편 「어머니여, 말하라」(이후 『휴화산』) 개제.
- 1988년 1월 30일 – 향년 85세로 영면.
- 1990년 8월 – 우리문학기림회에서 창작의 산실이었던 목포시 용당동 986번지에 평보 서희환 휘호로 〈박화성朴花城, 文學의 産室, 1903~1988〉이라는 기념비가 세워짐.
- 1991년 1월 30일 – 소영 박화성 문학기념관이 생활 유품 1,800여 점 등으로 목포에 세워짐.

위의 후기(분단시대 후반기)에 발표한 기타 단편으로는 「원죄인」(1965), 「샌님 마님」(1965), 「팔전구기」(1966), 「증언」(1966), 「어떤 모자」(1966), 「현대적」(1968), 「평행선」(1970), 「수의」(1971), 「신록의 요람」(1976), 「어둠 속에서」(1976), 「삼십사 년 전후」(1979), 「여왕의 침실」(1980),

「아기야 너는 구름 속에」(1981), 「이 포근한 달밤에」(1983), 「마지막 편지」(1985) 등.

위에서 그의 삶과 작품의 실적을 세 개의 기간으로 나누어 살폈지만 이 가운데 작품 총계를 참고하면 대단함을 알 수 있다. 서정자, 김은하, 남은혜 엮음 중의 통계이다.

장편 17편(미완 1편, 전기소설 4편 포함), 중편 3편, 단편 63편, 연작소설 2회, 여성 인물열전 10편, 콩트 7편, 동화 2편, 희곡 1편, 합계 총 105편, 기타 수필 다수.

- 2004년 5월 – 서정자 편저, 『박화성 문학전집』 전 20권 출간.

여기에서 우리는 총체적인 박화성 문학의 면모와 남다른 요소들을 발견할 수 있다. 그것은 우선 박화성 문학이 등단 이후 전 기간에 걸쳐 꾸준히 창작됐다는 점이다. 물론 양적으로는 단편 위주이던 초기와 다르게 중기 한때 연재소설로 인한 장편 강세를 보이지만 후기의 팔순에 이른 수년간에도 매년 수준급의 단편을 발표한 바 있다.

유학 기간과 일제 말의 절필기 및 광복 전후의 좌우 분쟁기에는 10여 년의 공백기도 일종의 이전과는 더 본격적인 큰 작품 창작을 구상하는 준비기로 삼았다. 그리하여 자전적인 『눈보라의 운하』나 본격적인 신문 연재소설인 『고개를 넘으면』에서처럼 민족 수난과 가정적 풍상 속에서 실제의 삶과 함께 치열한 창작에 임해 왔다.

또한 우리는 매 분기마다 상이한 사회상에 따라서 작품 성향이 변모해 나가되 기본적인 축은 흐트러짐이 없이 발전한 나머지 바람직한 문학의 도표를 형성해 왔다. 전기에는 일제 치하의 식민 통치에 항거하는 진보적 자세로서 다분히 복본주의적福本主義的 사회주의에 가까운 리얼리즘을 드러내던 것이 해방 이후에는 차차 전향적인 변화상을 나타낸다. 분단 상황 속의 중기에는 세대 간의 갈등을 낭만 및 민족적 자유주의를 통해서 새 모럴 제시의 양상을 보인다.

작가는 일제 통치하에서 강렬한 사회주의 운동으로 여러 차례 옥살이 하며 투쟁하던 친오빠 박재민으로부터 사상의 동지라고 소개받은 김국진과 투쟁의 동지로 생활해 왔다. 그뿐만 아니라 자신의 초기 작품에도 그런 자세를 남성들 못지않게 자주 반영해 왔다. 그러다가 한국전쟁을 겪고 열린 세계에 보다 전향적으로 대응해 오면서 그런 동기에 새롭게 독자들에게 소설문학의 진정한 맛을 확산시키는 일에 나선 정력적인 활동 자세가 수긍된다. 후기에 들어서는 중기보다 더욱 내면화된 접근으로 인생을 관조하는 휴머니즘의 세계로 돌아오고 있다.

따라서 박화성의 작품세계는 나름대로 변증법적으로 전체적인 균형을 이룬 채 작가 스스로 시대 상황에 대응하는 생활과 함께 온몸으로 쓴 작품이 모여서 이루어진 보람의 탑임을 알게 된다. 숱한 수난의 역정을 거듭해 온 박화성이 한평생을 살면서 우리 문단사에서는 최장수인 60여 년의 활동 기간 동안 빚어낸 수많은 인생의 서사시가 다채롭고 건강하며 값지다.

더구나 작가가 이룬 문학은 어쩌면 오랜 기간에 걸쳐서 차례대로 마치 헤겔식의 정반합正反合 과정을 거쳐 이루어진 변증법적 구조를 지닌 채로 이상적인 대가의 풍모마저 느끼게 된다. 본디 어린 시절에는 부모로부터 『숙영낭자전』, 『조웅전』, 『춘향전』 같은 전통적인 고전 작품을 읽었다. 그런 후로는 현대적인 소설 미학으로 등단한 직후에는 한때 동반자적 투쟁의 작품 성향을 띠어오다가 다시 광복 이후에는 본연한 내면 지향의 휴머니즘 문학으로 돌아와 정착한 경우에 해당되기 때문이다.

4) 문제의식 추구와 옥살이 모티프

박화성은 누구보다 항상 깨어 있는 작가로서 거의 모든 작품에서 선명한 문제의식을 추구하고 있다는 점과 흔히 옥살이 모티프의 사건 구조를 이루고 있다는 점이다. 각각 작품의 주제와 표현형식에 속하는 이들 두 요소는 사실 직접·간접으로 연결되는 요소이기도 하다.

그의 작가적인 문제의식은 창작에서 각 시대상에 따른 의미 파악으로서 등단 초기이던 일제강점기에 더 강하게 나타난다. 어쩌면 당신의 반체제적인 인물들이 등장하는 소설을 많이 발표한 사실과도 상관된다. 1920~1930년대 당시 여성의 노동과 노동쟁의 문제를 제기한 「추석전야」나 「하수도 공사」는 물론이요 30년대 식민치하의 궁핍과 사회모순을 고발한 「신혼여행」, 「이발사」 등이 이에 속한다. 그리고 가난과 굶주림 때문에 정든 고향을 두고 평남 농장과 함북 고무산 탄광촌으로 이민 길에 오르는 「고향 없는 사람들」, 「호박」 같은 경우도 검열 통과와 직결된 표현 문제에 맞물려 그 문제의식의 농도를 더한다. 박화성의 소설에서는 옥살이 문제 등의 첨예한 사회문제를 다룰 때는 으레 은밀한 남녀의 사랑 문제를 양념으로 가미시켜 실효를 기한다. 노동판의 동맹파업을 소설화한 「하수도 공사」에서는 서동권과 용희의 애정 문제에 연결 짓고 작품의 밑바닥에서 사회구조의 모순을 비판하는 「비탈」의 경우 역시 동경과 서울서 온 주희와 수옥을 통한 미인계美人計 전법을 병행하고 있다.

또 중기에 발표한 일련의 연재 장편들 경우는 더욱 성속聖俗의 사이에서 그 주제 표출과 인물 형상화 면에 남다른 새 모럴 제시의 노고가 엿보인다. 자전적自傳的인 『벼랑에 피는 꽃』, 『눈보라의 운하』도 그렇지만 더욱 새로운 시대에 은원恩怨을 초월한 애정 윤리를 제시하여 춘원春園 극복의 의욕을 보였던 『사랑』은 좋은 보기에 해당한다. 뿐만 아니라 단편 중심의 후기 작품에서도 전통성과 서구성을 밀도감 짙게 대비시킨 「비취와 밀화」, 「아가야 너는 구름 속에」 등과 함께 제주의 4·3항쟁의 참극을 심화시켜 고발한 「활화산」 원고를 분실하자 다시 소원 복원해낸 「휴화산休火山」 등에 반영된 내용과 형식 양면의 문제의식은 진지하기까지 하다.

특히 옥살이 모티프는 30년대 전후의 문제 작가였던 김남천의 그것에 못지않을 만큼 뚜렷한 박화성 문학의 특질이 되고 있다. 그것은 작가 자신이 어두운 시대를 살아오면서 친오빠나 여러 해 동안 갓난애를 기르며 남편의 옥바라지 체험 등, 주위에서 손수 겪은 사실과 상관되며 상황묘사나 사건 전개 및 이미지 활용 면에서 효율적이다. 실로 항일과 반체제 운동의 제일 덕목德目인 옥살이 모티프는 대개 독립운동가, 혁명가로 등장하는 문제작의 요건이기도 하다. 해방 이전 작품으로「젊은 어머니」의 현 여인,「두 승객과 가방」의 ××운동으로 투옥된 남편,「논 갈 때」의 서봉이,「헐어진 청년회관」의 ML당원 오빠,『북국의 여명』에서의 백남혁,「불가사리」의 병훈 등이 이에 해당한다. 또한 해방 이후의 경우,『고개를 넘으면』의 박장훈 부자,『타오르는 별』의 유관순,「수의囚衣」의 진유경 여사,「휴화산休火山」의 고정애,「해변소묘」에서의 남편 등이 포함된다.

5) 엘리트적 인물과 무대의 향토성

박화성 소설에는 남다르게 유능하고 뛰어난 용모를 지닌 채 명문 학교를 나온 화려한 경력의 인물들이 자주 등장하고 있다는 점과 많은 작품 무대를 시골인 고향에 둔 점이다. 이런 요소는 목포 태생의 재원으로서 작가가 뛰어난 성적으로 서울과 동경에서 수학修學하고 거의 반생에 걸친 세월 동안 목포를 본거지로 삼아 살아오면서 작품 쓰기에 임해 온 사실과 무관하지 않다. 또 등단 전후부터 절실한 삶의 현장에 투철하게 살아온 작가의 리얼리즘 지향적인 창작 태도와도 직결되는 요소이다. 실제의 자녀들도 거의 모두가 명문 학교 출신들임은 결코 타고난 재능에서뿐만이 아니다.

데뷔작인「추석전야」의 영신, 1930년대 초엽에 연재했던 고려 시대 배경의 역사소설『백화白花』의 백화, 중편인「비탈」의 수옥과 주희, 자전소설인 장편『벼랑에 피는 꽃』의 석란 등이 그들이다. 또 미국 유학을 다녀와 선망을 받는「현대전」의 이동진,「비취와 밀화」의 신정균과 쥬리,

「잔영殘影」의 서 변호사 부부와 「신록의 요람」에 등장하는 선혜 부부 경우도 해당된다.

이들 엘리트 주인공이나 혹은 부수적 인물을 통해서 작가는 곧잘 자전적인 이야기를 원활히 전개시키며 변별적인 소설 미학의 효과를 거둔다. 전기에 속하는 「추석전야」, 「비탈」 등에서는 사회를 이끄는 지도의 실효를 얻는다. 그리고 중·후기에 발표된 「잔영」, 「현대전」 등을 통해서는 겉으로 화려하되 몰락한 사람들의 어두운 인생을 전하는 충격 효과를 더한다. 하지만 이 작가가 엘리트 선망에 빠지지 않고 오히려 「이발사」, 「성자와 큐피트」 등에서는 이발사와 택시 기사 같은 하층민에게 따뜻한 시선을 두고 있음은 물론이다.

또한 박화성 문학에서 특질의 하나를 이루는 예의 지방 문학적 향토성은 현장감과 더불어 귀향정서 및 중앙문단 치중의 문단에 교훈을 주는 좋은 본보기를 이룬다. 더욱이 그의 문단 생활 전반부는 향토성에 기울어 있다가 후반부에서 이를 탈피하고 있음은 두 요소를 긍정적으로 살리는 요인이 되고 있다. 예의 데뷔작을 비롯해서 출세작인 「하수도 공사」는 물론이요 1950년대 이전 작품은 대부분이 바로 남쪽의 항구도시 목포 근방을 배경 삼은 것이다. 순박한 인심과 투박한 호남 사투리가 넉넉하고 구수한 맛을 준다.

「두 승객과 가방」은 목포의 유달산 기슭에서 살던 사람의 처지를, 「비탈」은 목포 근교의 (현재의 전남도청 소재지) 남악리 마을에 실재했던 별장 가옥을 무대로 그려냈다. 그리고 「고향 없는 사람들」은 목포에 가까운 함평군 엄다면에 있는 불암마을의 딱한 처지를, 자연적인 재해 문제를 다룬 「홍수전후」와 「한귀旱鬼」, 「이발사」는 영산강 유역인 나주와 영산포에 현지 답사하여 쓴 문제작이다.

또 사흘이 지났다. 나주, 영산포의 각 동리를 망쳐버린 누런 물결은 볼일 다 보았다는 듯이 완전히 빠지고 조롱하는 듯이 따갑

게 비치는 햇빛에 젖은 땅들은 말라가기까지 하였다. 피난 갔던 윤삼이와 덕성이가 김 선생 집으로 찾아왔을 때 송 서방은 그들을 붙들고 통곡하였다. 송 서방의 식구는 영산리 그들의 집터에 왔다. 활짝 씻겨버린 붉은 땅에는 뜨물 동이와 장독의 그릇 몇 개가 진흙투성이가 되어 놓여 있을 뿐이었다. 송 서방의 마누라는 참외밭 자리로 달려갔다. 참외와 수박의 줄기들이 흙물에 녹아버린 것을 보고 그는 땅에 주저앉아서 쌀례를 부르며 울었다. 송 서방은 뿌리까지 녹아버린 논 가로 빙빙 돌아다니며 한숨만 쉬었다. 윤성이는 아버지 곁으로 가까이 왔다.
「아버지! 이렇게 참혹한 일을 당한 것이 우리뿐만이 아닌 것은 아시지라우! 아까 오면서 보시지 않았소? 팍 짜그라진 집들, 헐어진 집들이 얼마나 많읍데까? 그 사람들의 논도 다 이 모양이 되었을 것이오. 그러니 말이오. 아무리 천리로 이렇게 됐다고 하지마는 요렇게까지 가련하게 된 사람들은 다 우리 같은 가난한 사람뿐이 아니오. 저번 날 김 선생 말씀같이 울고만 있을 것이 아니라 어떻게 살아 갈 도리를 깊이깊이 생각해 봐야 안 쓰것소?」
윤성의 말소리는 부드러우면서도 힘이 있었다. 송 서방은 고개를 끄덕끄덕하며
「오냐, 알아들었다. 인제는 내가 그전 그 사람이 아니다. 내가 지금은 김 선생의 말이나 너그 동무들의 말이 다 옳고 우리한테 이익 되는 말인 줄 안다. 그러니까 그 사람들 말이라며 어떤 말이든지 듣고 그대로 할라고 작정했다. 참말로 울고만 있어서 쓸 것이냐? 손가락을 깨물고라도 살아갈 도리를 차려야지……」

―「홍수전후」(1934)에서

6) 고난을 이겨내는 불굴의 인간상 그려

박화성의 작품에는 흔히 천재天災나 인간에 의한 사회적 시련을 당하더라도 이를 이겨내야겠다는 불굴의 주제의식이 담겨 있다는 점이다. 이렇게 남다른 성향은 필시 그 자신이 걸어온 삶의 역정에서 터득한 작가의 생활 신념과도 같은 것이다. 보기에 따라서는 자서전적인 수기手記로도 지칭되는 자전적 장편『눈보라의 운하』에서 스스로 밝힌 바처럼 숱한 민족사적 풍파와 혁명 사상가였던 오빠의 피검이나 투병에 이은 죽음, 부군의 투옥과 또 다른 사업 실패 등에 꿋꿋이 맞서 온 작가의 투지가 소설 미학으로 표출되고 있다.

작품「홍수전후洪水前後」에서 어부인 송 서방은 35년 만에 닥친 영산강 유역의 대홍수로 가산과 함께 딸까지 잃었지만 다시 일어서는 의지가 주목된다. ―"참말로 울고만 있어서 쓸 것이냐? 손가락을 깨물고라도 살아갈 도리를 차려야지……" ― 어쩌면 직설적인 대로 절망적인 상황에서 희망을 찾는 노력이 공감을 자아낸다.

또한「고향 없는 사람들」에서 절망을 딛고 용기로써 다짐하는 모습을 본다. 가난과 빚에 쪼들린 나머지 새로운 삶의 터전을 찾아 고향을 떠난 삼룡이가 고장을 뜨려는 판옥에게 편지로 굳게 마음을 다지며 격려하는 대문이 설득력 있다.

> 자네는 고향을 떠나는 사람을 보고 죽어 나가는 사람들이라고 하지마는 우리는 죽어서 나오는 사람이 아니라 차고 무정한 고향을 박차 버리고 나오는 영웅이라고 생각하네. 우리는 고향이 없는 사람들이네. 고향이 없는 사람들에게 무슨 고향을 못 잊어 하는 설움이 있겠는가? 어디든지 우리가 발을 딛고 살아가는 곳을 우리의 고향으로 만드세.
> 너무 비감하지 말게. 맘을 든든히 먹고 두 팔을 단단히 말아서

우리의 살아나갈 길을 뚫어보세.

우리는 고향이 없는 사람들이니 고향을 떠날 때 뒤도 돌아보지 마세. 앞만 바라보고 호랑이 같이 사납게 나가 보세. 알아듣겠는가? 동무들에게 이 뜻을 말해 주소. 다음 또 쓰기로 하고 이만 줄이네.　　　　　　　　　　　—「고향 없는 사람들」(1937)에서

뿐만 아니라 중기 무렵에 왕성한 실적을 보인 연재 장편들에서는 더욱 강렬하게 밝은 앞날을 지향하는 농도가 짙다. 작품의 제목부터 광명과 열정을 상징하는 이미지로서 모진 세파를 이겨내자는 의미를 담고 있다. 숱한 어려움을 무릅쓰고 세상살이에 승리하는 의지의 삶을 추구한 『내일의 태양』, 『바람 뉘』, 『거리에는 바람이』 등이 그것이다.

이렇듯 박화성은 작품의 성향 가운데서 차차 어두움을 탈피하여 중기 이후에는 보다 밝은 미래를 지향하고 있다.

7) 작가 박화성의 문단적 위상

앞에서 살펴본 작품 중심의 박화성을 참고로 해서 작가적인 문단사 내지 문학사적 위상을 알아보면 다음 몇 가지로 논의할 수 있을 것 같다.

(1) 선구적인 최장수의 문단인

1925년 1월, 《조선문단》을 통해 등단한 박화성은 당시에 실제 위치나 예술적인 기량 면에서 초창기의 《창조》, 《폐허》, 《백조》 동인들에 못지않은 작가이다. 일찍이 서울과 동경에서 외국문학을 공부해서 익혔던 여성임을 감안하면 결코 앞의 동인 출신 문인들에 뒤지지 않을 만큼 선구적인 의식으로 알찬 작품 실적을 빚어왔다. 하지만 작가는 초창기 문단을 제패하다시피 주도해 온 문단 실세 그룹에서 소외되었던 처지였다.

김동인, 주요한, 김억 등의 서북 문단 세력과 염상섭, 박종화, 홍사용, 박영희 등의 서울 세력 및 이상화, 현진건 등의 영남 세력에 비해서 호남 세력은 상대적으로 밀려나 있던 형세였다. 심지어는 광복 이후 분단 이데올로기 기간에마저 김동리, 조연현 등의 견제에 한동안 고전해 온 면도 적지 않다.

그럼에도 불구하고 박화성 작가는 30대 초의 등단 무렵부터 팔순을 넘어서까지 창작활동을 계속한 문단 경력 63여 년을 셈하면 공백 기간을 고려하더라도 우리 문단사상 최장수의 작가이다. 작가 스스로의 삶에 부대끼던 등단 초기 수년만을 제외하고는 특히 말년에 접어들어서도 치열한 작품 창작에 임해 온 것이다. 그는 비록 그 문단 연륜만이 아니라 실제로 90편 안팎에 이르는 소설 작품의 질량에서도 으뜸이다.

(2) 남성에 비견되는 대표 작가

박화성은 마침 최초로 마련된 《조선문단》의 '여자 부록' 특집에 추천된 바로서 대표적인 여성 작가이다. 수년의 선배 문인 격이던 김명순金明淳·나혜석羅蕙錫·김일엽金一葉 제씨는 사실 초창기 문단의 화제 대상이었을 뿐 진지한 작품 실적을 보여주지 못했으므로 비교가 되지 않는다. 그리고 백신애白信愛·강경애姜敬愛·이선희李善熙·최정희崔貞熙 등은 그보다 늦은 1930년대 전후에 등단한 것이다. 이상의 여성 작가들을 통틀어 보더라도 그는 작품의 실적 면에서 두드러진다.

문제는 박화성이 결코 여성이나 여류라는 굴레에 얽매여 처결될 존재가 아니라는 점이다. 그는 처음부터 감히 남성이 감당하기 어려운 데뷔작을 발표하였고 고려시대 인물을 다룬 역사소설『백화白花』까지 써냈다. 그리고 이어서「하수도 공사」라는 문제작을 내자 일부 평론가들로부터 보다 더 여성다운 작품세계로 돌아오라는 주문까지 받을 정도였다. 따라서 우리는 박화성을 여성으로 한정해서 평가하는 인식 태도를 탈피해야 한다. 그리고 박화성은 으레 남성 문인들이 제패해 오던 문단에서 소수의 여류女流라고 지칭되던 1960년대 중반에 서울에서 한국 여류문학회를 결성하여 초대 회장을 맡아 '한국여성인문학회'를 이끈 장본인이기도 하다. 그는 결코 남성의 그것에 못지않은 작가로 정당하게 평가해야 마땅하다.

논자는 최근 박화성론을 보완하기 위해 목포문학관 특별 자료보관실에 비치되어 있는 수십 권의 작가 수첩과 촘촘한 일기장 철을 보고 감탄했다. 그렇게 많은 자녀를 챙기며 여러 곳에 보낸 원고를 쓰는 틈틈이 친필로 꼼꼼히 메모해 둔 것이다. 국한문 섞어서 달필로 적은 통화기록이며 중견작가가 손수 키운 닭장에서 달걀 35알을 가져왔다는 기록도 흥미롭다. 경조사의 방명록에 즐비한 명사나 회사별 면목이 역력하다. 크고 넓은 일기장에는 여러 군데 장편소설의 소제목들을 짜임새 있게 짓고 순서를 조정한 흔적이 생생하다. 이전에는 세로쓰기된 만년필 글씨가 근년으로 오면서 가로쓰여진 잉크색도 선명하게 빛난다. 작가께서는 그렇게 일상의 삶과 창작을 긴밀하고 치밀하게 활용하여 여느 남성 작가보다 순발력 있고 자상한 면을 지니고 있다.

(3) 지방 문단을 가꾼 대모代母

본디 한반도 남해안의 목포 태생인 그가 1962년에 중심지인 서울로 거처를 옮기기까지 그는 반생에 해당되는 기간을 주로 고향인 목포에서 생활하며 글을 썼다. 그러면서 일제 말의 암흑기와 6·25 전란기 이후 문학의 중흥기에 호남의 많은 문학지망생들을 지도하고 키워냈다. 목포 용당동 옛집의 '歲寒樓' 대청에는 목포 인근에서 문학에 뜻을 둔 교사와 학생들이 자주 습작품을 들고 찾아와서 진지한 문학 사랑방 겸 합평회를 가졌다. 광주는 물론 나주, 순천, 여수 밖에 전주, 이리(익산) 지역의 문인과 문단지망생들이 드나들었다. 그리고 그들 중 적지 않은 인재들이 신춘문예에 당선되거나 점차 중앙과 지방에서 한국문학을 빛내는 일꾼으로 활동하게 된 것이다.

인근의 전남지역 문인들 경우만 들어도 그 수효는 적지 않게 열거된다. 이동주(시), 최일수(평론), 차범석(희곡), 이가형(소설), 조희관(수필), 차재석(수필), 박순범(시), 박기동(시), 박상만(시), 박정온(시), 김효자(수필), 김승우(수필), 이영식(시), 백두성(소설), 이창렬(소설), 전승묵(수필), 전병순(소설), 권일송(시), 윤삼하(시), 서희환(서예가), 최미나(소설), 김정숙(시), 김평옥(평론), 박진환(시), 김재희(시), 정규남(시), 김정오(시, 수필), 최일환(시), 강안식(수필), 김우정(평론), 윤종석(시) 등이 줄을 이었다.

더욱이 소설작가인 박화성은 자신의 창작 노력에 못지않게 자녀들을 손수 일꾼으로 키워 모범적인 문인 가족의 어머니로도 빛난다. 장남인 천승준 평론가와 맏며느리인 이규희 작가, 차남인 천승세 작가, 삼남인 영문학자 천승걸 교수 등이 뒤를 따른다.

그는 초기부터 작품 대부분에서 더욱 향토색 짙은 방언과 정취를 특색 있는 지방적 제재題材에다 넣어 원활하게 활용했다. 어쩌면 박화성의 대표작들은 이 고장을 무대로 삼아 목포에서 쓴 것들이 태반이다. 등단작인 「추석전야」는 물론 「하수도 공사」, 「신혼여행」, 「헐어진 청년회관」, 「중굿날」, 「떠내려가는 유서」, 「두 승객과 가방」 등. 그리고 「이 포근한 달밤에」에서는 해남을, 「논 갈 때」, 「신혼여행」, 「중굿날」, 「부덕」, 「광풍 속에서」는 신안섬을 무대 배경으로 삼고 있다. 이 밖에 「고향 없는 사람들」은 인척이 있는 함평 엄다면의 불암마을을, 「휴화산」은 바다 건너 제주도 섬 주변이 작품 배경이다. 특히 오랜 절필기를 끝내고 1955년에 한국일보에 연재했던 본격적인 장편 연재소설 『고개를 넘으면』 등의 주된 작품 무대가 목포 주변이다.

더욱이 박화성은 작품에 등장하는 여러 인물들이 구수한 호남지방 사투리를 자주 써서 지방 특성과 정감 넘치는 감동을 함께하는 특색을 자아낸다. 그러기에 우리는 일찍이 르네상스 발흥기에 딱딱한 문어체인 라틴어보다는 민족 정서가 흠뻑 배인 이태리 프로방스지방의 로만이 쉬어 사투리를 문학어로 써야 한다는 단테의 지방어문학운동이 주목된다. 그는 직접 주민들 정감이 속속들이 배어있는 사투리로 장편서사시 『神曲』을 써서 시성詩聖으로 일컬어지게 되었다. 그 후에 이 지방어문학론을 활용해서 민족문학론과 세계문학 개념을 정립한 헤르더나 괴테가 가장 지방문학적인 것이 바람직한 세계문학이라고 주창하였다. 박화성은 이런 이론을 잘 적용하듯 지방 문학 육성에 끼친 공로는 지방화시대인 요즘에도 의미가 깊다.

(4) 문학사의 주류에서 소외된 작가

그러나 위에서와 같은 여러 공적에도 불구하고 박화성에 대한 문학사적인 평가는 실제보다 격하되거나 소외된 현상을 보인다. 태반의 우리 문학사류에서는 그를 동반자 작가군(백철·김윤식 등) 아니면 여류문학(백철·이재선 등) 또는 '그 밖의 문인들' 항목에 몇 줄씩으로 언급하고 있을 뿐이다. 더구나 북한에서 발행된 너덧 개의 종의 문학사들 경우는 강경애의 「소금」과 『인간문제』 등이 중시된 반면에 박화성은 이름조차 언급되지 않고 있다.

엄격히 문단 등단이나 연령 및 작품상으로 보더라도 박화성은 1920년대 중반의 《조선문단》 창간 초기의 최서해崔曙海, 채만식蔡萬植, 한설야韓雪野 및 심훈沈熏, 조명희趙明熙 등과 같은 반열班列에 설 존재이다. 그는 채만식은 물론이요 광복 후 오래도록 북한문단을 이끌었던 한병도(한설야)와 같은 무렵에 《조선문단》 추천을 통해 등단했으므로 서열상으로는 오히려 이효석, 이태준, 유진오보다 앞서는 것도 참고해 둘 사항이다.

이런 문학사적 평가에서의 박화성 소외 현상은 온당치 못한 이유를 지니고 있으므로 시정해야 마땅하다. 그것은 동인 활동이나 소속 단체 없이 오래도록 혼자 시골에서 작품 활동을 해온 여류라는 선입관도 작용하였지만 그 밖에도 일제강점기의 반체제 성향과 해방 후 격동기를 지나면서 겪은 일들로 인해서 적잖게 일부 우익 문인들에 의해 매도되거나 경원되어 온 이데올로기적인 폐해의 후유증 때문이라고 추측된다.

8) 남은 과제

이상에서 우리는 우리나라 신문학의 선구자인 여성 작가로서 최장수의 문단인으로 군림하며 팔순 이후까지 창작에 종사해 온 박화성 문학의 특질과 위상을 새롭게 검토해 보았다. 한반도의 남쪽 항구에서 태어난 그는 일찍이 서울과 동경에서 서양문학까지 익히고 숱한 수난 속에서 일제강점기와 분단시대를 살아오며 60여 년 동안 문제의식 짙은 장·단편들을 온몸으로 써냈다. 그래도 그는 문학사적 평가 면에서 여러모로 소외되어 왔던 처지였다.

목포 태생인 박화성은 실로 여류 이상의 당당한 우리나라 대표 작가의 한 사람으로서 호남 문단사의 정점에 서 있다. 자아 체험적인 호남을 모태로 하여 일제강점기와 분단시대를 살아온 엘리트적 인물과 옥살이 모티프나 긍정적인 삶을 위한 극기주의克己主義 및 향토성 짙은 자기 문학 세계를 구축하였다. 그리하여 남다르게 지방문단과 중앙문단을 조화롭게 연결하며 한국문학 발전에 이바지해 온 선구적인 여성 대표 작가이다. 한국여류문인회 창립회장을 역임하고 대한민국 예술원 회원 등을 지내고 대한민국 문화훈장 등을 받았다.

평생토록 숱한 폭풍우 속에서 살면서 그는 심혈을 기울여서 다채롭고 주옥같은 작품들을 쌓아 올려 빛나는 박화성 문학의 커다란 금자탑을 세워 놓았다. 본디 목포에서 박경순이란 이름으로 태어나서 서울과 일본 유학을 거쳐서 만주 생활도 겪어오면서 '화성花城'이란 필명 그대로 작가의 예술 화원에 가득 핀 작품의 꽃들도 지금쯤은 소담하고 튼실한 열매로 맺어서 익을 때가 되었다. 이제 우리는 이런 박화성 문학의 탑 동산에 올라가 답사하여 성곽의 주인과 대화하며 문학사적으로도 제대로 자리매김해야 마땅한 일이다.

2. 삼위일체 문학탑을 쌓은 대형 작가
– 유주현론

1921년으로 탄생 100주년을 맞이한 유주현(柳周鉉, 1921~1982) 작가께서 작고한 지도 40년에 가깝다. 흑석동 캠퍼스에서 문학을 벗 삼아 뵙던 모습과 작품들이 새로워진다. 묵사 유주현의 문단 활동기간은 등단 이후 작고까지 대체로 34년에 이르지만 뜻밖의 와병으로 인한 휴지기를 셈하면 실제의 창작 기간은 만 30여 년이다. 지금까지 평자들은 상이한 창작 기간으로 나누고 있지만 논자는 대개 10년 단위의 전-중-후기 3기간으로 균형감 있게 설정해 본다. 실제 작품의 흐름에서 그렇게 시대별로 매듭지어 분절해 봄이 타당하기 때문이다. 작가 스스로 마지막 창작집 '後記'에서 밝힌 부분도 참고된다.

> 문학은 나의 도덕이고 질서이며 법칙이고 의미임을 밝혀둬도 무방할 듯싶다. …(중략)… 나는 늘 앞으로 10년이면 내가 또 어떻게 변모돼 있을까를 염두에 두고 문학을 해왔다. 언제나 10년 미래에 대한 기대를 목표로 살아왔고 살아갈 것이다. (1978년 겨울)

작가 유주현은 '黙史'라는 아호에서처럼 문학의 추구 방향이나 목표를 묵묵히 꾸준하게 쌓아놓은 실적으로 보여준다. 해방과 한국전쟁 사이에 등단한 작가로서 이후의 수많은 전후 세대 작가를 참고해 보게 된다. 전기인 1950년 전후에는 본격문학적인 여러 단편소설로 시작하여 중기인 1960년대부터는 후기인 1970년대까지 다수 독자와 함께하는 신문이나 문예지 등에 연재소설로 확산해 나갔다. 꾸준히 창작적 글쓰기를 하면서도 단편이나 중편 위주의 본격소설과 장편 인기소설에다 대하 역사소설로써 삼위일체적인 균형을 이루며 작업해 왔다. 그런 업적으로 인해서 그는 이 글의 말미에 첨부한 연보에서처럼 많은 작품량을 보인다. 작품 활동 30여 년 동안에 헤아리기 어려울 정도로 힘들여 쌓아온 높고 큰 문학탑이다.

 그럼에도 우리는 유주현 작가를 대체로 경원하며 과소평가하는 것 같다. 그 원인은 무엇보다 많은 작품을 두루 읽지 못하고 자주 연재소설을 써온 데 대한 선입견 때문일까. 하지만 우리는 어려움 속에서 성실하게 이룩한 그의 노작을 진지하게 평가해 주어야 마땅하다. 반평생 어렵게 지내며 다작多作을 해왔으면서도 좀처럼 태작駄作 없이 치열하게 창작해 온 성실성과 재능은 값진 덕목이다. 생활인 작가로서 가난과 전란에다 이산에 힘겨운 시민들에게 웃음과 격려 깃든 대화를 나눈 신문소설의 효용도 인정할 점이 많다. 바람직한 대형 작가는 기본적인 창작 밖에 국민 다수와 소통하고 올바로 이끄는 자세가 바람직하다고 논자는 생각한다.

 그러므로 여기에서는 먼저 유주현의 연보적 삶을 알아보고 작가가 등단 이후 한 세대 남짓 꾸준하게 집필해온 본격소설 중심으로 살펴본다. 그리고 인기 연재로 다수 독자와 대화한 신문소설과 묵사가 새 붐을 조성한 다량의 역사소설은 부차적으로 언급한다. 위의 본격소설-신문소설-역사소설을 함께한 대형 작가의 입체적인 조화를 생각해서이다.

1) 작가적인 삶의 발자취

　연보에서 보듯 유주현은 불우한 시대에 태어나 자라고 일본에서 고학을 하다 귀국한 후 결혼했다. 두어 명의 자녀를 둔 1948년에 28세 나이로 작가로 등단한 이후에 신수가 펴진다. 등단 문예지인 《白民》지 편집을 맡아 모처럼의 직장을 구했고 전쟁이 터지자 고난 속에서 더 많은 일감이 생겼다. 종군기자 겸해서 피란지인 대구와 서울에서 《국방》지와 공군문인단 발행인 《蒼空》지의 편집을 맡았다. 그 덕분에 여러 문인과 친교를 갖고 다양한 글감들로 작품을 자주 발표하기에 이른다. 1952년에 월간지 《新太陽》의 편집 책임자로 20년 이상 겸업 작가의 기록도 세웠다. 그 후 중앙대 교수로 부임하여 더 새로움을 모색하려 노력했다. 그 중의 홍제동 집은 22년 동안의 작품 산실로 두드러진다.

전기(1948~1959)

- 등단 이후 여러 기관지와 잡지의 편집 일을 맡으며 전쟁 속의 서민 삶을 단편으로 발표.
- 6·25 전쟁으로 인해서 서울 인현동과 대구 피란지 병영 등에서 꾸준한 작품 활동.
- 불안정한 환경에서 갖은 시련을 겪으며 활발한 작품 활동으로 실존주의 등을 반영.
- 작중인물은 가난한 서민, 상이군인, 고학생, 실업자, 창녀, 깡패, 대학생, 악덕 인사.

중기(1960~1969)

- 흥행성 장편을 신문 또는 잡지에 연재로 발표하며 전환기를 엶.

- 역사적인 제재로 과거를 복원하며 현대 지배층을 풍자, 비판하여 변전을 꾀함.
- 새로 마련한 서울 홍제동의 서재에서 안정적인 집필에 임하며 풍성한 성과를 거둠.
- 현대적인 신문연재소설로 생계를 도우며 폭 너른 독자층과 공감대를 형성함.
- 과거와 현재를 잇는 실록 대하적인 역사소설의 붐을 형성해서 활성화함.
- 작중인물은 소시민, 주점 종업원, 애국자, 대학생, 미군인, 독립투사, 악덕 지도층 등.

후기(1970~1978)
- 전기-중기의 연장선에서 본격소설을 중편 등으로 심화하여 내면적인 자아 추구.
- 근·현대 중심 역사소설의 정치영역을 조선 중엽의 문화영역으로 넓히기를 시도.
- 20여 년 겸해온 출판일을 접고 대학 강의실로 옮겨 새로운 창작 세계 구축을 모색함.
- 제3, 4의 창작집 및 『유주현대표작선집』, 『柳周鉉歷史小說群大全集』 등을 펴냄.
- 작중인물은 예술가, 양로원 노인, 작가, 상인, 해외 동포, 환자, 역사적 인물 등.

2) 본격소설의 모색과 변모

유주현의 한 세대 기간에 써낸 작품은 방대한 분량이므로 몇 문제작을 중심으로 살펴본다. 유주현은 여러 장편소설 밖에 본격소설을 모은 네 권의 창작집을 펴냈다. 제1창작집『姉妹系譜』, 1953년 제2창작집『太陽의 遺産』, 1958년 제3창작집『神의 눈초리』, 1977년 제4창작집『죽음이 보이는 眼鏡』, 1980년 논자는 이 창작집 외에 여러 출판사의 대표작 선집과 작품집에서 빠진 주옥편을 모은 이승하 편『유주현 작품집』(2010) 등을 텍스트로 활용했다. 이 밖에도 논자가 이전에 만든 작품 카드와 서재에 꽂힌 자료도 작업에 보탰음은 물론이다.

(1) 전기 – 일상적 가난과 전후의 세태

등단작인「煩擾의 거리」(《白民》, 1948)에서는 해방 이후의 번거롭고 궁핍한 서울 바닥에서 애면글면으로 고학하던 형식이가 베푼 호의를 여대생인 진숙이 한낱 액땜으로 내쳐버림으로써 낭패를 당한 처지를 그리고 있다. 그러기에 서울 변두리 농촌에서 가솔을 이끌고 올라온 아버지를 장충단서 만난 자리에서 형식은 자신이 꺼리는 요정에까지도 드나들며 열심히 돈을 벌어 나갈 것을 다짐하는 것이다. 어쩌면 해방 직후 농촌지역에서 새로 서울에 진입하려는 청년 작가 자신의 처지와 유사하다. 묵사는 실제로 그 무렵에 상경하여 장춘단 공원의 벤치에서 모기에 물리면서 노숙하기도 했다.

더욱이「敗北者」(1953)는 그 작품 끝부분에 한국전쟁이 한창이던 '四二八五, 六, 六, 於 大邱'라고 쓰여 있어 현실감을 더한다. 나라 전체가 가난과 전쟁으로 인심이 흉한 데다 남편마저 늑막염으로 반년 넘게 누워있어 막다른 처지를 드러낸다. 서두와 중간부를 참고해 본다.

> 옷가지를 팔아서 하루 더 창자를 메꿔보려는 것은 어리석은 수작이야. 내일은 또 어쩔테야? 설혹 낼은 팔 것이 있다하드라도 또 그 다음날은 어쩌누? …(중략)…
> 남부럽지 않은 환경에서 대학까지 나왔다. 여류시인이 되겠다고

'뿌라우닝이 어떠니 니체가 어떠니' 하며 동무들과 논전을 펴던 학생시절이 있었다.
학교를 나와 신문기자인 현수와 연애를 하던 시절만 해도 그랬다. 역시 문학청년인 그와의 화제는 곧잘 문학으로 돌아갔고, 문학 중에도 순수문학을 갈갈이 해부하여 제딴에는 독자적인 경지를 연인 앞에 시위하곤 했다. 가장 고고孤高한 존재인양.

하지만 결국 이웃집의 창수네 집에 가서 창수 엄마의 권유에 따라 화장을 하고 한 남자 손님에게 몸을 맡긴다. 거기서 건네받았던 돈을 내던지고 집에 돌아가 남편한테 울며 고백했지만 음독한 현수는 죽고 만다. 그야말로 극한적인 상황의 반전적反戰的 단편이지만 선집들에는 빠져 있다.

그런가 하면,「流轉 24時」(1955)는 은행에서 찾은 신권 지폐를 주인공으로 의인화해서 1950년대 사회의 부패상을 풍자한 단편이다. 돈을 통해서 중고교의 보결생과 시험 점수를 무시하고 취직 청탁을 자행하는 부조리를 고발한 것이다. 지폐는 아침 일찍 한국은행의 출납과 직원-첫 여성-다음 여성-부로커 권 선생-과장-배 계장-구멍가게 주인-화장장 아저씨 등의 손과 주머니에 옮겨 다닌다.

그 돈을 옮겨가는 과정에서 돈은 동수 부자가 대화하는 소리를 가방 속에서 듣고 있다.-"썩어빠진 세상이예요. 저희가 필요해서 사람을 쓰는데 왜 우리가 돈을 써야 해요? 더구나 공무원으로 채용하는데." 동수의 항변에 부친은 대답한다. "취직 희망자가 너뿐이냐. 오구 가는 게 없이 너를 뽑아달라면 될 줄 아니? 몇십만 환씩 쓰구들구 헉헉 나자빠지는 판국에…… 너는 아직 세상을 몰라. 사회학의 공부는 이제부터야."-

한편,「太陽의 遺産」(1955)에서는 수락산 골짜기의 수렛골 서낭 위아래에 있는 돌담네 배생원 집과 곰배무당네 집은 서로 사이가 좋지 않았다. 홀아비 배생원은 조상의 뼈대를 내세운 대신에 홀어미 무당네는 삼덕암

주지와 내통하는 화냥년이라는 것이다. 그래도 수원에선가 간호부로 취직해서 돈을 보내던 삼순이가 오랜만에 고향을 찾는다는 소식에 모처럼 두 사람이 인사를 주고받으며 기대에 부푼다. 식량이 모자라 한두 되 꿔 먹던 배생원은 오늘도 아들이 산에서 잡아 온 살모사와 가재를 끓여서 점심을 떼운 처지이다. 그러나 기다림에 지친 저녁때에야 깜둥이 아이를 안고 나타난 삼순이에 사람들은 놀라고 만다.

마무리 부분이 한국전쟁의 한 후유증으로 각인된다.―"이년아, 얼른 나가지 못해! 어디 가 뒈지든지, 다시 네 갈 데루 가든지 내 눈앞에서는 없어지란 말야!"

삼순이는 대꾸 한마디 해 보지 못하고 결국은 몸을 움직이기 시작했다. 사 년 만에 만난 아버지에게 말 한마디 하지 못한 채 어린애를 소중히 감싸안으며 발길을 돌렸다.―

「鬪情」(1957)에서는 휴전 이후 과도기 사회에서 갈피를 못 잡고 방황하는 청년들의 모습을 보여준다. 군대 생활 4년 중에 영창에 여덟 번이나 들어갔다가 결국 불명예 제대한 덕표, 일등중사 출신 경태, 운동으로 몸을 다진 인배, 가장 나이 어리고 해사한 양복쟁이 창수 등. 이들은 성북동 뒷산에 놀러 온 사람들을 괴롭혀 금품도 빼앗는 깡패짓에다 저희끼리 싸운다. 덕표는 어젯밤 꿈에 납북되어간 아버지로부터 조상 체통을 지키라는 호통을 당해 애인인 길자와도 입씨름을 한다. 그러고도 그들은 소풍 나온 현역 육군 대위 가족에도 행패를 부리고 '케세라 세라'를 흥얼댄다.

특히 「虛構의 종말」(1957)은 반전소설로서 인상적이다. 한국전쟁으로 부모를 잃고 군대에서 5년을 복무하며 전투 중에 부상을 당해 만신창이로 제대한 뒤 무직자로 지내다가 범죄자로 몰린 경우이다. 시골에서 부모 따라 서울에 와선 고시 공부로 법관을 꿈꾸던 청년의 처지다. 입대하여 일등상사가 되기까지 총탄 상처 네 군데를 수술하고 영천 전투 때

포로로 잡혔다가 탈출하는 등, 다섯 번의 고비를 넘겨 군복을 벗었다. 제대한 날, 전우와 대구의 사창가에 들러 만난 여자의 말이 귀에 꽂혔다. ‒ "호, 그래요. 저두 전쟁 때문에….”‒

그때 결혼하자며 데려와서 애인 겸 아내로 동거하고 있는 사람이 은애이다. 하지만 군대서 배운 운전 기술로 자가용을 몰다가 부상한 몸 탓에 두 번이나 떨려난 뒤 밥을 굶는 신세이다. 그래도 남편은 아내가 마지막 남은 가락지를 팔아 식량을 구해 온다는 걸 말린다. 그러다 모처럼 진수성찬을 차려놓고 깨우는 은애 덕분에 배부른 식사를 하고는 밥상을 엎어버린다. 아무래도 매음굴에서 벌어온 돈 때문이라 여겨서이다. 그러곤 식곤증에 취해서 잠든 그들은 요란한 소동에 잠을 깬다. 이웃집에서 난 불이 바로 앞에까지 번져온 것이다.

그 경황에 '나'는 출동해서 시동을 끄지 않은 지프차에 재빨리 이웃의 제니스 라디오를 감추고 운전대에 올라 엑셀레터를 밟았다. "매음도 도둑질보다는 나요! 절도 강도보다는 떳떳해요." 하던 은애를 옆자리에 태운 채였다. 갑자기 핸들을 꺾는 바람에 한 소녀가 차 범퍼에 넘어지는 걸 아랑곳 않고 교외 쪽으로 내달렸다. 그렇게 부부가 신나는 질주를 하는 판에 백차가 총소리를 내며 따라오자 그들은 차에서 뛰어내렸다. 결국 '나'는 도봉산 기슭의 철탑으로 된 송전주 중간에 올라 진퇴양난의 처지에 몰린 것이다.

추위와 경찰의 사살 위협에 처해있는 상황이다. 급박한 처지에서 살아야겠다는 자아의식, 본 의도와 달리 조건반사적인 행동에 상관된 인간 존엄 문제 등에서 실존적 한계상황을 띠고 있는 작품이다.

이 밖에 「언덕을 향하여」(1958)는 당시에 실존주의 성향의 상황소설이라고 평가받았다. 당시의 아시아 자유문학상 수상작이기도 하다. 불우한 제대군인들이 긴박한 상황을 맞은 경우를 다루어 주목되는 내용이다. 군대에서 함경도까지 함께 진격했던 혁과 덕수는 낙동강 하류의 농촌 귀퉁이 토막집에서 산다. 혁은 불우한 희숙과 부부로 살고, 총상에 왼쪽 다리를 저는 덕수는 고아 소녀인 분이랑 오누이처럼 돼지 두어 마리를 키우며 지낸다.

하지만 이들은 근 40일 동안의 긴 장마 속에서 위기에 처해있다. 개천 쪽으로는 초가집이 둥둥 떠가는 지붕 위에 강아지도 떨고 앉아 있다.

위쪽 둑이 터진다는 긴박한 대목에서 작가는 유머 감각을 살린다. 아이를 받으려 애쓰는 사람에게 출산을 미루자는 것이다.

- "도루 넣을 수는 없습니까?"

혁이 답답해서 물으니까 옹기장수 할매는 주름살투성이의 얼굴을 구기며 눈을 흘겼다.

"그러기에 인자부터 각시는 귀여워 해 주이소. 여자만 이게 무슨 죕니꺼?"

혁은 퉁명스럽게 한 마디 던졌다.

"누가 나(産)라는 걸 낳나요?"

"죄 받을 소리 마이소. 당신은 어미 뱃속에서 안 나왔십니꺼?" -

난산으로 끙끙대던 희숙이도 둑이 터졌다는 소리에 불쑥 힘을 모아 핏덩이 아들을 낳는다. 그리고 덕수는 자기에게 가장 소중한 돼지 새끼 대신에 방바닥에 굴러 있는 어린것을 둘둘 말아 가슴에 안고 나온다. 혁은 희숙을 잔등에 업고, 분이는 옹기장수 손을 잡고 휩쓸려가는 흙탕 물살을 헤치며 죽을힘을 다해 저 언덕을 향하고 있는 것이다. 유주현은 당시 자신보다 후발 작가들로서 전후 신세대인 서기원, 손창섭, 오상원, 선우 휘, 송병수, 이호철, 오유권 등과 함께 현역 창작란의 중심을 지켜왔다.

(2) 중기 - 사회고발과 참여의식

그런 반면에 「張氏一家」(1959)는 자유당 말기 당시의 사회 지도층에 속하는 가정의 연쇄적인 비리와 도의적인 퇴폐상을 고발한 단편이다.

전방부대에서 지뢰 사고로 실명이 된 채 일 계급 특진으로 장군이 된 장정표는 칠흑 같은 어둠 속에서 서성댄다.

군대 생활 14년 동안 장교로서 승승장구했지만 결국 38세 나이에 이렇게 장애인 몸으로 남게 된 신세가 한심한 것이다. 동기들보다 별을 먼저 달 생각으로 전방 근무를 자원해서 부친의 뒷받침도 받으며 설치면서 노력해 왔다. 특히 6개월 전에, 국회의원 일행이 최전방 진지를 시찰한 시점에서 연대장 장정표 대령은 두각을 나타내기 위해 수색대를 데리고 전방의 지뢰 부설지대를 시찰 중 지뢰 폭발 사고를 당해 버린 것이다.

집에는 식구들이 밤늦게까지 돌아오지 않고 있다. 장만중 의원은 청운각에서 국회의원들끼리 정쟁으로 바빴으며 장 장군의 아내인 정심은 장 의원의 비서인 김윤수와 밀회 중이었다. 고등학생인 성표는 또래 친구와 여학생 낚을 모의를 하다 돌아와서는 임신했다고 걱정하는 순자에게 낙태 수술해 버리라고 타이른다.

더구나 「密告者」(1961)는 자유당의 3·15부정선거로 촉발된 4·19 학생의거 당일의 대학생들 동태를 반영한 단편이다. 당시 행정부에서 악명 높은 관료의 아들인 명구와 입법부의 여당 태두 아들인 허윤의 대조적인 태도를 여대생 경숙이를 곁들여서 전개하고 있다. 그날에 취한 대응을 통해서 작가의 강렬한 현실참여 의식을 드러낸 작품이다. 여기에서 주인공으로 설정된 명구의 어설픈 처지가 인상적이다. 사실 그는 아침 일찍 출근하던 아버지가 그날 결석하고 집에 박혀있으라던 주의가 걸렸지만 학우들과 함께하려 마음먹었다. 그런데 약속했던 경숙의, 뜻밖에 만났다는 허윤이와 함께, 거리에서 날뛸 게 아니라 봄바람이나 쐬자는 의견에 따라 명구도 제집 근처 산에 올랐다. 그중 기간산업체를 사유로 만든 집 딸인 경숙은 두 남자 친구가 벌이는 팔씨름 시합과 의견 대립을 즐긴다. 독선적인 기성세대에 대결하려는 명구와 달리 거대한 세력에 맞서기보다 승자 편에 서려는 허윤에 끌리는 눈치다.

"지금 세상이 뒤집히고 있는 판에 사랑을 해? 그게 사랑이야? 동물적인 섹스지. 허지만 내가 그들과 싸운 이유는 나두 몰라." 이런 말을 읊조리는 명구의 하루는 낭패와 꼬임의 연속이지만 객관적으론 의롭고 바른 지성인의 자세를 고도의 소설기법으로 각인해 준 작품이다.

그런가 하면, 「임진강」(1962)은 미군 주둔 지역에서 현지 민간인들이 미군 경비병 총에 희생당한 문제를 건드린 작품이다. 당시로서는 첨예한 문제라서 참여적인 작가의 용기가 돋보인다. 이 단편은 한껏 유려한 문장으로 시작되고 있다.―'강은 어느 강이나 숱한 전설과 애달픈 사연을 삼킨 채 세월처럼 말없이 흐른다. 천년을 한가지로 흐르면서 세월을 셈하는 것은 오로지 강물뿐이다.'―

하지만 실제 내용은 쉰아홉 살인 피皮 노파의 두 아들로 인해 울적한 이야기다. 노파의 작은아들인 덕수가 정월 초이튿날 강추위에 땔감을 마련하려 얼음을 타고 강을 건넜다가 동네 청년과 함께 변을 당한 것이다. 그 일로 억울하고 슬픈 노파는 강가를 헤매면서 며느리의 부축을 받으며 생각한다. 작은며느리는 시집온 지 반년 만에 남편을 잃었지만 뱃속에 자라는 아이랑 어떻게든 살 텐데. 노파는 아들이 묻힌 덕망산을 우러르며 울음을 삼킨다.

한편 서울에서 출세해서 가끔 어머니께 큰돈을 보낸다는 큰아들은 집 소식도 모른 채 최근에 출옥해 있다. 명동의 빠 여급인 미쓰 최와 동거해 온 터라 그는 다시는 불량배들과 어울리지 않으려 다짐한다. 그러나 신문에서 우연히 고향의 덕수가 미군 총에 피살되었다는 기사를 보고 충격을 받는다. 더구나 제 형제들이 1·4후퇴 때 죽을 미군 두 사람을 살려준 그들한테 당했음에 분개하는 것이다. 끝내는 그들 일당과 동생의 장례비를 마련하기 위해 높은 벽돌집을 턴다. 거기서 현찰 삼백만 환 뭉치를 가지고 덕환은 새벽에 추적을 피해 고향에 도착한다. 그리고 동네 앞에서 만난 후배에게 마을 사람들이 집 한 칸이라도 마련할 때 보태

쓰는 데 전해 달라고 가방을 건넨다.

(3) 후기 – 생명 존엄과 내면세계 추구

한편 「6인공화국」(1974)에서는 이전의 소설과는 판이하게 탈속한 이상세계를 보여준다. 당시의 폐쇄적인 우리 문단에 던져본 조명탄이다. 서로 피 튀기도록 다투거나 나중에는 벌거숭이가 되도록 속옷마저 벗어던진 일탈이 흥미롭다. 유주현 소설 미학이나 접근의 문법을 뒤집은 긍정적 시도로서 눈길을 끈다.

작중인물들부터 전 작품에 자주 등장하던 매춘부, 상이군인, 양공주, 전과자, 피란민, 패배자 따위의 루저들이 아니다. 특권층의 자녀들이 중심인 「밀고자」, 「장씨일가」 못지않게 엘리트층에 속하는 대학생들이다. 자유당 집권 시절의 고관집 아들인 장군, 재벌의 외동딸인 혜련, 민주당 시절에 득세하던 집 아들인 민군, 퇴직 교수의 딸인 정임, 남대문 수산물 도매상의 아들인 사군史君 등. 대학 동기생으로 이루어진 '6인회' 멤버들은 모처럼 여름철에 2박 3일의 일정으로 무인도 캠핑을 나온 것이다. 한 번쯤은 세속의 계율에 묶인 채 억압당한 내면적 욕망의 묵은 찌꺼기를 씻어낸 실험소설이다.

－미상불 모두가, 육지의, 그리고 지난날의 속성에서 완전히 해방되어 보고 싶은 강렬한 충동을 느껴보고 싶은 모양이다. …(중략)… 특정한 모든 인연의 줄을 가차 없이 끊어버림으로써 자기 자신에게 충실해 보고 반항도 해 보고 싶은 막연하지만 간절한 충동 말이다.－

후기 작품으로서 제3창작집의 표제작인 「神의 눈초리」(1976)에서는 재래와 변별된 작품 성향을 나타낸다. 화자를 작가 '나(P선생)'로 삼은 일인칭 소설로서 친근감이 들어서가 아니다. 시내 명동을 거닐던 작가는 P선생이라고 알은체한 중학 동창생을 만난다. 월남전쟁에도 참전했던 친구를 퍽 오랜만에 보는 것이다. 그동안 가발공장에 머리칼을 넘기는 일을 해왔다면서 반긴다. 평소 작품 활동을 하는 친구를 자랑해 왔다며 맥주 홀에도 들르면서 이야기한다.

-"P선생! 나 그대한테 아주 기막힌 표정 하나를 보여주고 싶은데 말야.""그 표정엔 인간의 선과 악, 사생관, 집념, 회한, 고집, 그런 게 한데 응결돼 있어요. 추하기도 하고 엄숙하기도 하고 또 소름이 끼치도록 미웁고 불쌍도 하고… 그런 복합적인 표정, 한번 봬 두는 게 어떠시오?""살아봤자 아무 쓸모도 가치두 없는 생명두 보호해야 할까, 그저 순전히 동물적인 인간의 생명도 말일세. 오히려 남에게 피해만 입히게 될 존재, 그런 존재의 생명도 보호해야 하고 그런 인생두 존귀한 것일까? 자네의 의견을 듣고 싶다."-

저렇게 귀기스러운 웃음을 흘리며 운동 숫자를 외는 그 무서운 살인자의 눈초리로 심한 중풍을 앓는 장군의 부친도 한때는 옛 도립병원의 이름 있는 정신과 의사였다고 알려주었다. 하지만 그 부친보다 복상사로 먼저 간 동창의 부음을 받고 가서는 젊은이들 화투판 구경을 하던 그분을 발견한다. 그러고는 50대 후반의 우람한 체구에 불편한 몸을 처절한 안간힘으로 집 마당을 돌며 3천 대, 5천 대를 영어로도 외치던 의지를 되뇐다. 인간의 존엄과 생명에 대한 의지가 우러러진다.

끝으로 중편인 『죽음이 보이는 眼鏡』(1977) 경우는 더 깊고 짙은 중량감을 지닌 예술가소설이다. 한국 전란의 소용돌이 속에서 인간적인 신뢰를 잃은 나머지 예술과 인생에서 참패한 화가의 삶을 통해서 제시한 내면의 울림이 새롭고 진하다. 유주현 전·중기 소설인 위 작품들과는 차별화된다. 예의 생명의 존귀함과 본연한 인간 내면의 존엄성이나 영원성 등의 새로움을 모색한 후기소설로 평가된 「神의 눈초리」보다 중후한 역작으로서 주목된다.

제주도의 만장굴에서 인체의 유골이 발견되었으니 급히 와서 감식해 달라는 전화로 시작된 서두강조법 형식의 여로형 구성부터 흥미를 돋운다. 동굴의 생체학자인 권정환 박사의 제주 출장 → 유골의 주민등록지인 수락산의 홍익양로원 → 홍석(又晳)이 참석한 서울의 화랑(거기서 만난 박병성 화가의 증언에 의한 일본 유학 시절) → 서울의 귀국전에서 먼빛으로 해후한 아들(권광연) 부부를 미행한 만장굴 현장 등. 이 과정에서 홍석 노인의 정체는 일찍이 화단에서 저명했던 우당 권지철이었음이 드러난다. 그만큼 그는 뼈아픈 마음의 아픔을 지닌 폐인이다. 그 연유는 유엔군의 수복 무렵에 20여 미터 앞의 유엔군 초소 쪽으로 다가가던 도중에 부른 세 번째 만세사건으로 비롯된다. 병든 아버지를 업고 가던 초소에서 쏜 총탄에 피를 쏟고 쓰러진 아들(권광연) 어깨 위에서 갑자기 "유엔군 만세! 만세! 만세!"를 외쳤던 것이다. 당시 45세이던 중견화가 권지철은 이후에 그 심적 외상으로 모든 명예나 예술 활동을 접었다. 게다가 심각한 결핵성척추염에 시달렸다. 반면에 건강을 회복한 후 비정한 부친과 헤어진 채 살아난 광연은 당시 한국전쟁에 참전한 그리스 장교의 주선으로 유럽으로 가서 화가로 출세했다.

반면에 노인은 그 이후 스스로 외친 만세의 가책 때문에 강원도의 석탄광으로 들어가 다시는 그곳에서 나오지 않으려고 결심하며 살았다. 자기 생애 중 그래도 자신의 정체를 파악하고 자신에게 충실해 보려고 안간힘을 쓴 것은 6·25 후 10년 동안의 갱부 생활이었다고 믿는다.

그런 그는 탄광에서 10년 만에 나왔고 홍익양로원에다 몸을 의탁한 처지였다. 그런 중에 신문에서 자기 아들 귀국전과 옛 친구의 전시회가 열린다는 기사를 발견하고 낯선 서울의 전시회에 참석한 후 아들을 미행하듯 제주의 만장굴에 이른 것이다. 아들 자신도 그 한복 차림의 정체를 뒤늦게 알아차린다.

－처음으로 핏줄의 정을 느끼며 뜨거운 눈물을 주르르 흘렸다. 그러나 그를 용서할 수는 없으며 그쪽에서도 그것을 결코 원하지 않을 것이라고 그는 생각했다. 끝내 서로 모르는 것으로 하고 싶었다. －

이런 인물의 고뇌와 혈연적 사랑이나 도리를 저버린 내면의 뼈아픈 각성은 작품의 완성도를 높였다. 그런 점에서 유주현이 현안의 전후 문예 사조였던 실존주의를 작품에서 활용하되 피상적인 극한상황 중심의 「허구의 종말」, 「언덕을 향하여」에 갇혀있었다는 의혹도 벗어나게 되었다. 실존주의는 현대 물질문명과 메커니즘의 외적인 규제상황에 앞서 인간 내면의 정신적인 주체성이 우선하기 때문이다. 작가는 이미 전후문학의 사조도 넘어서고 21세기 한국소설의 새로운 길을 열어 보였다.

3) 전환기를 이룬 홍제동 시대 – 생활을 도운 연재소설

위에서 언급한바, 10년 단위를 중시하듯 유주현 작가는 불혹의 나이테인 1960년대에 들면서 새롭게 신문연재 소설 쓰기에 임한다. 그것은 마침 오랜만에 정착할 서울 홍제동의 단독주택 마련에 따른 작가의 경제적 긴요성과 폭넓은 독자와의 만남을 의식한 선택으로 보인다. 1층인 양옥을 헐고 2층으로 증축한 서재에서 매달 문예지와 교양지에 본격 창작품을 발표하고 거의 매일 경향 각지의 신문에 인기소설을 복수로 연재하는 저력을 발휘한 것이다. 처음에는 영남지역 신문에 현대적인 시사물을 다룬 작품부터 시작했다. 첫 연재 장편인 『분노의 江』(《부산일보》, 1960~)에 이어서 1962년에는 대구지역 신문에다 장편 『희극인간』(《每日新報》)과 동시에 다시 장편 『너와 나의 詩』(《부산일보》)를 연속해서 발표한다. 그러더니 이런 인기를 업은 신문 매체를 통한 연재소설은 수도권으로 확산해 오른다.

서울에서 장편 『장미부인』(《한국일보》, 1963~)을 연재함과 동시에 『父系家族』(《國際新聞》, 1964~)을 겹치기로 발표한다. 그 이후 『白鳥 산으로』(《조선일보》, 1968~) 연재를 계속하였다. 그런 도중에 조선 중엽의 황진이 별전을 다루어 새로움을 전한 『綠水는 임의 情』(《서울신문》, 1969~)도 함께 했다. 그런 이후에는 1970년대에 작가 스스로 고미술품에 새로운 관심을 보인 『象牙의 門』(《중앙일보》, 1970~)을 발표하였다. 그런 중에 『大痴 先生』(《서울신문》, 1973~)과 신문소설 성격인 『母系家族』(《주부생활》, 1974~)도 연재한 바 있다. 하지만 여기에서는 신문연재 성향을 띤 잡지류의 게재분은 생략하였다. 그런데도 이런 일련의 인기소설 작품들은 본격소설의 부차적인 성과로서 종합적으로 평가할 대상이 된다.

4) 역사소설 재정립과 활성화

'묵사默史'라는 아호를 지닌 유주현에게 역사의식이나 체험은 남다른 의미와 비중을 담고 있다. 묵사의 연보나 산문에 의하면 민족 수난과 가족사에서는 서로 밀접한 관계가 감지된다. 1919년 봄, 밤중에 여주의 토호로서 지닌 50칸짜리 집에 일경이 지른 화재 현장을 유주현 어린이는 잊지 못한다. 그 연유로 3살 적에 양주로 이사 올 적에 병든 그대로 지친 가족에 다리 밑으로 버려질 뻔했던 때의 기억 때문만이 아니다. 일본 고학 시절에 느낀 민족의식으로 조선총독부 등의 역사소설을 쓴 건 필연적인 인과관계가 아닐 수 없다. 유주현 작가와 대원군 역시 작가 본향이 대원군과 밀접한 민비의 고향과 같은 여주 땅인데다 작가의 조모가 고종의 부대부인이고 민비와 같은 여흥 민씨이기도 하다. 그런 인연으로 어릴 적부터 대원군 이야기를 많이 들었으며 합방 후에 의병을 일으켰던 조부가 만주로 가면서 가솔이 의지한 사직동의 이하 전댁도 참고된다.

1960년대 중엽부터는 새로운 근대사의 실록적인 역사소설로 각광을 받았는데 단연 이전의 신문소설에서 얻은 반향 이상의 호응과 성과를 넘어섰다. 그것은 작가의 체험적인 역사의식과 더불어 이전 역사소설과의 차별화 전략이 주효한 영향이다. 『조선총독부』와 『大院君』은 동시에 써서 연재했고 자신에게 역사물로는 처음 쓴 작품이라며 밝혔다. ‒ "현대적인 수법으로 바꾸어 옛날의 것을 오늘로 끌어내려 시대적인 벽을 허물어" 접근했다는 것이다. 특히 애국지사 박충권과 이중 첩자인 윤정덕을 내세운 『조선총독부』(《신동아》, 1964~1967)는 34회에 걸쳐 연재한 실록 대하소설로서 원고지 7천 장(책으로 2천 페이지 분량, 책 5권)인 역작이다. 대하 실록역사소설 『大院君』(《조선일보》, 1965~) 또한 여러 해 겹치기로 연재하는 동안 작가는 약을 복용해 가면서 몇 밤을 새우며 울면서 써냈다고 토로한다.

이 밖에 장편 『大韓帝國』(《신동아》, 1968~1970) 역시 구한말의 수난상을 재현해서 반성을 촉구한 연재소설이다. 그런가 하면, 멀리 조선시대로 거슬러 올라간 작품도 연이어 선보인다. 17세기 광해군 때 인조반정을 작품화해서 (《동아일보》, 1969~) 연재한 장편 『慟哭』과 조선시대 르네상스기였던 영정조시대 선비들의 위상을 되살린 장편 『群鶴圖』(《서울신문》, 1969~)도 동시에 연재되었다. 또한 특별한 경우로서 고종의 핏줄을 받은 1900년생으로서 구한말 기구한 수난의 삶을 살아온 당시의 실존인물(李文鎔)과 2시간 남짓 면담하고 써낸 장편 『皇女』(《문학사상》, 1972~1975)는 작가가 애착을 보였다. 이어서 장편 『破天舞』(《중앙일보》, 1973~) 다음의 장편 『金環蝕』(《중앙일보》, 1976~) 등이 있지만 연재 중 건강 사정으로 중단되어 아쉽다. 여기에서 누락된 작품도 몇 편 더 있을 것이므로 추후 보완할 일이다.

5) 맺음말

이제 탄생 100주년을 맞아 모처럼 두어 달 동안에 작품 완독을 못한 채 총괄적으로 읽고 탐색한 작가 유주현의 문학과 삶에 관한 견해를 독후감 삼아 마무리한다. 묵사 유주현은 숱한 고난과 시련을 이겨내고 꾸준한 노력과 성실성으로 다작을 한 대형 작가이다. 광복 이후 작가로 등단한 그는 6·25 전란기에는 종군작가로 《전선문학》 등에도 전란기의 인도적인 인간상을 꾸준히 발표하고 전후의 혼란기에 신문소설을 통한 시민 독자들과의 교감과 문화생활의 활성화로 한국소설의 금자탑을 세웠다.

특히 1960년 초 이후 불혹의 나이로 서울 서대문구 홍제동 21의 14 언덕의 중턱에 정착한 묵사는 그곳에서 많은 가솔을 거느리며 22년 동안 창작에 전념하여 가히 홍제동 시대라 일컬을 만큼 큰 결실을 맺었다. 1960년대에는 대하 신록소설 『조선총독부』와 장편 역사소설 『대원군』을 동시에 연재하였다. 그리고 이어서 실록 대하소설 『대한제국』을 연재하여 한국 역사소설의 중흥을 일으켰다. 그리고 한국소설가협회도 결성하고 1975년에는 오래도록 경영하던 신태양사를 나와 중앙대 문창과 교수로서 후진 양성과 창작을 겸하던 중 건강을 잃어 1982년 5월에 향년 62세로 작고하였다. 그후 홍제동의 그 언덕 서재 자리에는 고층아파트가 들어서 있다.

그럼에도 유주현 문학은 우리 현대문학사를 통틀어 소설의 기량과 연재량, 선명한 역사의식뿐만 아니라 폭과 깊이가 주목된다. 더욱이 다양한 독자층과의 문화적 교감을 곁들인 본격소설 – 신문연재소설 – 역사소설의 단계적인 격상과 총화 면에서 묵사를 뛰어넘은 작가는 드물 것 같다. 그런 점에서 유주현은 치열한 30여 년의 집필로 여느 작가보다 갑절 이상의 금자탑을 쌓았으므로 이제 명계에서 안식을 취하시길 빈다.

3. 1950년대에 출현한 전후작가
– 송병수론

한국전쟁이 발발한 지 75년에 이른 요즘까지 한반도에 전쟁의 그림자는 가시지 않았다. 그런 의미에서도 전후작가 송병수(宋炳洙, 1932~2009)에 대한 회고와 재평가는 의미가 짙다. 전란의 아픔과 시대적 고뇌를 손수 구현한 대표적인 전후작가戰後作家로 우뚝 서 있기 때문이다. 북위 38도선 인근의 경기도 개풍군 태생인 그는 대학 신입생이던 때 6·25를 맞고 군에 입대하여 전방 전투에 나갔다가 왼팔에 전상을 입고 휴전 이후 실향민으로서 분단 속의 사회 상황을 누구보다 리얼하게 표출해 낸 것이다. 당시의 한국 전쟁은 경기공고를 거쳐서 한양대 기계공학과에 진학했던 그를 소설가로서 활동하며 방송국의 편집 등에 종사하는 문학가로 이끌었다.

청년 송병수가 제대 이후인 1957년에 25세의 나이로 《문학예술》지의 신인특집란에 선우휘의 등단 중편인 「불꽃」과 함께 당선된 「쑈리 킴」의 신선한 충격은 당대의 화젯거리였다. 전란 통에 가족을 잃고 휴전 후의 전방 미군 부대 주변에서 미군들을 상대하는 따링 누나와 그의 심부름을 돕는 쑈리 킴 등은 전후의 열악한 환경에서 살아가는 인물을 리얼하게 표출한 문제작이다. 이런 작품들은 동시대의 전후작가로서 전란으로 인해 실의에 빠진 군상을 그린 손창섭이나 이념을 중심한 문제를 다룬 선우희는 물론 전후의 사념적인 문제를 제시한 장용학 등과 차별성을 드러낸다.

송병수 작가의 소설은 등단 이후 1970년대 중반에 걸친 근 20년 사이에 단편 50여 편과 장편 3편이 발표되었다. 그중에 단편에선 1960년대 중반까지는 전쟁 체험의 소재를 다룬 것으로써 왕성한 실적을 보이고 그 이후는 전란의 후일담을 가미하여 사회 비판적인 성향도 드러낸다. 그런가 하면, 장편으로도 1965년에 중국의 옛 사상가인 『공자』를 냈고 그 후 두 편의 민족 수난 서사를 연재하였다. 1960년대 말엽에 남북한의 군부대를 교차해서 다룬 『빙하시대』(《사상계》)에 이어서 1970년대 초에 일제강점기의 무력적인 항일투쟁사를 서사화한 『대한독립군』(《신동아》)을 발표한 것이다.

1) 전란에 상처받은 인간 군상들

송병수 작품에 등장하는 인물들은 으레 전란으로 인해서 가족을 잃고 제 자리에서 뿌리 뽑힌 채 타향을 떠도는 군상들이다. 전방에서 피 흘리며 싸우는 군인이나 전후방 도처에서 방황하는 전쟁고아들뿐만이 아니다. 양공주, 전쟁미망인, 폭력배, 상이군인 못지않게 전장의 후유증을 앓는 제대군인과 예술인 등이 포함된다. 앞에 든 데뷔작인 「쑈리 킴」 주인공부터 그렇다. 1964년도 동인문학상 수상작인 「잔해」에서 전투기를 몰고 야간 임무를 마친 뒤 돌아오다 적진의 눈 덮인 산 중턱에 불시착해서 생사의 기로에 처해 있는 김진호 중위 역시 전쟁의 피해자이다.

이어서 휴전 직후 도시의 거리에서 앵벌이처럼 구두닦이로 사는 「계루도」의 주인 엄마에게 돈을 속이며 사는 넓죽이, 홀쭉이 등이며 이들을 등치고 겁주거나 돕는 깡패들 - 문어, 짱구 형님, 재크 형님 가운데 군대서 분대장을 패대기치고 탈영한 악어 형님 등. 특히 직접 군대 생활에서 직간접적으로 입은 피해나 후유증은 심각하다. 최전방 전투에서 피를 흘리며 포로의 부축을 받거나 죽음을 각오하는 「22번형」과 「인간신뢰」에서의 흑인 병사 경우는 처절하다. 또 중부 전선에서 며칠 밤낮을 적들과 싸우느라고 잠 못 이룬 분대원들과 단잠을 잔 죄목으로 신문을 받는 「탈주병」에서의 박한서 처지도 딱하다.

뿐만이 아니라 인간 사회에서 필요악으로 지칭되는 전쟁으로 인해서 상처받는 인간군상을 들어서 훈훈한 휴머니티를 지펴온 작가 노력은 가상하다. 월남 전선에서 숱한 전공을 세운 대신에 베트콩들로부터 받은 후유증에 시달리며 등산으로 견뎌내는「저 거대한 포옹 속에」중의 예비역 대위 인수(나)의 경우는 측은한 휴머니티를 드러낸다. 적들과 고지 탈환전에서 입은 처참한 전투의 후유증으로 그림을 그리지 못하는「장인掌印」에서의 허준 역시 심각하다. 이 밖에 시골에서 면장을 지내던 아버지를 6·25 전란 때 납북을 당한「해후」에서의 동우 처지보다 미술 지망생으로 사랑하여 옥주를 잉태시켜 놓고 전쟁터에 나간 후 돌아오지 못한 문기를 생각하며 사는 선애의 신세 또한 예외가 아니다.

2) 전쟁 폐해 속의 휴머니티

송병수 작가의 작중인물들은 위에서처럼 전란으로 인해서 비록 수많은 사람들이 피해를 입고 망가진 여건 속에서도 열심히 살아가려는 의지를 지니고 있다. 그의 대다수 작품들에는 거의가 직접·간접적으로 군인이나 병영을 동반한 전쟁 메카니즘이 설정되지만 인물들이나 테마는 인간적인 정과 도리 문제로 얽혀있다. 그들 군상 가운데는 결코 자살한다거나 파괴행위로 끝장 보려는 인물이 보이지 않는다. 모두가 이 어려운 고비를 이겨내고 본연의 고향으로 돌아가려는 바람을 지닌 자세이다. 말하자면 송병수의 소설은 등장인물들이 전쟁이라는 세기적 필요악 속에서 시달리면서도 견고한 휴머니즘을 견지하려는 반전주의反戰主義 의식을 드러내는 세계이다.

이 같은 면은 미군 부대 부근의 옛 참호에서 따링누나가 미군 헌병에 의해 끌려가는「쑈리 킴」의 마무리 부분에서도 소년의 울고 싶도록 소박한 염원을 엿볼 수 있다.

이젠 이곳 양키 부대도 싫다. 아니, 무섭다. 생각해보면 양키들도 무섭다. 부르도크 같은 놈은 왕초보다 더 무섭고, 엠피는 교통순경보다 더 미웁다. 빨리 이곳을 떠나 우선 서울에 가서 따링누나를 찾아야겠다. 그 마음 착한 따링누나를 다시 만날 수 있다면야 까짓 딸라 뭉치 따위, 그리고 야광 시계도 나이론 잠바도 짬빵 모자도 그따윈 영 없어도 좋다. 그저 따링누나를 만나 왈칵 끌어안고 실컨, 실컨 울어나 보고, 다음에 아무 데고 가서 오래 자리 잡고 '저 산 너머 햇님'을 부르며 마음 놓고 살아봤으면….

이런 인간의 원초적인 마음은 「잔해殘骸」에서 야간에 적진의 눈 언덕에 추락한 자신의＝R.O.K. A27＝'무스탕' 전투기 옆에서 절체절명에 처한 조종사의 심경에도 나타나 있다.

그는 자기 몸뚱이가 박살이 난 것처럼 왈칵 설움이 복받쳤다. 그는 무너지듯 주저앉으며 알미늄판을 쓸어안았다. 너무나 서러워, 너무나 억울해 왈칵 울음이 터졌다. 흐느껴 물결 이는 그의 등때기에 수북이 눈송이가 내려앉았다. 함께 어스름이 깔려왔다.

송병수 작가는 더 나아가 「인간 신뢰」에서는 죽음을 앞둔 전방 전쟁터에서 포로로 잡힌 중공군 사병과 이 포로를 끌고 가던 미군 사병이 인간적인 동지가 되어 동행하는 장면에서 전쟁을 뛰어넘은 인류애의 신뢰와 화합을 확인해 준다. 극한상황에서 인간의 울음은 가장 원초적인 영혼의 언어로 통하는가 싶다.

검둥이는 췌유가 안아 일으키는 대로 몸을 내맡긴 채 흐느껴 울기만 했다. 췌유는 그를 업고 가야 했다. 자기야 어찌 되든 좋았다.

이미 자기는 숱해 죽어간 그 틈에 죽었어야 할 목숨이 덤으로 살아있는 것인지도 몰랐다.

3) 남은 과제

위에서 우리는 작고한 지도 오랜 세월이 흐른 송병수 작가를 간추려 재조명해 보았는데 그래도 몇 가지 과제가 남는다. 그것은 첫째, 요즘 미시적인 원룸이나 취업 문제에 급급한 젊은 작가층이 외면해 온 전후 작가들의 거대 담론과 함께 송병수의 소설사적 위상을 재정립해야 한다는 점. 둘째, 예의 전후 한국문학을 쇄신시킨 손창섭, 선우희, 이호철, 서기원, 오상원, 장용학 등의 여타 신세대 작가들에 비해서 소외된 연구나 평가를 제대로 해야 마땅하다는 점. 셋째, 원활한 송병수 연구나 평론을 위해서 방치되거나 흐트러진 관계 자료들을 체계적으로 수집, 정리하는 작업이 시급히 병행되어야 한다는 점이다.

4. 본격소설과 신앙소설의 경계에서
– 오승재론

1959년 《한국일보》 신춘문예에 단편소설 「第三埠頭」로 당선된 오승재는 이미 등단 60주년을 지낸 원로급 작가이다. 20대 중반의 나이에 데뷔한 이래 강산이 여섯 번이나 변하는 연륜 속에서 최근까지 발표해 온 작품 활동을 감안하면, 드물게 보는 현역 소설가이다. 따라서 여기에서는 문단 활동의 회갑년에 이른 오승재의 문학편력과 작가의 전 작품에 걸친 특성들을 살펴보기로 한다. 결코 적지않은 실적에 비하면 이런 접근이 소략한 대로나마 한평생 대부분을 소설 창작에 종사해 온 작가에 대한 예의라고 생각한다.

사실 오승재는 신춘문예 당선 작가로서 등단 초기이던 1970년대 전후에 문단 주류 문예지이던 《현대문학》 등에 많은 단편을 발표하며 활발하게 활동했다. 그러나 대학에서 수학전공 교수로 봉직하던 중 미국에 건너가서 여러 해 동안 유학하느라고 공백기를 갖는 사이 원활한 창작 기회를 누리지 못한 편이다. 그런 연유로 점차 기독교계 문단에 치우친 나머지 근자의 주요한 문학 사전에마저 소원하게 취급된 아쉬움이 없지 않다. 마침 문학 지망생으로서 당시 《한국일보》 당선작부터 눈여겨 읽은 논자 자신이 오승재 소설문학을 총괄해 보는 셈이라서 뜻깊게 생각된다. 더욱이 어릴 적에 초등학교를 논자와 동향인 함평에서 마친 데다 기독교문학 모임에서 자리도 함께한 인연도 있기에 문학과 인생을 아울러서 접근하는 이점도 있을 것 같다.

1) 문단 60년 작가의 삶

오승재吳昇在 작가는 1933년 전남의 농촌에서 초등학교 교사 겸 교장이던 부친과 자상한 모친의 5남 2녀 가운데 장남으로 태어났다. 한국전쟁의 포성이 멎은 시기에 전남대 부설 중등교사 양성소를 마치고 중고교 교편을 잡았다. 군 복무를 마치고 광주 조선대 부속 중학에서 국어 작문을 가르치던 무렵에 쓴 소설로 신춘문예에 당선되어 작가 활동을 시작했다. 전주 기전여고 재직 중인 1960년 말에 기독교인으로 세례를 받았고 뒤늦게 1965년에 대전대(한남대)를 졸업하였다. 1969년에 한남대 교수로 임용되어 강의를 하는 한편 1972년에 충남대 대학원에서 수학으로 석사학위를 받았다. 또한 1976년부터 2년 동안에 미국에서 다시 석사를, 곧이어서 1982년에는 북텍사스 주립대에서 수학전공으로 박사학위를 취득했다. 그리고 1998년에 이르러서는 30년 동안 재직해 오던 한남대에서 정년을 맞이하였다.

이렇게 오승재는 가장으로서뿐만 아니라 청년기인 1959년에 소설작가로 출발해서 이듬해부터는 신실한 기독교인으로 미션계 대학의 자연계열 교수로서 삼위일체적인 삶을 영위해 왔다. 이런 여건 속에서 그는 미국에 유학하며 수학 분야 학위과정을 이수하느라 1970년대 후반 이후 1980년대 초엽까지는 창작의 휴지기에 처해 있었다. 그러다가 정년 이후인 2000년대에 들어서며 창작 활동의 재개에 임하고 있다. 그러므로 오승재의 소설문학에서 초창기는 다양한 모색을 드러낸 작품이었다가 그 소재나 주제의 중추는 차츰 기독교적인 성향을 띠고 있다. 이런 사실은 다음과 같은 그의 창작집을 통해서 알아볼 수 있다.

2) 창작집 4권, 작품의 변모 양상

지금까지 오승재 작가가 출판한 소설 작품은 장편소설 없이 창작집만 네 권이다. 첫 창작집은 등단 12년 만에 호서출판사에서 펴낸 『아시아祭』(1971)이다. 여기에는 휴전 전후 무렵의 부산 부두 철조망 안팎에서 미군 군사물자를 관리하는 체커는 물론 감독병의 눈을 속이며 군수품들을 얌생이질 하는 판수나 털보를 철의 눈을 통해 리얼하게 묘파한 등단작 「제삼 부두」를 비롯해서 그동안 발표한 초기 단편 13편이 실려 있다. 군 화약고를 지키며 평화롭던 과거 회상에 잠기는 「사색 주변」, 6·25전란 때 처참하게 숨을 거둔 빨치산을 그린 「해고解雇」 등, 오승재 소설들에서 출발 당시의 주류는 창작집의 표제작처럼 나라 밖의 이국 풍정보다는 전쟁터 후방의 살벌한 시대상을 반영하고 있다. 하와이 동서문화센터에서 아시아 학생들과 서양 젊은이들이 어울려 문화축제를 여는 이야기들은 그 다음 소설문학의 모색을 위한 한 지류였다. 각 나라의 다채로운 민속들로 경연을 다룬 「아시아祭」, 젊은 한일 영국 남녀의 경계와 사랑을 그린 「日製 맛」, 교포 2세의 모국 방문을 다룬 「루시의 방한기」 등을 가리킨다. 따라서 지금은 절판되어 있는 이 창작집을 살펴야 오승재 소설의 맥을 올바로 파악할 수 있으리라 생각한다.

제2창작집은 첫 창작집 이후 무려 34년 만에 창조문학사에서 상재한 『神 없는 神 앞에』(2005)이다. 여기에는 작가가 미국에 학위과정을 이수하러 떠나기 전에 1년 동안 가진 하와이 연수 체험을 연결해 쓴 「루시의 방한」 등 서너 편이 실려 있다. 미국 현지의 발랄한 젊은이들 애정 풍속과 한국 남녀 젊은이들의 사랑 모럴 등이 흥미롭다. 작가 자신의 관찰이나 실 체험을 주로 하고 거기에 다소의 픽션을 가미하는 글쓰기 방법이 효율적으로 다가온다. 특히 창작집의 표제작을 비롯해서 태반이 기독교계의 모순점을 풍자, 고발한 「제일교회」 등의 12편이 주를 이룬다. 그중에 표제작은 성형외과 의사인 임 박사가 정혜란 간호사와 정을 나누고 미국에 유학 나가 다른 여성과 결혼해서 돌아와 다시 대화하는 마음이 입체적으로 짜여서 재미있다. 화가인 혜란의 남편은 캠퍼스 앞에만 앉아 그림을 못 그리고 교회에 열심인 부인과도 불화를 빚고 있어 종교와 예술에 복합적인 갈등을 보인다. 12편 거의가 당시 유수한 문예지인 《현대문학》과 품격 높은 교양지 《思想界》에 발표된 단편들로서 눈길을 끈다.

제3창작집은 이전 창작집 이후 9년 만에 창조문예사에서 출판한 『급매물 교회』(2014)이다. 이 창작집에 실린 대다수 단편들은 1998년 정년 이후 강의와 연구의 틀을 벗어난 여건에서 원활해진 작품 활동의 소산으로 보인다. 역시 표제작의 이름에서처럼 기독교계의 바람직하지 않은 폐단이나 반성할 점들을 지적하고 제시하여 경종을 울리는 것이다. 모두 14편을 4부로 나눈 편집부터 체계적이고 기독교 신앙 위주 성향이다. 1부 〈교회〉, 2부 〈목사〉, 3부 〈교인〉, 4부 〈그리고 나 부흥회〉로 나뉜다. 무리하게 교세를 넓히고 건물을 크게 지으려다 부도를 내서 교인까지 묶어 넘기거나 더러는 지나친 기도원의 철야기도로 교인이 숨지는 경우도 적시하고 있다. 특히 여기에는 6·25 전쟁 때 의용군으로 북한에 휩쓸려간 작가의 친동생인 오영재吳映在 시인과 어머니를 여읜 형제들이 2000년 8월, 눈물겨운 이산가족 상봉을 하는「넘을 수 없는 벽」은 일기체를 곁들인 실화로서 소설의 또 다른 본을 보여 뜻이 깊다.

제4창작집은 5년 터울 만에 북랩출판사에서 최근에 펴낸『요단강 건너가 만나리』(2019)이다. 역시 표제에 선명하게 나타낸 바처럼 기독교 신앙에 비중을 둔 작품들이 대부분이다. 원숙한 필치로 진솔하게 쓴 표제작과 동남아 지역으로 해외 선교를 나간 제자에게 자상하게 쓴「박교수와 김삼순 선교사」를 비롯한 소설이 실렸다. 〈교인〉 항목의 단편 5편과「교회에도 수문장이 있다」,「급매물 교회」를 포함한 2장〈목자와 교회〉 등 5편을 합해서 단편은 모두 10편을 실었다. 그리고 이 밖에 3장에서 다양한〈콩트〉 14편을 더하여 구색을 갖추었다. 작품들이 교회와 기독교에 치우친 것은 작가의 말처럼 30대 초반에 예수를 믿기 시작하여 은퇴하기까지 기독교계 학교에서 봉직했던 사정이 참고된다. 여러 작품이 재수록되었지만 이런 문제는 작가 스스로 오래전의 작품들을 다시 다듬고 개작하듯 보완한 것이므로 나름의 가치가 있다.

해외 체험의 신선한「日製 맛」경우

1970년《월간문학》에 발표된 단편으로서 오승재 작가가 등단한 초기에 전후 사회의 어두운 사회상을 다루던 작풍들과는 차별화된 성향을 띤다. 1966년 여름부터 1년 남짓 미국 하와이에서 연수한 이래 미국을 비롯한 젊은이들의 다양한 만남과 발랄한 생활상을 보인다. 1968년《현대문학》에 선을 보이고 첫 창작집에 표제작으로 수록한「아시아祭」에 이어 발표한「루시의 방한기」계열의 단편이다. 등단 초기 작품처럼 각박한 한국의 어두운 전후 사회 양상이나 이후의 오승재 소설들에서처럼 신앙

문제는 양념처럼만 조금씩 섞어서 활용하여 재미나게 읽히는 소설이다.

대화로 시작되는 서두부터 발랄하게 와닿는다. 같은 숙소에서 함께 지내는 동료가 사귀고 있는 친구에게 일본 아가씨를 가만두지 말라고 건네는 말투다.

"야, 정복했니?"
"뭘 말이야?"
"가쓰꼬 고년 말이다."
"그건 너무 했잖아?"
"뭐가 너무해? 갖고 놀 생각 아니면 너는 친일파거나 매국노야."

하와이의 호놀룰루에 자리한 EWC에서 행해진 외국대학 신입생 환영회에서 한국 젊은이(나)를 파트너로 끌어들인 뒤로 밀착한 가쓰꼬의 성격 묘사도 일품이다. 일본 학생들의 눈초리와 야유에도 아랑곳하지 않고 오히려 그들 앞에서 포옹해 달라며 적극적인 것이다. 그녀가 자기의 폭스바겐 승용차로 손수 운전하며 자주 불러내서 데이트하는 자세뿐만이 아니다. 수동적인 한국청년에게 운전도 가르쳐 주고 그의 품에 안겨들며 결혼하자고 프러포즈까지 한다.

그런 유혹 속에서 정작 화자(나-작가 자신)는 그리스도인으로서 번민하며 망설이는 모습이 선연해 보인다. 애정을 나누거나 대화하는 곳곳에 내적 독백 같은 마음의 여울이 작품 속에 잘 녹아들어서 독자들과 호흡을 함께 한다.-'아담의 죄를 우리가 벗어나지 못하듯 회개하지 않고는 죄에서 자유로울 수 없지….' '나는 교회에서 훈련받은 순한 양이었다.' "'음녀는 구렁이요 이방 여인은 깊은 함정이라'고 성경의 잠언에서는 말했는데…."-

이렇게 작가는 작품 속에서 두 남녀가 달콤하고 뜨거운 밀회를 가지면서도 언행과 의식의 흐름을 잘 엮어서 감칠맛 있는 단편으로 잘 요리해 내고 있다.

"당신은 크리스천이지요?"
"왜 그렇게 생각하지요?"
그녀는 높이, 빨리 뛰는 나의 심장의 고동을 느꼈을 것이다.
"그러지도 못하면서……."
그녀는 눈을 흘기면서 내 가슴에서 빠져 나가 앉으며 말했다.
"참사랑은 정복하고 싶은 욕망이 아니고 정복당하고 싶은 욕망이래요."

그런 가쓰꼬의 유혹에도 미온적인 청년에게 그녀는 다음 달에 귀국해야 한다며 폭스바겐을 사달라고 권유한다. 결국 친절하게 운전을 가르쳐서 자동차 운전면허증도 따게 해 준 그녀의 승용차를 유학생 생활 지원금으로 사들인다. 하지만 프러포즈에 냉담한 청년에 토라진 가쓰꼬에게 그는 두어 달치의 나머지 월부를 떼먹으라는 룸메이트의 권유를 뿌리치고 완납하는 신사도가 수긍된다. 요즘 한일 양국의 일부 위정자나 대다수 국민들 감정을 감안했을 연인 당사자들에게는 물론 독자들에게도 민감한 긴장감으로 받아들일 사안이다.

그러나 나는 괴로웠다. 성경에 의하면 내가 빗나간 생활을 했으니 탕자처럼 돌아와 하나님과의 관계를 회복해야 한다. 그러나 나는 가쓰꼬와 함께했던 날들을 육체의 정욕에 사로잡힌 삶이라고 말하고 싶지 않았다.

오승재 작가는 위의 내용에서처럼 기원전에 아리스토텔레스가 시학詩學에서 제시해 보인 이래 오늘까지 모든 문학예술의 두 중심기능을 조화롭게 잘 지켜냈다고 본다. 첫째 기능인 재미(쾌락)와 둘째 기능인 가르침(교시)을 너무 직설적으로 설교하기보다 작품 속에 자연스럽게 용해시켜서 선교하는 접근 자세로 다루었기 때문이다. 언어예술의 중심 장르인 문학에서는 예술적인 재미를 주로 하고 종교적인 사상은 부차적으로 활용하는 「아시아祭」에서도 유사하게 나타나 참고가 된다. 역시 하와이대학 캠퍼스 주변에서 국제적인 문화축제를 마친 후에 한국 유학생 가운데 EWC의 망나니 그룹과 함께 아리랑 술집으로 몰려가서 일본노래를 가르쳐 주는 미끼꼬를 다루는 것이다. 미국인 약혼자가 있는 미끼꼬에 끌려서 춤을 추면서도 화자는 아내와 함께 암기했던 성경 구절을 생각한다. – '이 세상과 이 세상에 있는 모든 것이 육신의 정욕과 안목의 정욕과….' –

신앙인의 삶을 그린 「요단강 건너가 만나리」 경우

2018년 《장로문학》에 발표된 이 작품은 최근의 종교 의식을 담아내서 알뜰하고 중후한 단편이다. 입원 수술로 죽음의 고비를 넘긴 노부부의 순애보적인 사랑과 기독교 신앙을 원숙하고 진지하게 다루었다. 부부 사랑과 심각한 건강 문제에다 신앙 이야기임에도 현학성 없이 친근하게 다가온다. 평소 독실한 기독교 가정으로서 소탈한 주인공의 인품과 화자(나)를 통한 이야기의 진정성에 섬세한 밀도감이 어우러진 것이다.

80대 중반인 아내 은경이 8개월 전에 낙상한 우측 대퇴골 수술 후 또 집의 거실서 넘어져 좌측 대퇴골이 골절되어 입원했다. 지난번에는 이 대학병원에서 심장 때문에, 뇌 때문에, 골절 때문에 했던 데 이어 이번에 네 번째로 전신마취로 수술을 받고 나온 것이다. 간병을 겸해서 매일 병원으로 출퇴근하다시피 해온 남편이 출혈도 많이 하고 수술실을 나온 은경에게 묻는다. "중환자실은 있을 만했어?" 뜻밖에 중환자실이 천국 같다고 대답한 그녀는 말을 잇는다.

"나는 수술하러 갈 때도 걱정 안 했어요. 살만치 살았는데 당신 사랑받으며 이렇게 죽어도 좋다고 생각했는데 살아났어요."
"뭐 죽는다고? 이제 나와 인연 끊고 싶어요?"
"왜요? 제가 먼저 요단강 건너가 천국에 있으면 당신은 나 때문에 더 고생도 하지 않고 얼마 뒤 천당에 올 거 아니에요. 거기서 만나면 되잖아요. 나는 더 이상 당신 고생시키는 것 싫어요."

배우자인 화자는 사실 이렇게 살아나서 "요단강 건너가 만나자"는 은경의 말을 평소 자기 생각과는 다른 모순이라고 지적한다. 그녀는 하나님께서 보낸 성령을 따라 그에 순종해서 사는 그곳이 바로 천국이라고 여겼던 것이다. 그래서 부자연스러운 전도 행위를 사양하는 편이었기 때문이다. 이런 면에 대해서 화자는 여러 가지로 생각하고 있다.

나는 죽어 천국에 가고 싶다는 그녀를 바라보며 고난을 참고 견디며 궁극적으로 소망하는 천국은 도대체 어느 곳일까 하고 생각해 본다. 눈물이 없고 다시는 사망이 없고 애통해하는 것이나 곡하는 것이나 아픈 것이 다시 있지 아니하는 곳이 천국이다. 이 세상에 그런 곳이 있을까? 그런 천국에 가려면 죽어서 요단강을 건너 이 세상을 떠나야 한다.
그리스 신화에서 망자는 다섯 개의 강을 건너야 한다고 한다. 아케론강(슬픔/비통), 코키투스강(불), 레테강(망각), 스틱스강(증오)이 그것이다. 망자는 이 강물들을 한 모금씩 마셔야 하는데 그러면서 현세의 기억을 송두리째 망각한다는 것이다.

그럼에도 평시에 천당을 의심하던 은경이 병원에서 고비를 넘기고 나와서는 사후에도 천당에서 사랑하는 남편을 기다리며 함께 하겠다는 부부 사랑을 확인한다. 기존의 교리를 무조건 맹신적으로 믿고 처신하는 일부 교인들에 비해서 솔직한 인간의 모습이 가상하게 다가온다. 이 세상에서 하나님 뜻을 받들면서 인간답게 성실하게 살면 하늘나라에서도 통하지 않겠느냐는 휴머니즘적 마음가짐이다.

"나는 천국에서도 당신을 기억하며 기다리고 살 거예요. 성경에도 현재의 고난은 장차 우리에게 나타날 영광과 비교할 수 없다고 했잖아요? 그런 천국이 어떻게 우리를 영원히 갈라놓는 비운의 장소가 되겠어요?"

주님 일변도보다는 착한 아낙네로서 가장을 사랑하며 성실히 살다 보면 구제받지 않겠느냐는 생각이다. 그러기에 그녀는 평소 성수 주일하고 술 먹지 마라는 등의 지침은 잘 지켰지만 노방전도路傍傳道 같은 봉사는 힘겨워하며 등한했는지 모른다. 그런 사실을 생각하면서 가장이 묻는 것이다. -"만일 천국 문 앞에 베드로가 서 있어서 당신은 세상에 있을 때 전도는 않고 남편만 사랑했으니 들어갈 수 없다고 하면 어쩌려고 그래?"- 일상에서 아쉬웠던 그 점에 대해서 그녀는 사회인 의식에서 가볍게 대꾸한다. -"그럼 당신 오기까지 문밖에서 기다려야지 뭐."-

이 작품은 오승재 소설에서 1970년대 이후 소재와 주제 면에 기독교적인 요소의 강세 현상을 보이던 이전 작품들과는 상이한 양상을 띠고 있다. 정년 후의 일상생활 중에 자신의 가정에서 일어났던 일만을 진솔하고 반성적인 자세로 쓴 글이다. 그러므로 자신보다는 타자인 교회나 목사 및 교회 임원과 교인들의 하나님 뜻에 어긋난 부당한 처세와 비리를 지켜보고 고발하거나 풍자하던 종래의 소설들과는 차별화된다. 남에 대한 지탄이나 설교적인 훈계가 아니라 스스로의 신앙적 삶을 되돌아보고 추스르며 진솔하게 이야기해서 소통하는 종교적 감화를 함께한다. 초창기의 감각적인 연정의 향기와 개별적인 순결 모럴을 그린 젊은 층의 「기도」나 중년층 교인들의 복합적인 생활상을 밀도감 있게 그려낸 「神

없는 神 앞에」보다 값진 무게를 지니고 있다.

작품 이름부터 으레 경쟁적으로 무리하게 교인 수를 늘리며 교회를 키우고 교세를 확장하다 부작용을 빚는「급매물 교회」,「제일교회」,「대성리교회」등의 보기만이 아니다. 권사 투표 때마다 낙방된 신 명예권사 자신의 대리만족을 위해 기준 미달인 데다 한사코 사양하는 신보라 조카를 장로로 추천한 나머지 선거 날 주부인 조카가 가출하게 만든「교회에도 수문장이 있다」에서 가정파괴를 불러일으킨다. 더구나 온 가족을 열성 교인으로 만들 욕심으로 고교생 아들을 새벽기도에 내모느라 부자 사이에 의가 갈리고 끝내는 철야를 하던 기도원에서 아내까지 숨지게 한「죽여야 할 놈(암 덩어리)」등과는 위의 최근 단편이 차원을 달리한다. 물론 2022년 후반에 들어서는 단편「은희의 결혼생활」처럼 밝고 탈 기독교적인 성향도 보이지만 앞으로 두고 볼 일이다.

3) 앞으로는 바람직한 장편을

이제 서양에서 주창하듯 고급 독자 격인 평설자보다는 애독자의 한 사람으로서 오승재 문학에 대한 기대의 지평선을 마무리 삼아서 펴 보일 차례이다. 앞의 창작집을 통한 작품의 변모 과정에서 살핀 작가의 창작 연륜 60년에 걸맞은 두어 가지만 주문한다.

우선, 그동안 강의와 연구 등으로 쓰지 못하고 미루어왔던 회심의 장편을 1편쯤은 기필코 발표하길 바란다. 작가 나름대로 이미 구상하고 있으리라 짐작되지만 다른 작품도 발표하는 틈틈이 1,000장 안팎이면 충분하고 다다익선이게 마련이다. 일제강점기와 분단 시대를 거쳐 국제화시대를 살아온 3~4대에 걸친 오씨네 가족사소설 구조로써 요즘의 멀티비전식 편집으로 새롭게 접근해 나가면 더 의미 짙게 빛을 볼 수 있겠다.

바야흐로 원활해진 교통이나 첨단화된 정보 교류로 일일 문화권일뿐더러 등단 60년에 이른 오승재 작가로선 장편소설이 업적의 빈자리를 보충하는 일도 겸하게 된다. 특히 작가께서 1970년대 후반과 1980년대 초에 창작의 공백을 가져왔던 미국 미시간이나 텍사스 현지에서 6년여에 걸친 석·박사과정 때의 다양한 체험을 한국의 현지와 연결해서 장편 작품화하는 작업을 제2의 하와이 시리즈로 활용하면 효율적이라 싶다. 더구나 실제로 3남 1녀 가족 거의가 미국 등에서 유학해서 생활하고 있는 가정환경도 참고하여 국제사회에서의 디아스포라적인 문제를 보여주고 그에 따른 한인 주체적인 해결 방향도 제시해 주면 한다. 가족들과 미국에서 캐나다를 승용차로 탐방한 이야기를 콩트로 쓴「구원의 소나기」 등도 참고가 된다.

다음은, 기존의 기독교 소설에 치우친 작품을 일신하는 한편 가끔씩 새로운 대학 캠퍼스 주변의 명암도 조명함이 좋지 않을까 생각한다. 물론 2022년 후반기에 발표한 단편「은희의 결혼 선언」경우는 예의 기독교 편향에서 벗어나 밝고 새로움을 드러내 보여 변모 행보를 보여 기대되지만, 특정한 일부의 독자보다는 기독교인을 포함해서 대다수 시민들에게 다가가 대화하며 작가께서 타고난 해학적 유머 감각도 활용해서 즐겁게 소통할 수 있기 때문이다. 지면이 없어 생략했지만 사실 오승재 소설에는 문학의 첫 기능에 값하는 글 읽기 재미가 많이 내장되어 있다. 이를테면,「외계인 전도」에서의 '진돗개 전도왕'이란 인물이나「죽어야 할 놈」가운데 '고지식'이란 이름 인상뿐만이 아니다.「루시의 방한기」중에 모국에 처음 와서 노래방에서 배운 '갑순이와 갑돌이' 중에 "고까짓 것 했더래요." 대목이 신기한 듯 엄청 웃기는 루시가 모두 지친 채 내 천(川) 자로 누워있는 데서 던져 주고받는 말 몇 마디.

"미스터 오는 부자야."
"왜요?"
"여자가 둘이나 있으니까."

아내는 이제는 루시를 이해하게 된 듯 그냥 웃었다.

모름지기 창작 활동 60년이면 초심으로 출발하여 숱한 변증법적 여정을 거치고 정반합正反合으로 흡인하는 마라톤 인생의 귀착점이기도 하다. 본격소설과 신앙생활의 조화에 임한 오승재 작가의 노고에 박수를 보낸다. 아울러 건필과 대기만성을 빈다.

5. 갇힌 자아의 열린 세계 지향
– 송영론

우리는 동시대를 함께 살며 반세기 동안 치열하게 창작 활동을 하다가 떠난 송영(宋榮, 아호 木堂, 1940. 3. 15.~2016. 10. 14.) 작가를 기억하며 되살릴 수 있다. 1967년 봄, 27세의 나이로《창작과비평》을 통해서 등단한 이래 반세기 동안 작품을 쓰며 생활해 온 작가의 면모를 문학 작품으로 새롭게 다시 만나는 일이다. 따라서 이 자리에서는 그의 수많은 단편, 장편, 창작집에 실린 텍스트들과 76년의 생애에 걸친 송영 소설문학의 실체를 파악해 본다. 과연 송영 소설문학의 원형질이나 특성은 무엇이고 송영 작가의 삶이나 창작 세계는 어떤 변모 과정을 이루어 왔는가?

여기에서는 우선 작가나 문학 작품을 제대로 이해하기 위해서 송영에 관한 전기적 고찰과 그 작품을 입체적으로 접근해 본다. 그러기에 일찍이 문학 지망생이던 25세의 송영을 등단하기 2년 전인 1965년에 함평의 농촌인 제동마을에서 조연희 선생님 소개로 처음 상견례를 갖고 학다리

중학교의 1년 선후배로 만난 사실도 참고가 된다. 하지만 서울에서 우리는 서로 소설 작단과 평단에서 분주하게 활동하느라고 만난 일이 없었다. 그만큼 고지식한 송영은 사교성이 적어서 한창 활동할 당시에는 무심할 정도로 연결되지 않았다. 그러던 중 2000년대에 들어서야 문인들의 광화문 송년 모임에서 우연히 마주쳐 강남으로 귀가하던 중에 두세 시간 맥줏집에서 옛 등단 전의 정담을 나눈 바 있다. 그러고는 서로 연락이 없다가 마침 여러 날 지리산 종주 중에 밥 딜런이 노랫말 시로 노벨문학상 수상자로 결정되었다는 소식 다음 날 귀가하여 빈소에도 들르지 못했다. 그러기에 이 작가의 작품을 뒤늦게 통독하여 송영의 반세기 문학 여정을 살펴 작가의 밑그림을 그려 본다. 과연 송영 소설 미학의 원형질이나 특성은 무엇이고 송영 작가의 삶이나 창작 세계는 어떤 변모 과정을 이루어 왔는가?

1) 자전적인 삶의 성찰적 기록

송영의 소설은 거의 작중의 주된 인물과 화자가 작가 자신이기 때문에 그 소설 작품 역시 자전적 삶의 회상이나 성찰적 기록으로 되어 있다. 따라서 송영 작가의 전기적인 요소들을 참고해 둠이 바람직하다. 그래서 수필이나 콩트 소품으로 여겨지는 자전적 기록인 「태어난 곳」이나 단편 「미로의 여행자」 같은 데서 그 삶의 진수를 발견하게 된다.-"나는 대학시절에 무엇이 되겠다는 생각은 하지 못했다. …그러나 톨스토이의 글을 읽었을 때는 특히 나도 글을 쓰면서 살아가는 생활을 하고 싶었다."- 경우 등에서 설사 작품들에 나타난 그대로는 아니더라도 작가나 작품 이해에 많은 도움이 된다.

송영은 1940년 봄에 아버지가 교편을 잡던 전남 영광읍의 외진 학교 마을인 두령리(뜰보)에서 8남 3녀 가운데 다섯째 아들로 태어났다. 10여

남매가 가장의 박봉으로 가계를 꾸려가기는 어려워 송영 역시 적잖이 고생했다. 이런 점은 그의 등단 단편인 「투계」 경우부터 낡은 관사의 숙모댁에서 신세를 지며 핍박받는 모습으로 나타난다. — "며칠 전 큰 부엌에서 그가 나를 구타할 때 나는 앞으로는 꼬박꼬박 투계 장면에 참석하기로 약속했던 것이다. 그런데 이번에도 나는 그 약속을 어기고…." 그러기에 자칫 했다간 종형한테 "이 새끼야. 넌 여기서 쫓겨나면 알거지가 되는 거야."라는 말을 들을까 봐 위축되며 자라왔다. —

　작가 스스로 픽션보다는 삶의 개인적인 사실을 따른다고 시인한 바도 있는데 오히려 허구적인 이야기보다 리얼하고 현실적인 힘이 긍정적으로 여겨진다. 송영 소설은 경험해 온 사실을 중심으로 삼고 거기에다 다소의 허구를 가미해서 이룬 창작적 성과물이다. 그러기에 고향 회고나 외국 문화 탐방적인 여로형 서사 등에서 송영의 문장과 문체가 리얼리즘적인 현실 묘사보다는 섬세한 서술을 통한 매혹적 리듬으로 심미적 감동을 자아낸다.

　　작가라면 당연하겠지만 나 역시 작품의 예술적 성취도에 많은 관심을 기울여 왔었다. 초기에도 그랬고 이 생각은 지금도 크게 변한 게 없다. 이를테면 소재는 물론이고 문제나 스타일, 분위기에 이르기까지 한편의 단편일망정 하나의 독자적 세계를 담아야 한다고 믿어왔다. 그러나 87년 여름 거리에서 동료 문인들과 최루가스를 마시며 로마의 기갑 병정들에게 수없이 쫓겨본 뒤부터 이 고집이 다소 흔들리는 걸 느꼈다.
　　— 송영 창작소설집 『비탈길 저 끝방』(실천문학사, 1989) 「작가 후기」
　　　에서

　우리는 여기에서 구체적인 작가 선택과 테스트의 접근에 선정되는 요건과 변모 사항을 확인하고 남는다. 대상으로 삼은 작가 송영의 문학은 적어도 기본적인 출발부터 소설 미학에 대한 올바른 자세를 추스르고 있음을 본다.

> 경험과 사실로부터의 도피. 픽션을 추구하면서 이런 것이 오래 꿈에 배어있었다. 그런데 요즘에는 오래전 기억들이 살금살금 기지개를 켜면서 사실의 용도를 주장한다. 픽션의 위기라고 말하는 시류에 기억도 편승하는 것일까.
> — 송영 소설집 『새벽의 만찬』(문학수첩, 2005) 「작가의 말」에서

이런 점은 작가 스스로 허구보다는 삶의 체험적인 사실을 따른다고 시인한 바도 있어 현실적인 점이 긍정적으로 이해된다.

2) 시골 염산과 서울 금호동

특히 송영의 청소년기 성장 과정에서 뚜렷이 각인된 영광군의 염산 종형네의 관사에서 3년 동안 갇힌 채 창밖만 내다보고 지내던 삶과 산중턱 동네지만 한강을 건너다보며 골목을 마음 편히 산책하던 서울 금호동은 중요한 공간상의 특정 장소로 대비된다. 그는 사춘기 시절에 아버지 직장을 따라 여러 중학교를 일 년이 멀다 하고 옮겨 다니다가 고교에 다닐 과정을 염산의 낡은 숙모네 식객으로 갇혀 지내던 나날이었다. 중학교부터 고향에서 멀지 않은 군남중학을 중퇴하고 부친이 학다리중앙초등학교 교장으로 재직하던 곳에서 1년쯤 함평의 학다리중학교를 거쳐서 광주 북중학교에 편집했다가 통학 거리가 멀어서 송정리로 옮겨 겨우 정광중학을 마쳤다. 하지만 그 직후 고등학교에 진학하지 못한 사정이라 10대 후반의 서너 해를 당시 영광군 변두리이던 염산의 갇힌 공간에서 위축된 채 숨어 지냈다고 실토한다. 그 낡은 관사에 갇혀 지내며 뿌라마닭을 기어코 그 자신이 훈련시킨 샤모 닭으로 물리친 종형의

닭싸움을 지켜본 「투계」 역시 이즈음 체험의 산물이다. 송영과 함께 지내는 종형 또한 자폐적이고 내성적인 삶을 지내느라고 닭싸움에서 자기가 키운 닭이 지거나 투계 놀이에 함께 협조하지 않으면 구둣발 폭행을 당하는 처지이다.

> 대학에 들어가기 일 년 전까지 나는 염산 바닷가의 작은 마을에서 삼 년 동안 살았다. 아버지는 염산 어업조합 출장소에 근무하셨는데 건강이 좋지 않은 데다 음주벽이 심하셔서 가족들의 생활은 근근이 나날의 생계를 이어가는 형편이었다. 나는 내 또래의 다른 아이들이 학교에 다니는 동안 고등학교에 진학을 못 하고 하는 일 없이 집안에 숨어서 놀고 지냈다. …그러나 나는 곧 집안에 숨어 버렸다. 진학을 못 한 것이 점점 큰 수치심으로 변했고 더욱 심해진 아버지의 주벽으로 사춘기의 자존심을 마을 아이들 사이에서 지탱할 수가 없었다.   — 단편 「비련」에서

그렇게 외로움 중에 우울하게 여러 해를 지내던 염산의 삶에 뜻밖의 변동이 온다. 초가을 날 학교에 나가셨던 아버지께서 뜻밖에 작고함을 계기로 더벅머리였던 18세의 청년(나) 역시 가족을 따라서 4년 동안 그늘로 닫힌 염산 시대를 청산하고 상경하면서 그의 삶은 새롭게 바뀐다. 이제 송영은 오래고 지루하던 10대 말의 침체와 위축을 털고 20대 초에 열린 서울 금호동 시절을 맞게 된 것이다. 거기에서 자유롭게 산동네를 산책하고 낮에는 시립 종로도서관에 나가서 대학 입시 준비를 했다. 그러다가 손쉽게 여러 문학작품도 읽으며 문학가의 꿈도 꾸게 되었다. 드디어 1959년에 외국어대학교 독어과에 합격한 그는 더 자주 대학도서관도 드나들며 자유롭게 문학 서적을 섭렵한다. 모파상, 체홉의 단편들은 물론이고 프란츠 카프카, 윌리엄 포크너 등의 소설 작품을 넘어 톨스토이의 『인생독본』에 심취하기도 한다.

> 금호동은 내 젊은 날의 고향이다. 그곳에서 나는 최초의 사랑의 편지를 썼고, 처음으로 소설을 시도했었고, …금호동에서 보낸 대학 시절은 그러나 내 일생에서 가장 행복했고 즐거웠던 시절이었다. …염산 시절에 비하면 대학을 다닐 수 있었다는 건 도리어 큰 행복이었다.　　　　　　　— 단편 「미래의 여행자」에서

3) 거시적인 소설문학 지형도

송영 작가의 50년에 걸친 문단 이정표를 살펴보면 세 단계로 발전 변모하는 모습을 발견한다. 등단 이후 초기의 10년(1967~1976)은 갇힘 속의 실존 인식과 사회참여를 추구했다. 등단 단편인 「투계」를 비롯해서 작가가 중학 교사로서 학교 수업 중에 연행되는 「계절」이나 교도소 감방 내의 폭력을 고발한 중편 『선생과 황태자』 등이 이에 해당된다. 이어서 중기 20년(1977~1996)은 본격문학과 함께 신문 연재를 통한 인기소설들로써 시민들과의 소통을 모색했다. 이전의 친서민적인 본격소설을 계속 발표하면서 바야흐로 경제성장과 더불어 변전하는 산업사회에 활력 있게 대응한 것이다. 최인호나 한수산, 조해일 등의 신선한 작가들 못지않게 신문과 문예지 및 교양지 연재소설을 통한 대중적인 인기로 한국 문단 사상 최고의 전성기를 이루었다.

끝으로 후기의 20년(1997~2016)은 새롭게 국제화 시대에 걸맞은 외국 탐방 등으로 세계교류 지향을 꾀했다. 이라크 문화인들과의 현지 교류를 다룬 「모슬 기행」은 물론 자제 유학을 위한 모스크바에서의 생활을 기록한 「고려인 니나」뿐만이 아니다. 특히 유고 소설집 『나는 왜 니나 그리고르브나의 무덤을 찾아갔나』(2018)는 의미가 짙다. 멀리 러시아의 작가촌 인근에서의 문학 세미나 등으로 새롭게 열린 세계를 향한 여로형 탐방소설로 우리 소설문학의 새 길을 열어 보였다. 그러면서 작가는 한동안 서양음악 서적도 내는 행보를 보였으나 소설 창작은 결코 게을

리하지 않았다. 단편인 「새벽의 만찬」이나 「염산鹽山의 은빛 종탑」은 작품의 미적 성취 면에서 가치가 높다.

초기 – 1967~1976년 갇힘 속 반항과 실존적 자아 모색 – 10년 –

송영 작가는 1963년에 외국어대학교 독어학과를 졸업하고 병영에서 해병대 장교 후보생 훈련 도중에 탈영한 경력을 지니고 있다. "강군 육성을 구실로 매일 밤 자행되는 몸둥이 찜질… 이 맹목의 체벌이 물리적 고통보다 정신이 파괴되는 것 같은, 인간으로 최소한의 자존감조차 유지하기 힘든 모욕감을 안겨주는 고통이 더 컸다. 절박한 위기감이 나를 엄습했다."-(유고 소설집 『나는 왜 니나 그리고르브나의 무덤을 찾아갔나』 중의 회상)- 송영은 이런 각박한 상황에서 탈출한 것이다. 따라서 일종의 폭력에 대한 자아의 항거로써 실존을 위한 정당한 행위이다. 그런데 바로 이런 의식에 걸맞게 역설적이게도 바로 그 실체험 그대로 7년 동안 수배된 상태에서 송영 자신이 「투계」(《창작과비평》, 1967년 봄호)를 통해서 작가로 당선되어 등단하였다.

그러나 1965년 말엽에 모교인 함평의 학다리고교에서 1년 남짓 독일어 교편을 접고 상경한 이후 신촌의 여관에서 대학생 때에 써둔 습작품을 완성한 것이었다. 1968년을 전후해서 서울 근교인 양평의 양동중학교를 거쳐서 일산의 한 중학교(덕양중)에서 수업 중 휴식 시간에 마침 주민등록제 시행으로 검거되어 「계절」(《세대》, 1973)의 김기요 선생처럼 사령부 교도소의 독방에 갇힌 것이다. 이렇게 실재했던 일련의 폭력 고발을 드러낸 생생한 체험을 중편 「선생과 황태자」(《창작과비평》, 1970년 가을호)로 발표하여 큰 반향을 일으켰다. 집안 형에게 사적인 폭력을 당한 작가는 제도적 폭력이 난무하던 시절에 매섭게 겪은 체험을 글로 구현하여 주목받는다. 송영은 이제 첫 소설창작집 『선생과 황태자』(창작과비평사, 1974)로써 당대의 두드러진 작가로 발돋움했다. 오랜 군부 독재에 시달리던 일반 시민 독자들을 정당한 인권 문제로 깨우치는 효과도 거두었다.

중기 – 1977~1996년, 본격소설과 함께 시민들과의 소통 모색 – 20년 –

다음 단계서는 이전의 실존의식 밖에 친서민적인 소설을 발표하면서 경제성장과 더불어 활성화한 산업사회에 활력 있게 대응하는 자세를 지닌다. 우선은 본격소설을 꾸준하게 발표해 왔다.「미래와 함께」(《문학사상》, 1977),「북소리」(《문예중앙》, 1978),「비밀」(《문학사상》, 1979),「지붕 위의 사진사」(《세계문학》, 1980년 봄호),「친구」(《현대문학》, 1987),「비탈길 저 끝 방」(《창작과비평》, 1988),「지도자」(《실천문학》, 1989년 봄호),「멀리 있는 방」(《현대소설》, 1989),「침입자」(《문예중앙》, 1994년 봄호) 등. 이 가운데 현대문학상을 수상한「친구」는 시내 비좁은 방에서 하숙하며 글을 쓰는 작가가 동네 찻집 등에서 친해진 미남 백인인 입양아 청년의 외로움을 이해하며 마음의 벗이 되는 내용이다. 각각 작품집 표제가 된「지도자」는 지방에서 정치와 사교로 사는 속물 친구의 일상을,『비탈길 저 끝방』(실천문학사, 1989)에서는 한 번 잘못한 범행으로 찍힌 나머지 남의 시계점을 훔치는 동생을 지켜보는 고시 준비생인 형의 심경을 섬세하게 그려놓고 있다.

이처럼 송영은 본격소설을 병행하면서 새롭게 중산층에 걸맞은 인기소설 연재에 가담하여 문학 성과에 문학성과 사회성의 균형과 조화를 이루는 덕목을 꾀했다. 이를테면, 이전의 단편들에 견주면 대다수 독자가 선호하는 신문연재 장면들의 대비가 참고 된다. 송영은 새롭게 『그대 눈뜨리』(《조선일보》, 1975)와 『달리는 황제』(《한국일보》, 1978) 연재로 인기소설 붐의 대열에 끼어들었다. 이어서 『아파트의 달』(1982)을 《부산일보》에 연재하던 한참 후에 『무지개가 머무는 곳』을 1992년 《중앙일보》에 연재하였다. 그런 중간에 월간잡지에도 『금요일 그리고 월화수』를 1981년 《여성중앙》에, 또한 작가 자신의 의도와 다르게 군부대 이탈죄로 사랑하는 여성과 헤어지는 내용의 『금지된 시간』을 1989~1990년에 월간지 《동서문학》에 연재했다.

이 밖에도 특히 1977년에는 전작 장편인 『땅콩껍질 속의 연가』가 선풍적인 인기를 끌면서 베스트셀러를 기록하였다. 그리고 이어서 1979년에는 이 작품이 영화화되어 흥행한 바 있다. 젊은 회사원인 김도일이 자취할 방을 얻는 과정에서 만난 발랄한 주리를 통해서 접근한 사회 풍속도 탐색이 일품이다. 가정부 주리나 기성인인 양명수 교수와 오정선 부부간의 애정 풍속도와 모럴 문제를 심도 있게 다뤄 주목을 받았다. 정작 송영 작가 자신은 이런 통속소설을 썼던 스스로 후회했다지만 소설의 대중성과 재미 위주인 섬머세트 모엄의 주장처럼 작가가 누릴만한 특권이기도 하다. 더구나 오래도록 경직된 집권층의 인권 유린에 도전한 참여소설과 본격소설을 몇 곱절 오래 써온 송영 작가에게는 대형 작가다운 덕목이기도 하다.

우리 사회는 1970년대에 들어서 전후의 궁핍과 가난을 벗어남과 동시에 산업화와 도시 집중 현상이 가속화되었다. 중산층이 늘어나고 전에 없던 레저 붐을 타고 최인호나 한수산, 조해일 등의 신선하며 유능한 작가들 소설이 신문연재와 단행본으로 대중들에게 널리 읽혀 한국 문단 사상 전례 없는 문학의 전성기를 이루었다. 이런 대열에 초대된 송영도 당대의 발랄한 작가들 못지않게 의연한 역할을 했음은 긍정적이다. 당시 자유분방한 시민들의 시대적 흐름에 동참하면서 건전한 모럴을 추슬렀기 때문이다. 일찍이 섬머세트 모엄도 소설은 무엇보다 재미로써 독자 대중과 친숙해야 한다고 설파했듯 대형 작가는 한 시대를 풍미했던 이런 인기 소설도 쓸 수 있어야 한다.

후기 - 1997~2016년, 국제교류로 열린 행보 - 20년 -

이제 2000년대의 디지털시대로 접어들면서는 송영 작가 역시 활자

문화의 쇠퇴에다 소설문단 판도의 전환기를 맞는다. 일반적인 현상처럼 이전보다 작품 창작이나 발표의 빈도를 줄이는 대신에 서양의 고전음악에 심취하여 음악 관련 서적 여러 권을 펴냈다. 음악에 탐닉하면서도 송영은 단편인 「정화된 밤」(《문학사상》, 2000), 「부활」(《내일을여는작가》, 2000년 여름호) 밖에 「성자의 그늘」(2001) 등에서 노련한 작가적 이야기꾼의 풍모를 보인다. 이어서 「자비와 동정」(《문학과경제》, 2001)에서는 종로 조계사 앞에서 낯익은 승복 차림의 성한경을 알아보고 중학교 시절에 졸업 반년을 앞두고 학비 문제로 자퇴하려던 자신을 챙겨준 우정을 되뇌고 있다.

송영은 문학의 위기에다 소설의 죽음이 논의되는 그 무렵에도 우수한 작품을 빚어내는 데 임하여 왔다. 젊은이가 직장에서 돌아와 비좁은 원룸에서 새벽 2시쯤에 강아지와 빵으로 교감하여 외로움을 달래는 「새벽의 만찬」은 산업화사회 속의 인정을 그린 주옥편으로 가슴을 뭉클하게 한다. 이렇게 지하방의 좁은 공간에 갇힌 채 낑낑대는 또롱이의 처지를 안타깝게 지켜보는 위쪽 특실원룸 거주의 직장인인 영주에게 강아지를 조건 없이 넘겨주는 청년은 동물 사랑까지 지닌 휴머니즘의 모델로 여겨진다.

그런가 하면, 중편 『염산鹽山의 은빛 종탑』이 빼어난 문체 이상으로 한층 더 심금을 올리는 문제작으로 읽힌다. 청소년 시절에 그렇게 한맺히게 고뇌와 아픔을 주었던 고향 땅에 늘그막에 찾아들어 초라하되 진실한 자아를 되찾고 추억을 추스른 자세가 감동을 준다. 동네서 학비 문제로 고교에 다니지 못해 외톨이로 지내던 작가 자신의 청소년기 자화상은 끔찍하기 그지없이 가슴을 찌른다.

–"그 아들 녀석은 한마디로 미친놈이었지. 아무래도 제정신 가진 놈이 아니었다고."– 더욱이 당시에 같은 또래였던 그가 이장으로 병석에 누운 채 가난한 교장이던 선친께서 사실 가족 식량을 이장에게 부탁하고 스스로 생을 마쳤다는 울림도 그 긴장된 밀도감을 배가시킨다. 송영은

등단 반세기 세월 속에서도 이렇게 녹슬지 않은 중견 이상의 현역임을 확인할 수 있다.

후기로 설정한 기간에 펴낸 주요 송영 소설작품집만도 서너 권을 들 수 있다. 『발로자를 위하여』(창작과비평사, 2003), 『새벽의 만찬』(문학수첩, 2005) 그리고 유고 소설집 『나는 왜 니나 그리고르브나의 무덤을 찾아갔나』(문학세계사, 2018) 등이 눈길을 끈다. 1988년 서울올림픽을 전후해서 촉발된 한반도의 개방화와 국제화 붐에 글로벌화와 상관된 작품을 10편 가까이 발표하였다. 그것은 송영 작가 자신이 1981년에 해외파견연수단으로 프랑스, 쿠웨이트, 인도를 방문한 이래 여러 번 외국 왕래에서 얻은 성과이다. 1994년에는 이라크의 암만과 터키, 로마, 파리 등을 여행했고 2004년에는 금강산도 처음 방문하여 국내외 현지를 무대로 삼은 여로형 소설을 많이 발표했다. 이런 한반도 밖 여행과 교류를 작품에 연결한 사실은 작가의 언급에서도 드러난다.

> 1990년대 초에 나는 먼 나라에 사는 두 사람의 이방인과 친구의 언약을 맺었다. 한 사람은 페쩨르부르그 대학 학생이던 블라지미르 띠호노프이고 한 사람은 바그다드의 무스탄 시리아대학 학생이던 로라가잘이다. 『발로자를 위하여』는 블라디미르의 이야기이다. 작품 서두에서 암시한 바 있지만 이 얘기는 발로자 개인의 얘기를 빌려 전환기의 혼란 상황에 처한 러시아 젊은이들의 모습을 그려볼 의도였는데….
> ― 창작집 『발로자를 위하여』(창작과비평사, 2003) 「작가의 말」에서

이미 몇 문예지에 발표한 송영의 외국 무대 소설을 합하면 거의 10편에 이를 만큼 여느 작가보다 외국 취재 작품이 높은 빈도를 보여 주목된다. 중동지역을 탐방한 내용인 「모슬 기행」(《현대문학》, 1995)은 작가가 이라크 외교관의 초대로 화가와 언론인 등이 동행하여 바그다드의 하트라

축제에 참여한 이야기이다. 그리고 중편 『발로자를 위하여』(《문예중앙》, 1998년 겨울호)는 작가 자신이 러시아 첫 여행 때 안내를 맡았던 그곳 대학원생과 한-러 양국 문화를 잇는 내용이다. 밀도 짙은 그들의 우정은 한국 여성과 부산에서 결혼할 때 주례를 맡았을뿐더러 한국어를 익혀서 한국에 박씨로 귀화한 후 노르웨이의 오슬로대학의 한국어 담당 교수로까지 진출시킨다. 「고려인 니나」(《창작과비평》, 1999년 여름호) 또한 작가가 스스로 아들의 모스크바 음악 유학을 위해 머무르던 현지에서 가정부 일을 맡은 여성에 관한 에피소드이다. 이 밖에 소품인 「사막의 오솔길」은 중동 오지 사막의 정경을 그린 것이며 「줄리아」는 러시아에서 시민과 함께 마을을 산책하는 반려견 풍경을 묘사한 콩트이다.

그런데 나중에 출간된 송영의 유고 소설집 『나는 왜 니나 그리고르브나의 무덤을 찾아갔나』(문학세계사, 2018)에는 러시아를 비롯해서 대만 지방까지 탐방한 여로형 소설들이 눈길을 끈다. 유족 측에서, 작가가 생전에 사용하던 컴퓨터에 입력해 두고 발표하지 못한 원고들을 정리해서 보낸 것이다. 그 가운데 「화롄의 연인」은 1985년 12월에 대만의 장국영 여교수 초청을 받아 타이페이 동부 해안을 방문한 교유관계를 낭만적인 미완성작으로 마무리한 작품이다. 그리고 「라면 열 봉지와 50달러」는 러시아에 여행 갔던 1992년 당시 만났던 가이드와 친숙해진 여행담이라서 앞의 「발로자를 위하여」와 상호텍스트성을 띤 단편이다. 서로 친숙해진 발로자가 동거 중이던 한국 여성과 부산에서 결혼할 때 작가가 그의 주례를 서고 대학 강의도 주선해 준 덕에 발로자는 오슬로대학 한국학 전임교수로 취업했다는 스토리가 보태졌다.

특히 중편 『나는 왜 니나 그리고르브나의 무덤을 찾아갔나』에서는 다섯 번째로 행해진 작가의 2012년 러시아 여행 일정과 코스를 의식의 흐름으로 다양하게 펼친다. 모스크바에 도착한 작가는 민박집에 묵으며 한 고려인 작가의 승용차 편으로 여러 날 동안 나들이를 갖는다. 모스크바 작가촌에서 행해진 문인 세미나 모임에서는 송영 자신의 문학에 제일 큰 영향을 준 〈나의 톨스토이〉 발표로 많은 갈채도 받는다. 그리고 이어진 시골 여행에서는 오카강 변의 다차(별장) 터를 거저 주겠노라고 반기던 또래 여성 리나의 무덤을 찾아보고는 침울하게 돌아온다. 끝으로 「금강산 가는 길」은 바로 노무현 대통령의 탄핵이 발표되던 2004년 5월에 대학생 8백 명의 지도위원이라는 어설픈 자격으로 난생처음 북한 땅을 밟아본 소감을 생생한 기행문 형식으로 적고 있다.

 송영 작가의 50년에 걸친 문단 이정표를 살펴보면 위에서처럼 굵은 선의 긴 그래프 모양으로 그어지는 뚜렷한 윤곽이 드러난다. 그것은 10년이나 20년으로 묶어서 단계별로 나누어 다음처럼 파악할 수 있다. 이 작가의 경우는 의식적인 글쓰기와 현실적인 삶이 함께 연동해서 이루어지는 양상을 드러낸다. 이런 점에서 송영의 소설문학은 그 출발부터 으레 작품과 행동을 따로 두고 텍스트에 치우치는 여느 작가들과는 차별성을 지닌다. 요컨대, 초기에는 옥살이 체험들로 인해서 외적 폭력에 길항拮抗하는 내면의 실존적 자아를 모색하는 소설을 추구하다가 중기에는 서민들을 위해 서울 골목길을 산책하며 사회참여와 시민들과의 대화를 꾀했다. 그런 다음에 후기에는 한국소설의 영역을 국제화 시대에 걸맞게 열린 나라에 드나들어 세계화를 지향하는 모습을 보인다.

4) 작가 위상과 남은 과제

 위에서 살펴본 바처럼 주요 작가로서 남다른 위상을 지닌 송영 작가 연구나 평가에 접근할 다양한 과제가 따른다. 작중인물의 자폐증적인 외골수 성격이나 주제 및 배경설정에서 작가가 손수 겪은 특유의 갇힘 모티프를 비롯해서 비좁고 옹색한 방이나 울음으로 결말짓는 경우의 창작적 효용 가치도 주목된다. 그리고 으레 작중인물이 집 근처를 산책하거나 모스크바 여행지 곳곳을 취미처럼 관찰하는 작품의 효과를 점검해 볼 만하다. 이 밖에 리얼리즘적인 접근보다는 섬세한 심미적 서술과 매혹적 리듬으로 빚는 송영의 문체적 특성 등이 분석적으로 밝혀볼 과제로 부각된다. 그것은 그의 특출한 서양음악에 관한 높은 조예와도 상관되는 요건이다.

또한 화자나 주요한 작중인물이 심각한 상황 아니면 작품의 마무리 등에서 울음을 터뜨리는 장면이 참고된다. 그가 장교 후보생으로 훈련 중 항변하며 탈영한 후 6년 만에 해후한 그녀 언니와의 담판으로 수진과 헤어진 후 골목길의 담벽에 기대고 통곡한 장편 『금지된 시간』의 마무리 부분 경우만이 아니다. 중편 『선생과 황태자』 가운데 사령부 교도소의 2호 감방에서 선생으로 대접받는 박순열의 경우가 꼽힌다. 작가 분신이기도 한 순열은 곧 감방장이 될 정철훈 하사에게 걸기 있게 대거리하는 장면을 보인다. ―"당신은 흡사 궁지에 몰린 쥐새끼처럼 이리저리 쫓겨 다니다가 이윽고는 함정에 빠졌다 이거요." 그러고는 이내 감방 동료들이 잠을 깨도록 천연스럽게 통곡하는 장면들이 그렇다. 비록 타의에 의한 감방에 갇혀있지만 인간 본연한 존엄과 내면적 자의식을 가지고 부조리한 외적 폭력조건에 항거하는 실존의식을 지닌 발언이다. 현대문학상 수상 작품인 「친구」에서도 그 집의 주인인 노부부와 함께 입양아로 사는 그(도일) 명랑하고 잘생긴 백인 청년은 마무리 부분에서 서럽게 울고 있다.

이상에서 주마간산으로 살펴본 내용들 가운데 몇 가지는 앞으로 보다 본격적인 송영 연구나 그의 다양한 작품 이해에 참고가 된다.

송영 소설은 거의가 작중의 주된 인물이나 화자를 작가 자신으로 삼았기에 그 작품 역시 자전적 삶의 회상이나 성찰적 기록으로 되어 있다. 그러므로 그의 문학을 제대로 감상하고 올바로 이해하기 위해서는 송영 작가의 전기적인 요소들을 참고함이 바람직하다. 작가 스스로 허구보다는 삶의 체험적인 사실을 따른다고 시인하듯 이렇게 리얼하고 현실적인 점이 긍정적으로 다가온다. 송영 소설은 경험해 온 사실을 중심으로 삼고 거기에다 허구를 가미해서 이룬 예술적 성과물이다.

그렇게 우울하게 보내던 염산서의 삶에 뜻밖의 변동이 온다. 초등학교 교장이던 아버지의 갑작스러운 별세를 계기로 더벅머리였던 그 역시 가족을 따라 닫힌 환경을 청산하고 상경하면서 새롭게 뒤바뀐 삶을 맞는다. 이제 송영은 10대 말의 침체와 위축을 털고 20대의 초의 서울 금호동 시절을 꽃피우게 된 것이다. 열악한 사회 환경과 집안을 이겨내서 전화위복의 자산으로 활용하여 거듭나게 이뤄낸 소설문학의 성과가 돋보인다. 송영은 그 부끄러울 만큼 불우한 삶의 악조건을 오히려 자전적이고 자성적인 소설 미학으로 승화시켜 성공한 작가로 새롭게 빛난다.

인용된 작품 서두부터 군대서 제대하고 약수동 비탈길에 있는 방을 얻어 고시준비를 하는 명섭이나 신촌의 허름한 하숙집 방에서 글을 쓰는 30대 작가의 모습이 선명하게 떠오른다.

그런가 하면 작가가 뜻밖에 지도위원 자격으로 선발되어 방북하는 새벽 버스를 타기 위해 이문동 쪽 골목에서 찾은 특실은 희한하다.

> "아주머니, 내일 새벽까지 몇 시간 쉬고 갈 텐데 제일 조용한 방을 주세요."
> "흠, 아주 조용하고 혼자 쉬기 딱 좋은 방이 있습죠. 거기 보이는 쪽문 열고 들어가요. 맘에 꼭 들 거라고."
>
> 여인숙 주인이 가리키는 맞은편 쪽문을 열자, 정말 겨우 한 사람이 들어가면 꽉 찰 것 같은 작은 방이 나타났습니다.
> ─『송영 유고집』 중 「금강산 가는 길」에서

그러나 모르고 들어갔던 그 방 벽에 갇겨진 낙서 때문에 밤을 꼬박

새운 처지이다. ―"죄송합니다. 세상에 무엇보다 못난 것이 스스로 삶을 놓는 불효자식을 용서… 민경 씨 미안해요."

다음은, 작가의 남다르게 강렬한 산책 취미에 따른 양상과 의미 파악이다. 송영 소설에 자주 등장하는 인물(나)은 청소년 시절에 어둡고 좁은 공간에 갇혔던 자아가 갈망하던 창밖 세상의 열린 공간을 향한 행보이기에 의미가 짙다. 이렇게 잦은 바깥나들이는 본디의 갇힌 자아를 뚫고 열린 세계로 지향하는 중간단계이다.

> 금호동 그곳에서 생활할 때 나의 가장 큰 즐거움은 뭐니 뭐니 해도 산보일 것이다. 나는 거의 하루도 안 빠지고 산보를 했었다. 나는 거리에서 몇 해를 보냈다고 해도 지나친 말이 아닐 것이다.
> ― 단편 「미래의 여행자」에서

위에서처럼 대학 시절이나 사회 진출을 위한 수험준비기에 찾았던 서울 변두리 산책은 중년 작가 때에 이르러 신문연재 소설에서 시민 대중과 소통하기에 이르렀다. 그러다가 중견 시절 이후에는 러시아 나들이 중에 모스크바 비둘기 공원에서 그곳 주민과 만나 대화를 나눌 정도로 그는 나들이와 산책을 즐긴다.

이 밖에도 심도 있는 송영의 소설문학 연구에는 서양음악이나 그 취향에 상관된 고찰도 참고되리라 생각된다. 송영은 2000년대 초를 전후해서 단편「고려인 니나」를 통해서 아들의 음악 공부를 위해 모스크바에서 생활한 삶을 다루기도 했다. 그리고 대학 3학년 때 종로의 음악감상실에서 접한 이후 2000년 서양 고전음악을 주로 한 『송영의 음악 여행』을, 2006년 『바흐를 좋아하세요?』를 출간하였다. 또한 2014년에는 송영 자신이 『음악, 나의 동경, 나의 위안』을 《중앙 썬데이》에 연재하기도 했다.

　우리는 위에서 1967년에 신예작가로 등단하여 50년 동안 치열하게 글을 쓰고 향년 76세로 떠난 송영 작가의 삶과 문학을 총괄해 보았다. 요컨대 굴곡 많은 한국 사회에서 반세기 동안 꾸준히 사실적인 소설 창작을 계속해 온 송영은 당대 사회에 다각도로 올바르게 대응해 온 대표 작가의 한 사람이다. 김승옥 같은 감성에, 조세희 못지않은 서민의식을 지닌 데다 최인호와 상이한 시민적 자장의 흡인력에다 황석영 버금가는 참여의식을 겸비했다. 송영 작가는 1970년대와 1980년대를 아우른 한국 소설문학의 표상과도 같은 기린아였다. 더욱이 후기인 1990년대 이후 2천 년대를 전후해서는 가까이 대만이나 이라크는 물론 멀리 러시아 등으로 새롭게 열린 세계를 향한 여로형 탐방소설로 우리 소설의 새 길을 열어 보였다.

　초기의 남다른 시골 은둔이나 폭력에 항의한 갇힘의 생생한 옥살이 체험을 통한 실존의식을 비롯한 본격문학과 중기의 참여문학 내지 1970년대를 풍미한 인기소설에다 후기에는 한반도 밖의 국외에까지 한국소설의 영역을 넓히는 데 솔선해 왔다. 그러기에 송영의 문학적인 삶 반세기의 지형도는 뚜렷하다. 초기 10년에 본격소설을 거치고 중기 10년은 참여와 인기 연재소설을 지낸 다음에 후기 20년은 한반도 권역 밖 지향소설로써 삼박자를 구현한 구도로 파악해 볼 수 있다. 송영 작가가 시기별로 이룬 세 단계를 통한 삼박자 구도는 객관적인 견지에서 기획해서 새롭게 실천했던 바람직한 창작문학 50년의 여정이었다.

6. 고된 삶 체험과 옛 선비정신
– 강준희론

전에 없던 코로나 속에서도 논자는 한동안 이색적이고 흥미로운 글 읽기로 유익한 한여름을 지냈다. 새로 출간된 강준희 작가의 소설창작집 『나는 조선왕조의 백성이다』(정문사, 2022) 덕분이었다. 이 소설창작집에는 최근작인 중편 4편과 단편 5편이 실려서 눈길을 끈다. 이 작품들은 으레 서양풍인 현대적 도시소설들과 달리 옛날 우리 묵은지의 맛을 풍기는 전통 한식의 구수하고 진한 향연 같은 흡인력을 지녔다. 그래서 강준희 작품에 생소한 독자들과 만나 대화하는 좋은 기회다. 마침 강 작가가 수년 동안 연재해서 동시에 간행된 5권의 대하소설인 『촌놈』도 독파하는 중이다. 더욱이 필자는 이 팬데믹 상황이라도 물리칠 자세로 충주 시내에서 성황리에 열린 출간기념회에 참석한 바도 있다. 그러기에 여기에서는 그 소감을 겸하여 강준희 작가의 특성적인 삶과 문학세계를 논의해 본다.

본디 강준희姜畯熙 작가는 일제강점기 중엽에 충북 단양에서 가풍 있는 부잣집의 외아들로 태어났다. 그랬으면서도 대범한 가친의 선비적인 처세로 인해서 가산을 잃고 숱한 곡절을 겪은 자수성가형의 소설가이다. 겨우 초등학교를 마칠 무렵부터 홀어머니를 모시고 나무장수, 날품팔이, 머슴살이, 엿장수 노릇을 하는 틈틈이 문학책을 벗 삼고 한시문漢詩文을 익히며 고전 공부를 해왔다. 이런 주경야독의 체험을 글로 쓴 강준희는 《신동아》와 《서울신문》의 논픽션적인 기록문학 작품으로 당선했다. 그는 이어서 《현대문학》지에 중편을 발표하여 본격적인 창작 활동을 한 이색작가이다. 그러기에 강준희는 모름지기 우리 현대문학사에서 경향파적인 빈궁작가로 꼽히는 최서해 못지않은 중견작가로서의 특장점을 지니고 있다. 어쩌면 그는 어릴 적의 고난을 전화위복의 기회로 우뚝 선 작가이다. 이미 제1회 전영택문학상을 비롯해서 제57회 한국문학상에 이어서 영예로운 한국소설문학상도 수상하였다.

1) 뼈저린 삶의 문학적 효용

남다른 성장 과정을 거친 강준희 소설에는 여느 작가와 차별화된 요소들이 이색적인 덕목을 이룬다. 따라서 이 작가의 몇 가지 문학적 특성을 이룬 키워드는 우선 가난 속에서 독학으로 이룬 체험을 주로 한 자전적이란 점이다. 그런데 그의 실체험적인 내용들은 그냥 흥미로운 이야깃거리로서가 아니다. 극한적인 삶의 여건을 올곧게 이겨낸 인간 승리적인 선비의 자화상으로써 공감을 준다. 그리고 나머지의 온고지신적인 전통문화 함양이나 옛 선비의식과 반일의지를 흥미롭게 드러낸 행각 등은 서로 혼합되는 면이 적지 않다. 구체적인 작품으로 접근해 보면 이내 심취하게 된다. 따라서 독보적인 작가로서의 박학다식한 견문과 인문적인 소양에 잘 닦아져 무르익은 문장력 속에서 결기 넘치는 시대적 인간상들과 흥미롭고 유익한 대화를 나누게 된다.

자전적인 단편들 가운데 「순이 누나」는 나무를 팔아서 홀어머니와 살아가는 소년에게 만년필을 선물하며 아끼던 젊은 기생이 술집을 옮기고는 가끔씩 편지를 주고받는 동화 같은 작품이다. 그에 비해 「생명」은 개미도 밟혀 죽을세라 발걸음도 조심하는 홀어머니에게서 거지를 깔보았다는 일로 회초리를 맞는 작가의 어릴 적 이야기다. 또 「무사無士올시다」는 작가로서 출강하는 대학에서 호평받은 작가를 전임교수로 천거하지만 학력 미달이란 이유로 거절당하는 처지를 고발한다. 특히 「이단의 성」에서는 작가(장지호)가 권위주의 정권의 초청을 받아 초호화판의 만찬을 대접받는 자리에서 실세 장관의 일탈을 통렬하게 꾸짖는 장면을 보여준다. 자전적인 중편 『이 사람 석지강』에서는 동서고금의 문화에 해박한 청년의 제도권에 대한 도전과 개혁 의지를 형상화하고 있다. 또한 일제강점기에 한시를 주고받으며 주권 잃은 나라를 탄식하던 어른 앞에 창씨개명을 강요하는 왜경과 맞붙어 싸우는 장면을 묘파한 『아, 대치大癡 어른』에선 소년 증언자로 나선다. 더욱이 대하소설 『촌놈』(2002, 전 5권)에서는 주인공 석우진을 통해서 일생을 통한 작가 자신을 조명시킨다.

2) 선비정신 함양과 항일의식

강준희 소설의 다음 특성은 동양 전래적인 선비정신이 강조되고 있는 점이다. 중편 『소설 선비론』은 서두에서부터 선비가 없어진 요즘의 세태를 개탄하고 있다. ―"선비! 선비가 없다. 저 대쪽 같고 칼날 같던 선비, 그 선비가 없다. 주리면서도 당당하고 헐벗으면서도 의연하던 선비, 그 선비가 없다. 대쪽 같던 기강, 칼날 같던 법도, 그 서슬 푸른 선비는 다 어디로 갔는가." 선비는 마땅히 저항 정신, 직간直諫 정신, 청빈 정신임을 강조한다. 그러면서 '부정과 타협 않는 선비는 마땅히 위기에 목숨을 바친다(士見危致命)'는 논어의 가르침을 든다. 이어서 을사오적과 대조적인 사육신이나 최익현, 황현 경우 등을 제시한다. 그리고 문인 이광수와 한용운을 교훈의 보기로 들며 요즘의 문단인들 행태도 성토하는 데 거침이 없어 눈길을 끈다. 단편 「이단의 성」 역시 집권층의 위세에 의연하게 대응하며 특권층의 사치와 부패 및 퇴폐 행태를 통렬히 비판하는 선비의 결연함을 보여준다. 여느 현대 작가들이 요즘 젊은 층의 애정 풍속이나 사회인들의 직장 풍습 등과는 상이한 현상이다.

더욱이 창작집의 표제작인 중편 『나는 조선왕조의 백성이다』에서는 역사적 실존 인물인 하석환의 선비정신과 항일의 결기를 보여준다. 충북 음성 출신인 줄타기 어름사니 화랭이인 그는 1910년 한일합병에 비분

강개한 선비로서 을사오적을 지탄하고 낙향한다. 두보의 시 「春望」을 뇌이면서 산골 움막에다 〈李王家之民河石煥〉이란 명패를 달고 칩거한다. 일경이 찾아와 칼끝을 대고 창씨개명을 강요하며 세금 체납과 부역 불응을 추궁하지만 결연히 거부한다. - "가라! 이 주구응견走狗鷹犬의 비적놈아. 너희가 황국신민이라면 나는 조선왕조의 백성이다. 가라!… 어서 가라! 내 네놈을 물고 내기 전에 어서 가라!" - 그러고는 3번 겪은 유치장 고문 대신에 식음을 전폐한 뒤 25일 만에 51세로 숨을 거둔다. 이런 선비의 항일 행각은 중편 『아아, 대치大癡 어른』에서도 초야의 일민 逸民으로 사는 호락 씨를 통해서 계속된다. - "나는 군자와 선비의 나라 조선의 백성이지, 야만의 오랑캐 섬나라 왜국의 백성이 아니다!"며 호락 씨가 호령하고 내려치려 달려든 일경의 긴 칼을 빼앗아 풀밭에 내던지는 호기도 보여준다. 강준희 작가가 21세기인 요즘에 위와 같은 이전의 선비정신과 항일의식을 고취하는 것은 나름의 분명한 주제의식에 바탕해 있다고 본다. 그것은 으레 물질이나 개인주의 지향의 서양적인 문물과 획일적인 교육으로 스러져가는 우리 전통문화와 정신적인 정체성 지키기에 직결되기 때문이다. 특히 단편 「효孝」를 곁들여서 요즘의 여느 작가들과는 확연히 차별화된 선비정신과 미풍양속에 상관된 문제라서 주목된다. 정부와 짜고 남편을 살해하거나 부모를 보험금의 제물로 삼는 세태에 교훈을 준다. 물론 21세기의 열린 시대에 걸맞게 동서양과 신구문화를 올바르게 융합시키려 거듭나려는 긍정적인 자세임은 물론이다.

3) 모국어와 고사성어 활용 성과

소설의 문장표현 면에서 강준희는 여느 작가들과 차별화된 특장점을 지니고 있다는 점이다. 더러는 현대소설의 정석에서 벗어난 파격의 글쓰기로 접근하여 효과를 거둔다. 동양적 고전 활용으로 한자어를 즐겨 쓰고 유불선의 경전이나 고사성어, 한시들을 활용하는 독보적 작가이다. 그러기에 현대 도시소설에 길들어져 있는 독자들에게 인문 소양과 소설 읽기의 재미를 더한다. 예스럽고 풍부한 모국어 활용 면에서 독자들은 강준희를 '살아 움직이는 국어사전 겸 백과사전'이라고 부른다. 이를테면, 사마천의 『사기』에서 「상군열전」에 나오는 '한 사람의 충언하는 참 선비(一士之諤諤)'나 중국 은나라 폭군이 신하들의 충간을 듣지 않고 방탕과 폭정을 일삼다가 주나라에 멸망한 사정을 든 "麥秀之嘆" 같은 고사성어는 교훈적이다. 또한 노자 『도덕경』 가운데 정말 재주가 많은 사람은 뽐내지 않아 어리석고 치졸하게 보인다(大巧若拙)는 의미도 깊다. 『육도삼략』에 다룬 날쌘 매도 평소에는 나뭇가지에 서서 조는 듯하고(鷹立如睡), 호랑이도 평소에는 병든 것처럼 걷는다(虎行似病)는 관찰 내용들이 흥미롭다.

중편 『아아, 대치大癡 어른』에서 구한말 이후, 나라 잃은 두 선비가 벽촌 움막집에서 만나던 날 생긴 에피소드이다. 서당에서 동문수학한 막역지우로서 가끔씩 서로 초대해서 회포를 푸는 기회였다. 모처럼 만나는 벗을 대접한다고 홀아비가 서툰 솜씨로 닭을 잡다가 털을 뜯긴 채 달아난 닭을 찾던 중의 일이다. 긴 칼을 차고 청결 검사를 오던 순사와 골목에서 마주치자 묻는다. "에, 다마고노 오까아상(달걀의 어머니) 빨가 벗고 가는 거 못 봤느냐 이거요. 내 말은." "다마고노 오까아상? 다마고노 오까아상? 에또 니와도리데스까(닭이요)?" 대치 어른과 상극인 순사가 서로 배를 쥐고 웃게 한 해학과 재치가 빛난다.

그리고 두 벗이 그날 밤 울분을 토하던 한 장면이다. 두보의 시에 이어서 도연명의 「음주」 시와 이백의 「주송」 등을 거문고 가락을 곁들여 부르며 밤을 새운다. 우리 민요 「양산도」로 신명을 더한다. "에헤이에, 맹덕 양산 흐르는 물은 / 감돌아든다고 부벽루로다… 일락서산에 해 떨어지고 / 월출 동녘에 달은 솟아오른다." -다음은 당시 노랫가락 유행가- "한 많은 단발령에 검은 머리 풀어 쥐고 / 한없이 울고 간다 한없이 울고 간다 / 아아 정든 임아, 잘 있거라."

　이 밖에도 한국의 고전적 어휘, 속담 등을 통한 기지, 촌철살인적인 풍자, 해학으로써 폭넓은 중국 고전을 두루 섭렵한 고사성어 등으로 빚은 작품집이 53권이다. 이미 강준희 작가는 한국문단에서는 유일하게 동양 전래의 옛 선비문화와 모국어를 활용하는 원로 지킴이다. 그래서 가끔은 리얼한 효과를 위해서 재래의 소설 문법과는 파격적인 고전의 인용과 사회 법규를 제시하고 있다. 중편 『나는 조선왕조의 백성이다』에서는 근대사적 추적과 사회학적 접근자료도 활용한다. 1910년 경술국치에 가담한 대신들의 실명과 찬반 과정 중의 '不可不可'란 투표지의 해석 시비, 강제 합병의 일정도 수치로 제시한다. 조약 전문 및 일왕의 조서詔書 5개항과 22건의 칙령 및 전국 주요도시 77군데의 헌병분대와 562군데의 헌병파견대 현황 등. 거기에다 1941년 하와이 진주만 기습, 농산물 공출 등에 이르기까지 역사나 정치의 구체성으로 차별성을 지녔다. 문학적 묘사나 상징성 밖의 사회학적 서술을 가미한 것이다. 그러기에 중편들에서는 주요 사회 배경을 드러낸 곳에 몇 군데 중복성도 긴요한 자료로서 거부감 없이 수용할 수 있다.

4) 현재, 미래를 향한 기대 지평

　프로필에 의하면, 강준희 작가는 중견 소설가로서 동서양 여러 곳에 상당한 견문을 지녔다. 이미 1980년대 후반에 대만이나 네덜란드에서 열린 국제문학대회에 문인 일행과 참가하고 1900년대에도 미국, 멕시코뿐 아니라 중국과 터키 등을 탐방했다. 두메산골에서 화전을 일구며 독학한 삶과는 대조적이다. 그러기에 강준희 작가는 동서양의 신구문물을 두루 섭렵한 특장점을 지닌 셈이다. 그러함에도 불구하고 지금까지는 이번 창작집에서처럼 한반도의 구한말 이후 식민 수난기 탄압의 과거 중심 작품에 치우쳐 있어 아쉽다. 해외지역을 무대로 삼자는 단순한 소설의 배경을 이야기하는 것이 아님은 물론이다.

　그러므로 상식적인 견지에서 보면, 정도껏 탐방한 외국을 무대로 삼거나 부분적인 공간으로 활용하면 작품의 진폭과 더 심화된 입체성을 살릴 수 있을 것 같다. 말하자면, 강준희 작가는 대체로 초기엔 과거에 겪어온 자아(나) 중심의 미시적인 삶에서 시작하여 중기 이후 최근까지 위 중편 삼부작 같은 우리 중심의 식민 통치기 수난상 등의 거대담론 단계를 거쳤다. 그러므로 이제 후기에 들어서는 자아와 우리를 아우른 미래지향적인 세계화를 모색하는 변증법적 정반합의 단계를 이룩했으면 한다. 그러므로 앞으로는 요즘의 세계화 시대에 걸맞게 국내외를 넘나들며 마주하는 문화적 갈등과 화합 등에 접근하는 경쾌한 글쓰기를 주문하며 성과를 기대한다.

IV.
시문학 감상과 대화

1. 강원도 풍정과 믿음의 시문학
- 이성교론

1) 앞머리에

여기에서는 등단 이래로 근년까지 60여 년 동안 꾸준히 주옥같은 작품을 빚으면서 현역으로 활동해온 원로 시인의 반열에 오른 월천月川 이성교李姓敎의 시문학 세계를 살펴본다. 먼저 주요 연보를 참고하면서 편의상 그의 시문학 원형질을 탐색해서 간추려 보려 한다. 가능한 대로 반세기 남짓한 동안 월천 시인과 선후배로서 가까이 교유해온 실증에다 보다 면밀한 문학작품 내면의 특성을 찾아본다. 이런 접근이 이른바 문학 외적인 시대 환경이나 전기중심적인 재래의 역사주의적 시각과 함께 문학 내적인 언어분석에 치중하는 현대적 방법을 아우른 합리적 접근이라 생각해서이다.

여기에서 반드시 언급할 대표작들은 해당 시인께서 선정해 준 작품을 주로 하되 기본적인 자료는 지금까지 간행된 이성교 시집들을 모두 포함하여 총괄적으로 살펴본다. 이성교는 한국전쟁이 멎은 이후 창간된 초기 무렵인 1957년 초에 《현대문학》을 통해서 20대 중반에 시인으로 등단하였다.

중고교 교사와 성신여자대학교 교수로 지내면서 이성교 시인은 등단 이후 64년 동안 모두 15권의 시집을 펴냈다.

제1시집『山吟歌』(1965), 제2시집『겨울바다』(1971), 제3시집『보리 필 무렵』(1974), 제4시집『눈 온 날 저녁』(1979), 시선집『大關嶺을 넘으며』(1984), 제5시집『南行 길』(1986), 신앙시집『하늘 가는 길』(1989), 제6시집

『강원도 바람』(1992), 제7시집 『東海岸』(1996), 『李姓敎詩全集』(1997), 제8시집 『雲頭嶺을 넘으며』(2001), 제9시집 『싸리꽃 靈歌』(2008), 제10시집 『끝없는 해안선 그 파도를 따라』(2011), 시선집 『동해안 연가』(2015), 제11시집 『迎日灣을 바라보며』(2019)이다.

1950년대 국학대학을 졸업한 이성교는 이 밖에 중앙대 대학원 출신의 문학박사로서 여러 권의 논저와 에세이집도 냈다. 하지만 평설자는 주로 시 작품을 중심으로 접근한다. 위의 시집 11권을 비롯해서 시선집 2권, 신앙시집 1권, 전집 1권 가운데 월천 시인의 대표작들을 중심으로 이성교 시문학의 특성적 성향을 네 가지로 간추려 정리해 본다.

2) 서정성과 전통 정서

1932년 11월 29일에 강원도 삼척에서 태어난 이성교 시인은 일찍부터 아호를 고향인 '다래마을'에 흐르는 동해안의 월천月川으로 삼고 있다. 시골 농촌과 어촌 현지의 이름인 데다 달빛 흐르는 시내란 서정적 이미지다. 그리고 주역의 음양오행적인 면에서도 천지인天地人 삼위일체를 이룬 이름이다. 이런 월천이 서울에 올라와서 대학 재학 중이던 1950년대 중엽 《현대문학》에 추천해준 미당未堂 서정주 시인과 같은 계보의 작품 성향을 띠고 있다. 초회 추천작은 동양 전통적인 인연이나 정한을 담은 「輪廻」나 2회 추천작인 「婚事」를 거쳐서 25세이던 1957년 초에 「노을」로 추천 완료되어 주목받는 시인으로 등단했다.

복사꽃이 / 빨개지면 / 누가 꼭 왔다 간 것만 같아 // 어머니는 / 웃다가 / 울다가 // 달이 지는 것도 / 팔자라 하였지 / 홍도색 새악시야, // 말 못 하던 / 그때 일이 / 샘물 솟듯 / 푹푹 쏟아지고, / 무릴래나 있으면 / 그거나 지근지근 / 씹어나 보지 //
　　　　　　　　　　　　　　　　　　　—「婚事」 전문

월천이 초기에 선보인 작품들에는 유현심수한 불교적 인연관에 이어서 꽃 피고 달 지는데 울고 웃는 정한이 담겨있다. 추천 완료 작품인 「노을」에서는 첫 연부터 서럽게 노래한 정한을 만나게 된다. ―"西天으로 / 흐르는 / 긴 江물은 / 우리 님 울다간 / 피눈물인가."

다음과 같은 「鳳仙花」 시편에도 초기 시 경우처럼 임을 떠나보내고 그리워하는 마음을 봉숭아꽃에 기대어 표출해내고 있다. ―"쪽빛 같은 물이 종이 위에 번지듯 / 눈썹으로 아로새긴 / 고운 사연을 / 어느 님께 드릴꼬." 형식의 전통적인 서정을 바탕으로 애틋한 사연을 드러낸 내용이다. 그러나 중기 이후 20편에 가까운 「소」 연작 가운데 「새벽에 우는 소 1」 경우는 이전의 전통정서 방향을 더 심화시키고 있다. 전에 흔히 써오던 화초들과는 대조되는 동물로 치환하여 인간의 고뇌와 정한을 드러낸다.

> 까막까치가 / 까욱까욱 울어도 / 긴 잿굽이엔 아직도 / 바람이 잔다. // 소 우는 소리에 후처도 도망가 / 먼 벌에서 풀잎처럼 울고 섰는데, / 날이면 날마다 밤을 걸어서 / 아주까리 주막집에 / 울음을 풀고 / 휘이 휘이 집으로 / 돌아오는 슬픔. // 잠자리에 누웠어도 / 달 지는 소리 흥얼흥얼 돌아가는 길 위에 / 부엉이가 울어대면 / 상처하고 삼 년 만에 / 물살이 져, / 아이들은 시름시름 누워 앓고 / 매어놓은 배메기 소 / 새벽부터 운다. //
> ―「새벽에 우는 소 1」 전문

워낙 성실하게 일하는 소가 귀한 대접을 받던 당시에 소를 부리는 인간과 더불어 동고동락하는 서로가 가난한 탓에 불행을 겪는 처지다. 소와 함께 열심히 일하는데도 본처가 죽자 후처로 들어온 아내마저 배고파 우는 소 울음소리에 못 견뎌서 집을 나가려는 상태다. 그녀가 밥 먹을 자리를 구하지 못하고 밤길을 헤매다 주린 배를 안고 돌아와 잠을 못 이루는 것이다. 본부인 죽은 삼 년 만에 농사를 망친 데다 아이들마저 앓아누운 집 가장의 심경을 시편 속 페르소나로 숨긴 채 서정과 정한의 시적 효과를 드높인 압권이다. 앞으로는 더 밝고 산뜻한 전통정서를 보인다면 금상첨화일 것 같다.

특히 대표작의 하나로 제시한「갈령재」는 유장한 호흡으로 고향의 칡넝쿨 우거진 산 고개를 넘어 시집온 어머니의 정한 넘치는 가족사적 심정을 노래하여 눈길을 끈다. 백두대간에 해당하는 '葛嶺재'는 강원도 동남부와 경북 경계지역에 자리한 힘겹고 사연 많은 실체의 영마루이다. 더욱이 이 갈령재를 품은 산은 어머니께서 시인을 민속적인 공을 들여서 낳은 신성한 공간성을 띤다. 강원도민의 숱한 수난이나 교류와 삶의 애환을 장시적인 서사로 노래한 분량이나 포용공간이 큰「大關嶺을 넘으며」에 견준다 해도 시의 밀도감이나 무게 면에서 손색이 없는 주옥편이다. 하지만 최근에 월천의 미수기념시집 중에 실린 또 다른「갈령재」는 '연작 2' 아니면 새 명칭으로 중복을 피해야 할 것 같다.

3) 강원도의 자연 풍광과 인정 세계

특히 이성교 시 특성의 중추인 강원도의 향토성 짙은 토속 방언方言은 민족문학의 정체성과도 연결되는 요소를 지닌다. 일찍이 르네상스기에 이태리의 단테가 그를 시성으로 격상시킨『神曲』만은 의미 중심의 문어체인 라틴어 대신에 독자들에게 친숙한 프로방스 지방의 구어체인 로망스 말로 공감을 얻어 지방어문학의 효용성을 입증했던 것이다. 이렇게 개성 있는 지방 사투리 활용과 민족적인 특성의 효과로 비롯된 독일의 헤르더에 의해서 민족문학론이 정립되었다. 당시 독일과 러시아의 접경지대에서 두 나라의 민요를 채집하여 비교한 그는 민족 간의 언어와 표현의 상이점을 발견했었다. 그러기에 이런 사실을 뒷받침한 괴테나 앙드레 지드도 가장 지방적인 민족문학이 바람직한 세계문학이라고 주장하기에 이른 것이다. 이런 점에서 이성교 시의 강원도적인 특성화는 바람직한 민족문학과 세계문학 지향 면에서도 타당성을 지닌다.

　등단 초기에 미당적인 성향을 지니던 월천의 시는 점차 차별화된 자기 세계 구축 양상을 드러낸다. 이성교 태생지인 삼척이나 학창 시절을 보낸 강릉을 비롯한 관동지방의 자연풍광과 인정세계를 노래한 것이다. 앞의 자료 목록에서처럼 태반의 시집 제목들부터 뚜렷하게 강원도의 냄새가 물씬 풍기는 이미지로 연결된다. 서울을 비롯한 한반도의 다른 지방과는 상이한 관동지방의 산 고개들을 비롯해서 지명들이며 말씨나 인심 및 풍물은 월천문학의 풍성한 자원이 되고 남는다.

　이를테면, 강릉지방의 독특하고 아기자기한 사투리가 더 없이 자별하고 정겹다.

　　강릉 이야기
　　해도 해도 끝이 없다
　　입안의 묘한 움직임으로 향기를 피운다.

　　'아이 어엽소, 언제 그리 베를 짜았소?'
　　'영세 옥식기 그리 마시와아.'
　　'아재요. 감이 누렇게 익거들랑 또 오우야아.'
　　　　　　　　　　　　　　　　　—「강릉 연가 2」에서

　앞에 제시된「갈령재」경우 역시 강원도 특유의 사투리가 김치의 깨소금이나 마늘, 고춧가루 양념처럼 작품의 맛을 살리고 있다. 둘째 연 중에서 '황닥불'-(모닥불보다 훨씬 세게 잘 타는 불), 셋째 연 중에서 '깜바구'-(밭두렁이나 텃밭 귀퉁이쯤에 자란 풀 나무 가지에 열린 검은 콩알처럼 조그맣고 달콤한 열매들), 여섯째 연 중에서 '산돌메기'-(일 년 중에 제일 추운 강추위), 이 밖에 위에서 보기를 든「婚事」가운데서 '무질래'-(꺾어먹기도 하는 찔레의 순) 등이 좋은 보기가 된다.

월천은 강릉의 「박월리 바람」에서 "그리운 사람의 / 살 섞인 바람" 속에 "모두 다 오순도순 모여 있다"고 노래한다. "모두 다 풀냄새로 살아서 / 모두 다 흙냄새로 살아서 / 푸름을 가꾸고 있다"는 그들. "시둥 아재도 / 납돌 고모도" 함께한 찌든 그 얼굴들을 그리워하며 회상하는 것이다. 이어서 「강릉에 오면」에서는 타향에서와 달리 옛날의 숨겨진 이야기나 최근의 소문들을 흉허물 없이 이야기하는 분위기를 자아낸다. – "비밀스레 숨어있던 것들이 / 햇볕에 나와 웃고 있다 / 내 첫사랑 움돋던 이야기도…."

이런 성향은 이성교 시인 자신도 열 번째 펴내는 시집의 책머리에서 시인하고 있다.–"나는 그동안 동해변 내 고향을 생각하며 향토의 빛이 짙은 시를 써 왔다고 할까. 그 가운데서 전통주의 정신을 중시해 왔다."– 그러면서 월천은 여기저기 고향 구석구석에 자리 잡은 채 열심히 살아가는 친지들의 이야기와 도타운 정을 그리며 회상한다. 가곡천, 강원도1, 고포마을, 동명항, 삼척 사람들, 강릉의 왕산골, 남대천의 둑방 길, 삼척시의 정라진 곰치국, 속초 靈琴亭, 飛火津 누님 등에 그치지 않는다. 평창군과 홍천군 사이에 있는 운두령 고개 너머로 한국전쟁 때 끌려간 소 찾기 아줌마 이야기 등이 계속된다.

그중에서 「강원도 1」을 감상해 본다. 「새벽에 우는 소」와 대조적으로 밝은 이미지의 리듬이 산뜻하다. 「강릉 여자들」에서처럼 '1 강릉, 2 춘천, 3 원주의 자부심'을 느끼게 해서 신선하다.

　　강산에 불 밝힌 역사,
　　항상 강원도는 고운 햇살이 내려
　　마음이 훈훈했다.

　　무시로 오는 계절에

해와 달이 뜨고,

그리운 사람들 가슴속엔
무엇이 빨갛게 익어가고 있었다.

묵밭의 허수아비도
태평세월을 만난 양 허허 웃고 있다.

이제는 아쉬운 마음을 훌훌 털고
잠자리처럼 창공을 날아볼 거나.

아, 풍요로운 들판
그곳에 내 사랑이 피어났었다.
그곳에 내 눈물이 열렸었다.

—「강원도 1」전문

4) 시 작품에 용해된 기독 신앙

　월천 이성교는 6·25동란 중에 전염되던 병환으로 39세의 어머니를 여읜 강릉상고 시절부터 모태신앙으로 여기고 스스로 교회에 다니기 시작한 기독교인이다. 거기에다 1964년에 뜻밖에 겪은 어린 딸의 죽음으로 그 신앙은 더 깊어진 바 있다. 아드님 중에는 목회자도 두고 있다. 신앙에 대한 열정이 거세던 1970년대에 간행한 시집 『눈 온 날 저녁』에서는 「돌」, 「믿음의 뿌리」, 「비둘기 내리는 뜨락」 등을 싣고 있다. 이후에 기독교 성향을 중심한 황금찬, 이성교, 유안진 공저 『영혼은 잠들지 않고』(1982)와 단독 신앙시집 『하늘 가는 길』(1989)도 펴냈다.
　그러나 월천은 결코 문학적인 글쓰기에서는 좀처럼 과열된 신앙의

티를 내지 않고 정도를 지키려 노력한다. 언어와 문자 창작활동을 하는 문단에서는 시인이지 전도사가 아니기 때문이다. 시 작품에는 되도록 일반 독자들에게 신앙을 강요하기보다 작품으로 승화시키고 용해해서 감성적으로 읽히는 것이다. 여기에는 전통적인 전래문화와 기독교적인 외래문화를 조화롭게 포용하려는 의식이 함께해 있다고 생각한다.

그러기에 이번 기획특집에 시인께서 손수 정선한 신앙시 4편은 다소 난해하고 함축성을 띠고 있다. 기독교문학 작품 중심이지만 역시 일반 독자들을 아우르고 있어서이다. 너무 상식적이며 직설적인 기독교 문학의 폐단에 대한 의도적 배려로 보인다. 그런 만큼 일부 난해한 신앙시 풀이에는 문학의 수용이론을 세운 한스 야우스에 이은 볼프강 이저의 빈자리 메우기를 활용해 본다. 시 작품은 텍스트에 대강 제시된 내용 가운데 남은 상당 부분은 수용자의 견해를 통한 이해가 순리인 것이다. 보기로 제시된 작품들 해석에는 각 텍스트에 드러난 시어 중에서 한두 개의 기독교적인 코드를 실마리로 풀어감이 지름길이다. '가시나무', '엘리야', '빛으로 인도', '구원의 파란 열쇠', '바울', '하늘의 말씀' 등이 그것이다.

「당신이 있으므로」는 인류의 죄를 대신해서 겪으신 예수님의 희생으로 인해서 밤의 의미나 하늘의 조화를 알게 되었음을 감사하는 내용이다. 그 추운 날 가시나무를 헤치고 오는 예수님 곁에 함께한 이스라엘의 예언자인 엘리야의 모습으로도 확인한다는 증언이다. "당신이 있으므로 / 하늘의 조화를 알았습니다. / 캄캄한 밤 / 공중에 떠서 / 불빛으로 오신 당신."

이어서 「이제야 말해야 하리」는 여태까지 그리스도를 영접하지 못하고 외면하거나 머뭇거리며 방황했던 사람이 진심으로 신도가 된 마음을 토로한 경지이다. 살아오는 과정에서 여러 어려운 환란을 은연중에 돌봐주신 주님을 믿고 분명한 신자로 나선 의지를 말한다. "이제야 말해야 하리 / 구원의 열쇠를 / … / 맺힌 것 다 풀어야 하리. // 분명히

응답해 주신 것 / 담대하게 증거해야 하리." – 그러므로 이제는 세상의 모든 일이 하나님의 역사하심으로 이루어진다는 진리를 여러 이웃들에게 알리게 선교하는 자세에 이른다.

「해바라기 피는 마을」에서는 이전의 이방인 처지에서 예수님에 의문을 품고 회피하던 과거를 뉘우치고 기독교 신앙의 마을을 가꾸어 적극 전도의 길에 나서자는 의지를 드러낸다. 먼저 팔레스타인지역의 유대인들에게 전도하다가 박해를 받아 순교한 예수 그리스도에 이어서 선교한 사도 바울을 생각한다. 바울은 세 차례에 걸쳐서 팔레스타인 밖의 2만 킬로미터 거리를 걸으면서 전도하여 해바라기 피는 신앙촌을 건설했던 것이다. – "이제 아무 푯대 없이 / 휘청휘청해서는 안 된다. / 바울처럼 긴 날을 걸어서 / 까만 씨를 심어야 한다. / 해바라기 피는 마을에."

끝으로 「꿈의 숲」은 일찍이 모태신앙의 기독교 시인으로 은연중 전도하며 살아온 월천 자신의 이야기다. 원래 시골 농촌에서 태어나서 서울 빌딩 틈 속에서 살지만 하늘의 은총이 소롯이 내려오는 꿈의 숲이 좋다는 것이다. – "나는 흙에서 난 사람 / 햇볕 잘 내리는 / 바람 잘 통하는 / 숲속이 더 좋아라." 요나가 고래의 배 안에 들어서 성난 파도로부터 안정을 취한 공간같이 자연 친화적인 꿈의 숲을 좋아한다는 소망이다.

물론 이 밖에도 이성교의 모든 시집에는 여러 편의 신앙 시편들이 일반 시편들 속에 실려 있다. 여기에는 우리 주위에서 밝고 친근하게 만나는 광경이 적지 않다. 「기도원에서」, 「하늘 가는 길」, 「새 하늘이 열리던 날」, 「어머님의 성경책」, 「약속의 말씀 부여잡고」, 「아침 전철에서」, 「漁村 크리스마스」 연작만이 아니다. 「향기로운 그 말씀이 – 어머님의 성경책을 보고」, 「십자가 섬마을」, 「성령의 바람 속에」, 「믿음의 언덕」, 「모과木瓜」, 「빛에 차 있는 바닷가 마을 – 부활절을 맞아」, 「늘 푸른 땅을 위하여」 등이 인상적이다.

여기에서 목회자 집에 열린 모과나무를 보는 견해가 눈길을 끈다. 하나님의 섭리와 은혜로 복음 같은 열매가 주렁주렁 탐스럽게 열린 모습을 수채화처럼 그려 보인다.

 가난한 목사님 집 울타리에
 큰 영화가 열렸습니다.
 노오란 황금덩이 같은─

 그 향기로
 그 은혜로
 능히 얼음산을
 열두 번 넘었습니다.

 돌 자갈 밭에 심은 열매
 그 위에 무지개가
 서려 있었습니다.

 한나절 까치 소리로
 큰 소식이 열려왔습니다.
 말씀이 주룽주룽 열렸습니다.
―「木瓜」전문

 다음은 시인 자신의 어머니가 갈령재 넘어 시집오는 가마 속에서 성경책을 생각하며 마음을 추스르곤 했다는 이야기 대목이다.

 그럴 때마다 / 예수님 걸으시던 / 갈릴리 바다가 가슴속에 차 왔지 // 어머님이 보시던 성경책 / 말씀 속에 빨간 줄이 그어져 / 보석처럼 톡톡 튀어 올랐지.
―「향기로운 그 말씀 - 어머님의 성경책을 보고」에서

이어서 봄 여름 가을 겨울의 계절별로 소망하는 바를 기도 형식으로 노래한 시편도 만난다.

　　"봄엔 뜰 앞에 살구꽃이 / 환하게 피게 하고. / …(중략)… / 가슴 가슴마다 부활의 靈이 / 가득 차게 하옵소서. / …(중략)… / 겨울엔… 눈 내리게 하여, 가슴 가슴마다 / 은혜의 강에 잠기게 하옵소서."　　　　　　　　　　　―「늘 푸른 땅을 위하여」에서

　이성교의 신앙시 중에는 다음처럼 축제 성격의 작품도 있어 다양성을 드러낸다.

　　동해 바닷가 / 조그마한 마을에 / 새 소식이 왔습니다. / 큰 빛이 왔습니다. //
　　언덕 위 교회당의 십자가가 / 유난히 더 높습니다. //
　　그것은 오랫동안 / 바다가 잔잔한 목소리로 / 간구한 탓이지요. //
　　예수님 오신 날 밤 / 바다가 새 얼굴로 / 노래합니다. / 노엘 노엘 이스라엘 왕이 / 태어났다고― //
　　모랫바람을 막던 울타리 가에도 / 기쁜 소식이 왔습니다. //
　　　　　　　　　　　　　　　　　―「漁村 크리스마스 2」에서

　그런가 하면「末世의 詩―기독교 시론을 대신하여」에는 모두 다섯 연 가운데 전에 없이 앞뒤 연을 통해서 기독교 시의 현황을 비판하고 있다. 기독교의 신앙시 방향을 바로잡으려는 것이다. ―"末世에는 / 이상한 그늘이 드리운다 / 가짜 선지자가 나타나 / 판을 친다. / … / 운율이 없는 詩 / 맺히지 않는 詩 / 넋두리의 詩 / 전혀 예수 향기 없는 詩가 / 언덕 위 풀꽃처럼 널려 있다."
　뿐만 아니라「어머님 재 넘어 오신 후」,「말씀으로 오시는 이」,「고난

받을 때」, 「잘 믿는 사람들」, 「북녘을 위한 기도」, 「새 천년 바다」, 「빈 밭에서」, 「비 뿌릴 때」 등이 남아 있지만 생략한다.

5) 소탈한 선비의 휴머니즘적인 자태

일찍이 박물학자인 부퐁도 프랑스 아카데미 회원 수락 연설에서 문체의 개성적인 특성을 빗대서 말하던 중에 '글은 곧 사람'이라고 설파한 바 있다. 그만큼 문학작품과 문학가는 여러모로 떼어놓고 논할 수 없을 정도로 밀접한 상관성을 지닌다는 견해이다. 그런 점에서 문학작품을 오직 언어분석에 치중하자는 신비평 태도를 지양하여 작품과 문인을 상호보완적으로 접근해야 마땅하다. 그러기에 이 항목에서는 시인인 월천 이성교의 삶과 인품을 참고사항으로 다룬다. 따라서 5남매 중 장남으로 태어난 월천은 강인한 선비의식이나 작달막한 체격은 부친을 이어받고 남다른 감수성과 깊은 신앙은 자상한 모친을 닮은 데다 일찍 여읜 모정에 대한 목마름으로 시문학의 풍성한 오아시스 촌을 이루었다고 파악된다.

월천을 오래 사귀어본 분들은 시골 소년처럼이나 순수하고 소탈함을 느끼고 신뢰감을 갖는다. 그야말로 시경詩經에서 말한 사무사思無邪의 덕목을 지닌 시인의 품성 그대로랄까. 월천과 사제의 연을 지니고 오래도록 가까이서 봉직한 한영옥 시인도 이 시인을 일생동안 천진난만하게 살았던 프랑스의 시인 프란시스 쟘에 비유하고 있다. 이렇게 타고난 시인의 동심은 그의 시 작품에 다양하게 반영되어 독자들의 공감을 불러일으킨다. 눈 온 날 저녁에 설레는 우리 감흥은 워즈워드의 무지개를 보는 경이로움보다도 생생하게 가슴에 와닿는다.

눈 온 날의 저녁은
공연히 가슴이 설렌다.

아무 집에라도 들어가
무엇을 마구 얘기하고 싶다.

온 세상이 눈에 쌓였는데
바다만 유난히 파란 얼굴을 하고
소리치고 있다.

언제쯤 울릉도 형님이
바다를 열고 오실까

—「눈 온 날 저녁」 전반부에서

 그리고 이런 동심은 이제 축제적인 「가을 운동회」에 와서 공동체적 역동성으로 진화하여 활기를 더한다. 온 지역 주민들 남녀노소가 한 데 어울려서 청군 백군으로 나눠 겨루던 모습과 환호성은 독자들을 어릴 적 고향의 운동장으로 이끌고 있다. 흔히 개인적인 추억이나 한두 사람과의 만남을 회상한 여느 시편들과는 상이하다. 이 작품이 1970년대와 1980년대에 걸쳐서 10여 년 동안 중학교의 국정 국어 교과서에 수록된 의미도 여기에 둔다.
 월천은 평소 겸손하여 묻는 말에 대답하는 정도 말고는 상대방의 이야기에 흥미롭게 경청하는 편이다. 그만큼 유머를 갖춘 채 조용하고 진중한 인품이다. 그러다가도 상대방의 말에 동의하며 쾌활하게 웃는 웃음은 일품이다. 「강원도 1」에서의 "묵밭의 허수아비도 / 태평세월을 만난 양 허허 웃고 있다."와도 상이하다. 서생의 모델처럼 시원한 이마가 빛나도록 천진난만한 얼굴과 더불어 청아한 그 웃음소리까지가 온갖 근심 걱정을 날려버리는 특효약이 되고 남는다. 그 웃음 속에는 으레 사회에 횡행하는 숱한 비리나 불법 아니면 특권층의 횡포를 겨냥하는 매운 비판과 풍자의 바이러스를 풍기기 때문이다. 그러기에 오래도록 동갑내기 절친이었던 해학 연구가 김영수 평론가는 어린이 같은 그 웃음보를 '눈물보다 더 단 웃음'이라고 논한 바 있다.

월천은 역시 강원도 시골 태생의 시인으로서 서울에서 성신여자중·고등학교를 거쳐서 성신여자대학교에서 정년을 맞이하도록 오랜 교수 생활을 겸해온 선비이다. 일찍이 대학에 진학하기보다 그 등록금으로 휴전 후의 광화문 땅을 사고 은행에 취업해서 부나 지위를 누리지 않고 스스로 서생의 길을 택한 만큼 깊은 신앙과 함께 따스한 인간미를 지니고 있다. 고향의 여러 농어촌이나 산촌에서 가난하게 사는 친지들은 물론 타지의 생활 주변에서 만나는 착한 서민들과의 관계도 마찬가지이다. 하물며 소장수나 눈물 어린 소의 머리를 쓰다듬으며 교감하는 애착 또한 인간미의 한 단면으로 읽힌다.

더욱이 시골 농촌의 해 어스름 때 정경을 그린 「저녁」은 중간부가 인상적이다. - "호되게 늘어진 긴 몸뚱아리를 / 이 저녁이 아니면 무슨 수로 고칠까. / 어둑 어둑 다가오는 그림자 속에 / 사뭇 억새 잎이 바람에 떤다." 이처럼 소외된 채 고달프고 외로운 사람들의 처지를 연민의 눈길로 내다본 자세도 휴머니티에 바탕을 둔 것이다. 남들은 낮에 자기들 논밭에서 일을 하지만 가난한 집 식구들은 생계를 위해서 밤중에 집안에서 가마니 짜기나 길쌈 일을 많이 하자는 취지로 풀이된다. 이런 경우는 아무래도 수용미학의 견지에서 윌리엄 엠프슨식의 다의성多義性으로 접근할 수 있다.

6) 마무리를 겸하여

위에서 시단에 등단해서 강산이 여섯 번이나 변하는 동안 꾸준히 현역 문인으로서 시 창작에 임해 온 월천 이성교의 삶과 작품세계의 대강을 알아보았다. 원래 강원도의 삼척 변두리 마을에서 태어나 자라고 강릉을 거쳐 서울 등지에서 도시의 유목민처럼 오래도록 살면서도 오매불망 고향인 관동별곡을 생각하고 노래하는 월천의 문학 성향이 선명하다. 문학의 기조를 전통적인 서정 미학에 두고 있는 월천의 문학은 무엇보다 강원도 지방의 경관과 풍물을 제재나 배경으로 삼고 착한 주민들의 따스한 인정과 더불어 독실한 기독 신앙을 주제로 하고 있다. 그러면서도 순수 동심을 지닌 채 한반도의 각 지방은 물론 세계 여러 나라에 강원도를 대표해서 열린 선비 시인으로 자리하였다.

월천의 특장점인 선명한 강원도 지향의 시문학은 이미 이성교의 문학적 전매특허가 난 상표가 되었다. 일찍이 미당이 권유할 때 지칭했던 동향의 소설가인 이태준과 이효석을 넘어선 지 오래다. 일제강점기에 고유한 방언과 영변이며 삭주 구성 같은 지방 오지의 지명으로 항일의 효과를 거둔 평북지방의 김소월이나 토속어를 즐겨 썼던 백석에 버금갈 만하다. 더욱이 폭넓은 월천의 작품 속에서는 삶의 현주소인 서울을 비롯해서 한반도 각 지역과 이웃 일본이나 중국을 벗어나 멀리 남북 미주 등지를 탐방해서 얻어낸 시편들을 강원도 다음의 시편들로 아우르고 있는 정도이다. 하지만 이성교 시인께서는 초유의 코로나 역병이 지구촌에 창궐하던 초기 무렵에 감염되어 치료를 마친 다음 퇴원 후에 시내 외출 중이던 2021년 12월 7일에 졸도하여 소천했다. 그 이후 문하생들이 중심이 된 월천문학상이 2023년 12월부터 매년 시상되고 있다.

지금까지 소략하게 이성교의 시 세계를 살피는 과정에서 긍정적인 평가가 많았다. 월천의 취약점을 캐 보지만 뚜렷한 흠결은 쉽게 드러나 보이지 않는다. 자유로운 감성과 상상으로 창작하는 세계인 특수성 때문이다. 더구나 현대인들에게 필수품인 컴퓨터 대신에 아직도 종이 원고지에다 또박또박 펜으로 시를 쓰는 강원도 토박이 시인 모습 그대로이다. 그러니 어쩌면 이런 글쓰기 방법이 오히려 덕목인 면이 없지 않다. 얼핏 보아서 월천 시집의 작품 배열이 체계적이지 않다는 느낌이지만 이 역시 창작문학에선 문제 밖일 것 같다. 이런 점이 도리어 일정한 틀을 벗어나서 문학다운 파격의 멋과 여백의 맛을 살릴 수 있다.

2. 겨울에 꽃피운 남도의 서정 미학
– 이영식론

1) 문학을 통한 경이로운 만남에서

'인생은 만남'이라는 한스 카롯사의 말대로 문학작품을 통한 서로의 만남은 여간 소중한 인연이 아닐 수 없다. 독자 여러분과의 만남도 소중하지만 이영식李榮植 선생과 필자 경우는 동향에다 문학도인 점에서 더 뜻깊은 바 있다. 불가의 범망경梵網經에 의하면 한 나라에 태어난 인연만도 1천 겁에나 생길 확률이라니 우리는 적어도 유구한 2천 겁쯤의 선근善根 인연이라 싶다. 더구나 팔순을 훌쩍 넘어서 모처럼 주옥편을 모아서 펴내는 선생의 첫 시집 『갈 곳 없는 외출外出』을 비롯해서 연속 3권의 시집을 읽고 평설을 남기는 감회는 남다르다.

그러니까 우리문학기림회란 모임을 만들어서 초창기인 1990년에 김우진, 박화성 등 목포지역의 작고 문인 기념비를 세우려 일행이 현지 탐방을 했을 때 목포 역전에서 잠깐 뵈었던 이영식 박사를 일행은 언어학 전공자로만 알아 왔었다. 하지만 이 박사는 일찍이 서울대에서 한말숙 작가 등과 문리대 언어학과를 마치고 미국에서 대학원 교육학 학위 과정을 거친 교육학박사로서 수십 년 동안 그곳 대학의 교수 생활을 지낸 분이다. 귀국 이후에도 계속해서 광주교육대와 목포대에서 교수로 재직하고 정년을 맞은 학자이다. 그런데 이제 거듭난 시인 모습으로 새롭게 만나다니 새삼 놀랍고 의미가 짙다. 이 시인과 동년배의 원로 문인들은 이미 활동을 접고 들어앉은 연륜에 새 출발이라니. 참으로 우리 문단으로서는 화제의 주인공이 아닐 수 없다.

사실 1932년에 진도의 농촌에서 태어난 이영식은 일찍이 목포에서 중학생 때(6년제)부터 창작 습작을 해오던 문학도였다. 6·25전쟁 무렵, 목포 항도에서 발행되던 잡지를 비롯해서 부산에서 발간되던 신문에 시 작품을 발표했던 문학도였다. 당시 지방에서 문단 활동을 펴온 박화성 작가나 김현승 시인의 권유와 지원을 받았음에도 김선기 서울대 지도 교수의 지시를 따라서 학문에 치중하며 작품 활동을 접어 왔다. 그런 한국전쟁 당시의 문학도가 실로 60년의 오랜 휴면에서 깨어나 다시 노익장의 신인처럼 시문학의 길에 들어선 셈이니 특기할 사항이다. 더구나 교수직에서 은퇴한 이후 2010년대의 수삼 년 때부터 그야말로 인생의 바퀴를 갈아끼고 새롭게 시 창작을 본격화한 나머지 묵혀온 50여 편 밖에 신작 600여 편의 주옥편을 빚어낸 성과는 질량 면에서도 기록적이다.

1950년 당시 대학 초년생인 이영식 문학도의 경우, 여러 각박한 시대 상황은 엄중한 조건으로 파악된다. 부산의 전시 연합대에서 이영식은 서울대 국문학과에 재학생인 이어령보다 1년 선배로서 시문학 습작에 열정적이었다. 그럼에도 한국 전란의 소용돌이 속에서는 이전의 문예지는 폐간 상태인 채 새《현대문학》도 창간되기 훨씬 전인 과도기이기에 손 닿는 신문이나 동인지류 등에 습작시를 발표하였다. 한국전쟁이 한창인 당시 부산에서 발행되던《국제신문》1951년 8월 13일 자에「네 이름이 스러지는 날엔」외 2편이 활자화되었다. 그리고 1951년 당시 목포에서 발행하던《전우》제23호(1951년 11월 10일 자)에는「들국화」란 공통 제목으로 기성 시인인 이동주, 박정온에 이어서 장형준, 이영식의 글이 나란히 실려 눈길을 끈다.─염주 헤듯 더듬어 보는 세월에 / 초췌히 늙으신 할머님 // 무시로 접어드는 드룩길에 / 숫나그네처럼 발버림이 서러워 /─의 할머니상은 요즘 이영식 시인의 시적 모델로 이어지는 것 같다.

하지만 이들 학창 시절의 습작품들은 아직 시의 밀도감이나 치열성 등에서 미흡감을 남긴다.《국제신문》에 발표한 시는 넘치는 연정을 과열되게 하소연하는 점에서 공허하다.─네 이름이 스러지는 날엔 / 설영 또 다른 태양이 있기로소니 / 내 어이 광명을 이르오리. // 창가에 흩어진 별빛을 거두며 / 섧다 말마저 잊으오리니… / −이 밖에 목포에서 낸 《갈매기》 2호(1951)에는 동시 「금붕어」가 실렸지만 동시답게 단조롭다. 하지만 광주와 목포에서 전국 규모의 유일했던 본격적인 종합문예지인 《新文學》 4집에서는 황순원의 단편 「소나기」 외로 시 작품란에 기성 시인인 김현승, 박흡, 이석봉, 이동주 등과 함께 실린 이영식의 「창」이 게재되었지만 아무래도 난해하게 읽힌다.

그럼에도 당시 《전시연합대학보》 창간호(1951년 11월 25일 자)에 실린 시 「커어브 − 6·25 피난길」은 긍정적으로 다가든다. 부조리하게도 동족상잔의 한국전쟁으로 수많은 사람이 피를 흘리고 굶주리는 각박한 현실을 반영했다는 이유에서만이 아니다. 남부여대로 정처 없이 전쟁을 피하여 살길을 찾아가는 굴곡진 마음의 행렬을 드러낸 '커어브'라는 파격의 제목부터 제일 과제라는 리얼리티를 살린다. 이런 요소는 대체로 서정적이고 회상적인 감상성을 띤 이영식의 빈자리를 채우는 요인이 되고 남는다.

이리로 가면 어디로 가느냐고
저리로 가면 어디로 가느냐고
빈창자 누더기로 가리고
앞서거니 뒤따르거니
갈 길 몰라 서성대는
어미네며 아들딸…

고향과 고향
떠오르는 분기憤氣에
서로 안고 안기우고
우리들 피 찬 심장은
흘러가는 분기憤氣의 덧없는 커어브.

끓는 지열地熱

솟아나려 버둥치는 따 위에

무슨 낯으로 철 따라

꽃은 피고 꽃은 지는가?

—「커어브 – 6·25 피난길」전문

그 무렵에 10여 편의 시를 발표한 이영식 경우는 원로급 이상의 기성 문인으로 대접받을 수 있다. 하지만 그런 대우를 극구 사양하는 대신에 직접 새 창작 시집으로 선보이는 자세이다. 작품 발표마저도 사양하던 시인은 자신보다 주위의 권유로 서울에서 젊은 문학도들 사이에서 신인상 당선 과정을 거치고 이제 제도권에 등단한 지 10년이 지난 터라 특수한 현역 시인으로서 시집 출간에 임한 처지이다. 마침 부군 못지않게 문학을 지망해서 시와 그림을 공부해 온 평생의 반려자로서 내조해 온 임성순任聖淳 님의 각별한 격려에 힘입은 결과로 보인다. 삼가 노익장의 문단 원로시인 내외분께 격려의 박수를 보낸다.

2014년 3월 5일에 상재한 첫 시집 『갈 곳 없는 외출外出』은 역시 이영식 시인께서 팔순에 접어든 2010년대 이후 수삼 년 사이에 창작한 시편들을 중심으로 엮은 첫 사화집이다. 그동안 빚어낸 작품 중에서 우선 110편의 신작에다 참고로 1950년대 초엽의 습작기에 발표한 11편을 합해서 총 121편으로 이루어져 있다. 같은 시 성향별로 묶은 아홉 부 가운데 맨 뒷부분에는 발표 당시 활자화한 그대로 실어 이영식 시문학 이해에 도움이 된다. 시집에 실린 전 작품을 음미하며 통독해 보면 오히려 문장의 수련 면은 물론 감성적인 면에서도 문학 청년기의 그것보다 더 알차고 신선한 매력을 접하게 되어 즐겁다. 논자는 여기에서 이영식 시인의 첫 사화집詞華集을 통한 시문학 형성과 특성 등을 중심으로 감상, 논의해 본다.

그리고 이번 글은 첫 시집 밖에도 3년 이후 잇달아 펴낸 이영식 시인의 둘째 번 시집 『한겨울에 피는 꽃』(2017년 6월 5일)에 게재한 120여 편의 시도 곁들여 다룬다. 이어서 역시 3년 후에 펴낸 이영식 시인의 세 번째 시집 『서산에 비낀 황혼』(2019년 11월 19일)에 실린 150편을 참고하여 접근한다. 물론 이후에도 이영식 시인께서는 망백望百의 연륜으로 팬데믹의 긴 터널을 지나는 동안에도 여러 문예지에 두세 편의 주목편을 꾸준히 신작시를 발표해 왔다. 그러기에 제3시집 이후에 서울과 지방의 문예지에 틈틈히 발표한 2023년의 새 작품들도 되도록 추가하여 보완한다. 대체로 논자가 평설한 첫 시집의 기본 시의 틀은 유지되었다고 파악된다. 그 이후의 시 세계는 이전보다 문장의 숙련도나 사려가 깊어지고 인생의 관조 면에서 그리움, 서글픔, 외로움, 헤어짐에 대한 농도가 짙게 배어있는 성향만 참고해 둔다. 이런 특성은 이영식 시인께서 2000년대 중후반 이후 2~3년 터울로 손수 편집해서 사모님이 짙게 그린 동백 등의 천연색 양장본으로 광주 한림출판사에서 펴낸 사실과 함께한다.

2) 팔순에 꽃피운 동백과 남도의 서정

지난 2013년 연말에 필자는 모처럼 도심의 일상에서 벗어나 남도 지방을 여행하던 중에 해남 땅끝마을 건너 완도의 보길도에서 오랜만에 선생 내외분과 시집 문제로 통화한 바 있다. 세연정과 원림의 입구 근처, 굵은 밑 둥지에다 두어 길 높이로 줄 선 채 겨울을 이기며 꽃 피운 동백나무 바로 앞에서였다. 싱그러운 진녹색 잎 사이로 선운사의 붉은 동백이나 여수 오동도의 그것보다도 붉고, 현해탄 건너 대마도의 노랑 동백과도 달리 의연하게 굵고 큰 데다 붉게 핀 남도의 완도섬 동백 꽃송이들은 통째로 땅에 떨어진 빨강 송이마저 선비의 고결한 마음같이 느껴졌다. 나라와 조정을 걱정하면서 후진들이랑 학문을 논하며 시조를 짓고 지내던 고산 윤선도 시인의 기개가 서린 꽃이랄까. 바로 이런 동백 같은 인품과 향기가 험난했던 반세기 세월을 이겨내고 뒤늦게 매운 겨울에야 한껏 함초롬히 꽃피운 이영식의 시문학이라고 생각했다. 그러기에 그의 동백 같은 시 작품들은 이른 봄에 피는 매화며 장미 등과 더불어 만화방창으로 흐드러지다 지고 마는 봄–여름의 여느 꽃이나 늦가을에 애잔하게 견디는 국화며 코스모스를 넘도록 고매한 품격을 지닌다 싶다.

이영식李榮植 시인의 시문학에는 오얏꽃과 자두가 무성하게 자란다는 그의 성씨에 드러난 나무 이미지에서처럼 식물적 요소가 짙다. 휠라이트 등의 원형 이미지론에서도 식물인 나무는 우주의 조화와 성장, 번식, 생산과 재생 과정으로 다함없는 삶과 영원성 상징의 등가물이다. 그것은 성향별로 이름 붙인 '계절의 숨소리', '뜨락에 내린 햇살', '피안의 바람 소리', '회상의 그림자' 등의 묶음에 그대로 실려 있다. 「진달래」, 「수선화」, 「버들개지」, 「매화꽃」, 「벚꽃」, 「들꽃」, 「구절초」, 「풀꽃」 등에 더하여 – 목탁 소리도 아랑곳 없이 / 암자 앞 벼랑에 핀 동백꽃이 / 피안인 듯 먼바다를 바라보는 / –「벼랑에 핀 동백꽃」 외로 드러낸 객관적 상관물화된 이미지가 선연하다.

이영식 시인은 두 번째 시집 『한겨울에 피는 꽃』의 까만 양장 표지화 바탕에다 사모인 임성순 화백께서 손수 그린 동백꽃 이파리에 두세 송이 빨간 동백을 그려넣은 유화를 쓰고 있다. 그리고 빨간 간지의 첫 장에다 표제시를 싣고 있어 인상적이다.

    타다 남은 그리움 삭힐 길 없어
    찬 서리 눈보라를 뜬 눈으로 밝히는
    정열의 빨간 동백꽃

    모든 인연 하늘에 맡기고
    옷깃 조심조심 여미고 앉아
    다소곳이 합장하는 여인 같은 꽃

    저녁노을 서산에 비끼면

구름도 바람도 다 흘러가는데
영그는 눈물은 언제 지려나

기다리는 가슴에 피가 맺혀도
추억을 다독여 미련마저 버리고
웃음으로 떠나는 빨간 입술

—「한겨울에 피는 꽃」 전문

또한 「동백꽃 1」에서 매서운 겨울철에 그리움으로 오롯이 밤을 지새는 서정적 화신으로 살아 있는 것이다. 그리하여 −얼마나 애절하게 사랑했기에 / 얼마나 많은 날들을 참아왔기에 / 그렇게 핏빛으로… /− 「동백꽃 2」처럼 릴케가 읊었던 「장미의 속마음」 못지않게 짙은 동백의 내면에 불타는 문학적 사랑을 표상한다.

그렇다. 일찍부터 한국의 전통적인 시 미학에 탐닉한 이영식 시인의 문예사조적 특성은 스스로 숨결 같은 가락을 타서 저절로 읽혀지는 순수 서정의 리리시즘을 기조로 한다는 점이다. 일찍이 우리 민요로부터 노장 사상과 한시漢詩 등도 섭렵한 이 시인은 자연 친화와 순수를 지향해 온 자세이다. 그러기에 그의 시편들은 동물적인 투쟁의 이념성이나 광물적 메커니즘의 도회성과 모더니즘보다는 원초적인 인간과 자연이 상생하는 식물 이미지를 즐겨 다룬다. 사실 이번의 시집에서는 상대적으로 꽃이나 나무, 과일들에 관한 시편이 가장 많이 드러나 있다.

얼핏 제목들만 보아도 위에 든 작품 분포처럼 식물적 이미지를 지닌 시는 여러 편을 헤아릴 정도이다. 「달맞이꽃」, 「목련」, 「수선화」, 「벚꽃」, 「진달래」, 「노랑 들국화」, 「매화꽃」, 「바람과 풀잎」, 「조경노송造景老松」, 「꿈속의 첫눈」, 「단풍잎」, 「복수초」, 「땡감」, 「코스모스」, 「호박」, 「목련을 보내며」, 「해국海菊」, 「낙엽」, 「자귀나무꽃」 등과 습작기의 「들국화」, 「청포도」만이 아니다. 또 시인이 미국의 일부 독자들을 위해서 손수 영어로 써서 부록에 실은 시편 경우 역시 12편 가운데 식물적 이미지는 태반을 차지한다. 'In the Field', 'Lilac', 'Azalea', 'Yearning', 'A Desolate heat', 'the Nature's Command', 'A Sculpture in the Park' 등.

그 가운데 다음의 「노랑 들국화」에서와 같이 물 흐르듯 자연스러운 호흡을 따라 회상하는 시편에는 아련한 옛 소녀를 그리워하는 마음으로 독자들의 심금을 울린다. 노랑 들국화의 꽃향기와 그 소녀의 모습이며 고향 떠나온 시인의 심정이 시 안에 그대로 고스란히 실려져 있다.

> 양지바른 산자락
> 실개천을 끼고 도는 가을 두렁길엔
> 언제나 잊지 않고 반겨주는
> 노랑 들국화가
> 망울망울 무더기로 피어 있었지
>
> 가슴 저리도록 진한 그 향기는
> 세월이 흘러도 변함없이
> 코끝에 맴도는 그리움
>
> 숨겨 왔던 사랑을 고백하듯
> 들국화를 한 가지 꺾어주며
> 말없이 고개 숙이던 그 소녀도
> 이젠 많이 늙었겠지
>
> 못 잊어 못 잊어 매달리던 고향을
> 훌훌 털고 떠나온 지가 언젠데
> 이제서야 이렇게 애절한지 ―「노랑 들국화」에서

'망울망울', '못 잊어 못 잊어'의 중복 효과와 각 연을 잇는 '피어 있었지', '맴도는 그리움', '많이 늙었겠지', '이렇게 애절한지'의 미완성 종결 어미가 완성된 한 편의 시로 이어져 있다. 다소 멜랑콜리적인 맛이 있으면서도 역시 공자가 제시한바 군자는 슬퍼도 너무 지나침을 삼가야 한다(哀而不傷)는 선비의 금도를 벗어나지 않아서 좋다. 이런 성과는 일찍이 문청 시절부터 다져온 모국어 수련의 저력과 함께 평소의 인격에 바탕해 있음은 물론이다.

따라서 이영식의 시 세계는 여느 시인들과는 달리, 때 묻지 않은 그대로의 시골다운 인정을 드러낸 순수 서정의 문학이라는 점이 선연하다. 그는 결코 도시 지향의 실험적인 모더니즘풍의 난해시를 삼가고 독자에게 쉽게 소통하는 시 쓰기를 지향한다.

> 숨을 몰아쉬며
> 올라온 산등성이
>
> 고향을 싣고 돌아오는
> 연안 여객선의
> 뱃고동 소리가
> 정겹게 들리는 걸 보면
> 나는 별수 없는 섬놈
>
> 이유 없이 눈물이 핑 돌며
> 불현듯 '엄마'가 보고 싶고
> 소꿉친구들이 그리운 걸 보면
> 나는 아직도 철이 덜 들었나 봐
>
> ―「고향 생각」 전문

이 시편에는 고향 가까운 목포에 나와 살면서도 어릴 적에 태어나 자라난 진도섬 임해면의 농촌을 그리워하는 마음을 풀어내고 있다. 더러는 고향을 숨기려는 사람이 적지 않은 세태에 비추어 보면 진솔한 시인의 자태가 두드러진다. 더욱이 시인은 일찍이 서울의 명문대학을 마치고 미국에 유학하여 대학원 수학과 대학교수 생활을 하는 등 18년 넘게 해외 생활도 한 것이다. 그럼에도 드디어는 가난했던 고향의 어린 시절을 그리워하는 마음을 그대로 시골 벗에게 정답하듯 스스럼없이 토로한다.

그런데 다음 작품에서는 이영식 시인도 일부 모더니스트들이 회화성 심상을 뽐내며 활용하는 실험적 주지주의 성향의 시를 쓸 역량을 지니고 있음을 확인할 수 있다. 이를테면, 이 시집에 함께 실은 「가로등」이나 「눈짓」에서의 경우이다. 불야성을 이룬 도회 환락가의 비뚤어진 풍경을 시각적으로 묘파한 시와 아무래도 난해하여 오리무중일 한 대목을 예외적으로 보여준다.

치맛자락 붙잡고 펄럭이던 바람이 / 간들어지는 웃음소리에 움찔 놀라 / 뒤돌아보는 사이 / 말없이 앉았던 술병이 / 입을 벌리고 헤헤 웃는다. // 천국을 탐내는 허황된 꿈이 / 절망 속에서 일그러지는데 / 내일이 없는 일기장엔 / 지난날의 파편들만 쌓여있고 / 엄마를 찾다 잠든 아가의 두 볼엔 / 신열이 홍시처럼 익는다. // 어디로 갈까? / 다리가 후둘거린다. // 밤안개는 점점 짙어지는데 / 빌딩에 기대서서 울고 있는 가로등이 / 자꾸만 소매를 잡아 당긴다 // 밤이 소리 없이 내린다. //　　　　─「가로등」 전문

눈짓은 / 하늘보다 높은 곳에서 희망을 약속하고 / 바다보다 깊은 곳에서 영원을 잉태한다. // 아침 해가 / 찬란한 탄생을 뽐내며 솟아오를 때 / 신이 나 달려온 바람은 / 축제의 깃발을 펄럭이

며 휘파람을 불고 / 하늘과 바다는 서로의 거리를 좁히며 / 수평선에서 눈짓을 교환한다. /　　　　　　—「눈짓」에서

여기에서 유의할 점은 이 시인 스스로 이런 모더니즘적인 시각 이미지의 시를 쓸 수 있음에도 불구하고 전통적인 서정시를 이론화해서 신념처럼 활용하고 있다는 사실이다.

첫 시집 『갈 곳 없는 외출』(2014년 3월)을 비롯한 『한겨울에 피는 꽃』(2017년), 『서산에 비낀 황혼』(2019년)은 시집 제목이 '○○하는 ○○'의 형식으로 되어 있어 흡사 삼 형제처럼 리듬에 맞춘 이름이다. 2~3년 터울을 둔 시집들은 모두 임성숙 님의 천연색 식물 표지화에다 호화장정으로 똑같은 출판사에서 이루어져 일관성 있는 특색을 보인다. 더구나 『한겨울에 피는 꽃』과 『서산에 비낀 황혼』은 각각 표제시란 이름을 붙여서 맨 앞에 싣고 있어 그만큼 강점을 둔 시편으로 다가온다. 그러나 다행히 서산에 비낀 황혼黃昏은 하루의 일과를 마치고 집으로 돌아가는 인생을 암시하고 있어서 중층효과를 드러낸다.

　　이제는 떠나야 할 시간
　　하루의 긴 여정을 마무리하고
　　조용히 떠나야 할 시간

　　즐거웠던 일, 괴로웠던 일 다 잊고
　　고운 정, 미운 정도 다 버리고
　　미련 없이 떠나야 할 시간

　　망설여도 부질없는 일
　　미수도 지나 구십이 코앞인데

해 지고 달 뜨는 이치를 어찌 모를까?

서산에 비낀 하늘을 등에 업고
이제는 말없이 떠나야 할 시간
　　　　　　　　　—「서산西山에 비낀 황혼黃昏」에서

　초고령 사회를 실증하듯 신선하게도 팔순 신인 처지가 된 등단 연령의 기록과 더불어 여느 현역 중견 시인 못지않게 새로운 구순九旬을 훌쩍 넘어서도 정정한 원로답게 알알이 영근 작품의 질량이 돋보인다. 그의 동심에 겨운 남도적 서정에다 사랑이며 달관된 인생 관조와 노현자다운 풍모는 더욱 우러러 보인다. 진도 농촌에서 태어나 자라고 목포와 서울을 거쳐서 먼 미주에서 유학하고 그곳 대학에서 강의하다가 목포대학교로 돌아와 정년 퇴임한 이영식 시인은 현재 93세의 현역으로서 건재한 시 작품 활동을 이어가고 있다. 그리하여 어쩌면 바야흐로 고령화 사회 문단을 선도하듯 생활하는 노현자 시인의 자태와 문학의 견해가 주목된다. 2023년 2월호《창조문예》제313호 앞면에 신작시 다섯 편 가운데 「세모의 독백」을 들어본다.

눈발이 날리는 세모의 산책길을
터벅터벅 걷는다.

지천으로 깔린 낙엽은
자연의 섭리를 이기지 못하고
뒤안길을 헤매는 고독
그것은 차마 삼키지 못하고
밖으로 내뱉는 쓸쓸한 독백

시간을 어르며 부는 바람은
계절의 간절한 절규일까?
상식의 지평을 넘어오는 생각들이
앞길을 막아선다.

깊은 사색 속에 침전하는 밤
못다 한 석별惜別의 이야기들이
어렵게 엮어내는 글줄의
행간에 묻힌다.　　　　　　　―「세모의 독백」전문

그리고 위 작품 등 신작 시를 선보인 이영식 자신의 시작 여담에서, 그 자신의 시에 대한 견해를 확인해 볼 수 있다.

> … 하이퍼 시, 형이상 시, 슈리얼리즘 시 등등 국적을 알 수 없는 난해 시가 주류를 이루는 시단의 현실에 어리둥절할 뿐이다. … 일간지의 신춘문예 당선작이나 수많은 문예지를 장식하는 신인상 수상 작품들을 읽으면서 당혹해 하는…. 나는 체온이 느껴지는 살아있는 시를 쓰고 싶다. 그리움과 아픔과 기쁨이 녹아있는 시, 세상살이와 사물에 대한 진솔한 정취와 사상을 노래하는 시, 언중言衆들의 의식 속에 숨어있는 아름다운 시어들을 찾아내어 시상에 맞게 대상에 투여하는 정감 넘치는 시를 쓰고 싶다.

3) 동심에 겨운 사랑과 진한 향수로

우리 전통의 서정 세계를 시의 중심 코드로 삼은 이영식 시인의 문학적 소재나 주제는 무엇일까? 이런 문제는 본디 소탈하고 틀에 얽매이지 않으려는 시인에게는 불편한 멍에일 수 있기에 대강의 인상으로 접근함이 올바를 수 있겠다. 마치 수록된 시편들을 편의상 비슷한 시상詩想끼리 묶은 경우와 마찬가지로 대강의 윤곽을 논자는 다음처럼 나누어 두고 싶다. 사실 글감인 소재나 제재는 글의 중심사상이 되는 테마와 함께 문학의 하드웨어에 속한다. 그리고 작품 연구와 이해에서 실제 응용적인 글의 이미지적인 구성과 시어 활용의 문체 등은 소프트에 해당하므로 몇 가지만 참고해 둔다.

이 시인의 두드러진 문학적 코드는 우선 원초적인 동심을 통한 사랑과 진한 향수라는 점이다. 이런 일련의 중심 테마나 분위기 성향은 대부분 시집의 '두고 온 산하山河'로 엮어진 작품들에 많이 드러나 있다.

어머님 산소山所를 찾을 때마다
철 따라 새록새록 생각나는 옛 기억에
가슴이 메인다.

햇볕 따스한 춘삼월
산나물 뜯으러 가시는 엄마를 따라
치맛자락에 매달려 갔다가

흐드러진 진달래꽃에 정신이 팔려
한참 해찰을 부리다 보면
어느새 엄마는 보이지 않아

"엄마, 어딨어? 무서워!" 하며
소리 내어 울면,
바로 옆 소나무 그늘에서 나오시며
"아가, 나 여깄다" 하시던 엄마.

진달래꽃은 지천인데
엄마는 보이지 않네

"엄마, 어딨어?"　　　　　　　　　　　　—「엄마 생각」전문

　꼬마 적에 엄마 따라 산에 가서 진달래꽃을 꺾고 놀다 엄마를 찾던 추억에 잠긴 시인은 영락없는 어린이이다. 이 시인 역시 워어즈워드의 「무지개」에서의 어린이처럼 '순진한 경건'을 지닌 어른의 아버지여서일까. 청보리 밭두렁에서 뻘기를 뽑아 자랑하듯 집에 뛰어들며 "엄마! 삐비!"를 외치던 「삐비」의 추억은 팔순 소년으로 독자들 가슴에 파고든다. 시인은 「사모곡思母曲」에서도 객지에 있던 아들 걱정하며 가외 용돈을 꼬옥 쥐어주시던 야위고 거칠어진 손을 그리워하며 목메게 외친다. – 내가 죽기 전에 / 한 번만이라도 더 불러 보고 싶은 이름 / 그 이름 '엄마'. /
　동심에 겨운 엄마-아들 간의 아가페적 사랑은 물론 이성에 대한 에로스적 사랑 또한 어릴 적 추억의 끈을 되살린「대보름」,「모깃불」,「땡감」들과 더불어 거의가 진한 향수를 자아내게 마련이다. 위에서 살펴본바 연안 여객선의 뱃고동 소리를 들으면 문득 엄마가 보고 싶은「고향 생각」이나 고향 산자락에 흐드러진 들국화를 꺾어주던 소녀를 못 잊어 하는「노랑 들국화」등도 마찬가지이다. 뿐만 아니라 활유의 문장이 두드러진「옛 고향집」또한 낡은 활동사진 모양으로 우리의 마음속에서 선연하게 되살아난다. – 겨울이면 눈 속에 포옥 파묻혀 / 자는 듯 누워 있던 / 고즈넉한 할머니네 산골 마을. /
　이 시인은 꽃을 보고도 계절을 타는 소년처럼 지난날이 그립고 외로워서 곧잘 서럽게 노래한다.「벚꽃」에서 – 가는 봄이 아쉬워 / 돌아서서 몰래 / 눈물 흘린다. / –그리고「코스모스」에서도 – 너는 나를 울리고 떠나간 / 그 소녀를 닮은 꽃 / … / 여름을 보내는 끝자락에 서서 / 그때의 그 소녀를 생각하며 / – 또다시 눈물을 보인다. 그렇지만 그렇게

맺힌 이슬은 외로운 삶에 무상한 계절과 인생이 안타까워서일 뿐 값싼 눈물이 아니다. 그것은 마냥 설움에 겨웠던 김소월이나 으레 슬픔을 읊었던 김영랑의 울음 대신에 고독 스미는 그리움의 감성으로 짙게 기능한다.

그리고 이영식 시인은 천석고황泉石膏肓일 만큼 매양 우수를 머금은 향수에 젖어 살면서도 탈속한 마음으로 관조하듯 향수를 달래는 방법을 터득하고 있다. 다음 시편에서는 각각 타향에서 고향에 못 가는 사정이며 마음속에 참 고향을 품고 지내는 지혜에 이어 고향을 찾으면 외려 실향하게 된다며 역설적인 고향 사랑의 방법을 제시하는 정도이다. 이런 시인의 관조와 통찰력은 다음 시 구절들에서처럼 다양하게 밀려드는 향수를 일상적인 몸으로 이겨내기와 달관된 마음의 경지로 이어지고 있다.

> 고독은 노상 끼고 사는 것. / 바람이 스치고 간 언덕엔 / 기다림에 지친 추억만 자는 듯 드러누워있고, / 앞질러 가버린 이름들을 부르며 / 숲속을 헤집고 다녀도 / 지나간 흔적은 찾을 길 없이 / 들꽃만 발치에서 길을 막는다. /　　　　　　　―「탈고향脫故鄕」에서

> 고향은 / 언제나 마음속에 있습니다. / …(중략)… / 백 년을 살면 무얼 합니까 / 하루를 살아도 진실해야지 // 아픔이 가득한 당신의 가슴도 / 내 마음이 머무는 한 / 그대로 내 고향입니다. /
> 　　　　　　　―「마음의 고향」에서

> 그리워도 / 고향을 찾지 마세요. // 고향을 찾으면 / 고향을 잃습니다. / …(중략)… / 고향을 찾으면 / 마음속의 고향마저 잃게 됩니다. / …(중략)…/ 그리워도 / 옛 정인情人을 찾지 마세요. /
> 　　　　　　　―「찾지 마세요」에서

4) 노현자의 풍모와 인생 관조

이영식 시문학의 또 하나 특성으로서는 인생의 황혼에 이른 산마루 길에서 사물을 바라보는 노현자老賢者다운 관조와 다소 우수가 어린 풍모를 지닌 점이다. 위에서처럼 인생을 관조하는 삶 속의 그것은 아무래도 싱그러운 봄이나 여름철 같은 청소년의 생기보다는 늦가을 지나 겨울에 이른 공원의 정원수처럼 느껴진다. 하지만 이 시인은 엄동 속의 동백나무처럼 오히려 새뜻하고 붉은 열정을 지닌 채 결코 고매한 기개를 잃지 않는다. 그래서 위에서처럼 더러는 비애 어린 고독과 젊은 날 헤어진 연인에 대한 아쉬움 등으로 독자들의 아린 가슴을 쓰다듬고 뭉클하게 울린다. 일종의 인생살이 뒤안길의 엉킨 멍울이나 애환에 대한 카타르시스 겸 힐링 작용이랄까.

이런 인생 관조나 우수 어린 풍모는 계절감과 나이테 의식을 반영한 '피안의 바람 소리', '갈 곳 없는 외출外出', '서산에 비낀 황혼' 등의 묶음에 담겨있다. 이런 성향은 사실 이영식 시인에게서 식물성 이미지 다음으로 많은 분포를 이루고 있어 여느 시인들과 상이점을 보인다. 그럼에도 이 시인의 그것은 결코 나이 듦의 푸념이나 염세에서가 아님은 물론이다. 오히려 청장년 세대와 중견들의 시편들에서는 맛보지 못하는 지혜와 달관된 인생의 통찰을 만나게 해준다. 그동안 겪고 지내며 살아온 인생 경륜을 더러는 탈속한 유머 감각을 곁들여서 멀리 뒤돌아보는 노현자의 진솔하고 정중한 그대로의 풍모가 드러나 있다.

별을 따러
앞산에 올랐다가
달빛만 한 짐 지고 내려왔지요

파도를 낚으러

바닷가에 나갔다가
노을만 한 아름 안고 돌아왔지요

추억을 만나러
고향 찾아갔다가
눈물만 실컷 흘리고 돌아왔지요

마음을 구救하러
산사山寺에 올랐다가
목탁 소리만 듣고 내려왔지요

영원永遠을 찾아서
한평생 헤매다가
미련 없이 빈손으로 돌아갑니다.　　　　　　—「빈손」전문

　지금까지 몸담고 마음 두어 살아온 삶을 시대순으로 뒤돌아보며 스스로 선문답 읊조리듯 이야기한다. 그리고 이제는 태어났던 그대로의 빈손으로 돌아가야 할 자신의 처지를 드러내서 공감을 불러일으킨다. 흔히 시문학에서 다루는 상상의 세계가 아니라 눈앞에 둔 일을 진솔한 느낌 그대로 표출한 언어이다. 그러면서도 결코 쓸쓸하지 않고 의연한 여유가 독자들을 따뜻하게 다독이고 있어 정겹다.
　그런가 하면,「하학시간下學時間」에서는 자라나는 여학생들의 발랄한 모습을 지켜보며 신구 세대 인생을 견주어 자별한 성찰을 보인다. 교문을 빠져나오며 젊음이 분탕을 치는 여중생들을 대견해하며 "젊었을 때 실컷 즐겨라"며 격려하는 것이다. 수능이며 대입 걱정에다 취업에 이어 사랑의 가슴앓이 등을 생각해서이다. 두 세대의 입체적인 대비 시각과 정겨운 사랑의 모습이 선연하게 담겨 있다.

이어서 다음 시편은 제목부터 더 리얼하게 걸고 예전과 달리 고령화 사회를 누리는 노현자의 의연한 모습을 드러내서 감동을 준다. 이런 작품 성향으로 중장년과 젊은 세대들에게 노년을 예비할 새로운 메시지로 환기시키는 면에서 이 시인은 여느 시인들과의 차별성을 지닌다. 실제로는 으스스한 대상을 유머롭게 의연한 아량과 탈속한 내용으로 전해준다.

> 영혼의 그림자는 지우지 말라고
> 사랑의 흔적만은 남겨 놓고 가라고
> 애써들 당부하지만
> 미련은 두어서 무얼 하겠나!
>
> 어차피 덤으로 사는 세상
> 귀신과도 벗할 나이인데
> 두려워할 게 무에 있겠나!
> 뒤돌아보지 말고 편히 가야지.　　　　 —「만가輓歌」에서

이 시인의 시가 우리 모두에게 반드시 다가올 노년의 삶과 심경을 진솔하게 드러내면서도 긍정적으로 받아지는 이유는 의연한 품격을 지니고 있어서이다. 전혀 숙명적인 삶을 두려워하거나 피하려는 자세가 아니라 달관한 노현자의 풍모에다 다소의 유머 머금은 멜랑콜리가 낭만적인 글의 양념으로 독자들의 입맛을 돋운다.

> 묻기도 전에 성큼 다가와서 // 달빛이 우수수 지는 뜨락에 / 싸늘한 그림자가 흐르면 / 지나간 세월이 / 일기장 속에서 되살아나고 / 잊었던 이름들이 깃발처럼 나부낀다 /
> 　　　　　　　　　　　　　　　—「가을의 전설」에서

누군가 내 창가에 몰래 놓고 간 / 사랑 한 다발 // 잠든 나를 깨운 고운 향기가 / 아직도 코끝에 은은한데 / 나이테처럼 늘어나는 주름살을 / 숨길 수 없는 안타까움에 / 먼 산만 바라보는 한숨 소리. // 뜨거운 유혹을 달래는 가슴에 / 곱게 물든 노을은 누구의 입술일까? /
―「방황」에서

5) 다듬어진 언어와 심상의 활용

언어예술인 시문학에서 텍스트의 문장 면은 정련된 시어詩語 활용과 이미지 구축기법에 걸쳐서 시의 성패를 좌우하는 요건이다. 따라서 시의 중추가 되는 소프트웨어인 이 시인의 시어적 특성은 순수 서정적 리듬의 미학으로서 주목된다. 스스로 정지용이 주장한 "기교의 극치는 무기교"라는 주장을 따르는 이 시인 자신은 상당한 기교의 바탕을 다지고 있어 믿음직하다. 일찍이 월트 휘트먼도 사실 가장 감동을 주는 것은 무기교적으로 소박하고 진솔한 글이라고 설파한 바로 그 글 유형에 이 시인의 문장 솜씨가 해당되어 보여서이다.

이영식 시인의 시어에는 그런대로 농익은 모국어의 진진한 맛이 깃들어 독자들의 입맛에 감칠맛 있게 와닿는다. 그것은 타고난 재능과 어릴 적부터 길들여온 전통적 시골 풍토에다 문청 시절에 항도에서 한국문단을 일으킨 소영素影 박화성 선생과 지방문단을 알뜰하게 가꾼 소청少靑 조희관 선생 등으로부터 든든하게 바탕을 다져서 익힌 문장 수련에 힘입은 성과임은 물론이다. 그의 생기 스민 숨결에다 지성미를 곁들인 시어를 통한 문장에는 우리가 메모해 두고 자주 음미하고 싶을 만큼 귀한 시구들이 다양하고 즐비하다. 어쩌면 문학 지망생이나 교양인들에게 문장 교본으로 익혀도 손색이 없을 것 같다.

이를테면, 얼핏 뽑아본 대로 다음과 같은 구절들은 어느 유명 시인에 못지않은 매력을 지니고 있다. 이 시인의 시는 구구절절이 가슴에서 우러나온 순수 감성과 머리에 잇대어진 사유들이 손발에 하모니를 이루며 독자들에게 전파된다. 아래 시 작품에는 마음속 깊이 소금꽃 같은 추억을 안은 채 고뇌하는 내면적 자아와 밤안개 자욱한 골목길의 외면 풍경이 리얼하게 점철되어 있다.

눈물로도 못다 한 이야기를
추억 속에 소금꽃으로 남겨 놓고
바람 부는 골목을 헤맬 때
가로등은 숨죽이며 밤안개를 삼킨다.

잠든 영혼을 흔드는 철없는 낙서
스스로 던진 질문에 스스로 놀라며
첫날밤 두통 같은 넋두리를
불 꺼진 창가에 던지고 간다.　　　　　—「낙서」에서

가슴을 울리는 시어의 신선감에다 지적 감성이 번득이는 대목들은 그의 시집을 다채롭게 수놓고 있다. 허버트 리드가 시문학의 바람직한 속성으로 든 예의 사물적 인상을 한껏 간결하게 응축한 절제의 미학을 드러낸다. 우리는 이들 시구를 반추하듯 음미하면서 흥겨운 시간을 향유할 만하다.

사랑의 씨앗 한 톨 묻어놓고 / 한 줄기 소나기에 꿈을 걸면 / 희망은 바람에 나부끼는 깃발 /　　　—「봄 기다리는 마음」에서

마음속에 깃든 욕심 버리고 / 햇빛을 길어다 창문에 걸면 / 하늘은 내일로 통하는 관문 /　　　　　　　—「돌부처」에서

초롱초롱한 낱말들을 낚시로 낚을까 / 탱글탱글한 언어들을 그
물로 후릴까 /
―「봄 詩心」에서

또한 이영식의 시에서는 제목에서부터 식물을 객관적 상관물화한 심상들이 여러 편 눈에 띈다. 시인 자신이 체험한 사랑의 애틋함에다 일반인의 인상을 자연의 정령인 듯 의인화시킨 결과물들이라 흥미롭다. 역시 다소곳이 합장하는 여인 같은 동백꽃에 비해서 코스모스나 복수초는 헤어진 옛사랑의 여인이다. 그리고 달맞이꽃은 오랜 기다림의 화신이며 목련은 순백의 봄 전령이다.

그뿐만 아니라 그의 시편들에서는 시각과 청각을 비롯해서 다채로운 이미지의 선명도가 적절한 대목에서 계속 이어지고 있다. 특히 다음 경우처럼 상이한 심상을 복합적으로 추스르고 연결하며 접거나 매듭짓는 솜씨도 돋보인다.

어둠이 거리를 휩쓸고 지나갈 때 / 얼굴 붉히며 돌아서는 가로등
에 / 진주 같은 아픔 달아놓고 / 막차에 오르는 지친 영혼. /
―「낙엽 1」에서

골짜기를 돌고 돌아 / 찾아온 봄이 / 아낙네들의 / 나물바구니
안에서 / 파릇파릇 / 돋아날 때 /   ―「버들개지」에서

시 「소나기」 같은 전문에서는 다양한 이미지의 융합을 보여주고 있다. 시인은 소나기 내리는 한낮의 시골 정경을 고추잠자리 등의 자연적인 사물들로써 이미지화시킨 활유법으로 요리하고 있다. 소나기가 지나가는 현상을 더 역동적으로 묘파한 「여름산조散調」의 "흰 손수건을 흔들며 달려가던 구름은 / 산봉우리에 앉아 숨을 돌린다"도 좋은 보기이다. 시 한 편에서 소나기 내리고 지나가는 다채로운 현상을 오감에 통한 여러

이미지로 리얼하게 연결하고 조화시킨 것이다.

> 후드득후드득 툭툭 / 진초록 연잎 위에 풍기는 / 거문고 소리 /
> (시청각)
> 더위를 식히는 소나기가 / 한줄기 시원하게 지나가더니 / (촉각)
> 앞산 위에 뭉게구름 / 한가로이 떠가고 / (시각)
> 고추잠자리 / 신이 나서 너울너울 / (시각, 운동감각)
> 매미 소리 장단에 / 춤을 추는데 / (청각, 운동감각)
> 어디선가 / 물씬 풍기는 수박 냄새 / (후각)
> ―「소나기」 전문

첫 연에서 진초록 연잎 위에 빗물 듣는 의성어로 시작해서 둘째 연에서 서늘하게 여름 더위 식히는 소나기가 그치자 셋째 연에서는 금방 개인 산 위의 뭉게구름 풍경을 시각적으로 그리고 있다. 그리고 넷째 연과 다섯 째 연에서는 너울너울 매미 소리 장단에 맞춰 춤을 추는 고추 잠자리의 모습을 시청각과 운동감각적 심상으로 다루고는 끝 연에서 어디서 풍겨오는 수박 냄새를 후각 이미지로 마무리 짓고 있다. 이 작품 역시 그대로 위에서 살핀「엄마 생각」,「노랑 들국화」,「고향 생각」에서처럼 기승전결의 균형감 있는 짜임새를 이룬다.

이처럼 이 시인은 여느 중견 시인 못지않게 다듬어진 시어와 신명한 이미지를 활용하고 있다. 더욱이 모국어로도 쓰기 어려운 시를, 미국에서 생활하고 있는, 한국어를 모르는 가족과 친지들을 위하여 영어로 13편이나 써서 부록에 실은 것은 대견스러운 일이다. 그럼에도 정작 시인 자신은 'On Writing a Poem'에서처럼 겸허한 자세로 임하는 정황이 재미있다. ―아들은 우아하고 간결(elegant and succinct)한 시를 써달라고 간청하는 반면, 부인은 관조와 경외(contemplation and reverence)가 담긴 시를 쓰라고 부탁하고 있다. 이에 대하여, 현란한 상상력(brilliant imagination)

이나 기발한 솜씨(enchanting dexterity)가 없는 탓에 감동을 주는 시는 기대하지 마라는 시인의 겸양이 오히려 감동적이다.

6) 고향과 문학에 귀의한 보람

위에서 우리는 첫 시집 『갈 곳 없는 외출』 상재를 통해서 남달리 한겨울철 동백처럼 남도에 화려하게 꽃피운 이영식 시인의 시문학 세계를 마주하여 두루 살펴보았다. 일찍이 한국 전란기에 습작품을 발표하며 시 창작을 꿈꿔온 만년 문학도의 극적인 등단과 작품 실체를 만난 것이다. 그야말로 학문의 길섶에서 기나긴 60년의 휴면기를 보내고는 드디어 교육학 담당의 교수직을 마친 정년 후에 인생의 바퀴를 갈아낀 채 문학의 본고향에 어엿한 시인으로 귀의한 대기만성의 모델이랄까. 실로 그의 나이테 팔순이 넘어 갈고 닦아서 빚어낸 주옥편들을 구슬로 꿰어서 펴낸 첫 사화집은 보배가 아닐 수 없다. 초고령 사회를 실증하듯 신선하게도 팔순 신인 처지가 된 등단 연령의 기록과 더불어 여느 현역 중견中堅 시인 못지않게 알알이 영근 작품의 질량이 돋보인다. 그의 동심에 겨운 남도적 서정에다 사랑이며 달관된 인생 관조와 귀향의 노현자스러운 풍모는 더욱 우러러 보인다.

더욱이 이 시집으로써 연구와 강의에 전념하던 이영식 교수가 시 창작을 일삼는 시인으로 거듭나서 문학에 귀의한 경우는 듬직한 축을 이루고 있어 인상적이다. 이 시인은 이미 국내외를 두루 섭렵하다가 드디어는 목포에 귀향하여 정착한 삶의 모티프와 같은 구조이다. 사실 거의 반생을 차지하는 청장년 시절 동안은 서울과 미국에서의 생활을 거쳐서 그 후에 목포대에서 봉직하고 은퇴 이후에 항도에 정착해 지내는 것이다. 그것은 진나라 도연명의 귀거래사歸去來辭와는 상이한 보다 원초적인 수구초심의 요나컴플렉스적 귀소본능이다. 그러기에 이 시인의 시문학 중추는 인간적 신뢰나 사랑에 바탕한 남도의 서정에다 진한 향수와 뗄

수 없게 질긴 맥을 잇고 있다. 따라서 일찍이 동서양 여러 지역과 학문을 반생이 넘도록 국내외에서 다양하게 체득하고 드디어 홈인하듯 고향에 돌아와 젊은 시절의 꿈이었던 문학에 귀의한 일은 갑절의 보람이요 행운이라 생각한다.

이 자리에서 논자는 문학도의 한 사람으로서 노익장인 이영식 시인의 특기할 등단과 첫 시집 출간을 진심으로 축하한다. 이미 종심從心의 고개를 넘어서 노현자의 경지에 이른 시인 스스로 정성껏 빚어낸 주옥편들을 모아서 보물로 펴냈기 때문이다. 그동안 시골 텃밭에 묵혀있던 이 산뜻하고 귀한 보배 시인을 발견해서 격려해 준 최재환 사백께도 박수를 전한다. 그리고 아울러 앞으로 본격적인 시 창작에 임할 이 시인께 참고로 몇 가지 주문을 드리고 싶다. 어쩌면 평소 각별한 선비로서의 겸양으로 이번 시집에서는 기피한 듯 여겨지는 시인께 다소의 금기를 깨서 필요한 만큼은 활용해 주십사 하는 독자로서의 충언 섞인 바램이기도 하다.

그것은, 우선 시의 창작 세계에서 시공간적인 영역을 보다 넓혀주었으면 하는 점이다. 서울 유학 이후 미국에서의 20년 가까운 체류 기간 중에 세 자녀들을 교육시키며 손수 학위과정도 마치고 교수 생활을 지낸 이방인으로서 겪은 소중한 체험들을 입체적으로 활용하자는 것이다. 시집의 부록 정도로 창작시를 영어로써 구사할 정도의 폭 너른 시각과 자장을 외면할 필요가 없다. 또한, 시인 자신의 소신대로 서정시를 주로 한 시작詩作을 하더라도 가끔은 양념처럼 주지적 모더니즘풍의 시도 곁들여 주었으면 하는 점이다. 이 시집에서 도시적 서정을 가미한 예의 「가로등」, 「눈짓」, 「신호등」은 여느 포스트 모더니티 지향의 한국 시 작품들에 견주어도 문명 비판 의식이나 기량면에서 경쟁력이 있다고 파악해서이다. 끝으로 추가할 바는, 평소 동양의 유불선儒佛仙에도 관심을 두고 향토에 정착하여 시작 생활을 하는 이 시인께서는 토속적인 풍속이나 토착어적인 남도 방언도 질감 있게 활용해서 시적 성취도를 한껏 높였으면 하는 점이다. 이런 견해는 괴테나 앙드레 지드가 설파했듯 가장 지방적인 것이 세계적이라는 명제와 더불어 지방화시대인 요즘에 걸맞기 때문이다.

 1950년대 초엽, 한국전쟁 당시의 문학도가 실로 60년의 오랜 휴면에서 깨어나 다시 노익장의 신인처럼 시문학의 길에 들어선 셈이니 특기特記할 사항이 아닐 수 없다. 더구나 교수직에서 은퇴한 다음 팔순을 넘긴 2010년대의 수삼 년 때부터 그야말로 인생의 바퀴를 새로 갈아 끼우고 새롭게 시 창작을 본격화한 나머지 300여 편의 주옥편을 빚어낸 성과는 질량 면에서도 기록적이다. 특히 이 시인은 전공을 바꾸는 바람에 접어두었던 시문학을 통한 출세가 아니라 가슴속 깊이 들끓는 문학의 마그마를 분출하기 위한 창작 행위였기에 그 의미가 남다르다. 물론 대학에서 한국전쟁의 소용돌이 속에서 문학 정년의 패기로 활자화한 10여 편의 습작품 단계를 넘어 원숙한 중견 수준으로 거듭났기에 더욱 보람됨은 물론이다. 그러나 이 시인께서는 오히려 정년퇴임 후에 스스로 거듭난 시인으로 등단한 분이다. 첫 시집 『갈 곳 없는 외출』(2014년 3월)을 비롯한 『한겨울에 피는 꽃』, 『서산에 비낀 황혼』으로써 남달리 한겨울철 동백처럼 남도에 화려하게 꽃피운 이영식 시인의 시문학 세계를 마주해 본다. 세 권을 모두 평생의 반려인 임성순 화백의 진한 동백꽃과 나무를 곁들인 천연색 표지화로 된 양장본으로 광주 한림출판사에서 출간했다. 일찍이 한국 전란기에 습작품을 발표하며 시 창작을 꿈꿔온 만년 문학도의 극적인 등단과 작품 실체를 만난 것이다.

 꽃 피면 무얼 하고
 새 울면 무얼 하나?
 이 마음은 아직도 한겨울인데…   —「불사춘」전문

 노을 길에 서면

나는 언제나 나그네

갈 곳 몰라 서성이는
외로운 나그네   —「나그네」전문

3. 그리움과 남도 풍물, 이미지의 시학
– 박형철론

  박형철 시인의 다섯 번째 시집 『마음에 먹줄 하나 그어놓고』를 읽으며 필자는 여러모로 감회가 깊었다. 1966년에 등단한 이래 반세기에 이른 시인의 문단 연륜에서만이 아니다. 광복 직후에 일본에서 귀국한 양복 차림의 벗과 소년들로 만난 논자는 농촌의 한 동네 이웃집에서 여러 해 살았던 죽마고우이다. 그럼에도 중년이 넘도록 서로 모르고 지내다가 뒤늦게 문학 모임에서 재회한 사이다. 더욱이 이 사화집에 실린 99편의 주옥같은 작품들을 통독할 기회를 얻어서 새롭게 박형철 시인의 언어에 담긴 삶과 문학을 아우른 실체를 확인해서 기쁘기 그지없다.

  박형철은 이미 1966년에 시인으로 등단하고 난 데 이어 1984년에는 동시로도 데뷔한 중견급 이상의 문인이다. 그동안 시집만도 『무등산에 부는 바람』(1982), 『보길도의 아침』(1990), 『고향에 부는 바람』(1995), 『삶이란 그런 것을』(2001)을 낸 시인이다. 또한 그 밖의 작품집만도 칼럼집 『오늘을 사는 사람들』(2013), 동시집 『꽃잎으로 구워낸 달빛』(2015) 등을 출간하였다. 그 사이에 지방문단의 동인사를 정리해 내는 한편 빛고을

문학단체 일 등을 맡아 현역으로 봉사해 왔음은 물론이다.

그러므로 15년 만에 상재하는 이번 시집은 원숙한 박 시인의 시문학 특성을 총괄하는 텍스트로 간주된다. 그동안 문화계 일선에서 광주, 전남의 문학 발전과 활성화에 이바지하면서도 꾸준하게 창작에 임해온 성과이다. 따라서 여기에서는 박형철의 시문학과 삶을 연결하여 살펴보려 한다. 과연 문단 생활 반세기 동안 줄기차게 펼쳐온 그의 키워드 같은 문학적 코드는 무엇일까? 필자는 그것을, 이전의 네 권 시집에 한결 같이 맥을 이어온 다음의 몇 가지 요소들이라고 생각한다.

1) 그리움의 시학

우선 박형철 시의 특성은 소재 면에서 우리들 가슴 깊이 간직한 채 간절하게 발현되는 그리움이란 점이다. 어쩌면 인간 원초적인 갈망인 이 그리움은 고독이나 사랑인 동시에 사라져가는 옛것에 대한 향수이기도 하다. 그것은 일상의 시 작품에 목마른 서정적 호흡으로 다양하게 배어나 있다.

> 가을은
> 깊어갈수록 사람이 그립다
>
> 나무가 잎을 떨구고
> 사람들은 생각을 내팽개치는
> 가을
> 문득 갈 길 없는 길손 되어
> 잎 떨군 나무와 함께 걷고 싶다 　　　—「가을비」에서

높아진 구름 메고 / 다시 찾는 고향 / 잃어버린 세상사 / 거기

머물지 몰라 /
아롱진 기억 / 털어가며 찾아 나선 / 고향 길 //
눈 감고도 걸었던 골목길 / 낯설기만 한데 / 바람소리 햇살들은 /
다르지 않아 / 가고픈 망향의 한 / 감기처럼 앓게 한다. /
—「삶의 흔적」에서

 더욱이 사랑에서야 위의 가을비 내리는 계절 속의 막연한 그리움이나 마냥 그리운 옛 고향을 찾는 향수보다 못 잊어 한다. 못 견디게 그리운 연인에 대한 사모의 정은 먼 곳에서도 꽃 피리라 여기며 애태우는 것이다.

혼자
가슴에 담을수록
더 그리운 사람

매화나무 가지에
달빛 얹어 내려놓으면

저 혼자
품어낸 사랑
그곳에서도 피어날까? —「애모愛慕」전문

 또한 일상의 삶에서 길들여져 왔던 옛 사물이나 인정들이 사라져간 세태에 관한 아쉬움도 애틋하게 다가온다. '투박한 듯 미끈한' 질그릇이며 장꾼들 속에 왁자하게 인정 넘치던 시골 장터가 현대식으로 변해서 썰렁해진 안타까움을 토로한다.

성근 듯 야무진 / 옹기그릇 / …(중략)… / 가슴에 된장국 펄펄 끓여 / 옹기그릇에 담아 이웃들과 / 나누어 먹고 싶다. /
—「옹기그릇의 변」에서

안사돈 바깥사돈 드나들던 / 그 주막집은 / 온데간데없고 / 에어컨 송풍기로 데워진 / 시골장터 뒷골목엔 / 수입쇠고기에 눌린 식육점 저울만이 / 무거운 숫자를 삼키고 /
—「시골장터 1」에서

나가서는 동네에서도 으레 '정자나무 그늘에 모여' 자기 일처럼 이야기하며 음식도 나눠 먹던 이웃 정이 사라진 요즘 세태를 탄식한다.

담장 너머로 / 풋김치 한 사발 넘기며 / 웃음 나누던 이웃이었는데 //
골목길이 시끄럽다고 / 집 앞길 막아 돌아가게 만든 / 요즘 이웃 //
—「이웃 2」에서

그런가 하면, 더러는 「그리움의 눈 내리는 날」처럼 그냥 '그리운'이란 날것 같은 시어 그대로 드러내기도 한다. 견해에 따라서는 그리움을 은유적으로 담아내지 않고 안이하게 드러내 보인다고 탓할지 모른다. 하지만 시인은 오히려 일상의 삶에서 여러 독자들과 더 친근하게 느끼며 호흡하는 덕목을 지닌다.

눈발이 몸살 나도록
내리는 날

차곡차곡 쌓인 그리움

밤새 뒤척이다
가슴 저미도록 그리운 사연들
한 장의 편지 속에
꼬옥 담아보면
눈 감고도 어른거리는
얼굴 얼굴들

수북이 쌓인 낙엽 위에
그리움 내려앉으면

—「한 장의 편지」에서

이 밖에 「바보의 노래 4」에도 '그리움'이란 시어가 3개로서 인정 그리운 세태를 노래하고 있다.

2) 남도 사랑과 풍물 예찬

이어서 박형철 시문학의 가장 뚜렷한 특성은 시인이 몸담고 살아온 애정 짙은 향토 사랑과 남도의 풍물 기리기라는 점이다. 대체로 주제 면에 해당하는 이 요소는 그의 첫 시집 제목(표제)부터 제3시집에 이르도록 한결같이 계속되어온 코드이다. 『무등산에 부는 바람』–『보길도의 아침』–『고향에 부는 바람』 등. 이런 면은 바야흐로 지방화시대인 현대의 올바른 문화의식과도 상통하는 바로서 긍정적인 면이 아닐 수 없다. 각 지역의 문화 특성을 통해서 바람직한 세계문화를 이룬다는 글로컬(글로벌+로컬) 이론에도 어울리는 것이다.

이런 성향은 다름 아닌 시인의 성장 과정이나 현실적인 생활에서 확인된다. 오사카에서 태어난 그의 관향은 아버지 탄생지인 무안인 데다 어릴 적에 귀국 이후 상당 기간을 시인도 그 고장에서 자랐었다. 그리고 청소년기에는 학교를 광주시나 전남에서 다녔고 직장생활을 거쳐서 오늘까지 이 빛고을에다 터전을 잡고 살아온 것이다. 더욱이 박형철 시인은 사후에마저 인근인 함평천지의 중촌원仲村園에 안식하기로 손수 자리를 잡아놓고 있다. 이 시인에게 남도 사랑의 삶과 향토 풍물 기리기 의식은 한국문단 여느 시인의 향수들보다 온도가 뜨겁고 농도 짙다.

그러기에 실제로 이 시집의 '제3부 바람 부는 보길도甫吉島'에 포함된 시편의 거의 모두가 속 깊은 남도 풍물과 향토 사랑을 담고 있다. 시 제목부터 고향 냄새가 물씬한 지명을 써서 눈길을 끈다. 그것은 일제강점기에 김소월이 유일한 시집에서 한사코 '영변', '삼수', '갑산', '삭주', '구성' 같은 향토 지명을 쓴 경우 못지않은 의미를 지닌다.

박형철 경우의 그것은 광주 시내보다는 더 먼 고장 곳곳에 시선이 닿아 있다. 「순천만의 하루」, 「월출산의 봄」, 「보길도에서」, 「완도 깻돌」, 「백수 해안도로에서」, 「섬마을 홍도」, 「목포 북항에 가면」, 「대흥사에서」 밖에 전북을 아우르는 「채석강으로 가자」 등. 이번 시집 중에는 호남 지역 말고는 제주 1편뿐 그 흔한 외국이나 서울은 물론 타 지역을 무대로 한 시편은 보이지 않는다.

> 홍도紅島 섬마을엔
> 중국의 닭울음소리
> 쉬었다 가고
>
> 한 줄기 흐르는 햇볕
> 흑산도의
> 깊음이[深里] 날음이[飛里] 어둠이[暗里]
> 모래미[沙里]로 엮어져서
> 바위 바위마다 요술을 부리는데 　　　—「섬마을 홍도」에서

순천만이 / 먹물보다 짙은 갯벌을 뚫고 / 산마루에 어둠 드러내면 /
화포마을 개펄에선 / 잠이 덜 깬 오리떼 / 힘찬 날갯짓으로 소리 없이 아침을 열고 / 썰물처럼 사라지는 물안개는 / 나신의 순천만을 부끄럼 없이 드러낸다 //
시시각각으로 변하는 순천만의 / 핏빛 군락지에 바닷물 밀려와 / 거북등처럼 굳은 갯벌이 질펀한 바다가 되면 / 짧아진 겨울 해 / 봉화산을 포옹하는 와은마을의 해 질 녘 풍경은 / 수시 변하는 하늘색 담아내느라 / 분주히 시작되는 거동 / 순천만의 하루는 / 대하소설보다도 더 길다. //

—「순천만의 하루」 전문

위 시편들에는 남도의 정취 빼어난 시골에 자리한 동네의 아기자기한 이름들에 속속들이 배인 향토 사랑의 정이 가득 넘쳐흐른다. 흑산도의 '깊음이', '날음이', '모래미'의 정감이나 순천만 봉화산 자락의 와은 마을 정경이 선하게 와닿는다.

특히 동백꽃 흐드러진 계절의 "짠 내음 비린내로 / 코를 찌른 보길도에 / 축 늘어진 어망들이 / 갯가에 걸리는"(「바람 부는 보길도」) 풍취가 일품이다. 더욱이 목포 북항의 뒷개 같은 풍물 냄새들에서는 더 얼큰하고 짜릿한 남도 특유의 맛을 만끽한다.

양푼 그릇에 밥 비벼
입 찢어지게 먹고 싶으면
촘촘히 늘어선
목포 북항 골목 횟집을 찾아라

목포의 눈물도

> 장대비도 멈춰버린 뒷개
> 식탁에 걸터앉아
> 술 한 잔 거나하게 마시며
> 멍청한 세월에 시를 얹어놓으면
> 참 융숭한 대접 잘 받았으니
> 여기 잘 왔다 할 것이고
> ─「목포 북항에 가면」에서

3) 회화적 이미지와 식물적 상상력

 다음으로 박형철 시문학에서 표현상의 기법 면에서는 남달리 신선한 그림 이미지와 식물적 상상력이 두드러진다는 점이다. 어쩌면 젊은이들 못지않게 싱그러운 시각적인 색채 이미지 농도가 짙은 것은 교사를 역임했던 시인 자신의 미술 전공에 상관된 영향도 참고된다. 이런 시인의 결코 난해하지 않고 참신한 회화성 감각의 모더니즘적인 기량은 적잖게 우러러 보일 정도의 기대 밖 매력으로 다가온다. 물론 이 수채화적인 색채 이미지는 거의 밝고 다채로운 그의 긍정적인 성품에 기인한다고 여긴다.

> 파아란 하늘 끝에 매달린
> 홍시를 보면
> 한가로운 생각들 구름을 따라가고
> 종이배 위에 앉은 낮달은
> 늦가을 보듬고 노 저어 간다
> ─「앉을 곳 없는 삶」에서

 푸른 물감 뿌려놓은 / 쪽빛 하늘과 바다 / 청명한 푸르름 속에 /

가을을 보듬은 뭉게구름들 //
구계동과 보길도 깻돌 위에 앉아 / 가을을 흠모하면 / 볼수록 신비로운 깻돌들과 / 억겁의 세월을 먹고 파도에 깎인 돌들 //
자연이 다듬어놓은 깻돌들 / 세월의 솜씨던가 / 파도의 작품인 가. //
―「완도 깻돌」전문

그런데 여기에서 더 긍정적인 성향은 그 선연한 색채 이미지가 단조롭게 고정된 수채화 단계를 벗어나서 향상된 복합성을 띠고 있다는 사실이다. 몇 시 작품의 경우, 시각 이미지가 동영상적으로 움직일뿐더러 청각, 촉각, 후각이 다양한 복합 이미지로 변용되고 있음을 보여준다. 그리하여 요즘 빈번하게 제기되는 바 대상을 입체적인 가상현실(VR=버추얼 리얼리티)로 접근하는 성향을 보이는 것이다.

파도가 느릿느릿 / 황소걸음으로 걸어오면 / 갈매기는 / 등 뒤에서 햇빛 찍어 나르고 //
어둠을 깃는 / 파도소리에 잠을 깨면 / 바다가 파도를 불러 / 해맑은 아침을 닦는데 //
바닷물에 잠들 / 꽃빛조개 주워다 / 어항에 넣었더니 / 벌써 / 바닷물이 출렁거려 / 파도가 넘실거린다. //
―「해변의 아침」전문

빼어난 위 시편은 승용차쯤으로 천천히 해안을 돌면서 만물상 같은 바위들과 바윗돌에 부딪히는 하얀 파도소리를 곁들여서 비디오 화면처럼 보여주는 「백수 해안도로에서」 경우와는 상이하다. 파도의 움직임과 갈매기의 모습, 아침 햇살, 조개를 주어다가 어항에 넣은 마음의 상태를 리얼하게 복합적으로 다루고 있다.

그리고 다음의 「바람 부는 보길도甫吉島」에서는 갯내 코를 찌르는 바닷가

먹구름 하늘 밑에 바람소리와 파도소리의 섬 정경을 시각, 청각, 촉각, 후각 이미지 등으로 몸에 닿듯 조화롭게 보여준다. 일종의 동영상 같은 가상현실 성향의 기법에 해당한다.

> 짠 내음 비린내로 / 코를 찌른 보길도에 / 축 늘어진 어망들이 / 갯가에 걸리는 날이면 / 하늘이 토해버린 / 바람소리 파도소리에 / 모래톱은 닳아질 대로 다 닳아지면 / 하늘을 껴안은 / 보길도는 / 먹구름 하늘이 가쁜 숨을 토하고 / 퉁퉁 부은 얼굴로 / 하늘을 찢고 있다 / 바람 부는 보길도엔. //
> ―「바람 부는 보길도甫吉島」에서

특히 시「하얀 파도」에서는 한 걸음 더 나가서 시각 내지 청각 이미지를 웃음이라는 시 미학적 기호로 변용시켜서 눈길을 끈다. 살아있는 사물로서 바다의 하얗게 부서지는 파도의 모양과 소리를 시청각적인 웃음으로 이미지화해 보인 것이다. 그리고 그것을 시적 자아의 마음 상태로 마무리 지어 보인다.

> 한 가마도 넘게 / 쏟아대는 저 하얀 웃음 //
> 누가 저렇게 웃을 수 있을까 / 산이 무너지듯 / 한바탕 내지르는 / 우렁찬 웃음으로 / 하얀 꽃으로 꽃 세상 펼쳐놓고 / (1연 4개 행 생략) / 온몸으로 솟구치고 소리 지르다 / 무거운 마음 떨구지 못하고 / 내 생애 한 자락 끝에 매달려 / 하얀 표백을 하고 있구나. /
> ―「하얀 파도」에서

그런가 하면, 이 시인에게 빈번한 식물적 상상력은 상생적인 사고체계에 연유한다고 생각된다. 휠 라이트의 원형상징 이론에 의하면, 일종의 상승 기호인 나무는 우주의 조화와 성장을 의미한다. 식물은 적어도 약육강식으로 싸움을 벌여서 상대를 죽이고 독식하는 동물 이미지와는 대조된다. 박형철의 시편들에는 그악스러운 동물들의 싸움은 물론이요 인간 사회의 직접적인 아귀다툼은 발견되지 않는다. 특별히 예외 경우인 「로봇 물고기」에서는 혈세 57억을 낭비한 정부의 과학정책을 비판하는 정도이다. 그리고 「눈싸움을 하자」에서도 남북이 휴전선으로 대치해 있는 우리 현안은 물론이고 늘 폭탄 테러와 전쟁으로 피 흘리는 중동 적대국 사람들마저 오히려 눈싸움하는 동심으로 화평을 지향하자는 견해이다.

'제4부 박꽃 한 송이'로 엮어진 시편들은 더 선연한 식물적 상상력을 드러내고 있다. 얼핏 발견되는 시어들에서만도 식물 이미지는 산뜻하고 즐비하게 이어진다. 나팔꽃, 자운영 꽃밭, 나무, 진달래, 정금나무, 목련꽃, 해당화, 코스모스 등.

그 가운데 한 보기로서, 더러는 한국인의 표상으로도 기려지고 있는 「진달래」를 들어본다. 진분홍빛이나 민담 등으로 인해서 이미 간절한 그리움과 뜨거운 열정쯤으로 객관적 상관물화한 시적 상징이다. 선연한 꽃의 시각 이미지를 서정적으로 그리고 있어 정감을 자아낸다.

> 뜨거운 속가슴 참을 길 없어 / 진한 피 토해내는 진분홍 진달래꽃 / 온밤을 지새우면서도 뛰는 가슴에 꽃불 켠다. //
> 새빨간 핏줄기는 메말라 붙었어도 / 계절을 쫓아내며 피 웃음 허허대고 / 터지는 그리움으로 방황하는 진달래 /
> ―「진달래」에서

4) 인생 관조의 세계

위에서 든 것밖에 이번 시집에 나타난 박형철 시문학의 특성으로는 제재 면에서 인생을 관조, 성찰하는 요소가 짙다는 점이다. 이런 성향은 문단 경륜과 더불어 걸어온 인생 여정의 이순耳順 이후에 이른 시인의 연륜을 감안하면 자연스러운 일이다. 고독감과 상실감 이겨내는 지혜가 배인 채 한결 고즈넉하고 진중하게 터득하고 있다 할까. 이런 점은 이전의 시집에서보다 뚜렷하게 농도가 더해졌다고 여긴다. 시인은 그것을 자신이 일상의 삶에서 겪고 느낀 호흡대로 유장하고 진솔하게 읊어내고 있다.

새들도 / 외롭지 않으려고 / 빈 하늘 나르다 / 나뭇가지 위에 덩그마니 앉아 / 외로움을 달래고 //
파아란 하늘도 / 외롭다 못해 강물로 내려오는데 / 외롭다 외롭다 하지 마라 /
―「장미꽃도 외로우면 눈물 흘린다」에서

순간의 생을 잇기 위해 / 기도하듯 살아가는 우리 / 슬픔은 홀로 슬퍼하고 / 외로움은 속으로 삭이는 것이지만 / 우린 지금 살아주는 게 아니라 살아가는 것이다. /
―「인생은 살아가는 것」에서

인생의 나이테가 더해감에 따라서 짙어가게 마련인 삶에서 스스로 겪는 고독을 하소연하면서 그 극복 방법을 달관한 듯 읊은 내용이다. 그리고 「가래떡집 아주머니」 역시 섣달그믐 무렵 이웃의 떡 방앗간에서 가래떡을 위해 줄 서 있는 할머니 일을 헤아려 본 성찰이다. ―"그 할매들 승천하면 / 가래떡 떡방앗간은 어떻게 될까" 인생무상과 동병상련의 자세가 소박하되 진솔하게 우리에게 전해온다.

본 시집의 표제작은 그 이름부터 확 눈에 띄고 인상적이라 매력이 있다. 먹통이나 먹줄은 한국 전통적인 목수들이 재목을 깎거나 대패질하고 홈들을 팔 때 쓰는 재래식 건축 도구인 것이다. 따라서 시인은 목수가 먹줄을 다룰 때는 세속의 이해관계를 벗어나서 올바로 다루라는 처세훈 같은 메시지이다. 자기 자신의 줏대를 세워서 처신하자는 반성 겸 다짐이다.

> 먹줄 하나 반듯이 그어놓지 않으면
> 모든 것이 흔들려버리는 법
> 내 마음에 먹줄 하나 바르게 그려
> 내 갈 길 찾아 나서고 싶구나.
> ─「마음에 먹줄 하나 그어놓고」에서

끝으로「벚꽃을 보며」에서는 한창 시절인 벚꽃과 인생의 경우를 통해서 부침의 질서를 든다. ─ "그래서 / 봄날은 짧고 벚꽃은 더욱 짧다 했는가 / 우리 삶도 벚꽃 같은 삶인 것을." 이어서 시인은 저녁노을과 가을 낙엽을 보면서 꽃도 시들어지기 때문에 아름다운 것처럼 인생의 삶을 새삼 절실하게 자각하는 것이다. 또「사라지는 것들은 아름다운가」에서 생성을 위한 소멸의 이치를 되뇌며 독자들과 더불어 생각해 보는 것이다. ─ "언젠가는 사라져야 할 우리 / 더 아름답게 사라져야 할 길 / 지금 잘 걷고 있는지 그 길을. /"

5) 에필로그

이상에서 최근 상재한 박형철 시인의 다섯 번째 시집에 대한 내용을 시인의 삶과 함께 살피면서 소감을 펴보았다. 지금까지 시단 활동 50년 동안에 두루 이루어낸 문학의 두드러진 요소들을 너덧 가지로 간추려서 정리한 것이다. 그의 한결같은 시문학의 흐름에 깃든 남다른 그리움과 풍물을 곁들인 남도 사랑, 그리고 신선한 색채 짙은 회화 이미지에다 식물적 상상력 및 인생 관조의 미학 세계가 그것이다.

이번의 늦둥이 같은 시집 『마음에 먹줄 하나 그어놓고』 출간을 진심으로 축하한다. 사실 이 출판은 마침 등단 반세기에 이른 터라서 정작 시인 자신은 숨길지 모르나 그 나이테는 겹경사임이 분명하다. 금년이 바로 박형철 시인의 산수년傘壽年에 해당되므로 인생의 주요 매듭을 짓는 통과의례를 겸한 셈이라서 뜻깊은 것이다. 아무쪼록 앞으로도 건승한 가운데 이 향토의식과 신선한 이미지 활용들로 전국의 독자 여러분과 주옥편들로 자주 만나 알뜰한 대화를 나누길 바란다.

4. 별, 사랑, 생명을 아우른 서정적 신앙 세계
― 김소엽론

1) 프롤로그

김소엽 시인은 문단 연륜이나 사회활동의 폭은 물론 꾸준히 발표하며 출간해 온 시집의 중량감으로도 이미 중견 이상의 현역 문인이다. 문단의 동기로서 그의 첫 시집인 『그대는 별로 뜨고』에 첫 평설을 쓴 이래 33년 만에 그의 시 세계를 총괄해 보는 논자의 감회가 남다르다. 그것은 김소엽의 첫 시집(문학세계사, 1987)이 유신 독재 말기 당시의 연금 해제된 직후에 김대중 전 대통령께서 애독했다는 보도 외로 24쇄를 찍어낼 만큼 1990년대 상반기에 이르도록 장기 베스트셀러가 되었다는 사실뿐만이 아니다. 30대 중반에 신진 시인으로 등단하여 10년 동안 뛰어난 역작을 발표했던 처녀시집의 세계는 강산이 서너 번을 바뀌는 동안 발전적인 탈피 과정을 거쳐서 꾸준히 변모해 왔다.

 따라서 이 글에서는 김소엽의 첫 시집을 통독한 나머지 그의 시 세계를 「승화된 사랑의 시 미학」이란 글로 김 시인론의 숫눈길을 연 바 있는 논자로서는 더욱 관심이 높다. 여자 중고생 때부터 백일장 등에서 자주 수상을 하며 문학에 뜻을 두고 문과대학에 진학해서도 김 시인은 20여 년의 수련 후에 문단에 나섰다. 30대 중반의 산뜻한 여성 시인으로서 강산이 네 번이나 훨씬 넘는 세월 속에서 얼마나 변모한 모습일까.

 김소엽金小葉 시인이 등단 이래 43년 남짓한 동안 꾸준하게 시 창작의 길을 걸어온 시문학의 이정표를 대비하며 독자들과 더불어 그의 시문학 실체를 간추려 본다. 현재까지 창작 시집과 번역시집을 합해서 열다섯 권에 이르는 시문학의 정체성은 과연 어떤 코드로 파악되는 것일까. 그 동안 몇백 편의 행사시편도 써 온 것으로 알지만 엄격한 시정신으로 그런 행사시는 시집에 한 편도 넣지 않았다는 필자의 말을 듣고 팔순이 넘으면 그 행사시들도 시적 산물이니 책으로 간행할 것을 권하기도 했다. 두어 권의 수필집도 그의 문학과 삶의 이해에 긴요한 퍼즐이 되고 남는다. 결코 현학적이지 않은 그의 작품집들을 총괄한 표제들에 나뉘 있거나 서로 함축된 서너 개의 중심 코드는 다음과 같은 몇 가지로 간추려 볼 수 있다.

 첫 시집 『그대는 별로 뜨고』, 문학세계사, 1987
 제2시집 『지금 우리는 사랑에 서툴지만』, 둥지, 1990
 제3시집 『어느 날의 고백』, 종로서적, 1991
 제4시집 『지난날 그리움을 황혼처럼 풀어놓고』, 베드로서원, 1993
 제5시집 『마음속에 뜬 별』, 마을, 1995
 제6시집 『하나님의 편지』, 두루, 2003
 제7시집 『사막에서 길을 찾네』, 문학세계사, 2008

제8시집『꽃이 피기 위해서는』, 시와시학사, 2012
제9시집『그대는 나의 가장 소중한 별』, 시월, 2012
제10시집『별을 찾아서』, 인간과문학, 2013
제11시집(시선집)『풀잎의 노래』, 언어의집, 2019
제12시집(시선집)『별무리[星團]』, 2019

이 밖에 영문시집 My Star, My Love, 한림출판, 2004.
At the Well, 2005.
In Case You May Drop by 2005.
수필집『사랑 하나 별이 되어』, 문학세계사, 1989 등.

위에서 정리해 보면, 모두 합하여 열다섯 권 남짓한 시집에 실린 어림잡아 1천 편에 이른 그의 창작시 가운데 중요한 작품들 중심으로 살펴본다.

2) 한국적인 얼과 전통 정서

김소엽의 시 문학은 우선 우리 겨레의 전통적인 가락과 한의 정서를 속속들이 가슴으로 읊어내는 서정의 세계라는 점이다. 이런 요소는 시집『별무리[星團]』의 발문에서 시인 자신이 밝힌 "시는 서정의 바다에 띄우는 배이며 영감의 소산물이다"라는 견해와도 합치되고 있다. 모범적인 크리스천에다 외국문학을 전공하는 영문학도로서 한국전통시를 익히기 위해 대학에서 스스로 국문학 수강을 많이 해온 경우가 주목된다. 그런 김 시인은 여러 시인께 시를 배워왔음에도 서정주 시인과 박재삼 시인의 천거로 시단에 올랐다. 1978년《한국문학》8월호 당선 소감에 그 자신의 문학에 대한 의식과 자세가 드러나 있다.

"우리에겐 우리의 베틀에다 우리네 조상의 목화로써 우리의 정서와 감각을, 우리의 한과 아픔을, 사랑과 눈물과 희망의 모든 실존적 조건들을…, 또는 선한 환상들을 아름다운 무늬를 놓아, 가난한 이웃에게 잔잔한 기쁨이 되고 상처 난 영혼을 따뜻이 감싸줄 비단을 짜아서 내 이웃과 사랑하는 사람들과 또 후손에게도…"

이와 같은 성향은 당선작을 비롯하여 다음과 같은 「헌시獻詩」에서처럼 옛 아낙네들이 물레질로 비단을 짜내듯 정성 들여 빚는 자세로 드러나고 있다. 그러기에 그의 시는 으레 공장제품 상품이 즐비한 요즘의 간이매장이나 백화점에서 손쉽게 구해서 걸치는 옷과는 차별화된 전통의상에 못지않은 품격과 갸륵하고 그윽한 정성을 지닌다.

내 마음속 / 물레 저어 / 비단실 빼어 / 슬픔과 사랑으로 / 무늬를 놓아 / 신비한 북으로 / 비단을 짜오니 / 머언 훗날 / 친구여, / 주저 말고 / 한 필씩 / 골라가구려. /
—「헌시獻詩」 전문

그리고 어릴 적 고향 집 울안에 있던 늙은 감나무에 대한 향수의 정감 역시 고즈넉한 우리의 정서를 함뿍 담고 있다. 한 폭의 수채화로 담은 동심에 겨운 서정적 이미지이다.

내 유년 집 울안에
외할머니 닮은
늙은 감나무 한 그루
안이 텅 비어
소꿉놀이 감추기
안성맞춤이었던

내 안방 같았던
속이 빈 감나무　　　　　　　　　—「고향집 늙은 감나무」에서

　나가서는 오래된 고향 집 공간 속 나무의 굳은 옹이를 한 맺힌 사연의 표상으로 느끼는 정감도 우리의 정서에 바탕을 두고 있다. 사무친 천년학의 울음과 사랑의 상흔이며 청각 이미지나 조형적인 시각 이미지가 선연하게 다가든다.

나무가 알을 배다

천년 학이 울어 울어도
한이 풀리지 않아
둥그렇게 남은 사랑의 상흔

불에 타지도 않을
사랑의 상처
세월 지나도
삭지 않을 사연만 모아 알이 되었는가　　　　—「옹이」에서

3) 기독교적인 신앙과 사랑

　이어서 김소엽의 시문학에는 두드러지게 기독교적인 신앙과 사랑이 주된 테마를 이루고 있음이 특성이라는 점이다. 모태신앙으로 태어난 자신은 독실한 크리스천으로서 시 창작에 임할 뿐만 아니라 사회생활에서도 손수 여러 문화선교 활동에 나서고 있다. 이런 성향은 최근에 출간된 『별무리[星團]』 가운데 「시인의 말」에서도 확인된다. ─ "거대한 우주 속에 나를 창조해 주신 창조주의 섭리에 비추어보면 나의 존재가 가

상하고 참으로 귀하게도 느껴진다"는 것이다. 그러기에 그의 작품에는 즐겨 신앙적인 사상이 체험으로 드러나거나 간절한 기도, 아니면 사랑과 「가시나무 새」처럼 영험적인 상징 등으로 기독교 사상이 용해되어 구상화되고 있다.

  홀로 있을 때만 / 당신 품에서 / 울게 하시고 //
  더불어 있을 때엔 / 그들과 함께 / 웃게 하소서 //
  해가 뜨고 / 달이 지고 / 그냥 그렇게 세월 흘러 //
  내 일생 / 풍랑 많았어도 / 바다처럼 평온하다 / 이르게 하소서 //
                —「고백」 전문

 김소엽의 시는 이렇게 평이하게 읽히면서 기도나 그윽한 정담처럼 리듬을 타고 독자의 가슴에 스며든다. 시 「꽃이 피기 위해서는」의 다섯 연 가운데 앞의 세 개 연에서 햇빛과 물과 공기가 꽃을 피우고 벌이나 나비가 아름답게 하며 바람이 향기를 전하는 도움이 필요함을 든다. 그러고 나서 후반의 두 연에서는 꽃이 여러 도움을 받아 피듯 자신의 현 존재도 제힘으로만이 아니라 이웃 여러분의 도움과 주님의 은혜에 의한 존재임을 나타낸다.

  꽃이 그냥 스스로 피어난 것은 아닙니다
  꽃이 피기 위해서는
  햇빛과 물과 공기가 있어야 하듯이

  (2, 3연 생략)

  나 혼자 힘으로 여기까지 온 것은 아닙니다
  기도로 길을 내어 주고

눈물로 길을 닦아 준 귀한 분들 은덕입니다

내가 잘나서 내가 된 것은 더더욱 아닙니다
벼랑 끝에서 나를 붙잡아 주시고 바른길로 인도해 주신
보이지 않는 그분의 섭리와 은혜가 있은 까닭입니다
—「꽃이 피기 위해서는」에서

그리고 시인은 멀리 고적한 사막에 와서 느끼는 하나님과 사람들의 사랑을 새롭게 터득한다고 말한다. 일상의 도심이나 이웃으로부터 사막지대로 떠나와서 진정한 외로움과 그리운 사람에 대한 사랑을 터득한다는 것이다. 실존적 자아와 마주했을 때 궁극적 사랑에 관한 깨달음은 아가페 사랑까지 이어짐을 볼 수 있다.

사막에 와서 나는
하나님이 지금도 살아계셔서
이 세상을 내려다보고 계심을 알았다

사막에 와서 나는
처음으로 진정한 외로움이
무엇인지를 알았다

사막에 와서 나는
사람이 사람을 사랑해야 될 이유를
발견하게 되었다
—「사막에서 13 – 사막에 와서 나는 알았네」에서

드디어는 김소엽의 시에 중요한 표상으로 등장하는 별이 되게 하라고

기도하듯 염원한다. 초기 시에서는 밤하늘에 반짝이는 하나의 별은 충분한 사랑을 누리지 못한 채 육신의 실체로서 먼저 하늘로 떠난 부군을 가리키지만 점점 그 별의 실체는 우리가 지향하는 이데아의 세계나 완전한 사랑의 세계, 또는 이 우주를 포함하는 하나님을 그리고 있다. 그러므로 은하수를 비롯한 수많은 별 무리들은 영혼의 절대자인 하나님을 일컫고 있다고 봐도 무방할 것이다. 제46회 한국문학상 수상시집인 「사막에서 길을 찾네」에 나와 있는 시편들을 보면 시공을 초월하는 광대무변의 우주 속에서 영원에 잇닿으려는 시의 우주적 틀과 시 정신의 초월성을 볼 수 있다. 창세로부터 이어져 나온 우주 안에서의 작은 피조물이 나라는 존재를 자존과 긍휼과 겸양으로 그려서 별에 잇대어 영원과 합일을 이루려는 거대한 정신이 나타나 있다. 그런 반면으로, 이 시인의 시에 자주 등장하는 낱개의 반짝이는 별은 아름답거나 미처 이루지 못하고 아픔을 간직한 이별의 심상으로 빛나는 대상으로서도 두드러진다.

  이루지 못한 사랑마다
  별이 되게 하소서

  아픈 이별마다
  별이 되게 하소서

  눈빛과 가슴으로
  수천수만 대화 나누고
  멀리 두고 바라만 보게 하소서

  속된 사념에서 떠나
  오직 드높은 생각만 가지고
  그분과 함께 살아가게 하소서

아름답고 깨끗한 추억마다
반짝이는 별
별이 되게 하소서 　　　　―「별 17 – 이루지 못한 사랑」전문

4) 천지(우주)와 자아를 아우른 경지

　김소엽 시문학의 또 다른 특성은 첫 시집 이후에 들어서 입체적인 성향을 띠고 있다는 점이다. 이를테면 초기의 동심에 겨운 「각시풀」이나 「우물가에서」의 여리고 단조로운 동심과는 달리 강인하고 민초적인 풀꽃의 삶을 구가한다. 이전에 하늘의 우러러 보이던 별에서보다 지상의 풀잎 이미지로 관조하며 전경화한다.

　　나는 더불어 있는 게 좋아요
　　튀지 않아서 좋아요
　　나는 풀들과 함께라서
　　더욱 좋아요
　　꽃밭에 갇혀 있기보다
　　들길에 자유롭게 피어 있는
　　이 자유가 더 좋아요

　　(제2연 생략)

　　나는 사랑해요
　　나는 풀꽃이라서
　　너무 행복해요 　　　　　　―「풀잎의 노래 8」에서

　그리고 이제는 주변의 땅에 자라서 달밤에 은하수를 머금어 별처럼

들꽃을 피운 영롱한 풀꽃으로 환치시키는 것이다. 사물을 보는 시인의 섬세한 관찰력이 빛나는 부분이다. 시공간의 이미지를 원활하게 치환해서 시적 효용 가치를 드높이고 있다.

별은 하늘에만
있는 것이 아니다

들풀 사이
가만히 들여다보면
은하수가 보인다

별들이 하늘에서 내려와
달밤에 풀꽃을 피운다

지상에 피는
별의 별꽃
풀꽃, 들꽃　　　　　　　　　　　—「풀잎의 노래 11」전문

　이렇게 해서 마침내 시인은 동양철학에서 삼재三才로 내세운 구조상의 천-지-인 체계를 이루고 있다. 다시 말하면 김소엽은 시 미학 구조를 한글의 구성이나 한자의 원리에 알맞은 하늘과 땅에 사람을 조화시키는 짜임새까지 보여주고 있다. 그런 면에서 김 시인은 한국적인 가락뿐만 아니라 동양철학 면에까지 닿아 있다. 이 하늘[天]과 땅[地]과 사람[人]의 통합 사상은 기독교의 삼위일체 사상과도 통하는바 기독교의 십자가란 위로 하나님 옆으로는 이웃들인 인간을 사랑해서 십자가 위에서 예수 그리스도가 죽음으로 완전한 사랑을 이루고 우리가 그 사랑을 본받아 지상낙원과 천상의 낙원을 이루라는 말씀과 맥을 같이한다고

볼 때 김소엽 시인이 영미문학을 전공하고 서정에 바탕을 둔 시를 써왔다는 점에서 동서의 적절한 조화를 성공적으로 이루어 냈다고 볼 수 있겠다.

무엇을 근심하랴
위에는 바라볼 파란 하늘이 있고
아래는 든든히 설 굳센 땅이 있고

하늘에는 하나님이 살아계시고
땅에는 사람들이 살아있는데
이 어찌 아니 평안하랴 　　　　　　―「별 65 – 복된 일」에서

5) 오뚝이 같은 삶을 통한 시적 힐링과 소망

대학 재학 중에는 고교의 한성기 은사와 전봉건 시인의 등단 권유에도 시 수련을 핑계로 등단을 미뤄오다가 직장과 가정을 이룬 후에야 신인으로 등단하였다. 34세이던 1978년 여름에 이르러서야 서정주, 박재삼, 이근배의 심사로 《한국문학》지를 통해서 시단에 오른 김소엽은 10년이 가깝도록 시집을 내지 못하였다. 그러던 중 결혼 후에 13년 동안 해로하던 부군이 뜻밖에 소천한 2년 후에 첫 시집『그대는 별로 뜨고』이후 10년 동안에 2년이 멀다며 시집 다섯 권을 연거푸 출간해 냈다. 실로 그 동안 가슴에 맺힌 그리움과 숱하게 쌓인 사연에다 짙은 서글품이 진한 마그마로 흘러내린 것이다. 시인은 그 경황에도 솟구쳐 오르는 용암을 스스로 절제하며 시인 나름의 시 미학적인 질서화를 이루어 냈다. 초기의 동심과 우리 전통적인 서정의 세계– 이승에선 13년만 해로하다 부녀를 두고 하늘의 별로 뜬 부군– 그리고 그런 사랑은 하느님의 자비에 간구하는 신앙으로– 그러다 철든 중년 이후에는 다시 엄혹한 지구적

현세의 사막과도 같은 사회에 적응하는 데서 은하단과 같은 대우주를 느낀다. 그러고는 최근 들어서는 생명 없이 거창한 우주나 물질적인 은하단보다는 작고 여리되 살아있는 풀꽃 등의 고귀한 생명력에 감응하는 달관의 경지를 보여준다.

위에서는 김소엽 시인을 거의 작품만으로 살펴보았지만, 그의 인간적인 면모도 연결해서 다가감이 작품 이해에 올바른 순서이다. 그러므로 문학의 본질에 많은 영향을 미친 몇 가지 삶의 여건도 참고해 본다. 이런 접근이 이전의 역사주의 비평의 문학외적 취약점을 비판하며 문학내적인 요소만 천착한 분석비평의 한계를 벗어나는 보완책이기 때문이다. 실제로 강산이 네 번이나 바뀌는 세월 속에서 갖가지 쓰라린 삶을 감당해온 김소엽 시인에게 문우들은 안타까운 마음을 어쩔 수 없다. 하지만 결과적으로 부군의 조기 소천은 그에 못지않게 김소엽 시문학의 질량을 활짝 꽃피우며 오래도록 값지고 풍성한 열매를 맺는 촉매제가 된 계기를 이루었음이 사실이다.

동료 문인으로서 지켜본 김소엽 시인은 30대 중반부터 문단 활동 중에 먼저 소천한 부군 대신에 혼자서 가장 노릇까지 겸하며 치열한 삶을 영위해 왔다. 43년, 강산이 네 번을 넘게 변하도록 많은 세월 동안 시 쓰기 작업과 대학교수로서 강의를 수행하며 재소자들을 찾아다닌 한편 방송 등을 통한 선교 활동에 고군분투해 왔다. 더구나 하나뿐인 따님의 미국 유학 생활을 돌보려 숱하게 태평양을 넘나들면서 보살펴야 했다. 그런 과정에 남몰래 오직 시인 혼자서 「사막에서 길을 찾네」에서 보여주듯이 사막길을 걸어 광야를 지나며 얼마나 많은 어려움과 고난을 겪어 왔을까를 짐작하게 한다. 단적으로 「고백」이란 시에서도 고통의 극명한 사례를 적나라하게 보여준다. 그런 정신적인 고통과 아픔들은 김소엽 시인을 더욱 강인하고 성숙하게 만들고 치열하게 시 작업을 계속하는 그가 다른 사람의 고통을 치유하며 소망을 주는 힐링의 시를 쓰게 된 동기가 되었을 것이라고 논자는 생각한다.

김 시인의 시가 많이 읽히는 이유는 바로 숱한 고난을 몸소 겪으며 감내한 스스로 힐링과 소망을 주는 시이기 때문이다. 혼자서 살아온 힘든 고충을 이겨내고 얻은 바를 여러분과 공유하고 독자들에게 위안과 희망을 전한다. 더욱이 그 개인적인 고통의 삶에 그치지 않고 이를 비유나 상징을 통해서 대중에게 쉬운 언어로 전달하면서 희망의 빛을 선사하는 것은 고도의 시적 연마가 없이는 이룰 수 없는 경지이다.

나는 외발로 걷는데 / 삼십 년 넘었어도 / 아직도 서툴러 / 이따금 쓰러지기도 하네만 ∥ 홀로서기가 / 왜 이렇게도 힘들고 피곤할까 /   ―「외발로 서기」에서

그렇게 오랜 세월을 무리한 끝에 김 시인은 여러 병치레로 여러 해 동안 투병 생활을 겪어야 했다. 그 무렵에 이따금 문단 행사장에서 마주쳐 본 시인은 여느 문우를 놀라게 했다. 파리한 몸피에 구부정한 허리에 시력까지 잃은 채 남의 손길에 의탁한 채로 참석한 모습을 보일 때가 없지 않았다. 그런 처지에서도 시인은 더욱 생명의 지중함과 삶의 가치를 새롭게 터득하고 인생의 고마움과 달관의 메시지를 전해주곤 했다. 위중한 건강 상태를 들어 남에게 결코 부담을 주거나 걱정시키지 않고 항시 감사하는 마음과 밝은 모습으로 대했음은 물론이다. 그것은 오로지 자신의 굳은 신앙과 시로 인한 신비의 힘에 의한 오뚜기 이상의 기적이라고 생각된다.

젊어서 보이지 않았던
그 사람이
늙어서 보였다

눈 밝았던 시절

보이지 않던 것들이
노안이 되어 보였다　　　　　　　　—「노안」(2017) 전문

다리 성해 뛰어다닐 때에는
들리는 게 당연한 줄 알았는데
귀가 어둡고부터는
새소리 들리는 게
얼마나 감사한지

다리 성해 잘 뛰어다닐 때에는
걸어 다니는 게 일상의 일이었는데
관절에 이상이 생기니
걸어 다니는 일은 보통 일이 아니고
참으로 감사한 일인 것을　　　—「사랑의 채무자」에서

　그토록 치열한 삶 속에서 죽음을 이겨내고 오뚝이처럼 일어선 김소엽 시인은 가히 작은 거인이라 할 수 있다. 20여 년 전만 해도 자주 행하는 김 시인의 행사에 가끔씩 들르거나 여러 곳에 보도된 수많은 활동을 참고하면 김소엽 시인은 가히 초인이라는 인상이 짙었다. 그러기에 이 시인이 2000년대 이후에 발표한 시편들은 간절한 기도로 생명을 불어넣는 힘을 지녔다고 생각한다.
　그러기에 다음 시에서처럼 자신의 심경을 낙타의 처지로 바꾸어 성찰하고 있다. 지친 심신을 스스로 추스르며 자신의 힘겨운 모습을 바라보는 것이다.

외로운 나그네를 태운 낙타 한 마리가
나를 슬프게 쳐다보고 있다

신혼여행에서였던가
　　장밋빛 꽃길을 걸었던 것이
　　장미 넝쿨을 넘어 가시밭길을 걸어
　　피멍 든 가슴 부여안고
　　나 여기까지 용케도 살아왔구나

　　인생은 가도 가도 사막였어라
　　혼자서 가는 나그네 길였어라
　　그래도 가는 길에서 만난
　　한 사람이 소중하고
　　이슬 한 방울이 고맙고
　　한 줄기 바람이 고맙고
　　가시떨기나무조차도 고마웠어라

　　낙타는 이제 쉬고 싶어라
　　나를 내려놓고 편히 쉬고 싶어라
　　　　　　　　　　　　　—「자화상 1」 전문

　그렇게 고단한 삶을 영위해 오면서 시인은 세상을 긍정적으로 여기며 독자들을 위무한다. –"우리네 인생길이 / 팍팍한 사막 같아도 / 그 광야 길 위에도 찬란한 별은 뜨나니 / 그대여, / 인생이 고달프다고 말하지 말라"고 서두 삼아 격려하는 것이다. 이순을 넘어 종심의 나이테에 이른 시인의 통찰력을 담은 처세관이다. 시인보다는 훨씬 젊은 나이로 요절한 푸시킨이 남긴 「삶이 그대를 속일지라도」 못지않은 메시지이다.

　　잎새가 가시가 되기까지
　　온몸을 오그려 수분을 보존하여

생존하고 있는 저 사막의 가시나무처럼
삶이 아무리 구겨지고 인생이 기구할지라도
삶은 위대하고 인생은 경이로운 것이어니
그대여,
삶이 비참하다고도 말하지 말라

내가 외롭고 아프고 슬플 때
그대의 따뜻한 눈빛 한 올이 별이 되고
그대의 다정한 미소 한 자락이 꽃이 되고
그대의 부드러운 말 한마디가 이슬 되어
내 인생길을 적셔주고 가꾸어 준
그대여

(가운데 연 생략)

그대가 나의 소중한 별이 되어 준 것처럼
나도 그대의 소중한 별이 되어 주마

이 세상 어딘가에 그대가 살아 있어
나와 함께 이 땅에서 호흡하고 있는
그대의 존재 자체만으로도
나는 고맙고 행복하나니
그대는 나의 가장 소중한 별
그대는 나의 가장 빛나는 별
— 「그대는 나의 가장 소중한 별」에서

그렇게 열악한 삶의 여건 속에서도 열심히 살아서 이겨낸 처지에서 시인은 긍정적인 인생관을 진중하게 전하고 있다. – "이제 마지막 종착역도 얼마 남지 않았거니 / 서럽고 아프고 쓰라린 기억일랑 / 다 저 모래바람에 날려 보내고 / 아름답고 즐겁고 행복했던 기억만을 / 찬란한 별로 띄우자"며 따스한 우정을 주문한다. 특히 여기에서 동시대를 함께하면서 격려와 갈채를 보내준 여러분께 가장 소중하고 빛나는 별이라는 지칭은 의미가 짙다. 김소엽 초기 시에서는 별이 자신을 사랑하고 먼저 떠난 육신의 부군이다가 점차 영의 하나님을 지칭한 표상이었다. 그런데 근래 우주적인 시야를 지닌 시편들과 근년에 들어서는 더 나아가 주변에 함께 살면서 서로 격려하고 따스하게 대해준 여러분을 다양하게 아우른 별 이미지의 확대를 드러내서 더욱 긍정적으로 인식된다.

6) 생명의 존귀함을 예찬

> 싸우려거든 / 살아서 싸워라 / 살아서 힘 있을 때 힘껏 싸워라 / 함께 살면서 싸우는 것도 사랑이거니 / 살아서 우는 것은 그래도 축복이어라. /
>
> 사랑하려거든 살아서 사랑하라. / 살아있음은 가장 큰 기쁨이거니 / 살아서 함께 호흡하며 사랑하는 것은 / 하나님도 미소 지을 / 흡족한 일이거늘 / 살아있을 때 마음껏 / 다함없이 사랑하라. /
>
> —「풀잎의 노래 1」에서

이렇게 탈속한 시편은 신비스러운 생명에 대한 예찬이며 다음과 같은 시는 시인 자신이 십수 년 동안 목숨을 걸고 승강이해 온 바를 토로한 탈속의 체험담이다. 실로 너무나 어마어마한 이야기를 간편한 시로 풀어서 전하는 대화이다.

너 왜 하필이면 나니? 네 먹잇감 되기에는 / 나는 아직 할 일들이 너무 많아 / 네가 내 안에 들어와 사는 것을 / 나는 눈치도 못 챘다. 내 가장 약한 틈을 타 / 공격할 전진기지를 구축하고 있음도 // 언젠가 통째로 집어삼킬 / 계략을 꾸미고 있었겠지만 / 신은 나에게 너의 정체를 알려주어 / 기지 전체를 도려냈지 / 네 씨알 어느 한구석에 숨겨 놓았을지라도 / 난 두렵지 않아 / 나는 네 정체를 이미 알아냈거든 / 가장 작고 눈에 보이지 않는 적이 / 얼마나 무서운 정체인지도 //
이제 이쯤 해서 신사협정을 맺자 / 비굴하게 또 어느 곳에 숨어 있다가 / 약한 틈을 공격할 생각은 아예 말고 / 빛 밝은 곳에 나오라 / 내 너를 잘 예우해 줄 터이니 / 우리 함께 살자 / 윈(win) 윈(win) 전략을 너도 알 테지? 내가 살아야 너도 살고 / 내가 죽으면 너도 끝장이야. / 그러니 우리 사는 날까지 / 사이좋게 지내기로 하자. / 어머니가 그러셨어. / 이 세상에 원수지어 좋을 일 / 하나도 없다고. // 자, 이제 / 널 친구로 맞아도 좋으련? //

— 「암에게 1」(2009) 전문

너는 어디에서 온 생명이기에
이토록 강인하게 살고 있느냐
이 땅 그 많은 곳 다 놓아두고
하필이면
두터운 아스팔트 갈라진 틈새로
생명을 피워 올렸느냐

모진 목숨
그 속에서도 생명을 밀어 올려
꽃을 피워 한세상 살고 있는

귀중한 생명
　　풀꽃 한 송이

　　　　　　　　　　　　—「풀꽃 한 송이」전문

　그동안 하고많은 고난을 이기고 우뚝 서온 김소엽 시인은 이제 산수傘壽의 산마루를 넘었으니 거듭나는 자세로 보람 더한 장수시대 인생을 영위하길 기대한다. 또한 김 시인이 그렇게도 애타게 지향하는 영혼을 울릴 수 있는 시를, 앞으로도 주옥같은 시를 남겨서, 한국 전통시— 김소월 윤동주의 맥을 이어 가길 바란다. 지금부터는 아무쪼록 건승하신 가운데 쉬엄쉬엄 여유를 갖고 대기만성의 시 미학의 탑을 쌓아가길 염원한다.

5. 영산강과 빛을 향한 구도의 순례
　— 최규창론

1) 들어서는 말

　1953년 호남의 젖줄인 전남 나주의 영산강 유역에서 태어난 최규창은 이미 70고개를 넘은 중견 시인이다. 그러기에 그 나이테와 함께 고희를 맞은 당년에는 꾸준하게 신앙과 시문학적인 구도의 길을 걸어온 삶을 응축한 시집 『일어서는 길』로 영예로운 창조문예상도 수상하여 통과의례의 좌표를 확인한 바 있다. 그동안 시인은 일관되게 신앙과 시 창작을 병행해 온 결과로 시인은 1980년대 초엽, 청청한 20대 중후반 나이로 《현대문학》 추천을 통해서 한국 시단에 등단한 지 어언 40년, 문단에서도 불혹의 나이테에 이르렀다. 따라서 강산이 네 번이나 바뀐 문단의 길을 쉼 없이 걸어온 발자취와 인생의 이정표를 살펴보고 앞으로 지향할 방향을 모색해 볼 시점이다. 과연 최 시인의 문학적 특질은 무엇이고 무얼 탐색하며 어느 지점에 이르렀으며 앞으로 어디로 나가야 할 것인가? 테리 이글턴은 평론가를 담론의 관리인이라 지칭하지만 여기서는 작품을 성실히 읽고 분석하는 고급 독자의 처지에서 새롭게 접근해 본다. 시인에겐 물론이거니와 일반 독자들께도 참고가 되길 바란다.

지금까지 최규창崔奎彰의 시문학에 대해서는 선행 연구적인 스무 분 안팎의 평론들이 있다. 대체로 기독교 신앙과 영산강 공간에다 모성적인 어머니가 공통 인자이다. 그러나 이 밖의 중요 요소로 상존하는 그만의 문학 특성들을 내쳐버려서는 안 된다고 본다. 따라서 평자는 여기에서 이전의 최규창론보다 새롭게 총체적인 접근을 펴보기로 한다. 물론 골똘하게 정리한 선행 일반론의 태반은 수용하되 마침 시단 활동 40주년으로 중견 반열에 이른 최규창 시인론을 체계화하는 데 다소라도 보탬이 되었으면 한다. 특히 형식 면의 표현기법이나 입체적인 접근에는 등한히 하고 있어 의문점이 남았다. 그런 점에서 가능한 대로 최규창의 시문학과 전기적인 삶도 함께 연결해서 접근해 본다.

최규창의 시문학 세계를 논의하기 전에 그의 전기적인 정보와 업적 등을 간추려 보기로 한다. 최 시인은 한국전쟁의 포성이 멈춘 무렵에 영산강 유역의 영산포 아래쪽 나주군 다시면 농촌에서 태어났다. 3남 3녀 중 막내로서 부모의 정겨운 사랑과 할아버지의 열쇠를 물려받아 간직하며 초등 6년 동안 서당에서 한문 공부도 했다. 열세 살이던 1967년에 어머니를 따라 왕십리로 상경한 후에 반세기가 넘도록 이사를 다니며 서울 생활을 하고 있다. 시내에서 미션계 중고교를 졸업하고 대학에서는 신학과 기독교문학을 전공하며 황금찬, 원형갑, 박화목 선생으로부터 인생도 배우고 창작을 익혔다. 중고교 선배인 이탄 시인과 문예지도 함께 내고 격려를 받았다. 20대 후반인 1982년 《현대문학》에 신동집 시인의 추천으로 등단한 후 중견 시인으로 활동 중이다.

20대 중후반의 신예로 등단한 최규창 시인은 32세 때인 1986년에 첫 시집을 상재한 이래 현재까지 시집 10권 외 시선집 2권, 시론집 3권, 4인 합동시집 2권을 펴냈다. 이를 차례대로 정리해 본다.

첫 시집 『어둠 이후』(영언문화사, 1986)와 제2시집 『행방불명』(1989)에 이어서 제3시집 『영산강 비가』(1993)는 3~4년 터울로 출간된 일반시집들이다. 그러나 그다음 정규 시집까지의 14년 간격은 기독교신문사 등에서 실무자로 과중하게 봉사하며 모색을 거듭했다. 그 사이 첫 시선집 『강물』(1996)만 낸 시인 자신에게는 새로운 시 창작의 도약을 위한 휴면기였다. 이어서 제4시집 『환상변주곡』(2007)과 제5시집 『백두산의 눈물』(2020)의 13년 간격도 시간 분포의 불균형을 드러낸다.

하지만 정규 시집 대신에 4인 합동시집 2권 『어둠 그리고 빛』(2010), 『꽃과 별과 그리움』(2011)과 둘째 시선집 『아이야 영산강 가자』(2019)를 출간하여 메우고 있다. 이 밖에 최규창에 대한 시론집 3권 중 2권 『사랑의 넓이와 깊이』(2014), 『사랑의 시학』(2020)도 보완된다. 이 기간에는 20여 년 병고로 소천한 배우자 대신 가사를 돌보며 상처를 추슬러냈다.

이제 시인은 옛 조상의 대륙 역사까지 챙겨서 산뜻하게 빛낼 영산강의 새 노래를 모색하면서 모정 가득한 빛고을 여정을 계속하고 있다. 이순耳順의 나이테에 이르러 수상한 창조문예 시선 001 시집 『일어서는 길』(2023)은 영산강을 지나 사랑하는 사람과 나란히 하나님의 빛을 향해 걷는 여정을 담았다. 그리고 시집 『다시 태어나기』(창조문예사, 2024)는 10권째의 시집으로서 일반시보다는 기독교적인 시들을 모았다.

2) 최규창 시문학의 기호적 요체

　위와 같은 시문학 성과들을 두고 지금까지 최규창의 시 세계를 감상, 논의한 평론가와 시인들 글에서는 대체로 내용 면의 주제나 그 제재에 치우쳐 왔다. 대개 수년 간격으로 출간된 시집에 실린 60편 정도의 분절적인 시집들을 대상으로 편 나머지 인상비평에 머무른 성향이 짙다. 그러기에 거의가 기독교적 주제와 영산강을 제재로 한 향토의식, 어머니를 소재로 한 원초적 갈망과 정한 서린 향수 등을 부각하고 있다. 최규창 시문학의 중심 코드 면에서 평설가들의 견해가 크게 다르지 않다. 원형갑, 박이도, 신규호, 오세영, 유승우, 이탄, 신세훈, 엄창섭, 김재홍, 허형만, 유한근, 한성우, 한강희, 정공량, 김재황의 평설들 경우이다. 근래 영산강 유역을 답사하고 최규창의 시문학세계를 비교적 종합적으로 고찰하여 체계적으로 정리한 주경림의 경우도 대동소이하다. 따라서 이제 후발 참여자의 입지에서 멀리 전체를 거시적으로 총괄해 보는 평설자는 근래까지 편향적인 접근 중심의 위 평론들에 대한 메타비평을 겸한다.

　최규창 시문학의 코드로서 무엇보다 두드러진 특성은 제재인 영산강이란 표상으로서 주제의 근간에 이어진다. 영산강은 자연적인 공간일 뿐 아니라 최 시인 가족과 이웃을 키우고 긴 역사와 민초들의 애잔한 얼이 집약된 문화적인 특수 아이콘이기도 하기 때문이다. 일찍이 최 시인이 등단 직후인 1982년 12월 12일 자 《한국일보》를 통해서 처음 발표한 「아이야 영산강榮山江 가자」는 신선한 충격파가 되었다. 제목부터 귀에 익은 청유법으로 시작된 전편 11행의 시는 막힘없는 비밀번호의 점철처럼 가슴에 찍혀온다.

　　아이야 영산강榮山江 가자
　　잎새에 맺혔다 떨어지는

빗방울처럼
아이야 영산강榮山江 가자
거기에 가면
너의 눈꼽 낀 얼굴을 씻으리라
어디 눈물 고일 겨를이나 있는가
강가에 무지개 피고
사금파리 놀던 눈망울이
보고 싶지 않는가
아이야 영산강榮山江 가자

—「아이야 영산강榮山江 가자」전문

  이 시에서 활용되는 '아이야'는 어린이를 지칭하기도 하지만 호남 방언으로는 '어이,' '여보!', '여보게!' 경우처럼 이웃을 친히 부르는 감탄사라서 더 넓게 쓰는 용어이다. 내키는 대로 흉허물없이 마음 놓고 무지개 핀 강가에서 소꿉놀이하던 동심을 자아낸다. 전편 12행으로 된 이 시는 원초적인 향수에 젖은 전라도 깨복쟁이들의 귀향 아리랑이다.
  다음은 《현대문학》 1987년 4월호에 실렸던 「영산강」을 감상할 차례이다. 남도의 상징기호라 칭하는 이 시는 이대헌 가수가 노래해서 널리 알려진 작품이기도 하다. 역시 흥거운 청유형으로 되어 있어 합창하기에 걸맞은 가사로 활용된다.

1 푸른 바람에 / 굽이치는 물살을 보아라 / 보아라 백사장 / 세월의 무늬 / 사금파리 얼굴도 기웃거린다 / 토라지는 입술이 / 곱지 않으냐 //

2 영산강 상류에 가서 / 우리 엄니 빨래터에 / 앉아보아라 / 물속에는 / 송사리 떼 몰려가고 / 그 사이사이 / 미소 띤 우리

엄마가 / 세상살이 그을은 / 귀신같은 네 얼굴을 / 맞이하더라 //

3 영산강 상류에 가보아라 / 천년에 한 번 / 백마 타고 오시는 님 / 님의 모습 / 가보아라 / 천년에 한 번 / 백마 타고 오시는 님 //

4 일몰의 영산강 / 강가에 서 보아라 / 천년에 한 번 / 울먹이는 소리 / 들어보아라 / 천년에 한 번 / 울먹이는 역사 / 들어 보아라 //

5 아베의 말씀은 / 두만강에 서성이고 / 엄니의 말씀은 / 영산강에 떠돌고 / 노기 띤 아베의 말씀은 / 문밖에 서성이고 / 오늘도 슬프게 / 영산강은 흐르더라 //

—「영산강」전문

구구절절이 흥겨운 가락으로 읽히는 이 시편은 서정적인 리듬과 함께 시행마다 번득이는 색채적 이미지와 역동적인 심상이 파노라마처럼 이어진다. 그림과 함께 펼쳐져서 울리는 메아리랄까. 재래의 정태적이거나 느린 시가이기보다는 요즘 첨단적인 영상기기에서 멀티비전으로 활용하는 비주얼의 동영상에 필적하는 시 미학 기법이다. 서두부터 호흡과 심상이 잇달아서 현란하게 펼쳐나간다. 모두 다섯 개의 연으로 된 시행마다 흥겨운 가락으로 장단 맞게 이어진 절편이다.

그의 시어들은 문장 속에서 행을 이을 적마다 물상의 감각적인 이미지나 모습의 굴절을 보이며 현란하게 변용되어 나가면서 질서를 이룬다. 첫 연부터 보이지 않은 바람을 시각적인 '푸른 바람'으로 시작하여 흐르는 물살의 역동성을 들고 곧이어 도치법으로 "보아라 백사장"의 모래톱이며 "세월의 무늬"를 든다. 그러고는 물살에 일그러진 채 찌그러진 얼굴이나 토라져 보이는 입술이 곱다는 역설법을 쓴다. 둘째 연에서는 강 상류의 어머니 빨래터의 송사리 떼와 일상의 삶에 찌든 얼굴을 미소로 맞이한다. 셋째 연에서는 '천년에 한 번 백마 타고 오시는 님'이라는 기시감既示感 있는 시어를 두 번 써서 독자들에게 옛 전설 같은 동향 인걸에 걸친 상상의 폭을 넓혀준다. 넷째 연에서는 일몰의 영산강 강둑에서 "천년에 한 번 / 울먹이는 역사 / 들어보아라"며 선인들이 겪었을 외적 등에 당한 수난과 맺힌 한을 들어보라는 것이다. 어쩌면 전설 같은 동향의 인걸을 떠올려 진중하고 함축미 담긴 숙제를 안겨준다. 그리고 마지막 연에서는 아베의 말씀은 옛 발해나 고구려 때 이민족과 다투던 두만강, 엄니의 말씀은 영산강 유역에 떠돌고 노기 띤 아베의 말씀은 문밖에 서성이고 영산강은 오늘도 슬프게 흐른다는 마무리이다.

최 시인에게 영산강은 원초적 치유의 공간이며 동심의 둥지로서 향수의 연결고리인 동시에 귀향의 목적지이다. 그러기에 최규창이 영산강을 제재로 삼은 시 작품에는 위에 언급한 시편 말고도 이 지면에 열거하기 어렵도록 많다. 「영산강 비가」, 「영산강 마음」, 「영산강 소식」, 「백제의 입김」, 「백제의 황혼」, 「영산강의 유혹」, 「침묵-영산강」 등이 숱하게 줄을 잇는다. 그리고 「영산강에 와서」 연작과 「영산강의 회상」 연작으로 계속되고 있다.

대자연의 권속인 영산강은 실로 세계 지붕의 가장자리인 동북아시아의 정기를 내려받은 한반도 서남부에 자리한 우리의 보금자리이다. 사철 내리는 하늘의 강수량과 전라남북도와 경상도를 아우른 멧부리인 노령산맥과 소백산맥에서 지리산 정기를 모은 실체이다. 그 영산강 물은 철 따라 산천의 실개천으로 시작하여 광주와 나주로 너른 호남평야를 적시면서 거느리고 영산호에서 한데 어울려 며칠 노닐며 머물곤 한다. 그런 영산강물은 목포를 거쳐서 남해안과 동해안을 휘돌아 태평양이나 인도양 건너 대서양 등으로 세계를 돌아다니다 다시 하늘로, 바다로 오르내리며 영산강으로 되돌아와 제자리를 지키고 있다.
　여기에서 제3시집 『영산강 비가』(1993) 서문에서 밝힌 '시인의 말'(「삶의 고백」)을 들어본다. ― "지금까지 영산강에 집착한 것은, 우리의 역사와 내 삶에 대한 최대공약수로 여겨왔기 때문이다. 또한 고향에 대한 유일한 시적 대상이었다. 고향의 모든 것은 영산강으로 집약되기 때문이다." 그러기에 일찍이 최 시인의 선배 시인 이탄은 "'영산강'의 시인, 최규창!" 이라 불렀다. 그 호칭만큼 최규창의 시선집 『아이야 영산강 가자』(2019년 5월 발행)는 2020년 말 현재 10쇄를 넘어섰다고 전한다.
　참고로 1982년 1월호 《현대문학》에 「가을의 노래」 등으로 추천을 끝낸 시인 자신이 서울 도심 생활 중에도 영산강을 생각하는 작품을 감상해 본다.

> 가을인가 보다
> 한 마리 파리가
> 이십二十 몇 층의 창가에서
> 조을다가
> 고향의 고추 익는 바람에
> 얼굴을 부빈다
>
> 이맘때면
> 한 마리 붕어도
> 영산강榮山江의 수심水深 깊이
> 타고 올라가
> 물 위에 주둥이를
> 내밀었지 않은가　　　　　　　　―「가을의 노래」에서

　이렇게 영산강을 노래하는 시문학 창작과 신앙적 삶을 병행해서 문단에 오른 이듬해, 20대 중후반의 최규창 시인을 평설자는 허형만 시인의 소개로 강남 도곡동으로 찾아든 우리 집에서 처음 만나 상견례를 가졌다. 그런데 그 후 40년 만에 문단의 중견 반열에 오른 최 시인의 문학을 총괄해 보는 과정에서 최규창 시인이 문단에서 영산강의 괄목상대할 영주領主로 등림登臨했음을 확인하게 되었다. 최규창 시인이야말로 호남의 여러 산하는 물론 역사와 인걸과 무진장한 감성의 실체인 영산강을 40년 넘게 써온 시로써 무상으로 자유롭게 전용하는 문학의 황태자이다. 어느 일시적인 도백이나 재벌 총수 및 환경단체장과는 차원을 달리한 문학 내공內功의 힘에 의한 보람이 아닐 수 없다. 최 시인은 빛고을 이웃인 영산강 유역의 나주 농촌에서 영산강을 젖줄로 살아온 농민의 아들로 태어나 자랐고 반생 넘도록 영산강을 시 작품으로 써서 노래한 터줏대감 같은 영산강 지킴이이다.

다음으로, 최규창 시문학의 내밀한 주요 코드는 원초적인 모성인 어머니의 존재이다. 동서고금의 사랑과 자비며 헌신인 어머니의 사랑은 영원한 문학의 소재이다. 최 시인은 이 '엄니'의 생래적이고 무한한 사랑을 곧잘 영산강에다 서정적으로 잇고 감싸서 남다른 온기에 향기를 담아 독자들에게 전해주고 있다. 앞에서 인용한 「이른 봄에는 1 – 사랑의 노래 5」 경우는 최규창 시 미학의 두드러진 속성들을 삼위일체로 보여 준 본보기 작품의 하나이다. 흔히 우리 '엄니'(=어머니)는 인간 공통의 영원무궁한 주제 겸 소재가 되고 남는다. 시인은 따사로운 어머니 마음이나 낭랑한 목소리에 '가없는' 미소로 하루를 여는 햇님과 동격의 화신쯤으로 여기고 있다.

　　산들이 햇빛에 깨어나고 있다

　　첫 손님 눈빛으로
　　햇빛은 얼굴로

손끝으로
어머니 마음을 안고 온다

멀리 멀리에서
멀리 멀리까지
메아리치는 소리
나를 부르는
어머니의 목소리
은빛으로 부서진다

대야에 차오르는 하늘
하늘에 가득
가이 없는 어머니의 미소
성수聖壽의 빛살로 투명하다 —「아침에」전문

  다음 작품은 농촌에서 으레 비를 맞으며 높은 언덕을 오르내리던 어머니 마음을 고향 집 뜨락에 핀 석류꽃으로 표상한다. 그리고 봄비가 내리거나 늦가을 비바람이라도 어지러우면 생각나는 어머니를 자리바꿈 기법으로 다루어 시의 밀도감을 높인다. 다소곳이 "빛이듯 그늘이듯 / 어머니가 오신다"는 것이다. 여기서도 영산강이 배경으로 활용되지만 특히 이슬비 오는 아침이면 "세상 가뭇이 흐르는 / 어머니의 버선발 소리"라는 마무리로 시 미학의 품격을 드높인다. 그만큼 조신한 당신 어머니의, 실제로는 없는 마음의 버선발 소리를 듣는 것이다. 앞 작품의 생싯적 미소 띤 목소리와 뒷 작품에 이어진 돌아가신 후의 어머니 모습이 대조적으로 선하게 와닿는다. 전형적인 한국의 어머니상으로 떠오른다.

…(전략)… / 비를 맞으며 / 어머니의 마음은 / 고향 집 뜨락에 / 송이송이 핀 석류꽃이었다 / …(중략)… / 봄비 내리는 아침이면 / 그리고 늦가을 얼음이듯 차가운 / 비바람이 거리에 어지러우면 / 다소곳이 / 어머니가 오신다 / 빛이듯 그늘이듯 / 어머니가 오신다 // 햇빛에 겨워 / 해바라기 얼굴이 / 시들거릴 때면 / 시집간 딸의 소식이 / 겨워 / 영산강의 흔들거리는 / 물소리가 겨워 / 빗방울 부서지는 / 창가에 앉아 / 먼 산 바라보시던 어머니 // 이른 봄 명주실처럼 / 이슬비 내리는 / 아침이면 / 세상 가뭇이 흐르는 / 어머니의 버선발 소리 /

―「도시에서의 사모곡思母曲」에서

아래 작품에서는 간절한 그리움으로 자주 꿈에서 만나 뵌 어머니의 몸에 밴 눈에 대한 다양하고 섬세한 느낌 표현이 인상적이다. 모두가 모자간의 뜨겁고 눈물겨운 사랑에서 비롯된 사모곡이다. "난 보았네", "꿈에서 또 보았네"라고 반복하는 종결어미도 한결 힘을 더한다.―"난 보았네 / 젖 물고 본 그 눈 / 꿈에서 보았네 / 나팔꽃처럼 활짝 핀 그 눈 / … / 논 바람에 그으른 그 눈 / 햇빛에 그으른 그 눈 / … / 백련꽃보다 하얀 그 눈 / 백련꽃보다 포근한 그 눈"―「엄니의 노래 2 ― 사랑의 노래 2」에서.

이 밖에도 원초적인 어머니의 젖내음을 다룬 「고향의 그리움」밖에 영산강에 상관된 어머니 시편들이 많음은 물론이다. 「삼짇날」, 「잠이 안 오는 날이면」, 「아버지의 눈물」, 「기다림 ― 영산강 6」, 「어머니의 입김 ― 영산강 7」등의 연작, 「영산강 회상 1」등의 연작, 「엄마의 노래 1 ― 사랑의 노래 1」등의 연작 등. 그의 영산강 시 작품들은 으레 노랫말처럼 심금에 닿는 리듬을 타고 있다.

끝으로 최규창 시문학의 중심 테마는 기독교 신앙이란 점이다. 1968년에 재학 중이던 미션계 중학교에서 세례를 받은 이후 기독교 생활 53년의 연륜과 현역 장로인 삶도 참고가 된다. 대학 시절에 신학과에서 기독교문학을 전공했을 뿐 아니라 43년 동안 기독교신문사에서 근속하고 있는 직장 또한 뒷받침된다. 최 시인은 이렇게 독실한 신앙심과 사회적 봉사는 물론 글쓰기의 삼위일체로써 기독교 시인의 본을 보인다. 그런 연유로 최 시인의 작품에는 일상생활 일반에 배어있는 기독 신앙적인 면이 많다. 그러기에 흔히 그의 시문학을 신앙적인 틀에 가두어 평가하기보다 근원적인 휴머니티와 예술성에 조화시켜야 할 것이다.

다음의 시는 봄철을 맞아 서울의 일상에서 시달린 심신을 풀고픈 도시민의 마음을 노래하면서 자연스럽게 기독교 신앙과 정겨운 어머니 그리움을 버무려 내고 있다.

> 이른 봄에는
> 한강이라도 나가야 하네
> 봄바람이
> 울 엄니 젖 향기를 품고파
> 아기의 눈망울이 보고파
> 날아오신다네
> 하나님께서 나에게 주신
> 유일한 속삭임이네
> 자연의 속삭임이네
> ―「이른 봄에는 1 ― 사랑의 노래 5」에서

최규창 시인은 신앙적인 생활의 일상에서 글감을 찾아서 쓰는 생생한 삶의 시문학을 실천한다. 이런 점은 특별한 행사가 아니면 되도록 일상의 삶 주변에서 얻어쓰려 노력함을 제2시집 『행방불명』의 머리말에서도 밝히고 있다. ―"성서의 생경한 언어를 배제하고, 일상생활 속에서 육화

肉化된 정신을 그대로 표현하려는 자세였음을 고백한다." 그래서 실제로 시인은 「새벽기도 길」, 「당신의 이 밤에」, 「부활의 노래」, 「오늘도 세수를 하면서」 등에서 신앙의 생활화를 꾀하고 있다. 아침에 일어나 세수를 하는 중에 마음으로 독백하듯 기도하는 마음을 시로 적어낸다. 기도는 예배당 등에서 격식에 맞춰 엄숙하게 하는 것보다 자기 사정에 맞춘 신실한 자세를 취하는 것이다.

 최 시인은 거창하거나 힘이 센 것보다는 약하고 여린 대상을 노래하는 시 미학을 기린다. 노자 도덕경의 탈속한 경지를 시로써 이른 것이라 할까. 시 「영산강」 등에도 나오지만 흔히 미물로 여기는 송사리를 제목으로 삼은 작품이 눈길을 끈다. 험하고 힘겨운 일상 속에 시달리면서도 우리 아이 눈망울처럼 꼬리 치며 솟구치는 작은 물고기를 보며 위안을 얻는다는 것이다. 그것은 바로 생명을 탄생시키고 관장하는 성경의 뜻을 따르는 의미이다. 흔한 설교의 외침보다 몇 배 짙은 생의 외경을 깨우쳐준다.

> 꼬리 치며 솟구치는 송사리가 아니었다면
> 우리 아기 눈망울처럼
> 맑디맑게 꾸고 싶은 꿈이 아니었다면
> 어찌 겹겹이 쌓인 시간의 쓰레기 속에서
> 오늘 하루를 견뎌낼 것인가
> 태초의 말씀 같은 송사리 떼가 아니었다면
>   ―「송사리 - 오늘의 창세기創世記 2」에서

 그러나 자주 열리는 기독교 기념일이나 행사장에서는 격식에 맞추어 유장하고 간절하게 기구하는 기도형의 작품이 적지 않음은 물론이다. 이를테면, 제2시집 『행방불명』 가운데 「감사의 기도 - 추수감사절 아침에」, 「세모의 기도 2」뿐만이 아니다. 제3시집 『영산강 비가』에서의 「새해

아침의 기도」, 「세모의 기도 3」, 「세모의 기도 4」, 제4시집 『환상변주곡』 중의 「세모의 기도」 연작들도 그만큼 필요하기 때문이다.

> 빛은 쉴 새 없이 일을 한다 / 이 세상에서 / 가장 크막한 손과 발은 / 낮과 밤을 가리지 않고 / 지구의 체온이 식지 않도록 / 날마다 쉴 새 없이 일을 한다 // 빛은 어디서나 / 찾는 그 자리에서 / 그 모습으로 맞아주고 / 세상의 시시한 이야기까지 들어준다 // 빛은 말씀이고 / 누구도 가로막을 수 없는 길이다 / 빛은 사랑이고 / 돈 한 푼 받지 않은 축복을 준다 // 빛의 말씀은 / 어둠 속의 길을 훤히 비추고 / 수천 개의 길 중에서 / 영원한 생명의 길을 향한 지팡이다 //
>
> ― 「빛 1」(《시와 산문》. 2021년 봄호) 전문

특히 위 「빛 1」은 최근 연작으로 시작된 작품으로서 최규창 시인의 시 미학에서 추구하는 궁극적인 가치를 지닌다. 빛은 다름 아닌 현 사회의 실낙원 같은 어둠을 벗어나서 밝은 세계를 주관하는 사랑과 진리, 지팡이를 상징하는 주님의 대명사이다.

3) 최규창의 나머지 특성들

(1) 전통 서정과 포스트모더니즘의 조화

위에서 살펴본 바처럼 선행 평자들 견해들에서는 최 시인의 시문학에 드러난 내용상의 주제와 제재 및 소재에 치우쳐 있었다. 그 결과로 정작 시적 기법이나 문장 구조 등에 걸친 형식 면은 외면된 모순점을 안고 있다. 언어예술인 문학에서 중요한 것은 예술이라는 어원부터 어떻게 표현하느냐 하는 형식이 우선이고 무엇을 쓰느냐 하는 내용 문제는 그

다음인 까닭이다. 시 장르 경우는 특히 시어나 이미지를 활용하는 문장 표현상에 특성들이 중요하다. 따라서 방금 「영산강」의 시 문장을 분석해서 확인했듯 최규창의 문장적 수월성 접근이 마땅하다. 신예로서 시단에 오른 전후부터 최규창은 시 기교면에서 진한 서정을 아우른 그의 시는 산뜻하고 번득이는 연행시聯行詩가 태반인데 그 시행詩行 속의 다양한 리듬과 현란한 굴절을 통한 시공적時空的 이미지 변용 기법은 효과적이다.

초기에는 신예답게 향토적 서정에다 다채롭고 탄력 있는 지적 상상력을 활용한 포스트모던의 낯설게하기 식 실험성 문장으로 반응을 높였다. 대표작으로 감상한 「아이야 영산강榮山江 가자」, 「영산강」 밖에도 여러 작품이 발견된다. 「강물」 역시 시단의 문을 두드리던 1970년대 말에 빼어난 상상력으로 다양한 시적 변용의 파문을 일으킨 작품이다. 1985년 《心象》에 발표한 「일몰日沒」도 섣달그믐의 영산강 석양과 삼국시대에 백제가 피 흘리던 역사의식을 구현했다. 더욱이 초기의 「풀잎과 유월」, 「오후의 저자길」 밖에 제2시집에 실린 「행방불명」이나 제4시집에 현대문명 환경이 가정의 아침상을 파괴하는 충격을 보여준 「환상변주곡」도 눈길을 끈다.

그러다가 중년기 이후에는 점차로 서정을 곁들여 간절하게 하소연하는 신앙적 기도로 소통하는 시를 녹여내는 데 성공하고 있다. 서정과 신앙을 접목해서 대화 분위기를 자아내거나 유장한 서술체 문장 구사로 나가는 성향을 보인다. 「그대에게 가는 길」도 먼저 하늘나라로 떠난 아내를 그리워하며 생각하는 서정과 빛 밝은 신앙의 조화가 돋보인다.

    내 영혼의 하늘에 그대는
    초롱초롱한 별로 뜨나니
    햇빛 쨍쨍한 대낮이나
    달빛 하나 없는 컴컴한 밤에도

잠든 내 영혼을 깨우나니
　　세상의 잠 속에서 깨우나니
　　하늘나라 강 마을 가는 길
　　가로등 없는 골목길까지
　　훤히 훤히 비추고 있네　　　　　　　　　—「동행」전문

　이렇게 호흡에 걸맞게 유장한 톤을 구사하는 서정적 방법이 기독교 문학의 실천에는 효율적이라고 생각한다. 서두에서 "역시 사탄의 시험이었습니다"로 시작되는 「다시 아내에게 – 사랑의 노래 9」같이 서정적으로 하소연하는 성향의 시편은 널리 알려진 포우의 「애너벨리」와 상호 텍스트성을 띠고 있어서 효과적이다. 어쩌면 때로는 가요로도 활용되기 적합한 실용성을 지니고 있다.
　그런데 문제는 이미 독실한 그리스도교 신자로서 진중한 기도와 계율을 겸하느라 특장점인 모더니즘의 첨예성을 묵히느라고 남모를 속앓이를 겪었으리라 본다. 이런 과정에 기법적인 발랄함과 테마적인 완고성을 수월찮게 버무린 작품 빚기의 노고가 엿보인다. 하지만 이제는 이 형식과 내용의 양향 대립적인 갈등을 벗어나서 차라리 첨예한 모더니즘과 도타운 종교주의를 양날의 칼로 함께 활용함이 바람직하다고 생각된다. 두 팔다리처럼 각각의 독립적인 덕목은 상생적으로 살리면서 문학의 가치를 높이는 데는 한 머리로 합쳐지는 주체가 바람직하기 때문이다. 앞으로 제6시집부터는 초기처럼 짙은 서정과 기독교 신앙 및 포스트모더니즘을 상생적인 삼위일체로 활용하여 원활한 창작 성과를 거두리라는 기대의 지평선을 그려본다. 이제는 21세기의 바람직한 결실기를 맞은 새 20년대의 중견답게 더 우뚝 서길 갈망한다. 마음껏 첨단적인 모더니즘도 서정적인 리리시즘과 접목하고 필요하면 정도껏 이전의 완고한 종교주의도 개선하여 활성화했으면 싶다.

(2) 문화지리적인 장소성

　최규창 시문학의 목표나 행보의 경우는 가족의 장소적인 거주지 이동과 정신분석적인 접근을 시도해 볼 과제이다. 최규창 문학의 기초적인 기둥은 최근에 시인 자신이 밝힌 바처럼 실낙원 같은 어둠의 도회공간에서 벗어나 복낙원다운 빛의 신화적 공간인 영산강으로 귀향하는 도정道程이기에 이를 밝혀가는 데는 적합한 방법이다. 문화지리학자 이 푸 투안의 『공간과 장소』에 따르면 특정의 공간인 장소는 오붓한 보금자리로 정이 든 욕망을 드러내는 포토필리아(라틴어의 장소+사랑)와 그와는 반대되는 가난과 공포감을 자아내는 포토포비아(장소+혐오)로 나뉜다. 그러므로 정들고 화평했던 포토필리아 같은 나주 농촌의 영산강 유역에서 상경하여 낯설고 살벌한 서울 왕십리로 이사를 온 후에 수난과 공포 속에서 유목민 같은 신세로 갇힌 구도이다. 시인의 모친은 살벌한 서울과 인천을 드나들며 백목 행상 등으로 중등학교에 다니던 자녀들 학비를 대고 살아야 했다.

>　침묵으로 솟은 바벨탑의 가자랭이를 가다 계단은 하늘을 향하여 뻗어 오르기도 했다 이웃과 이웃 방과 방들은 한결같이 문이 닫히고 그들만의 말을 지저린다 그래서 가슴은 답답한 스스로에 갇히고 찌꺽찌꺽 계산기 소리가 난다 침묵으로 솟은 바벨탑의 사이 무수한 말씨가 유리 속에 피었다 모두 유리 속에 갇히어 활짝 웃는다 활짝 웃는 얼굴들이 바벨탑을 안내한다 그러나 유리 속에 갇히고 스스로도 갇히었다　　　―「빌딩 아래 백화점」 전문

　매연에 잠긴 시내에서는 석양빛 구경마저 어려운 풍경을 묘파한 「서울의 황혼」뿐 아니라 「행방불명」에서는 직장생활에 쫓긴 나머지 자신의 정체성마저 잃게 된 현대인들의 실존의식도 보여준다.

그런 한편으로 시인은 실낙원의 어두운 서울살이에서 벗어나 본래의 복낙원인 빛고을[光州]의 영산강을 회상하고 접근한다. 역시 앞에서 살핀 「아이야 영산강 가자」와 「영산강」을 비롯한 일련의 빛을 지향하는 연작들이다. 글을 쓰며 광명을 불러 본래의 둥지로 돌아가 안식을 취하려는 귀소본능歸巢本能이나 모천회기母川回歸 풀이에 문화지리적 접근을 활용함은 걸맞다. 유목민처럼 직업을 따라 떠돌아다니는 현대인들은 에드워드 웰프의 『장소감의 상실』견해에서처럼 전자미디어 세상인 박물관이나 놀이공원 같은 테마파크로 아쉬움을 달래려는 노력에도 상실감만 키운다고 보고 있다. 그러기에 초등학교를 마치고 어머니 따라 상경한 후에 왕십리와 동대문 근방에서 중고교 생활을 하며 삭막한 서울의 삶에 지친 시인은 어릴 적의 보금자리인 고향 나주의 영산강 유역을 노래하는 것이다. 실낙원 같은 도심 생활에 파김치 된 심신을 추스르기 위해 복낙원으로의 회귀를 꾀하듯 영산강을 찾는다. 영산강 추구는 결국 원초적인 마음의 뿌리인 유년의 고향-둥지 찾기이다.

(3) 시공간적인 영역 넓히기

2007년에 제4시집 이후 13년 만에 펴낸 제5시집 『백두산의 눈물』(2020) 서문에서 최 시인은 의미심장하게 말하고 있다. 깊은 반성과 더불어 이전의 시 쓰기 형태에서 벗어나 함께 숨 쉬는 새로운 시를 쓰려고 노력한다는 각오이다.

> 1982년 《현대문학》으로 등단한 이후 40여 년 동안 시작詩作보다는 직장과 가정에 전념한 세월이었다. 그것은 가장家長이 지닌 숙명의 삶이었음을 되돌아본다.
>
> 지금까지의 시작詩作 형태에서 탈출하려고 노력했다. 모두의 시로

승화시키려는 시작詩作이었다. 모두의 곁에서 숨 쉬는 시가 되도록 고뇌하고 있기 때문이다.　　　　　　―「시인의 말」에서

그만큼 오랜 모색 기간 후에 선을 보인 새 시집에는 이전의 자연적인 영산강과 다른 변모를 드러낸다. 우선 최규창에게서는 볼 수 없었던 역사적 상상력으로 고구려 고토와 발해를 곁들여서 만주와 연변 땅에 걸친 북방지역으로 시문학의 시간과 공간을 크게 넓히고 있다. 거기에다 백두산을 의인화하여 남북한끼리 대립해서 싸우는 분단 상태를 꾸짖어 민족의식을 고취하는 것이다. 이제 동족끼리의 싸움을 그치고 선진국처럼 달이나 화성을 탐색하는 데 나서라는 격려가 실감으로 와닿는다.

"이 땅에 집을 지은 이후부터 어쩌자고 너희들의 싸움은 끝이 없는가 이제는 남쪽과 북쪽이 싸우고 남쪽의 동쪽과 서쪽이 싸우느냐 부모와 자식이 싸우고 형과 동생이 싸우는 처지가 되었는가 그 싸움에 소리 소리치다가 지치고 지쳐서 눈물만 나오더라 그 눈물도 지치고 지쳐서 머릿속으로 흐르고 가슴속으로 흐르더라

(중간 한 연 반 생략)

저 하늘의 끝에 반짝이는 크나큰 별을 보라 모두가 별을 캐러 달려가고 있으니 손에 손을 잡고 달려가거라 갈 길이 멀고 멀어 핏발선 손과 발로 싸울 겨를도 없지 않느냐"
　　　　　　　　　　　　　　　　―「백두산의 눈물」에서

이어서 「장수왕의 말씀」에서는 고구려 국토를 넓힌 광개토대왕의 아들인 장수왕을 등장시켜서 꿈인 듯 한반도를 살피고 온 심정을 전달해

주고 있다. 만주 땅에서 백두산을 거치고 휴전선을 지나 한라산을 다녀오며 본 심정도 나타낸다. 우리 겨레가 외세에 눌린 지경에도 의식 없이 태연한 국민들의 모습이 슬퍼 눈물이 흐르더라는 서사시 형식으로 민족의식의 메시지를 전한다. 그렇게 한반도 주변을 돌아보는 중에 이방인들의 거덜거리는 웃음소리에 삼복더위에도 추위를 느꼈다는 불편함까지 곁들인다. 대화적인 서사시로서 시공간을 초월해서 문학적 상상력을 보여준 접근이다.

> 어젯밤은 몇 번이고 일어나 백두산에 갔었다 시퍼런 총과 칼이 부릅뜬 눈으로 마주 보는 휴전선을 지나 한라산에도 갔었다 꼭대기에 주저앉아 만주 땅을 바라보았더니 하염없이 눈물만 흐르더라 아무 일도 없었듯이 태연한 너희들을 보았더니 갑자기 울음이 쏟아지더라 …(중략)… 일어나라 일어나라 일어나라 만주 땅으로 오너라 만주 땅에서 놀던 내 피를 남겨두고 뺏기고 뺏겼던 피를 활활 태워버려라 남과 북이 싸우던 피도 태워버려라
>
> ―「장수왕의 말씀」에서

최규창 시인은 이제 발해나 고구려 고토였던 중국 연변조선족자치주 현장을 답파한 체험도 작품화하여 밀도감을 더한다. 모국 한반도에서 가난과 탄압에 쫓겨간 민족사를 되뇌는 것이다.

그러나 근년에 들어서 중국의 시책에 따라 옛 조선족의 역사를 흔적마저 지우기 위해 일송정의 한글 기념비 등을 묻어서 철거하는 현장을 고발한다.

> 어느 누가
> 발해의 발자국을 지우고
> 고구려의 발자국도 지우는가

일송정一松亭 소나무처럼 청청한 말과 글자들이
왜놈들의 총칼에 넘어지듯이
여저기 하나 둘 넘어지고 있다 —「슬픈 노래」에서

4) 어둠에서 빛을 지향하는 구도의 여정

 끝으로 최규창 시문학의 중추를 이룬 특성 하나는 어둠과 빛이라는 점이다. 성경의 창세기부터 빛과 소금 이야기 등에서도 익히 다뤄져 온 것이다. 그럼에도 사실 이 특성은 서울과 영산강을 오르내리며 살아온 시인 자신이 근래 들어 직접 밝혔다. 그러므로 '최규창 시문학의 기호적 요체' 3가지 – 영산강, 어머니, 기독교는 일반화된 견해이다. 이어 뒤에다 추가한 '나머지 특성들' 4가지 중에서 3가지는 이명재의 견해이고 이 항목은 시인 자신이 세운 주견이다. 발문으로 실은 최규창 시인의 산문「'어둠'과 '빛' 그리고 '어머니'와 '영산강'」도 참고된다.

> 지금까지의 시작詩作은 '어둠'과 '빛'을 추구해 왔다. '어둠'에서 '빛'의 길을 향한 여정旅程이었다. 어둠은 삶의 현장이고, 빛은 신앙의 세계이다. 그것은 자연과 인간, 그리고 인간과 신(하나님)의 친화와 교감으로 형성시키고 전개했다. 시의 주제가 되는 것은, 빛의 세계를 향한 꿈이며 갈망이었다.
>   — 시선집『아이야 영산강 가자』(시선사, 2019)에서

 결과적으로, 현재까지 최규창 문학론을 다뤄온 여러 시인 평론가들은 최 시인이 40년 동안 한결같이 전념하며 노래해 온 그의 문학적 지표로서 상징의 중추인 빛의 정체를 비켜오고 있었다. 최근 최규창 문학을 전체적으로 고찰한 주경림의「영산강 오디세우스 최규창 시인의 빛으로의 귀향」은 근접성을 보인다.

특히 2023년에 출간한 시집 『일어서는 길』은 그동안의 40년 시작 활동을 총괄하는 사화집으로 눈길을 끈다. 그동안 여러 시집과 선시집, 시론집 등으로 신실한 시문학 창작을 계속해 온 시인께서 최근 「영산강 연가」 ~ 「빛의 길 위에서」 등 총 60개의 주옥편의 보석상자로 빛난다. 끊임없이 새로움을 모색하는 최규창 시인의 시적 지향은 마침내 빛을 향하는 길에 이르렀다. 성경의 창세기부터 빛과 소금 이야기 등에서도 익히 다뤄져 온 진리를 보다 심화하여 승화시킨 단계이다. 일과를 마치고 돌아와 조용한 기도의 마음으로 보는 시인의 눈에는 하늘 멀리 천국으로 향하는 길이 훤히 펼쳐 보이는 경지를 이룬 표제시이다. 현재까지 최규창 문학의 지표로서 상징의 중주인 빛의 정체를 최근 문학작품은 작가와 독자와 비평가 서로가 담론을 나누며 입체적으로 접근하는 자세가 중요함을 시사한다. 위에서처럼 반생을 훨씬 넘는 동안 꾸준하게 2024년을 맞이하면서 마침 고희에 이른 최 시인의 정체성을 밝히는 시편이다.

5) 마무리를 대신하며

본디 영산강 본고장에서 태어나서 그 강의 젖줄을 마시며 자라나고 상경해서도 영산강과 신앙을 모토로 살아온 최규창 시인. 그는 소년기에 고향을 떠나서 어둠의 포토포비아를 헤쳐낸 청년기에 시문학의 길에 오른 이래 순례자처럼 불혹不惑의 40년을 시 창작과 기독교문화 창달에 임해 왔다. 힘겨운 삶의 여정에서도 그 강산을 잊지 못해 모천母川으로 돌아오는 연어인 양 글과 빛 목표를 향해 꾸준히 구도의 길을 걷는 영산강 시인께 진한 박수를 보낸다. 귀밑과 정수리에 서리가 내린 이제 인생도 반환점을 지나서 이순과 고희를 지내고 포토필리아인 영산강에 백마 타고 돌아올 복낙원의 목표점을 앞두고 있다. 요나의 방주 못지않게 동심 깃든 구원의 영산강은 세계로 통하는 신화적인 빛고을의 실체

공간이다.

　빛고을[光州] 본향의 젖줄인 영산강에서 시작해서 어둠 속의 서울에서 20대 후반의 신예로 출발한 최규창崔奎彰 시인은 이미 영산강의 주민 겸 영주領主가 되었으며 그의 빛을 향한 문단 순례의 길은 100년 인생의 마라톤 도정道程이다. 지금까지의 인생과 문학 담론은 중간 결산일 뿐이다. 그러기에, 최종 목적지에 골인할 나머지 인생과 문학에 대기만성의 보람이 이룩되는 기대의 지평선을 그려본다. 빛고을이 낳고 서울서 영산강 시인으로 성숙한 최규창 시인은 아무쪼록 나머지 작업 과정에 건승과 보람이 많길 바란다. 아울러 그의 노력을 성원하는 전국 독자들과 동향의 동지들께서도 정겨운 대화와 긍지가 함께하길 기대한다.

6. 농민들 삶의 숨결과 남도적 향수
– 전석홍론

1) 시인에 다가가는 말

　시인의 작품론은 시인 자신의 곡진한 삶 등을 응축, 승화시킨 작품에 연결해야 하는 과제이다. 하지만 두드러진 경력을 지닌 시인의 경우는 남다른 서두가 전제된다. 초등학교 시절부터 시문학에 탐닉하며 국가고시를 거쳐서 수십 년 동안 경향 각지의 목민관牧民官으로 봉사한 이후 늦깎이 시인으로 나선 전석홍의 경우가 그렇다. 이미 열 권의 시집과 시선집 1권을 펴낸 데다 '농기구 열전'을 잇달아 발표한 활동이 높이 평가된다.

　전석홍은 처음 겪는 팬데믹 환경과 무더위 속에서도 틈틈이 써서 모은 열 번째의 사화집을 2023년에 상재했다. 그러기에 우리는 등단 20년 동안 꾸준히 창작하며 2년 터울로 펴낸 그의 시 세계를 두루 살펴본다. 사실 중고교 적부터 시문학에 뜻을 두고 남몰래 습작해 오다가 뒤늦게 문단에 나서 꾸준히 진지한 시 창작으로 임해 온 주인공이기 때문이다. 서울대 졸업 후 20대 중반에 제13회 고등고시 행정과에 합격한 이래 반세기가 훌쩍 넘도록 공직 일선에서 고위직을 두루 거친 후의 일이다. 먼저 시인이 늦깎이로 2004년에 등단한 그해의 첫 시집부터 최근 10번째 시집까지를 성향별로 논의해 본다.

　전석홍 시인은 첫 시집 『담쟁이 넝쿨의 노래』(2004)부터 제2시집 『자운영 논둑길을 걸으며』(2006), 제3시집 『내 이름과 수작을 걸다』(2009), 제4시집 『시간 고속열차를 타고』(2012), 제5시집 『괜찮다 괜찮아』(2016)를 2년 안팎의 터울로 한 권씩 출간했다. 이어서 창작에 공직의 짐을 벗어놓은 이후에 제6시집 『원점에 서서』(2018), 제7시집 『상수리나무 교실』(2020), 제8시집(시선집) 『내 마음의 부싯돌』(2021), 제9시집 『농기구열전』(2022), 제10시집 『한 그루 나무를 키우기 위해』(2023)로 정리된다. 그 가운데 1년 터울로 낸 선집 『내 마음의 부싯돌』과 테마시집인 『농기구열전』이 포함되어 시문학의 이정표를 가늠하는 데 다양한 짜임새로 보인다.

　등단 이후 시집들에 반영된 전석홍 시문학 작품을 살펴보면 대체로 열 가지 안팎의 특성을 중심으로 파악된다. 편의상 시간과 공간, 주제와 제제, 공동체, 역사 및 지리, 이미지, 세시풍속 등을 참고로 한 작품들의 분포가 가늠된다. 지금까지 전석홍 시인의 시 작품 분포는 대개 우리 세대의 농촌과 주민, 조선조 전후의 역사적 사적지, 백제 왕인 박사와 일본 유적지, 인간과 시간의 관계, 가족공동체, 남도 풍물, 해외명승지, 농기구열전, 민속명절 유감, 가족사적 실증 찾기 등에 치우쳐 있었다.

　그런데 최근 펴낸 제10시집에는 새롭게 이전 시집에 없던 다음의 1,

2, 3 항목이 추가되어 산뜻한 성과로 다가든다. 이전의 외면적이고 거창함보다는 한결 내면적이고 조촐한 삶의 애환을 진정성 있게 다루어 감동을 준다. 이런 성과는 본격적인 시단 활동을 시작한 시인 자신이 20년 동안에 다양한 모색과 수련을 거쳐서 원숙한 단계로 들어선 결과물임은 물론이다. 초기에는 남도의 오랜 역사와 다채로운 풍물에 가리인 데다, 시단 활동 중기쯤에는 『시간 고속열차를 타고』등의 거대담론적인 시야와 무게에 눈을 돌렸으나, 이를 벗어난 성숙한 시학의 체득 덕분이다. 그런 면에서 이제 질과 양적인 면에서 원숙한 자기 세계를 구축한 전석홍의 열 번째 사화집에 실린 80편의 작품들은 우리에게 소중한 시편들의 향연으로 다가온다.

더욱이 시인 자신은 지금도 의욕적인 자세이므로 앞으로 발전도 기대되는 바 많다. 전 시인 자신의 「시인이 되는 길」에서 언급한 "나는 지금 늦깎이 시인이 되어 아직 식지 않은 가슴에 시심의 불을 지펴 시의 실꾸리를 감고 있다"는 말도 참고된다.

2) 전석홍 시의 특성적 요소

(1) 원초적인 동심과 향토적 서정

이번 열 권째의 시집에 드러난 전석홍 시문학의 두드러진 특성은 우선 순정한 동심과 향토적 서정이라는 점이다. 이런 성향은 생래적인 요소와 더불어 호남의 농촌 지역인 영암군의 한 농가에서 장남으로 태어난 환경의 영향도 짙게 배어있다. 그의 시 작품들은 으레 동심과 향토성 짙은 서정성이 서로 혼합된 원형질로서 그 서두부터 우리 심금을 울린다.

낮이면 울어댔다 뻐꾹뻐꾹 뻐꾹새야
밤이면 울어댔다 소쩍소쩍 소쩍새야
뒷동산 이리저리 옮겨 다니면서

할머니 무릎에 누워 들었다
어머니 베틀 옆에 배 깔고 들었다

고향집 소리, 고향 새소리
어릴 적 내 나이테에 옹이로 박혔다 　　　　—「고향 새」에서

　이런 시편들에는「시간 고속열차를 타고」같은 거대 담론은 없다. 또한「안중근 의사 발자취를 찾아 2」나 왕인 박사 현창협회의 관장자로서 국내 행사시로 쓴「왕인공원 열리는 날」이나 일본 현지 행사를 적은「이국에서 고향의 봄을 노래하다」와 같은 외향성도 보이지 않는다. 오히려 어릴 적의 가난하되 내밀하고 정겨운 추억이 가슴 뭉클한 감동을 자아낸다.
　할머니 무릎에서 할머니를 졸라 귀에 익은 목소리로 반복해 듣던 동화적인 서사는 자주 들어서 몸에 옹이가 져 있는 체득의 실체이다. 그러기에 그런 방법은 흔히 침대를 오르내리며 핸드폰이나 티브이 아니면 동화책을 접하는 요즘 세대와는 상이하다.

　내 마음속 지워지지 않는 무릎이 있다. 할머니 무릎.

　동생에게 밀려 할머니 무릎에서 자랐다 젖 빠는 시늉을 하면서, 고물고물 놀고 자고. 날개 돋쳐 하늘로 훨훨 날아오르는 꿈을 꾸다가 뚝 떨어져 화들짝 놀라 깨기도 하고, 뒷동산 뻐꾹새 소리 소쩍새 소리 대바람 소리 무릎 누워 들었다 …(중략)…

효심을 불러일으키는 이 이야기, 효孝 옹이가 귓바퀴에 박혀 세
월 따라 자라났다

내 기억의 출발점은 할머니 무릎, 나는 거기 포근히 안겨 오늘을
살아간다   ―「무릎」에서

(2) 남도 풍물과 어우러짐

　전석홍 시문학의 한 특색은 그 제재 면에서 남도 풍물을 많이 활용하
고 있다는 점이다. 영암군 농촌 태생으로서 고향에서 자라고 목포에서
중고등학교를 마친 시인으로서는 너무나 당연한 요건이기도 하다.「차
차차 보성녹차」,「영산강 뱃길」,「땅끝에 서서」,「동백숲, 홍도」,「월출
산」,「무등을 바라보며」,「어부사시사 가는 길」,「맨발 개펄」,「짱뚱어탕
을 먹으며」 등. 그 지명이나 강과 산의 정취는 물론 특산음식물이며 고
전적인 풍취들에서부터 익숙한 제목들이다.
　「영산강 뱃길」은 시인 자신이 청소년 시절에 영암에서 목포로 오가며
공부할 때부터 자주 탔던 뱃길이다. 그만큼 남도의 젖줄인 영산강 위에
뜬 여객선과 주위 풍경이 선하게 다가든다. 모두 네 연 14행의 서정적
자유시 형에다 "~였네"라는 다소 유장한 톤을 지닌 과거형 종결어미는
시의 아취에 걸맞은 호흡을 지녀 안성맞춤이다. 거기에다 영산포 등대
의 불빛이며 강물을 줄지어 헤엄쳐 오르던 물고기들의 모습과 비린내
가득한 돛단배들에서 들려오는 진양조 가락이 시각과 청각은 물론 후
각 이미지로까지 어우러져 생생하게 전해온다. 입체적인 이미지의 하
모니를 이룬 시 작품이다.

　　불빛 손짓하는 영산포 등대 뜨락
　　비린내 가득 실은 돛단배들이

진양조 가락 북새통 이루었네

성재 나루 영암환을 타고
목포 가는 뱃고동을 울리면
갯물 찰랑찰랑 종선들이
삐그덕 삐그덕 물살 저어 안겨 왔네

숭어 운저리 모챙이 짱뚱어 장어…
입맛을 돋우는 물고기 줄지어 꼬리 치고
상괭이 등허리 휘어 헤엄쳐 오르던 영산강

이 물길 건너 왕인박사
왜 땅에 문화 꽃씨 아름다이 뿌리고
마한 백제 선인들의 빗살무늬가
영산강 문화로 숨 쉬고 있네   ―「영산강 뱃길」 전문

 더욱이 후반부에서는 이 영산강을 삼국시대 전후의 마한, 백제 시대 문화로까지 시적인 시공간을 거슬러 올리고 넓혀서 더 빛난다. 일찍이 왕인 박사도 일본 땅에 문화를 전파하고 마한, 백제의 선인들 손길이 영산강 문화로 숨 쉬고 있다고 밝혀서이다.
 고산의 작품 이름에서 차용한 「어부사시사 가는 길」은 완도군 보길도에 있는 윤선도의 유적지를 다루어 이색적이다. 고산이 설계해서 글을 짓고 시가를 즐겼다는 세연정洗然亭과 "그 연못 세연지洗然池"를 무대로 삼고 있어 고전의 현대적 활용인 특장점을 보인다.

 「와불 안거 중 ― 운주사 2」에서는 화순군에 있는 운주사의 명물인 천불 천탑 중에 산 너럭바위 중턱에 함께 누워있는 남녀 불상의 전설을 다루

었다. "두 부처 미처 일으켜 세우지 못한 채 / 첫닭 울어 우화등선한 / 석공들이" 불교적 상상력으로써 흥미롭다.

또한 객관적 상관물로 다룬 「무등을 바라보며」에서는 서정주의 그것과 달리 포용과 명상의 표상으로 삼고 있다. "역사의 거센 바람 / 봉우리 봉우리 침묵으로 새기면서 / 그 숱한 눈물과 웃음 / 안으로 안으로 녹여 내는 포용의 본산이어라 / … / 지그시 눈을 감고 명상에 드는 / 우리 마음의 고향, 무등이여"

「동백 숲, 홍도」는 이름 그대로 관광명소로 알려진 신안군 흑산면에 있는 홍도의 동백을 간결하게 묘사한 작품이다. "풍란 향내 흠뻑 젖어 오는" 오솔길에 "저녁놀 붉게 물든 꽃봉오리들 / 외딴섬을 밝히는 꽃등불인가"

남도적인 별미 음식을 다룬 작품으로는 「짱뚱어탕을 먹으며」를 들 수 있다. 해안선이 많음에 따라 개펄에 사는 짱뚱어는 몸집이 작고 날렵한 고기인데 별미로 꼽힌다. 그 짱뚱어를 탕으로 먹는 맛과 짱뚱어를 잡으려 애쓰던 시절 이야기는 생략한다.

(3) 농민들 숨결과 농기구 복원

전석홍 시인의 시문학에서 무엇보다 두드러진 특성 가운데는 여느 시인이 접근하지 못한 우리 농기구에 대한 생생한 체험을 작품화했다는 점이다. 호남의 농촌 태생으로서 어릴 적부터 농사일을 도우며 자라고 곡창지방의 도백道伯까지 여러 해 지낸 시인의 작업은 더욱 값져 보인다. 한국 최초의 특별한 테마 시집 『農器具 列傳』을 펴낸 그의 실적은 중견 시인 이상의 회심의 역작이다.

그 가운데 농기구 열전에 상관된 아낙네들의 「호미를 위한 광시곡」이나 남정네들의 「삽날에 기대어」 등은 저절로 감이 잡힌다. ─"… 한쪽 죽지에 오른발 내딛고 / 힘주어 눌러대면 잽싸게 흙가슴살 헤집으며 /

흙찰밥 한 사발씩 퍼 올리느니 / 그 자리에 우리 집 밥상이 차려졌네 //
…" -「삽날에 기대어 - 농기구열전·삽」부분.

거기에서 진한 향토 의식과 농경사회의 복원과 동심 짙은「망태」를 들어본다. 농촌의 초가와 기와집 가릴 것 없이 바람벽이나 헛간 귀퉁이에는 으레 꼴망태가 걸려있었다. 논이나 밭두렁 등에 수북하게 자란 풀을 낫으로 베서 그 엉성한 망태기 배가 불룩 넘치게 담아 외양간의 황소는 물론이고 꿀꿀대는 돼지우리에 던져주어서 키웠다.

특히 집안의 그늘진 광 속 깊숙히 자리 잡은 뒤주는 식구들의 식량을 간수하는 공간으로 중시된다. 그러기에 주먹만큼 큰 자물쇠가 잠긴 채 배곯기에 이골난 백성들의 목숨줄과도 직결된 재산이다. 여기에서 인상적인 '좀도리 단지'는 그 배고픈 시절의 가난 속에서도 매끼 한 줌씩 곡식을 빼내서 저축하는 도구로 주목된다. 그러므로 "뒤주가 든든해야 집안이 평온하다"고 말한 속담도 있다.

(4) 세시 풍속의 향수 즐기기

전석홍 시인은 세시 풍속을 쓴「입춘」,「강강술래」,「경칩 풍경」등으로 눈길을 끈다. 한국 전래의 팔월 한가위 철에 축제처럼 벌이는 강강술래 놀이를 떠올린다. 거기에는 일가 식구들이 한데 모여 차례를 지내고 성묘도 하는 추원보본追遠報本의 미풍양속도 소묘素描로 곁들이게 마련이다.

창살 넘어 내 가슴속 파고든다
한가위 보름달이
월출산 천황봉 위 둥둥 떠서
고향 땅을 비추고 있으리

어릴 적 한가윗날 밤

누나 아줌마들
무지갯빛 치마저고리 휘날리며
강강술래 소리소리
나비춤으로 날아오를 때

꼬맹이들 때때옷 입고
이리 뛰고 저리 내달리며
좋아라, 밤새
시끌벅적 노닐던 학교 운동장,

그때 그 그림자
저 달 속 어른거리는데
모두들 어디 가고
그 자리 달빛만 서성이고 있는가 ─「강강술래」전문

(5) 시간 속의 인생관

다음은 전석홍의 시에는 인생론적인 시간의식이 뚜렷하다는 점이다.

1.
산골 간이역에서 시간 고속열차를 탔느니라
고빗길 평탄한 길 수없이 오내리며
거쳐 온 세상은 아름다웠어라

화평한 가정은 힘의 샘이었느니
신이 주신 귀한 가족이 있어
힘껏 뛸 수 있었고 행복했노라

2.
시간은 누구에게나 똑같이 왔다가
기다림 없이 지나가 버리는 것
무명의 이 시간을 네 것으로 만드는 것은 오직 너뿐
'걷는 자만이 앞으로 나아간다' 가훈 이어받아
분초를 하늘의 무게로 알고
너만의 땀으로 네 꼬리표를 붙여야 하리
— 「시간 고속열차를 타고 – 사랑하는 우진에게」에서

즉, 인간은 각자가 간이역에서 고속으로 달리는 열차를 타고 내리듯 사는 존재이니 스스로 최선의 처세를 하라는 견해이다. 이런 시인의 시간 의식은 「초침秒針」, 「시간 경쟁」, 「초침인간이 시간의 숲을 달린다」, 「지금」에 계속된다. 요컨대, 바로 지금 시간을 유용하고 즐겁게 활용함이 중요하다는 생각이다. 그것은 옛 로마의 시인 호라티우스의 라틴어 시 구절인 카르페 디엠 Carpe Diem과 상통되고 있다.

"나에게 주어진 시간은 / 지금이라네 // …(중략)… 있는 땀방울 다 쏟아 / 지금을 / 알차게 채우는 것이 / 참삶의 길이라네"
— 「지금」에서

(6) 서정 미학의 세계

위에서는 대체로 전석홍 시의 생활적이고 인생론적인 작품을 주로 했으므로 보다 언어예술적인 이미지나 구성 및 서정성을 살펴본다.
제목부터 남도의 풍물과 정취를 자아내는 「홍도의 아침」은 한결 서정적인 가락으로 잔잔하게 구현한 한 폭의 살아 숨 쉬는 동영상 미학이다. 첫 연에는 진한 북서쪽 쪽빛 바다 수평선이 선명한 시각 이미지를 보인다. 이어서 둘째 연에서는 새벽에 나온 낚시꾼 두엇이 물속에서 손에 묵직하게 감지되는 돌돔들을 낚아 올리는 촉각 이미지가 느껴진다. 그리고 셋째 연에서는 바다 저쪽에서 발동기 소리내며 다가오는 똑딱선 뱃바닥 짠물 찾아드는 바닷장어를 통해서 청각과 미각 이미지로 섞어 전한다. 그리고 끝 연에서는 갯가에서 아침의 파도 소리에 몽돌들처럼 귀 기울이고 있다는 청각 이미지로 마무리하고 있다.

    멀어질수록 진해지는 쪽물 바다
    하늬 쪽 수평선이 초승달처럼 선명하다

    어스름 밟고 나온 낚시꾼 두엇
    유리알 물속에서
    짜릿한 손 무게 낚아 올린다
    미끼의 음모 빤히 바라보면서 달겨드는 돌돔들

    바다 멀리 밤샘한 똑딱선 한 척
    고요 물살 깨우며 미끄러져 들어온다
    짠물 찾아 뱃바닥 기어대는 바닷장어들

    옴팡한 갯가에
    머리통만 한 몽돌들 겹겹 누워
    아침 해조음에 귀 기울이고 있다   —「홍도의 아침」전문

위 시는 시각, 청각, 미각, 촉각의 혼합 이미지가 선명하게 어우러진 남도의 시로 빛난다. 기승전결에 알맞게 갖추어진 짜임새를 이룬 작품이다. 더욱이 시 전체를 천지인天地人적인 사물 속에 시인 자신도 혼연일체가 된 경지이다.

뿐만 아니라 다음의 「오색딱따구리」는 녹음의 계절에 숲속에서 노래하며 노니는 새소리를 자상하고 정감있게 묘파하여 눈길을 끈다. 새벽 바다를 배경으로 삼은 「홍도의 아침」과는 대조를 보인다. 소나무 가지에 앉아서 이색적인 소리로 노래하는 새들과 교감하듯 대화하는 자세가 신선하다.

철쭉꽃불 활활 피어오르는 무렵

새들 저마다 모국어로 합주하는
아늑한 숲속
타악기를 울리는 고수조鼓手鳥 찾아들었네

톨톨올르르 톨톨올르르
콜콜올르르 콜콜올르르

―「오색딱따구리」에서

(7) 식물적 상상력

전석홍의 시집에서는 시집 제목의 분포부터 다른 성향의 분포보다 단연 글 소재나 제재 면에서 식물적 상상력에 관한 글이 태반일 만큼 많은 분포를 이룬다. 「자운영 논둑길을 거닐며」, 「상수리나무교실」, 「장두감나무」, 「도라지꽃」, 「도심 소나무」, 「동백숲 홍도」, 「무궁화꽃」, 「백목련 그늘 아래」, 「모란은 다시 피는데」, 「조팝나무」, 「연꽃」, 「참나리꽃」, 「질레꽃」, 「수국」, 「보리밟기」, 「나무가 쓴 단풍시」, 「고구마를 먹으며」, 「아카시아 그루터기」, 「동백꽃」, 「호박넝쿨」, 「느티나무」, 「장미꽃에게」, 「노거수」, 「들국화」, 「옥잠화」, 「찔레꽃 피는 계절」, 「풀꽃」, 「대숲길을 거닐며」, 「배롱나무」, 「코스모스」, 「가을 대추」 등. 우리 주변에서 많이 접할 수 있고 아름다운 꽃부터 싱그러운 이파리나 다양한 실과들과 친근한 까닭이리라.

그리고 첫 시집의 표제작인 「담쟁이 넝쿨의 노래」는 민초들처럼 끈질긴 생명력과 의지를 표상하는 객관적 상관물이고 열 번째의 시집 표제작인 「한 그루 나무를 키우기 위해」는 평생을 자식 키우기 위해 헌신한 부친에 대한 간절한 효심을 담고 있다.

전석홍 시인이 2004년 11월에 서울에서 출간한 첫 시집에 표제시로 활용된 「담쟁이 넝쿨의 노래」의 첫 연과 끝 연이다.

> 기어서 어디든지 올라간다 / 담장이 있으면 담장을 타고 / 벽이 있으면 벽을 타고 / 나무가 있으면 나무를 타고 / 높이 높이 오른다 // (중간 3개 연 생략)
> 얕보지 말라, 기어다닌다고 / 비웃지 말라, 가냘프다고 / 우리는 무리 지어 덮어 버린다 //
>
> ―「담쟁이 넝쿨의 노래」에서

이 작품은 담쟁이의 질기고 강한 속성을 들어서 민초들의 저력 있는 이미지로 활용된다. 따라서 흔히 1930년대부터 학업의 우수성, 선택적 입학, 체육의 경쟁성, 오랜 전통을 지닌 미국 북동부에 있는 8개의 명문 사립대학 담쟁이 리그(the ivy league)의 속성과도 상관된다.

그리고 다음의 「연꽃」은 시 미학적 그 성격상 「담쟁이 넝쿨의 노래」와 대조된다. 아래 작품은 한껏 여성처럼 여리고 불교적인 번뇌에 잠긴 시 미학적 성향이 짙다. 전 시인의 시 작품 세계는 이처럼 강인하고 그윽하고 다양한 면이 눈길을 끈다.

구름 위에 떠 있는 듯

넓은 잎 사이사이
해맑은 연분홍빛
흰빛 봉오리

아수라阿修羅의 진흙투성이
엷은 미소로 덮고
다소곳이 앉아 있는 동녀童女

어디서 예불禮佛 소리 들려오나
지워도 지워도 지워지지 않는 번뇌
부끄러워 얼굴 붉어진다 　　　　　　　　―「연꽃」전문

(8) 친환경 시 성향

　전석홍 시문학에는 자연보호 성향 짙은 환경시 작품도 밀도 짙게 읽힌다는 점이다. 어느 지방의 공사 현장을 고발하거나 피켓을 들고 작업을 막는 투쟁적인 성향과는 차별화된다.
　「맨발 개펄」은 슬로시티로 이름 높은 서남해안의 신안군 증도의 갯벌에 서식하는 짱뚱어의 생태를 동영상으로 보여주는 듯 실감이 난다. 바로 앞 갯벌에서 손바닥에 잡힐 듯한 거리에서 재빠르게 물 위로 녀석들과 겨루던 동심과 연결하는 효과를 더한다. 구호 대신에 실지에서 흥미롭게 친환경의 롤모델을 실증적으로 드러내 보인다.

　　짱뚱어 집 한 채엔 열두 대문 / 뻘 바다 여기저기 구멍문이 열려 있다 / 위험 기미 있으면 가까운 문 안 / 잽싸게 꼬리를 감췄다가 /

금세 대가리를 내밀고 뛰어나올 채비 한다 // 저들만의 자유 영역에서 삶의 길 너무나 익숙하다 / 저만치 개펄 푹푹 빠지며 / 내 소년의 막대기 하나 짱뚱어를 뒤쫓아 간다 /

—「맨발 개펄」에서

그런가 하면,「별밤 오케스트라」는 개펄 속의 짱뚱어 생태를 다룬 위 경우와 달리 녹색의 환경 시 작품이다. 제목에서처럼 그야말로 싱그러운 숲속에서 숱한 벌레들과 더불어 별밤의 조화로운 음악회를 여는 경지를 보여준다. 여기에 시문학이 가미된 향연이니 시와 음악의 여신인 뮤즈의 축제(훼스티벌)이다. '초당림에서'라는 부제에서 보듯 시골의 잘 가꾸어진 산림 속에서 이루어지는 음악의 향연장이다. 그만큼 여느 시에서는 만나기 어려운 오만 가지 벌레소리의 의성어도 일품이다.-찌찌 찍찍 찌-ㄱ 찌-ㄱ / 찔찔 찌-ㄹ 찌-ㄹ 찔찔 찌-ㄹ 쩍쩍 짹짹 / 끼 끼 낄낄 끼-ㄹ 끼-ㄹ / 키 키 키스 키스 킬킬 콸콸, /-소쩍새의 반주에다 빽빽한 나무들의 청중 같은 상응이 잘 어우러져 있다.

한편「무진교에 서서」는 순천만 습지의 구름다리 주변에 있는 갈대밭에서 사는 곤충-물고기-철새들이 상생적으로 살아가는 생태를 묘파하고 있다. 그야말로 "이곳은 모두가 한 뿌리 생명들 / 서로 기대 가슴 부비고 살아가는 / 지상의 평화낙원"인 것이다. 위 시편들처럼 시인은 서정적인 작품을 유기적으로 구상하여 입체화해 보인다.

끝으로「산가재 도롱뇽이 둥지를 튼다」는 고향 은적산 청정지역의 산골 물 흐름을 옛글에 나오는「유산가遊山歌」에서처럼 막힘없이 써낸 시편이다. "산 겹겹 열두 골 물이 / 붓꽃 중나리 뿌리를 적시고 / 산 짐승 목 축이는 옹달샘으로 솟아 / 산가재 도롱뇽이 둥지를 튼다." 그리고 그 옹달샘이나 도랑을 이루며 시냇물을 거쳐서 먼바다로 향한다는 내용이다.

(9) 역사 탐사로 호국애족 고취

또 전 시인은 영암 출신으로서 일본에 한문과 예절을 가르친 왕인 박사 선양회장으로서 왕인 묘가 있는 영암의「상기동의 봄」등을 비롯해서 한일왕래를 하던 예전의「왔소, 왔소」등을 쓴다. 일본에서의 정례적인 왕인 박사 행사 정경 등을 여러 작품으로 알린다. 또한 임진란과 정유재란 때 왜적과 싸워 순절한 전몽정과 몽진 등의 의병장을 배향하는「아! 장동사」,「충효문 앞에서」등도 작품화한다. 여기에 못지않게 상해 임시정부 청사나 홍구고원 등도 시로 활용하여 호국애족 의식을 드높인다. 문제는 이런 작품이 일반 시편 속에 두어 편씩 끼어 있게 하기보다 한꺼번에 시집으로 펴내는 게 바람직하다 싶다.

(10) 가슴에 박힌 '農心'

전석홍의 근년에 펴낸 제10시집에서는 농촌 어른들의 아들에 대한 엄격하고 자상한 농민의 정신을 체득하고 작품에 반영했다는 점이다. 농사짓는 사람이 세상 제일(農者天下之大本)로서 노력한 만큼 거둔다는 농심農心으로 올바르게 체득하고 실천한다는 점이다.

> 마룻바닥에 떨어진 밥알을 주워 마당에 던졌다 / 점심 함께한 아버지, 눈을 부릅뜨며 / "한 톨의 밥알에 얼마나 많은 땀이 들어 있는 줄 아냐!" 내리치는 쇠망치에 / '밥은 땀'이라는 십계명이 내 목구멍에 꽝꽝 박혔다 /　　　　　　　　—「밥과 땀」에서

가난하던 시절의 농부들이 피땀 흘려서 수확한 식량을 귀히 여기라는 호통은 단순히 경제적인 가치에 그치지 않는다.
또한「대빗자루 소리」에서는 할아버지께서 누구보다 일찍 일어나서

본을 보이면서 어린이에게 부지런함과 글공부에 임하라는 가르침을 준다. 어른들이 대빗자루로 마당 쓸기를 하며 아들의 책 읽는 소리를 통한 모범적 삶의 훈련을 시킨다. 옛날 한석봉의 어머니가 어둠 속에서 떡을 고르게 써는 솜씨로, 고르게 쓰지 못한 아들의 글씨 솜씨를 시합을 통해 고른 글씨 쓰기로 길러낸 덕담이 연상된다.

(11) 한량없이 따스한 가족 사랑

여러모로 한국 전통적인 혈연 의식과 우애가 짙은 전석홍 시에는 가족을 비롯한 친인척의 자별한 사랑이 스며있다는 점이다. 추석 때면 시인의 어머니인 외동딸을 보기 겸하여 올벼 쌀자루를 이고 시골의 높은 재를 넘어오신 외할머니의 뭉클한 정의가 짙다. 그리고 또박또박 글씨 쓰는 외손주의 모습을 지켜보다 "/ 안 보고 써 봐라 /"던 「외할머니 무명자루」가 감동을 준다. 이런 혈육의 정은 혼자 풀을 뜯고 있던 어미소가 며칠 전 십리 길 동네에 떨구고 온 새끼 송아지를 혼자서 찾아간 이야기와 함께하여 감동을 더한다.

(12) 성년 문인 이후의 새 발걸음

위에서 지금까지 10권의 시집을 펴낸 전석홍 시문학의 대강을 몇 가지 특성별로 살펴보았다. 그 시집 중에 후반의 대부분 평설은 논자가 자상하게 해 왔으니 전반의 작품들도 합한 바를 이 글에서 총괄해 본 것이다. 인생 마라톤 경주에서 완주한 이후에도 남은 세월의 영지에 의연하게 선 전석홍 시인의 자태가 선하다. 삶의 긴 과정에 전력한 심신이 오아시스에 임한 듯 문학의 농장을 가꾸며 인생 이모작을 선택한 시인의 덕목이 빛난다. 일찍이 학생 시절부터 시문학에 뜻 두고 공직의 길을 달려온 문학도의 보람이랄까. 초심을 잃지 않고 매진해 온 요즈음

과실나무 키우듯 정년 없는 글밭을 일구며 시 작품 생산에 전념하고 있다.

　인생 마라톤 경주에서 완주한 이후에도 남은 세월의 영지에 의연하게 선 전석홍 시인의 자태가 선하다. 삶의 긴 과정에 공적인 조직 속에 매어 왔던 심신이 오아시스에 임한 듯 문학의 농장을 가꾸며 인생 이모작을 선택한 시인의 덕목이 빛난다. 일찍이 학생 시절부터 시문학에 뜻 두고 공직의 길을 달려온 문학도의 보람이랄까. 초심을 잃지 않고 매진해 온 요즈음 과실나무 키우듯 정년 없는 글밭을 일구며 시 작품 생산에 매진하는 자세이다. 등단 20년과 시집 10권으로 충분한 성년에 이른 중견 시인은 거듭난 발걸음을 내디뎌야 마땅하다.

　더욱이 여느 시인과 달리 목민관으로 봉사하며 2004년에 첫 시집을 낸 전석홍全錫洪 시인은 아직 젊다. 이제 등단 20년에 열 권의 시집을 냈으니 가히 기록적이다. 더욱이 현직 업무에 종사하면서도 시문학의 끈을 놓지 않고 늦깎이로 꾸준히 정진해서 작품 실적에서도 중견의 자리에 올랐으니 큰 보람이다. 그러기에 지금까지는 벅찬 제재와 주제를 의욕적으로 많이 다뤘지만 앞으로는 창작 면에서 바람직한 선택과 집중적인 시 쓰기에 임한다면 시단에서 두드러지게 큰 성취가 있으리라 믿는다.

7. 삼박자를 이룬 탈 디아스포라 문학
- 유한나론

1) 프롤로그

　독일에 살면서 한국과 유럽에 한글문학을 연결하는 유한나 시인의 네 번째 시집 출간을 진심으로 축하한다. 나는 2000년 전후부터 재외동포의 한글문학과 현지어 문단을 조사 연구해 온 한 사람으로서 유한나 시인의 시집 평설을 쓰게 됨을 뜻깊게 생각한다. 이 글을 준비하는 과정에서 유 시인이 국내외 문예지에 발표한 작품이나 시집들과 수필집, 김여정, 유한나 모녀 시선집과 번역 시집 등도 통독하였다. 꾸준하고 다양한 시 작품과 진솔한 내용들에 심취할 정도였다.
　프로필을 살피면, 1959년에 2남 2녀 중의 맏이로 태어난 유 시인은 서울에서 중고교 교편을 잡던 어머니와 떨어진 채 진주의 외가에서 외조부모 보살핌 속에 자라며 초등학교도 다닌다. 그러기에 그의 작품에는 개성형성기에 정들었던 진주가 옛 제노필리아 같은 보금자리로 자주 등장한다. 이후 서울에서 성신여자 중고등학교와 이화대학교 독문학과와 대학원을 마친 후 여성개발원에서 근무 중 결혼한다. 그 후 1986년에 부부가 함께 U.B.F. 선교사로 독일로 건너가 수학하고 강의 겸 직장 근무도 한다. 독일로 건너가 자녀를 키우며 선교 생활을 한다. 그러면서 수년 동안 마인츠 소재 대학에서 한국학 강의를 맡고 프랑크푸르트 코트라에서 근무도 한다. 그러던 중 2002년과 2003년에 재외동포문학상 공모에 시, 수필로 입상하고 서울에서도 2008년에 시, 2012년에 수필 신인상 당선으로 등단한다.

이렇게 뒤늦게 등단한 그는 단행본으로 엮은 작품집만도 국내의 여느 문인 못지않은 실적을 내고 있다. 첫 시집 『아침을 여는 새』(2008)에서는 소박한 서정 세계를, 제2시집 『꿈의 농부』(2011)에서는 더 자연과 꿈을 노래하고 제3시집 『라인강의 돛단배』(2019)에서는 유년의 기억이나 모국 추억을 되살린 성향을 보인다. 여기에 곁들여서 김여정, 유한나 모녀 시선집인 『풀꽃 목걸이』(2022)도 냈다. 그뿐만 아니라 수필가인 유한나는 『라인강에서 띄우는 행복편지』(2010)로부터 라인강으로 이름을 붙인 수필집도 현재까지 다섯 권에 이르도록 왕성한 작품 활동을 펴고 있다. 『라인강에서 띄우는 희망편지』(2013), 『라인강에서 띄우는 위로편지』(2015)』, 『라인강의 초록나무』(2018), 『라인강에 뜨는 무지개』(2021), 이 밖에 김여정 시인 독일어 번역시집 『여명의 바다』(2010), 독일어 번역시집 『Koreanische Moderne Gedichte 한국현대시』(2005) 등.

그러기에 유한나의 삶과 문학의 중추는 역시 삼위일체적인 코드로 접근함이 안성맞춤이다. 장녀와 주부로서의 가족 사랑과 선교 활동을 통한 신앙생활, 그리고 한국의 시인 겸 수필가로서 유럽에 한글문학을 전파하는 전령사인 점이다. 『바람개비 도는 꽃길 언덕에 서 있네』라는 표제 안에 포함된 두 시편 내용에도 세 요소가 복합되어 있다. 사랑하는 어머니로서, 신앙인으로서, 손수 글을 쓰는 문인으로서 이런 시집을 내기 위해 쉼 없이 달려온 가시밭길이 곧 꽃길임을 알아차린 이제 위안을 받게 될 것이다. 이런 점이 반영되어 나타난 작품들을 주로 하여 하나씩 논의해 간다.

시집 『바람개비 부는 꽃길 언덕에 서 있네』는 4개의 묶음으로 나눈 뒤 각기 16편씩의 작품을 합해서 모두 64편의 주옥편珠玉篇들로 이루어져 있다. 우리의 삶을 대체로 식물적 상상력과 계절감으로 다채롭게 그려 보이며 최선을 다한 인생을 긍정적으로 다룬다. 지나온 삶을 되돌아보고 대견하거나 감회 어린 바를 진솔하게 이야기하며 새롭게 다짐한 시 미학적 기록이다. 그러기에 코로나 엔데믹과 러시아-우크라이나 전쟁 및 이스라엘-팔레스타인 분쟁 중인 2023년 말에 펴내는 소담한 시의 향연 같은 결실로 다가온다. 이제 제발 상대가 동서양 할 것 없이 서로 진영 가림 없이 피나는 전쟁을 멈추자는 염원을 담은 것일까. 그만큼 시대의 흐름과 시인의 나이테에 따라 이전 시집의 소박한 서정과 농민적인 자연의 꿈이나 모국의 어릴 적 추억보다는 전향적인 자세를 드러낸다.

2) 가족 사랑과 휴머니즘 정신

이번 시집에서는 여러모로 이전보다 다채롭고 새로운 성향을 보여준다. 우선 한국 한강과 독일 라인강변에 사는 김여정-유한나 모녀 시인의 만남이 통신뿐 아니라 실제의 상봉으로 이루어진다.

> 지상의 길을 걷는 시간이 점점 짧아진 어머니
> 잠시 모국에 들른 딸과
> 벚꽃 나무들이 창창히 줄지어 선
> 하천 산책길 걸으신다
> …(중략)…
> 구순 어머니와 육십 넘은 딸의
> 그림 같은 벚꽃 데이트!   ―「벚꽃 데이트」에서

장녀인 유한나 시인과 어머니 김여정金汝貞 시인은 모녀 관계로서 시 작품에서도 자별한 자모사慈母詞 성격을 띠고 있다.

> 귀가 잘 안 들리는 모국의 구십 세 어머님
> 독일 사는 육십 넘은 딸에게
> "청력 관리 잘 하거라"
> 가녀린 손가락으로 문자 써서 보내시네.   ―「모정母情」 전문

시집 제목인 『바람개비 도는 꽃길 언덕에 서 있네』는 '바람개비'와 '꽃길'을 합성한 내용이다. 여기에서 바람으로 의인화된 시인이 먼 여정을 지나서 지친 몸을 가눈 자신에게 위로하는 경우를 든다. 그러기에 '꽃길'이란 식물적 이미지와 달리 원래는 자갈투성이인 가시밭길이다. 그 난관을 헤쳐온 바람이 지친 몸을 기대자, 바람개비가 먼 길을 거쳐 온 딸에게 땀을 식혀주면서 수고했다고 반기는 어머니처럼 자애로운 심상이다.

가시덤불 뒤덮인 좁은 길 헤치며 걸어왔네 / 쉼 없이 걷다가 숨돌리며 뒤돌아보니 // 아! 가시는 장미 향기 따라 날아가 버리고 / 지나온 길이 그리운 꽃길로 바뀌었네 // 울퉁불퉁 넘어질 것 같은 거친 자갈길 달려왔네 / 한참 바삐 가다가 되돌아보니 // 아! 자갈마다 보석 되어 빛나고 / 밟고 온 길에 널려있는 에메랄드 사파이어 루비… // 알알이 영롱한 보석에 눈부셨네 // 뒤돌아 아련히 바라보기만 할 뿐 / 몸은 시간의 밧줄에 매여 되돌아갈 수 없네 // 한 걸음 한 걸음 걸어가는 이 길이 / 바로 꽃길이고 보석 같은 길이구나! //
—「꽃길」전문

젊은 시절 험한 가시밭길을 헤쳐오며 바람처럼 기진한 페르소나는 어머니처럼 포근한 바람개비의 위로를 받는다.

산 넘고 바다 건너 달려온 바람 한 점 / 바람개비 어깨에 걸터앉아 / 가쁜 숨 고르고 있네 // 집마다 젖은 빨래 말려주고 / 비에 젖은 나뭇잎 닦아주고 / 땀 흘리는 얼굴에 부채 되어주며 / 먼 길 달려왔네 // 장미 향기 물결에도 / 황홀한 나비춤에도 / 묵묵히 서 있던 바람개비 // 불어온 바람 한 점 / 작은 어깨에 태우고 / 애썼다 좀 쉬어라 / 바람 주위 돌며 반겨주네 // 먼 길 찾아가면 / 애썼다

좀 쉬어라 / 반겨주는 내 어머니 닮았네. // ―「바람개비」전문

시인은 나아가서 이웃의 삶에도 관심을 가지고 챙긴다. 최근 러시아의 침공에 따른 우크라이나전쟁에서 생긴 희생자들의 참상과 고발로 휴머니티를 강조한다.

캄캄하고 추운 동굴에 숨어 지내기 무서워요
비둘기 구구대고 햇빛 따뜻한 광장에 나가고 싶어요
…(중략)…
폭격으로 산산이 부서진 우리 동네,
잿더미 속에 파묻힌 우리 집
언제 다시 찾을 수 있을까요? ―「전쟁터 어린이」에서

이를테면, 근래 우크라이나전쟁의 참상을 고발한 어린이의 하소연을 통한 반전시反戰詩이다. 이 밖에도 「마리우폴 열 살 소녀」, 「한 장의 결혼사진」이 공감을 준다.
또한 「나무가 말하네」, 「바다가 말하네」에서는 나무나 바다를 의인화하여 벌목 등으로 숲을 훼손하지 말고, 비닐과 쓰레기 등으로 바다를 오염시키지 말라며 환경문제를 제기한다. 거기에 자연재해에 상관된 「기우제」, 「지진」도 외면하지 않는다. 더욱이 「로봇 버거」, 「시 쓰는 인공지능」, 「챗봇(Chatbot)」은 과학 문명의 위기 양상을 경고한다.
그런 한편으로, 「경주 월정교의 달밤」, 「보름달 연서戀書」는 위의 전쟁 포화나 첨단 기기와 상이하게 고전과 현대를 연결한 서정시도 곁들여서 남다른 다양성을 보인다. 이 밖에 죽음에 상관된 「안락사」, 「죽음의 종種」, 「미리 신청합니다」 등의 글을 다루어 이순耳順의 연륜을 지닌 시인의 관조와 달관 경지도 드러낸다. 이런 면은 시인 자신이 특유의 장르 의식과 시문학의 새로움을 모색한다는 의미이기도 하다.

3) 기독교 신앙적인 이미지

40년 광야를 걸었던 이스라엘 백성같이
두 순례자 40년 광야길 함께 걸어왔네

뜨거운 사막에서 목말라 허덕이며
다디단 물 찾아 헤매던 우리 앞에
미라의 쓴 물이 놓여 있었네
찡그리며 마셨던 쓴 물이 갈증을 한 번에 해갈시켰네

추운 밤이면 따뜻한 불기둥이 온기를 전해주었고
뜨거운 낮에는 구름 기둥이 손잡아 이끌어 주셨네
넘실거리는 홍해 앞에서 울부짖었을 때
하늘의 지팡이가
바다를 두 쪽으로 나누는 기적을 보았네

길을 가로막는 철통 벽 앞에서
일곱 번 돌며 기도의 나팔을 불었을 때
여리고 성 같은 벽이 종이 벽처럼 무너져 내렸네

풀 한 포기 자라지 않는 외로운 광야
나무 한 그루 볼 수 없던 삭막한 광야에서
서로 기대고 위로하며 걸어온 순례길 40년

광야에서 눈물 꽃, 사랑 꽃, 웃음꽃 안겨준 세 자녀
아들을 사랑하고 네 손주 키우는 고마운 며느리,
딸을 아끼고 위해 주는 믿음직한 사위,

반짝이는 눈을 가진 다람쥐, 토실토실 토끼 같은 손주들이
젖과 꿀이 흐르는 약속의 땅 가나안 바라보며
거룩한 순례길에 함께 행군하네

모국에 계신 어머니, 사랑하는 형제자매들도
가나안 땅 행복의 동산에서 만나
서로 얼싸안고 기쁨의 폭죽 터트리며
웃음 송이 멀리멀리 날리는 날 기다리며

기도의 손 모으고
남은 순례길 기쁘게 발걸음 내딛네.　　　　　―「결혼 40년」 전문

여기에서는 모처럼 강렬한 이미지와 전문적인 식견을 갖추어 독실한 기독교 가족의 삶과 신앙을 드러낸다. 하지만 평소의 작품에서는 유 시인이 한껏 진중한 호소력과 종결어미의 효과로써 일반 독자들도 부담 없이 함께하도록 배려하여 호감 영역을 넓힌다.

이어서 시인은 자신이 평소 알고 지내던 탈향민의 소천을 통해 분단 조국을 떠나온 디아스포라의 한 삶을 보여주고 있다.

코로나 전염병 암흑기 2년여 동안
소식 잊고 지내던 K 박사님
부활절 며칠 앞둔 날 소천하셨다

한국이 아닌,
부모님이 살던 고향 이북 땅이 아닌,
반세기 살아오셨던 독일 땅에 묻히게 되셨다

독일인 사모님이 한국인 남편의 후배에게
장례식에서 아리랑을 불러달라고
남편의 뜻을 전하셨다

아리랑 가락을 굽이굽이 타고 오르셔서
북한에 사시던
그리운 부모님을 만나보고 싶으셨을까

반세기가 지나도 못 잊으신
살구꽃 피던 고향,
그 사이를 흘러 다니던 부모님의 아리랑 노래
눈 감으시고도 가슴에 꼭 품고 가고 싶으셨을까

아리랑, 아리랑 고개를 넘어⋯   ―「살구꽃 아리랑」 전문

 분단 조국의 북한에서 태어나 고향을 못 가고 독일에서 독일인 여성과 결혼해서 살다가 코로나가 창궐한 기간에 세상을 하직한 K 박사의 사연이 가슴을 울린다. 한반도를 떠나서 독일에 정착하여 이국 여성과 가정을 이루어 살다 가면서도 장례식에는 아리랑을 연주해 달라고 유언한 이민자의 사정이 인상적이다. 기독교적이고 식물적 상상력을 망향성에 곁들인 데다가 평이한 문장으로 녹여서 조화를 이룬 시편이다. 한국 디아스포라 문학의 한 실체이면서 알맞은 텍스트이다.
 이 밖에도 「햇빛 세례」, 「언약의 무지개」 등에서 기독교적 성향을 띠고 있지만, 나머지 시편들에는 그 작품 속에 신앙 정신이 용해되어 자연스럽다.

4) 유한나 시문학 기법의 괄목할 변모

이번 시집에서 특별히 주목할 바는 유한나 시의 구성이나 기법에서 참신한 변모를 보인다는 점이다. 이전의 단조롭던 모범생의 모습에서 새벽잠을 깬 듯 산뜻한 모더니티의 감각과 지적 향상을 취한다. 이 시집 3부와 4부 작품들에 드러난 시적 발상의 발랄함과 탈속한 변형의 멋이 주목된다. 이제 새로운 경향의 시편들에서는 이전에 보기 어렵던 시 미학적인 구성상의 뒤집기나 비틀기 등에서 번득이는 위트와 반어를 동반한 유머가 돋보여 시 읽는 재미를 북돋운다. 이는 유한나 시의 조신하되 과감하고 바람직한 비약으로서 괄목상대할 현상이다.

> 아차! 하는 순간 / 스쳐 간 칼날에 / 가느다란 흰 손가락에서 / 붉은 눈물이 솟아 흐른다 / (둘째 연 4행 생략) / 좁은 구두에 눌려 살던 / 새끼발톱이 온통 검게 물들었다 / 작은 발톱도 상처로 속이 검게 타는구나 // 붉은 강물이 흐른다 / 푸른 은하가 펼쳐진다 / 검은 흑장미꽃 피어난다 // 상처의 문門 안에 신세계 펼쳐진다 //
> ―「상처의 문門」에서

위 작품에서는 촉각적인 이미지의 통증이 리얼리티를 자아낸다. 그에 비해서 다음 작품에서는 우리가 흔히 데자뷔 현상으로 기시감旣視感 있게 느끼는 바를 내보인다.

> 비 내리는 아침, 우산꽂이에 성한 우산이 없어서 문득 그동안 숱하게 잃어버렸던 갖가지 우산들이 생각나고 아쉬워짐을 느낀다. 미처 아쉬운 줄 모르고 지나다가 / 어느 순간 / 잃어버렸던 것들이 / 안타깝고 아쉬운 것들이 있다 // 젊음이 그렇고 / 세월이 그렇다 // 폭우 속에서 우산처럼 날 지켜주던…   ―「우산」에서

유머 감각이 새로운 데다 그런 경우를 우리 인생의 젊음이나 세월도 그렇다고 단박 적용해서 일깨우는 자극이 신선하게 와닿는다.

> 가까운 혈육의 가슴에 / 못 박으며 살아온 자가 / 누군가 그의 가슴을 가시로 찔렀다고 목청 높인다 / …(중략)… / 그러고 보니 낯설지 않은 모습 / 바로 내 모습!　　—「가시와 대못」에서

위 작품에서는 못된 병폐를 비난하는 자신이 반성할 장본인이라는 경각심으로 번득이는 반전법의 재치를 빛낸다.

이 밖에도 「깍두기」는 리얼한 의인화를 통한 부엌의 한 깍두기가 소금에 절여지는 처지에 반발해서 김치통에서 벗어났지만, 오히려 꺼멓게 변한 채 쓰레기통으로 버려진다는 비유로서 동화처럼 흥미롭고 실존적이다. 「이 빠진 그릇」 역시 할머니처럼 이 빠진 그릇을 버리기 십상이라는 경우를 들어서 반전의 묘미와 토사구팽의 풍자성이 공감을 준다.

「부엌에 밀려오는 강물」에서는 부엌을 통한 여러 세대의 대비와 압축적인 구성미가 돋보인다. 시적 상상력과 의식의 흐름을 활용한 동영상적인 멀티비전식 묘미로써 진주 외가 할머니의 부엌−서울 어머니의 부엌−독일 딸의 부엌을 시공간의 대비적 상상과 함께 입체적으로 접근하여 흥미를 돋운다. 이제는 나이테를 더한 유 시인도 이전의 사물과 문학에 인생을 관조하고 달관할 단계이다. 그래서 이전과 달리 「안락사」, 「죽음의 종種」, 「미리 신청합니다」와 같은 작품을 마주함도 낯설지 않다.

5) 유럽에 한글문학을 전파하는 전령사

유한나 시인은 독일 현지에 와서 부군과 함께 선교하고 자녀를 키우는 틈틈이 한글로 시와 수필을 써서 문인 활동을 함이 대견하다. 자력으로 재외동포문학상 시와 수필 부문에 응모하여 여러 번 입상한 후

서울에서 늦깎이로 문단에 올랐다. 대단한 열정이며 저력이다. 더욱이 2004년 3월 유한나는 재외동포문학상 입상자 7명과 함께 프랑크푸르트에서 재독한국문인회를 창립하고, 2007년 창간호부터 2014년 제8호까지 매년 회원창작 작품집《재독한국문학》을 편집했다.
　그뿐 아니라 독일에서 전 유럽지역을 아우르는 한글문학 종합지《유럽한인문학》을 동료 문인들과 2017년에 창간하여 올해 5호까지 발간하였다. 한글문단이 취약한 동유럽, 남유럽, 북유럽에 거주하는 한인 동포들에게 한글 작품 구독이나 발표의 통로로 연결하고 있다. 현역 시인 겸 수필가로서 독일은 물론 전 유럽으로 한글문단을 확산시키는 역할까지 맡고 있다. 이미 독일 시민권자로 자리 잡은 유한나 시인은 한독 양국을 잇는 초국가적 트랜스내셔널(trans national)시대에 국경을 벗어난 한국문학 기수의 한 사람이다.
　본디 그리스어인 'Dia-spora'는 어원적으로 '씨를 뿌리다, 흩어지다' 등의 복합적 의미를 지닌 데다 사회 환경이 다각도로 바뀌며 두드러진다. 이전 세기만 해도 디아스포라는 나라를 잃고 삶의 보금자리에서 벗어나 흩어진 채 집 없이 유랑하는 개인이나 소수의 공동체를 의미했다. 기원 전후에 유대인들이 팔레스타인 구역에서 추방되어 예전의 게토처럼 특정 공간에 갇힌 채 집시처럼 떠돌아다니면서 기회를 타서 모국에 돌아가려는 처지와는 다르다. 원활한 교통이나 디지털 통신의 발달과 신속한 교류로 활짝 열린 세계화 사회에 임한 현대의 디아스포라 양상은 이전 세대와 더 새로운 모습으로 만난다. 세계에 흩어져 사는 이민자는 모국의 국력과 개인의 인권이 중시되는 금세기에 여러 경계를 넘나들며 한글문학을 씨뿌리는 일에 임하는 문인이다.
　요컨대, 유한나 시인은 현대의 탈-디아스포라의 한 모델로서 모친과 가족을 위한 휴머니즘 문학을 구현하였다. 그러면서 재독 한국문인 동지들과 함께《재독한국문학》과《유럽한인문학》으로 한글문학의 지평을 넓혔다. 특히 자신의 시 창작 면에서 이전의 밝고 수채화적인 단조로움을 벗어나서 참신한 구성과 예리한 위트, 유머, 풍자로써 리얼한 문장의 거듭난 점들을 발견한다. 그리고 시인은 경계인, 이중 언어, 이중 자아의식 속에서도 올곧은 한인의 뿌리 의식으로 정체성을 지니면서 밝고 전향적인 자세로 기독교적인 복음을 전하고 있다. 한글로 시와 수필 작품 활동을 하면서《유럽한인문학》으로 한글문학 확산 운동을 펴고 있는 유 시인은 거듭난 한국 디아스포라 문학의 선도자이기도 하다. 바야흐로 고도로 정보화되고 세계화된 21세기는 유목민(노마드)시대라고 설파한 자크 아탈리의 견해는 유효하다.

유 시인은 모국어인 한글로 문학을 펼치는 일이 민족정체성을 살린다는 의견을 전한다.

옹알이부터 한 글자, 한 낱말 배우며 / 스물일곱 해 동안 푸르른 젊음 키웠던 내 삶의 모판, / 정겨운 모국 떠나 / 낯선 독일어로 말하고 있는 나라에서 / 굽이치는 세월의 파도 타고 온 지 어언 삼십 년 / (2연 생략) / 독일에서 태어나 하루하루 자라고 있는 / 내 사랑하는 자녀. 그들의 자녀에게 주고 싶은 / 나의 가장 아끼는 유산 / 우리말 두레박! /
— 시집 『라인강의 돛단배』 중 「우리말 두레박」에서

아무쪼록 독일을 비롯한 유럽에서의 생활과 디아스포라 한국문학의 발전에 노력해 온 유한나 시인에게 앞으로도 알찬 성과가 더하기를 기대한다.

V.
나라 안팎 문단 살피기

1. 한강 작가의 수상 작품론
- 『채식주의자』, 『흰』 읽기와 담론

1) 노벨문학상 수상 작가와의 만남

   2024년 한글날 다음 저녁의 노벨문학상 수상자 소식은 우리에게 큰 문화적 영예 이상의 청신호로 다가왔다. 한강의 기적처럼 한국 작가에 대한 노벨상 수상 뉴스로 우리 가슴을 흔들었다. 그로 인해 주위 벗들은 며칠을 전례 없는 감흥 속에서 밤잠을 설치기도 했다. 해마다 10월이면 목마른 채 이웃 나라 잔치로만 구경하던 우리가 모처럼 주빈 대접을 받은 느낌이다. 한국인으로서, 더욱이 아시아 여성 최초의 노벨상 수상자 기록을 세운 실적과 노고에 격려와 축하의 마음을 함께한다. 이만큼 이번에 논자가 다룬 글에는 수상 이야기가 많다. 하지만 심혈을 기울여 쓴 한강의 작품들 경우에는 긍정적이기에 다다익선이다.

   따라서 여기에서는 한강을 세계에 알리기 시작한 맨부커상 수상작인 『채식주의자』와 『흰』을 비롯한 여남은 후속작으로서 노벨문학상 수상작들을 담론해 본다. 그 특성들과 문학적 원형질을 대비적으로 한강 소설의 미학과 세계를 살펴본다.

   1970년 광주 태생으로 성장하고 연세대 국어국문학과 출신이다. 1993년 《문학과사회》에 시로 등단한 데 이어 1994년 《서울신문》 신춘문예에 단편소설 「붉은 닻」으로 당선된 한강 작가의 삶도 참고함은 물론이다. 한승원 작가의 고명딸로서 어릴 적부터 한글 작품을 많이 읽고 작가인 두 오빠와 더불어 문학 가족임도 알려진 사항이다.

   먼저 한강이 외국에서 번역되어 호평을 받기 전에 한국에서 한글로

시판되어 국내의 여러 문학상을 받은 일을 살펴본다. 소설 등단작인 신춘문예 당선 외로 주요한 성인 문학상이 눈길을 끈다. 1999년 한국소설문학상, 2000년에 들어 오늘의젊은예술가상부터 부친 한승원에 이은 이상문학상은 물론이고 중요한 문학상을 수상한다. 동리문학상, 황순원문학상, 김유정문학상 수상 등이 줄을 이었다.

그런 가운데 대체로 위의 작품들이 외국어로 번역된 후에는 국내보다 외국에서 주요 문학상을 잇달아 수상했다. 『채식주의자』가 2016년 영국의 맨부커 인터내셔널문학상, 2017년에는 광주의 민주화 투쟁을 다룬 『소년이 온다』로 이탈리아의 말라파르테문학상을 받고, 이어 2018년에도 역시 문제작인 『흰』으로 맨부커 국제 부문에 입상했다. 2019년에 스페인의 후안 데 싼 클레멘테 문학상도 받았다. 사실 프랑스의 콩쿠르문학상과 더불어 노벨문학상에 버금가는 맨부커 국제 부문 상의 잇따른 수상은 고무될 일이다. 그리고 2023년에는 제주의 4·3항쟁을 작품화한 『작별하지 않는다』로 프랑스의 메디치상을 수상하기도 했다.

2) 관습적인 폭력에 꺾인 꽃나무 - 『채식주의자』

『채식주의자』라는 표제를 붙인 한강의 단행본은 모두 세 개의 독립된 중편으로 이루어진 연작형 장편소설이다. 2004년에 《창작과비평》에 발표한 「채식주의자」, 같은 해 《문학과사회》에 발표한 「몽고반점」, 그리고 이듬해 《문학판》에 발표한 「나무 불꽃」. 각기 독립된 구조를 이룬 이들의 연속된 스토리와 등장인물로 맥락을 사슬식으로 이은 채 한 책으로 엮은 소설이다. 따라서 이 글에서는 『채식주의자』 초판본(창비, 2007)을 텍스트로 살펴나가기로 한다.

「채식주의자」의 화자는 결혼 5년 차인 남편으로서 회사 과장인 '나'이지만 작품의 주 인물은 그의 아내 김영혜이다. 평소 덤덤하고 책이나 읽으며 지내는 평범한 성품의 주부로서 컴퓨터 그래픽 학원의 보조강사

일도 했던 '그녀'는 집안에서 끔찍한 사단을 겪고는 심상치 않은 심신의 변화를 보인다. 그녀는 밤중에 혼자 멍하니 어두운 거실에 서있거나 남편에 냉담해진다.

우울한 그녀의 증상은 집에서 이른 아침에 남편이 채근하는 바람에 생긴 일로 더 심해진다.

> 그 꿈을 꾸기 전날 아침 난 얼어붙은 고기를 썰고 있었지. 당신이 화를 내며 재촉했어.
> 제기랄, 그렇게 꾸물대고 있을 거야?
> …(중략)…
> 손가락을 벤 것, 식칼의 이가 나간 건 그 찰나야.
> …(중략)…
> 뭐야, 이건! 칼 조각 아냐!
> …(중략)…
> 다음 날 새벽이었어. 헛간 속의 피 웅덩이, 거기 비친 얼굴을 처음 본 건.

영혜는 주부로 지내면서 실제로 집에서 겪은 언어폭력의 정황을 의식의 흐름으로 하소연하거나 항변한다. 그날 이후 이상한 꿈을 꾸기 시작하면서 심신의 변화를 겪는다. 어두운 숲속, 헛간 같은 공간 속에 수백 개의 기다란 대 막대들에 매달려 있던 짐승들 고기, 시뻘건 핏자국들이 흰옷에 젖고 헛간 바닥에서 주워 먹은 날고기의 감촉과 코에 진동하던 고기 냄새 등. 그녀는 이렇게 길고 으스스한 꿈을 의식의 여울로 드러낸다.

> …하지만 난 무서웠어. 아직 내 옷에 피가 묻어 있었어. 내 입에 피가 묻어 있었어. 그 헛간에서, 나는 떨어진 고깃덩어리를 주워

먹었거든…… 헛간 바닥, 피 웅덩이에 비친 내 눈이 번쩍였어.

그 악몽을 꾼 이후 영혜는 불면증과 신경성으로 초췌해진 채 냉장고에서 쇠고기, 굴비, 바닷장어는 물론 계란까지 쓰레기통에 담아서 내버린다. 육식을 금하며 모든 가죽제품도 버리면서 부부 사이의 섹스도 피하게 된다.

"…… 냄새가 나서 그래."
"냄새?"
"고기 냄새. 당신 몸에서 고기 냄새가 나."
나는 너털웃음을 터뜨렸다.
"방금 못 봤어? 나 샤워했어. 어디서 냄새가 난다는 거야?"

도마질을 하던 중 손을 베고 섬뜩한 칼 조각으로 놀란 후부터 악몽과 불면증에다 거식증에 시달린다.

영혜의 이런 증상은 사장 댁의 간부 부부 초대 모임에서 고기를 안 먹는 것은 물론 형부네 집들이 때 집안 식구들 만남에서 더 문제가 된다. 건강을 위해서라도 맛있는 육식을 조금만 들도록 여러모로 권해도 막무가내다. 가족들이 붙잡은 틈에 베트콩을 일곱이나 사살했다는 부친이 억지로 영혜의 입에 탕수육을 쑤셔넣자 비명을 지르며 음식을 뱉어낸 그녀의 뺨을 내리친다. 그녀는 교자상의 과도를 치켜들어서 자신의 손목을 그어 선혈을 뿌린 채 항거한다. 그러자 식구들이 그녀를 부축해서 병원으로 옮기게 된다.

이런 아버지의 폭력은 어릴 적 추억의 갈피에 진하게 새겨진 채 병실의 그녀 뇌리에서 생생하게 되살아난다. 아홉 살인 영혜의 다리를 물어뜯은 개를 아버지가 오토바이에 매달고 일곱 바퀴째 돌리다 죽인 흰둥이 개의 눈, 누린내. ― 바로 그 현장에서 그 일을 목격했던 영혜 자신도 그 개고기를 시장 골목의 아저씨들과 함께 집에서 먹은 트라우마로 생긴 심층 심리를 다룬 정신분석적 요소를 띠고 있다. 잠재된 어릴 적의 심적 외상이 최근의 식육 요리 과정에서 손을 베인 사건으로 도져서 심각하게 된 사안이다.

> 그날 저녁 우리 집에선 잔치가 벌어졌어. 시장 골목의 알만한 아저씨들이 다 모였어. 개에 물린 상처가 나으려면 먹어야 한다는 말에 나도 한입을 떠 넣었지. 아니, 사실은 밥을 말아 한 그릇을 다 먹었어. 들깨 냄새가 다 덮지 못한 누린내가 코를 찔렀어. 국밥 위로 어른거리던 눈. 녀석이 달리며, 거품 섞인 피를 토하며 나를 보던 두 눈을 기억해.

응급실에 실려 가서 입원해 있을 때 친정어머니가 염소고를 한약이라고 권해도 기어코 알아보고 거절하는 영혜. 그 경황에도 환자는 배고픔이나 외상보다는 마음의 답답함을 토로한다.

> 손목은 괜찮아. 아무렇지도 않아. 아픈 건 가슴이야. 뭔가가 명치에 걸려 있어. 그게 뭔지 몰라. …(중략)…
> 어떤 고함이, 울부짖음이 겹겹이 뭉쳐져, 거기 박혀 있어. 고기 때문이야. 너무 많은 고기를 먹었어. 그 목숨들이 고스란히 그 자리에 걸려 있는 거야. 틀림없어. …(중략)…
> 한 번만, 단 한 번만 크게 소리치고 싶어. 캄캄한 창밖으로 달려 나가고 싶어. 그러면 그 덩어리가 몸 밖으로 튀쳐나갈까. 그럴 수 있을까.

울화를 품고 있는 영혜는 정신병동의 병실을 벗어나서 분수대 옆 벤치에서 발견된다. 환자복 윗도리를 벗고 앉아있던 그녀의 손에는 목이 눌린 채 핏빛 동박새가 들려있다. 어릴 적부터 당해온 가정이나 이웃의 폭력에 대한 항거 의식의 발로가 아닐 수 없다.

(1) 심층적인 욕구의 예술적 접근 - 「몽고반점」

이어서 「몽고반점」은 화가로서 비디오 예술작가인 영혜의 형부(그)를 화자로 한 예술가소설이다. 밀도감 있는 구성과 감성적이고 정밀한 문장으로 심층심리적인 연작 중편이다. 앞 작품이 총론적인 줄거리와 주제의식의 골격을 세웠다면 이 중편은 더 부분적인 내용의 심화를 드러낸다.

주인공 영혜(그녀)는 정신과 병동 생활 수개월 후 퇴원해서 남편한테 이혼서류를 받고 한 달 동안 형부 댁에 있었다. 그런 중에 우연히 어린 아들을 목욕시키는 자리에서 몽고반점을 두고 그의 아내로부터 들은 말에 꽂힌다. "글쎄…… 나도 정확한 기억은 없는데 영혜는 뭐, 스무 살까지도 남아 있었을 걸." 이 대화에서 처제의 정직한 목소리, 야생의 나무를 느껴온 그는 몽고반점을 지닌 처제의 엉덩이에 성욕을 느끼며 예술적 발상이 샘솟는다.

> 여인의 엉덩이 가운데에서 푸른 꽃이 열리는 장면은 바로 그 순간 그를 충격했다. 처제의 엉덩이에 몽고반점이 남아있다는 사실과, 벌거벗은 남녀가 온몸을 꽃으로 칠하고 교합하는 장면은 불가해할 만큼 정확하고 뚜렷한 인과관계로 묶여 그의 뇌리에 각인되었다.

그래서 그는 자기네 집을 나간 뒤 여자 대학 근처에다 조그만 방을 얻어 혼자 자취하는 그녀를 찾아가서 설득한다. 마침 그녀는 부실한 건강 상태 속에서도 일자리를 알아보려던 참에 아르바이트 삼아서 응하겠다며 나선다. 형부는, 미술작품을 위해 대학 동기의 작업실에서 모델로 청바지를 벗은 처제의 엉덩이에 바디페인팅을 하기에 이른다. 그녀는 처형 후배 남성과 교합하는 야성의 기괴한 포르노그래피 경지의 포즈도 소화하는 것이다. 그녀는 모럴에선 형부와의 정사는 단연코 거부해도 예술적 꽃을 단 몸으로 예술을 위한 대목의 성교쯤에는 응하겠다는 태도이다. 실제로 원초적인 욕구를 상징하는 4분 55초짜리 〈몽고반점 1 - 밤의 꽃과 낮의 꽃〉 등을 완성한다.

그런 과정에서 2년 전 초여름에 처제가 언니 댁인 그의 집에서 손목을 그어 그녀를 들쳐업고 달릴 적의 체온을 지니고 있던 형부는 예술과 사랑의 경계에서 그녀와 뒤엉킨다.

"내 몸에 꽃을 그리면, 그땐 받아주겠어?"라고 주고받던 작업실에서의 대화대로였다. 그렇게 두 사람이 꽃 그림으로 얼룩진 알몸으로 서로 체위를 바꿔가며 신음하고 울며 만족감으로 몸을 떠는 장면을 그녀의 몽고반점 중심으로 캠코더에 담은 것이다.

새벽빛 속에서 그는 그녀의 엉덩이를 핥으며 몽고반점을 그의 혀로 옮겨왔으면 좋겠다고 말한다. 그러면서 그 악몽에 나타나는 얼굴이 누구의 얼굴이냐는 물음에 그녀는 대답한다.

"……늘 달라요. 어떨 땐 아주 낯익은 얼굴이고, 어떨 때는 처음 보는 낯선 얼굴이에요. 피투성이일 때도 있고…… 썩어서 문드러진 시체 같기도 해요."

그는 무거운 눈꺼풀을 치켜뜨고 그녀의 눈을 마주 보았다. 조금도 지치지 않은 듯 그녀의 눈은 박빙 속에서 술렁거리고 있었다.

"고기 때문이라고 생각했어요."

그녀는 말했다.

"고기만 안 먹으면 그 얼굴들이 안 나타날 줄 알았어요. 그런데 아니었어요."

그녀의 말에 집중해야 한다고 생각했지만, 의지와 무관하게 차츰 그의 눈은 감겼다.
"그러니까 이제 알겠어요. … 그게 내 뱃속 얼굴이라는 걸. 뱃속에서부터 올라온 얼굴이라는 걸."

그러고는 알겠다며 그녀 스스로 이제 무서워하지 않겠다고 덧붙인다. 하지만 그들이 엉겨있는 모습은 날이 밝아 새로 장만한 반찬을 들고 온 언니에게 발각되고 만다. 오후 1시에야 일어난 그는 아내(인혜)가 캠코더까지 확인하고 나서 식탁에 기댄 자세로 대기하고 있음을 발견한다. 그들 두 사람은 곧 도착한 구급대의 앰뷸런스에 실려 정신병원으로 향하고 있다.

(2) 물구나무서는 삶 – 「나무 불꽃」

시리즈의 마지막 부분인 「나무 불꽃」은 앞 작품의 남성 화자들과 달리 영혜의 언니인 인혜를 '그녀'의 시점으로 삼고 있다. 주된 인물인 영혜를 중심으로 하되 식구 모두가 외면한 동생을 돌보는 과정과 그녀 자신의 고독한 심정을 드러낸다. 17세에 혼자 시골집을 떠난 뒤 서울에서 생활하며 대학촌의 화장품 가게를 경영하면서 어린 아들과 지내는 처지가 한심하다. 그녀는 정신병원에서 정상으로 판명된 남편이 유치장을 벗어난 뒤 그녀 앞에 나타나지 못하고 아들을 보고 싶다는 전화마저 받지 않는다. 그 대신에 마석 쪽의 폐쇄병동에 갇혀 있는 영혜를 찾아간다.

몸무게가 삼십 그램도 안 된 몰골을 지닌 동생은 단백질과 포도당을 공급하는 정맥주사마저 꽂을 데가 없는 데다 링거주사 놓는 것도 격렬하게 저항하니 탈수 현상이다. 그런 환자를 두고 의사는 설명한다.

신경성 거식증의 경우 십오에서 이십 퍼센트가 기아로 사망합니다. 뼈만 남았어도 본인은 살이 쪘다고 생각하죠. 지배적인 어머니와의 갈등이 주된 심리적 이유가 되고…… 하지만 김영혜 씨 같은 경우는 정신분열증이면서 식사를 거부하는 특수한 경우예요.

언니는 나름대로 어릴 적에 집에서 아버지의 손찌검은 유독 영혜를 향한 것이었음을 상기한다. 그러기에 영혜는 산에 가서도 집에는 돌아가고 싶지 않다고 했었던 기억을 떠올린다. 영혜가 처음 이상해진 것은 삼 년여 전 갑작스럽게 채식을 시작하면서부터였다. 채식주의자들이야 이제는 흔해졌지만, 영혜의 경우 특이한 점은 그 동기가 불분명한 것이었다.

하지만 이런 경우, 언니인 인혜의 산 증언은 영혜의 가슴속 깊이에서 우러난 병이 어린 시절부터 아버지에 의한 잦은 손찌검과 동물 학대 사실에서 비롯됨을 알려주고 남는다.

특히 영혜는 나무들이 모두 두 발로 땅을 받치고 물구나무서 있다며 그걸 모방해 보이는 게 인상적이다. 실제로 그녀는 병원 복도나 병실에서 삼십여 분 남짓 물구나무서 있는 기괴한 행동을 보이며 유독 주변의 나무들에 관심을 보인다. ─"응…… 여기엔 큰 나무들이 있네." "……언니……, 세상의 나무들은 모두 형제 같아."

옆자리에서 지친 언니가 잠결에 들은 영혜의 목소리는 선잠을 깨우곤 한다.

"언니, 내가 물구나무서 있는데, 내 몸에 잎사귀가 자라고, 내 손에서 뿌리가 돋아서 … 땅속으로 파고들었어. 끝없이, 끝없이…… 응, 사타구니에서 꽃이 피어나려고 해서 다리를 벌렸는데, 활짝 벌렸는데……"

그렇게 일체의 동물성을 혐오하듯 짙은 식물 지향성을 드러낸다. 그러다가도 그녀는 문득 언니에게 역정을 내며 투정을 부린다. 이에 대해 동생을 어떻게든 살리려 그런다는 언니에게 그녀는 "……왜, 죽으면 안 되는 거야?"라고 반문하곤 한다.

결국 「나무 불꽃」 마무리는 인혜가 구급차에 영혜를 싣고 서울의 더 큰 병원으로 옮기려 축령산을 벗어나며 부자연스럽게 대화하려는 자매 모습으로 마무리된다.

(3) 삼부작의 짜임새와 대비 공간

위 세 개의 중편 시리즈를 하나의 장편소설로 조립해 맞춘다면 「채식주의자」에서 발단되어 전개를 거치고 「몽고반점」에서 절정을 이룬 다음에 「나무 불꽃」에서 마무리되는 기승전결의 구조를 보인다. 사실 이 소설은 중요한 인간의 개성형성기 전후에서 심각하게 야기되는 폭력의 후유증 문제를 문학적으로 파헤친 임상 보고서이다.

어릴 적부터 경직된 부친에 이어 현재의 남편으로부터 받은 강압이나 폭행의 후유증이 개인과 가정을 망가뜨리고 사회를 망치는 문제를 심도 있게 다룬 소설이다. 더욱이 초등학생 때 목격한 아버지의 오토바이를 통한 잔인한 폭력으로 죽은 흰둥이 개고기를 먹은 악몽은 영혜에게 지울 수 없게 큰 상처가 아닐 수 없다. 그러기에 이렇게 잠재된 심적 외상을 입은 김영혜는 끔찍한 폭력의 후유증을 앓으며 그렇게 원초적인 자아를 해친 대상에 항거하기 위해 채식을 고집하며 광기로 죽음을 택해 나가는 인물로 남아있다.

위의 산문적 성향을 띤 『채식주의자』 연작을 통한 장편은 여러모로 실험적이고 시적 이미지인 중편 분량의 『흰』과는 대조적이다. 『채식주의자』 시리즈가 억센 가정문화와 사회관습에 의한 파괴적 광기나 폭력의 실상과 후유증을 고발한 것이라면 「흰」은 가장 원초적이고 여린 생명의 존엄을 기리며 사랑으로 영혼을 부활시키는 소설 미학이다. 강보, 배내옷, 눈, 소금, 수의, 은하수 등 흩어진 채 흐르는 가장 순수한 이미지들을 퍼즐 맞추기식으로 빚어낸 진주의 미학 성과를 우리는 이 작품과 함께 더 새롭게 만난다.

3) 생명 부활과 새로운 창작 미학
 – 한강의 중편 『흰』에 대한 담론

중편소설 『흰』은 연작소설 『채식주의자』에 못지않게 주목된다. 맨부커문학상을 최연소의 기록으로 수상한 경력답게 신선한 발상과 새로운 소설기법으로 접근한 것이다. 가디언의 2017년 11월 서평란에서는 이 책을 "신비로운 텍스트이자 세속적 기도문"이라면서 "다른 방식의 문장으로서는 쓰일 수 없었을 것"이라는 형식, 목적에 찬사를 보냈다.

논자의 견해로는, 이 작품을 메모하듯 틈틈이 쓴 동기는 작가 자신이 태아 때 생명 유지에 위기를 모면한 자전적 삶에서였다고 추리한다. 그의 모친이 작가를 잉태해 있을 당시에 장티푸스를 앓으면서 임신부 자신의 목숨 부지를 위해서 낙태시킬 처지를 모면했던 생명의 경외감을 쓴 것이다.

(1) 연약한 생명에 대한 경외와 몽상

그만큼 이 작품은 실제의 소설 미학적인 기법들을 비롯해서 그 이미지나 제재며 짙은 테마 의식 등에서 보기 드문 문제작으로 빛난다. 산뜻한 발상에 의한 작가의 뛰어난 기법을 만나 논의한다. 흩어진 채 흐르는 원초적 기억의 편린들을 모자이크식의 퍼즐 맞추기로 재생해 낸 탁월한 작품이다. 그만큼 작가 나름대로 과감히 이전의 틀을 벗어나서 세심한 배려로 창작적 밀도감을 살린 실험적 혁신의 성과이다.

이야기 줄거리는 작가의 어머니에게서 팔삭둥이 첫딸로 태어난 뒤 2시간 만에 숨진 달떡 같던 언니에 대한 간절한 그리움과 아쉬움으로 그녀를 소설로 환생시켜서 대화하는 내용이다. 더구나 언니가 죽은 이듬해에 조산해서 곧 죽은 오빠까지 건강하게 자랐더라면 작가 자신은 후에 태어나지도 않았을 것이라는 의식 등, 인간 생명과 죽음의 상관성이 공감을 자아낸다.

그러니 만일 당신이 아직 살아있다면, 지금 나는 이 삶을 살고 있지 않아야 한다.
지금 내가 살아 있다면 당신이 존재하지 않아야 한다.
어둠과 빛 사이에서만 그 파르스름한 틈에서만 우리는 가까스로 얼굴을 마주 본다.
— 〈3. 모든 흰〉의 서두 전문

작품 속에서 작가('나')는 마음으로 애타게 그리워하는 언니를 영혼처럼 불러서 상상으로 만나 본다. 공습으로 파괴된 폐허가 말끔히 복구된 그곳 도시처럼 인간을 환생시키는 상상의 경지이다. 그렇게 동생의 수학 문제 풀이를 도와주고 투정을 받아주며 소독한 바늘로 동생의 발바닥에 박힌 가시까지 빼주는 언니를 그린다. 하지만 모처럼 생명의 소중함과 혈육의 정분을 나누던 자매는 마무리 부분에서 차마 아쉬운 이별을 고하고 있다.

죽지 마, 죽지마라 제발.

말을 모르던 당신이 검은 눈을 뜨고 들은 말을 내가 입술을 열어 중얼거린다. 백지에 힘껏 눌러쓴다. 그것만이 최선의 작별의 말이라고 믿는다. 죽지 말아요. 살아가요.　　　— 「작별」 전문 작가는 달떡처럼 희고 예쁘게 태어나서 눈만을 떠 보고 먼저 간 언니나 누구에게 학대당한 듯 짖지도 못하고 늘 주눅 들어 지내다 추위 속에 숨을 거둔 진돗개 백구처럼 여린 목숨을 통해서 생명의 존귀함을 일깨운다. 심지어는 낯선 나라의 갈대숲 옆의 나비에도 관심을 표한다. 연작 장편인 『채식주의자』에서의 아버지나 남편의 폭행이며 동물에 대한 학대에 향한 항거의 거친 몸짓과는 사뭇 대조된다. 노자 도덕경에서와 같이 유약한 존재의 소중함을 정감으로 되새긴다.

언니로 태어나서 두 시간 만에 죽은 갓난이에 대한 구절이다.

> 이제 처음 허파로 숨쉬기 시작한 사람, 자신이 누군지, 여기가 어딘지, 방금 무엇이 시작됐는지 모르는 사람, 갓 태어난 새와 강아지보다 무력한, 어린 짐승들 중에서 가장 어린 짐승.
> ─「강보」에서

(2) 새롭게 실험한 지향점들

한강 소설 『흰』이 이룩한 값진 성과는 모름지기 소중한 생명을 기린 주제의식뿐만이 아니다. 작품을 통해서 간절한 기도의 언어로써 마음에 깃든 저승의 언니를 이승으로 환생시킨다. 글로써 자신의 삶 일부를 주어서라도 자매가 만나서 위무한 인간 대화의 공간을 마련한다. 한강 작가는 『흰』에서 한 걸음 더 나아가서 시공간의 영역을 한껏 넓히고 있다. 70여 년 전의 폴란드에서 독일군에 총살당한 수많은 바르샤바의 유령들을 추모함은 물론이고 그 도시에서 6세에 죽은 친형의 영혼과 평생을 산다는 남성의 실화를 들고 있다. 더구나 29세에 히말라야에 등반 갔다가 조난당한 채 만년설에 묻힌 사람의 아들이 유별난 결벽증 때문에 직장 동료들로부터 따돌림을 당한다는 그곳 영화 등.

특히 이 작품에 두드러지게 나타난 한강의 실험적인 새 소설 쓰기 특성들은 여러 면에서 중요하게 다가든다. 이런 점들은 지난 세기에 대두되었던 기존의 신소설-앙디 로망-르보 로망 등, 동서양의 소설 문법을 벗어나서 21세기적 창작기법을 제시했다 할 정도로 괄목할 만하다.

탈 장르적인 하이브리드 소설

중편 『흰』은 여느 작가들의 소설과 다르게 시와 수필 성격도 함께한 채 장르적 경계를 벗어난 성격을 지니고 있다. 일찍이 등단 절차를 마친 시인 겸 작가인 한강 스스로 실험적으로 선택한 성과도 크다. 프랑스 등 유럽에서는 이미 문예지 편집에서 특정한 부문에 한정하지 않을 정도로 장르 뛰어넘기(beyond genre)가 일반화된 것이다. 소설 『흰』의 경우, 전체 65개의 항목에서 굳이 구분을 하자면 책 서두와 「배내옷」, 「달떡」 등은 수필적이고 〈그녀〉의 후반부나 책 중반부의 「모래」, 「백발」 등은 시편에, 후반부의 「수의」 정도는 콩트에 가깝다 할까.

또한 대상 작품인 『흰』 텍스트에는 앞의 〈3. 모든 흰〉, 「작별」 경우에서처럼 항목의 글 대다수가 시, 소설, 수필 등의 장르로 다양하게 뒤섞인 데다 하얀 영상 사진들도 12점을 첨가하여 시각적 효과를 거둔다. 이런 요소는 일찍이 1993년과 그 이듬해에 시인, 작가로 등단한 한강의 특장점이기도 하다. 이렇게 『흰』은 텍스트부터 여러 가지 장르를 자유롭게 아우르고, 작품의 길이도 일정하지 않아 가장 알맞은 접근으로 드러난다. 그 동원 대상인 「강보」, 「배내옷」, 「소금」, 「눈」… 등을 한데다 자유롭고 참신한 혼합(hybrid) 형식으로 뒤섞어서 130쪽 안팎 분량의 주옥편을 이루고 있다.

글쓰기 과정과 자신의 삶을 담은 메타소설

중편 『흰』의 창작 실태를 보면 허구 중심의 스토리 중심이던 재래의 여느 소설과 달리 현실에 바탕을 둔 글쓰기이다. 상상적으로 꾸민 이전의 픽션보다는 더 진솔한 자전적 삶을 드러냄과 동시에 자신의 감성을 속속들이 담은 팩션이 진한 리얼리티의 맛을 전해준다. 그러기에 작가는 이 작품에서 스스로 글쓰기 과정과 자신의 체험을 실은 메타소설(metafiction) 기법을 활용하여 자전적인 현장감으로 설득력을 더한다.

작가는 제목 없는 항목으로 시작된 실제 작품의 서두에서 소설『흰』의 구상과 집필 시점과 장소부터 밝히고 있다.

> 흰 것에 대해 쓰겠다고 결심한 봄에 내가 처음 한 일은 목록을 만든 것이었다.
>
> 강보 배내옷 소금 눈 얼 달 쌀 파도 백목련 흰새 하얗게 웃다 백지 흰개 백발 수의
> ……
> 하지만 며칠이 지나 다시 목록을 읽으며 생각했다.
> 어떤 의미가 있을까, 이 단어들을 들여다보는 일엔? ……
> 질문에 답하기 어려워 시작을 미루었다. 팔월부터는 이 낯선 나라의 수도로 잠시 옮겨와 세를 얻어 살기 시작했다. …
> ― 이름 없는 첫 항목 서두에서

내용 가운데 밑줄 친 부분은 작품설명회나『흰』의 개정판 등에서 한강 작가가 스스로 밝혔다. 이 작품은 2013년 겨울에 기획해서 2014년에 폴란드 바르샤바에서 안식년을 보내던 중 고독과 고요 속에서 메모하듯 1, 2장을 쓰고 3장은 귀국해서 마저 쓴 다음 초고까지를 일 년 동안 천천히 다듬어 2016년에 발표했다는 것이다. 그래서 광주민주화운동을 다룬 장편『소년이 온다』(2014)와 단편「눈 한 송이가 녹는 동안」(2015)에 이은『흰』(2016)을 '혼 3부작'이라고 스스로 이름 지었다고 말한다.

옴니버스 형식의 모자이크

중편 『흰』의 구성 역시 실험적으로 새롭게 접근하는 참신성을 지니고 있다. 흰 이미지로 선연하게 떠오르는 여린 생명들의 소중함과 원초적인 순수의 주제로 이어진 낱낱의 심상들을 옴니버스(omnibus)형식으로 조합한 작품이다. 동일한 주제에 초점을 맞춘 짧은 시나 일기, 감상문 같은 수필로 메모하고 콩트처럼 쓴 65개 항목의 글을 주워 맞춰서 바람직한 퍼즐의 미학으로 빚어낸 중단편이다.

얼핏 보아 손쉽게 써낸 글모음으로 여겨질 수 있지만 작가 나름대로 세심한 구상을 해서 발표한 작품이다. 세 개의 묶음으로 배열한 〈1. 나〉에는 12개 항목, 〈2. 그녀〉에는 42개 항목, 〈3. 모든 흰〉에는 11개 항목이 들어 있다. 그 가운데 첫 묶음과 둘째 묶음의 시점이나 화자는 거의가 일인칭인 작가 자신이고 먼저 숨진 언니와 오빠는 '그녀=당신' 아니면 '그' 정도로 다뤄져 흐트러진 면이 없지 않다. 게다가 여러 항목 경우, 글들의 분량과 장르가 다양한 데다 중요한 내용을 담은 맨 처음의 〈1부 나〉와 〈3부 모든 흰〉 갈래의 첫 항목은 제목도 달지 않고 있다. 그럼에도 모두가 흰 이미지와 함께 안타깝게 숨진 죽음이나 소중한 생명 의식에 초점이 맞춰져 있어서 독자들의 흉금을 울리는 것이다.

이미지가 선명한 소설

이 작품에는 특이하게 『흰』이라는 제목부터 선명한 색채 이미지와 함께 원초적인 순수와 영혼 같은 기미를 드러낸다. 그리고 '희다'의 관형형 수식어인 '흰' 다음에 올 다양한 명사 등, 피수식어의 폭 넓은 활용성이 따르게 마련이다. 어쩌면 함축미 면에서 백의민족의 문화와 정신에도 뿌리가 닿는 심상이 되고 남는다. 작가는 스스로 "죽은 언니에게 삶의 어떤 부분을 주고 싶은데 그것이 아마 '흰 것'"들이 될 거라고 생각했고 "'흰'은 더럽히려야 더럽힐 수 없는 투명한 생명, 빛, 밝음, 눈부심"으로 여겨서 그 의미가 짙다.

이렇게 투명한 흰빛 색채 이미지는 더욱이 작가가 살아온 삶에서 만나거나 생각한 사물들의 경우와 연결된 터라 의미가 깊다. 65항목에 이르는 절절하고 구체적인 사회의 실제를 다채롭게 반영한 작업은 새로운 가치를 이루기에 충분하다. 단, 그 가운데 「침묵」 항목 하나만은 입을 닫고 있는 조용한 마음이 비워진 상태라 흰 심상인지 궁금하지만. 그것은 아무래도 『채식주의자』에서 세속적인 탐욕이 자행된 핏빛 이미지와는 반대된 심상임은 물론이다.

간절한 것을 호흡대로 쓴 문체

중편 『흰』에서 활용된 한강의 문체는 무엇보다 성실한 자세로 간절한 것을 호흡대로 다채롭게 쓰고 있다. 이런 견해는 "전 탐미는 별로 하고 싶지 않아요. 어떤 간절한 마음, 진심을 향해 가려는 마음이 있어요"라고 작가 스스로 밝힌 말과도 일치한다. 그러기에 영문으로 번역된 책을 통해서 읽고 밝힌 가디언 신문으로부터도 "감성적 문체에 숨이 막힐 지경"이라는 호평을 받게 된다. 이 작품은 65항목이나 되는 사물과 심상에 따른 글쓰기이므로 다양한 성향의 문장이 효율적으로 쓰이어졌다는 조건이다. 한강은 자전적인 체험 중심으로 메모해서 일기나 편지 쓰듯, 때로는 추억과 상상 아니면 죽음에 대한 명상이나 기도의 시로 읊어낸 듯 원활한 글을 써낸다.

우선 한강은 시집 『서랍에 저녁을 넣어두었다』를 펴낸 시인이기도 하므로 시적인 글이 잘 읽힌다. 단아한 한 편은 서정성이 짙으며 사색적이고 다른 한 편은 선연한 단막영화의 한 장면 같다.

그리고 그녀는 자주 잊었다.
자신의 몸이(우리 모두의 몸이) 모래의 집이란 걸.
부스러져왔으며 부스러지고 있다는 걸.
끈질기게 손가락 사이로 흘러내리고 있다는 걸.   ―「모래」 전문 또한 「초」의 경우, 앞의 세 단락은 산문, 뒷부분의 다섯 간격을 둔 다섯 행은 시로 섞여 있다. 그러나 그의 시집과 소설의 연결고리는 숙제로 남아있다.

그래도 특수한 성격을 띤 한강 소설 『흰』에는 이렇게 여러 장르를 섞어 쓰는 게 가장 적절한 방식의 문장이라고 지적한 영국 일간 가디언의 서평이 공감을 함께한다. 그리고 무엇보다 글에다 멋으로 꾸미기보다는 간절한 마음을 박진감 있게 전하기에 작가의 호흡과 따스한 체온이 독자들 가슴에 와닿는다. 다음과 같은 상상의 경우에서도 갓난이로 죽은 언니를 환생시키기 위한 절실함을 만난다.

죽음이 매번 그녀를 비껴갔다고, 또는 그녀가 매번 죽음을 등지고 앞으로 나아갔다고 생각한다.
죽지 마. 죽지 마라 제발.
그 말이 그녀의 몸속에 부적으로 새겨져 있으므로.

그리하여 그녀가 나 대신 이곳으로 왔다고 생각한다.
이상하리만큼 친숙한, 자신의 삶과 죽음을 닮은 도시로.
―「그녀」에서

한강 작가는 글 가운데 여러 군데서 친근한 수필로 독자들과 대화하듯 소통하는 힘을 활용하고 있다. 이런 글은 그의 시적이고 소설적이며 때로는 의식의 흐름을 탄 자아의 표현 구절들과 좋은 조화를 이루고 있다.

4) 이후의 기대 지평

위에서 우리는 근래 국제적으로 권위 있는 문학상에 이어 최근 노벨문학상 수상에 이르기까지 한강 자신의 존재를 세계에 알린 『채식주의자』와 『흰』의 실체를 감상, 담론해 보았다. 첫 작품집 발표 이후 30년 동안 소설집과 장편 등 20권 안팎의 소설을 비롯해서 시집 및 산문집을 펴낸 수상 작가의 문학적 요체를 살펴본 편이다. 작품 발표상으로 10년의 편차를 지닌 두 작품을 통해서 우리는 한강 소설의 원형질과 변모 양상을 파악할 수 있을 것 같다.

『채식주의자』와 『흰』은 여러모로 대조적인 면을 보인다. 그것은 두 작품이 시리즈로 발표한 중편을 묶은 장편임과 수많은 조각의 글들을 모아서 엮은 중편 분량이라는 점만이 아니다. 표제부터 산문적 명사인 『채식주의자』는 가부장적이고 관습적인 폭력에 고사목枯死木처럼 피폐해진 여성상을 사회적인 접근으로 그려낸 역작이다. 이에 비해서 제목부터 시적인 『흰』은 인력으로는 어쩔 수 없는 탓에 일찍 숨진 갓난 1년 위 언니의 생명을 영혼처럼 살려내려는 소프트웨어적인 접근의 글쓰기 노력으로 이룬 문제작이다. 그리고 위의 두 작품과 함께 노벨문학상 수상작에서 비중 있게 다룬 두 장편과도 대비적인 터라 가치가 높다. 1980년의 5·18 광주민주화운동의 참상을 내밀하게 서사화한 장편 『소년이 온다』와 1948년 제주의 4·3항쟁으로 인한 역사적 비극을 묘파한 장편 『작별하지 않는다』는 각기 거대 권력에 의한 서사라서 앞의 두 작품과도 판별된다. 나중의 두 장편은 거대한 공권력의 폭압에 희생한 시민들의 한 깊은 사연들을 밀도감 있게 고발하듯 치유하고 추스르는 작품이기 때문이다.

"한강은 자신의 작품에서 역사적 트라우마에 맞서고 인간 삶의 연약함을 폭로하는 강렬한 시적 산문을 남긴 작가"라는 스웨덴 한림원의 노벨문학상 선정 이유는 타당하다. 이번 노벨문학상 수상에는 1990년대 이후 대산문화재단과 한국문학 번역원의 노력도 함께한 성과이다. 논자의 평론집 『세계문학 넘어서기』(2018)에서 내세웠던 대로 실력을 갖춘 한국문학이 이제 세계문학의 벽 넘기는 노벨문학상의 쾌거로써 목표를 이루었다. 앞으로는 우리 국내 문인을 비롯해서 세계 각 나라 현지로 이민 나가서 생활하는 한인들이 주요 문학상을 차지할 차례이다. 세계 각 지역에서 초국가적으로 디아스포라적인 삶을 영위하는 한인 동포 여러분 중에서 한글이나 현지어로써 차기 수상의 주인공이 이어지길 기다리며 건필과 성취를 빈다.

2. 한국 디아스포라 문학의 어제-오늘-내일

1) 디아스포라의 의미 파악

근래 디아스포라라는 용어가 우리 주변에서 부쩍 자주 쓰이고 있다. 그리스어인 Diaspora는 어원적으로 '확대하다(Dia)'라는 접두어를 달고 '떠돌아다니다', '씨를 뿌리다', '흩어지다' 등의 복합적인 뜻을 지니고 있다. 옛날 바빌론 유폐 후의 유대인들이 당시 이슬람 세력에 의해 본디의 고향인 팔레스타인 지역에서 쫓겨나서 고향 밖의 유대인들을 격리, 수용하는 특정공간인 게토(Ghetto)에 살면서도 자신들의 전통과 풍속을 지키며 언젠가는 본토에 돌아가려는 의지 등을 가리킨다. 요즈음 이스라엘과 아랍권의 끊이지 않는 갈등과 미사일을 동원한 혈전과도 연결되는 사안이다. 그러므로 우리말로 번역하면 경계인, 이방인, 난민, 망명자, 유랑인, 소수공동체를 지칭, 포괄하는 이산문학離散文學으로 번역되곤 한다. 그런데 바로 이런 역사성의 민족적인 갈등과 대치로 비롯된 디아스포라성 문학이 우리에게는 1988년 서울올림픽 전후로 얼어붙었던 사회주의 진영의 개혁 개방 이후로 점차 피부로 와닿고 있다. 그런 계기로 2천 년대 들어 해외 한인문학韓人文學 등도 생겨서 사회주의 진영인 러시아지역의 고려인문학이나 중국 조선족문학 자료를 활용하고 접근해서 학문연구의 영역이 크게 확장되었다. 이런 혜택을 받은 덕에 우리는 이전에 작고한 국내 문인 작품이나 생활 주변에 집착해서 숱하게 우려먹던 고충을 면하였다. 이제 단박 호주 시드니의 10여 개 되는 한글문단 현황을 탐사해서 알리고 세계 각 지역에 나가 활동하는 문인들과 맘껏 소통할 수도 있는 여건이다. 이런 자료 개방과 여행 자유화 여건 등으로 인한 디아스포라 문학은 학부의 상급반과 대학원 석박사 학위과정에서도 세계 각 지역의 한글문단과 함께 현지어로 작품 활동을 하는 작가와 작품의 비교, 연구는 나날이 활발해지고 있다.

　캐나다의 윌리엄 사프란(W. Safran) 교수는 디아스포라의 특성으로 다음의 몇 가지를 든다. 특정 지역에서 외국의 주변적 장소로의 이동, 조국에 대한 집합적 기억이나 신화의 공유, 거주국 사회로 온전한 진입에 대한 희망 포기와 동시에 그로 인한 고립과 소외감, 후손들이 돌아갈 장소로서의 조국의 이상화, 모국과의 유대를 가지려 노력하는 점 등이다. 따라서 이렇게 디아스포라적인 이산문학은 탈국경, 다문화사회를 배경으로 하는 문학적 상상력으로 근년에 떠오른 한 장르로서 주목된다. 하지만 한국의 경우, 국력 신장과 함께 한 세기 전후에 모국과 단절된 채 통제받던 고려인이나 조선족의 경우와는 구분된다. 한국전쟁을 겪은 다음 1960년대 이후 자유세계로 자발적으로 선택 이민을 간 세대들은 장거리 민족주의적인 모바일 등으로 원활하게 모국과도 소통한다. 더욱이 요즘의 해외 이민 동포들은 나탈리의 견해대로 유목민처럼 직장을 따라 옮겨 다니는 노마드적인 트랜스 민족주의 시대에 본국의 투표권을 지닌 채 초국가적인 인권과 경제상의 지위를 보장받는다. 그러기에 이전의 통제된 이민 경우인 디아스포라에 비해서 요즈음 인권이 보장되고 존재감이 높아진 초超디아스포라 여건을 맞은 이민자들은 20세기 초에 레돌프본이 만든 트랜스 내셔널리즘(trans ntionalism)이란 용어를 초국가주의로 파악하기도 한다.

2) 한인들의 국외 이주 역사와 그 경로

먼저 한반도에 살면서 모국어부터 역사와 풍속을 함께 해오던 한인(韓人, 코리안) 일부가 한반도 밖으로 이주해 간 경로와 역사를 살펴본다. 지정학적으로 세계의 동북 아시아에 위치한 채 주변 열강들의 다툼 사이에서 한국인들은 구한말경부터 인접한 지역으로 흘러가거나 이주해 갔다. 처음에는 가난으로 굶주림을 피해서 나갔지만 나중에는 청일전쟁, 청국-영국 간의 아편전쟁, 러일전쟁 등으로 요동치던 구한말에 이르러 주권이 침탈되던 무렵에 정치적인 요인으로 이루어졌다. 한인들이 한반도 밖으로 이주한 경향을 살펴보면, 첫 번째 갈래는 한겨레 일부가 구한말과 일제강점기에 한반도와 이웃한 아시아지역으로 흩어져 나갔다. 1910년대 전후부터 시계의 반대 방향인 압록강 북방의 중국이나 두만강 변경 건너의 러시아 연해주로 나갔다. 남방의 일본 쪽에도 현해탄 건너 나라 잃은 신세로 흘러 나갔다. 일제의 수탈에 전답을 잃고 곤궁한 백성 중에는 생업을 위해서나 일제에 강제 동원 아니면 취업을 위해서 또는 독립운동을 도우려 압록강과 두만강을 건너가서 촌락을 이루었다. 물론 청나라 말엽에 압록강을 건너 북간도나 서간도로 간 한인들은 중국 조선족이 되었고 두만강 건너 노령이던 연해주로 간 고려인들은 함께 러시아 시민으로서 통제받고 지낸다. 그리고 남방의 현해탄을 건너 일본 열도에 삶을 의지한 영호남 출신 다수의 동포들은 광복 후에도 일본에 남은 채 차별 대우를 받으며 재일교포로 살고 있다.

그리고 위 경우와 대조적으로 광복 이후 한반도 이남에서 생활하던 한국민 상당수는 한국전쟁이 멈춘 1960년대 후에 자발적인 지원 절차에 따라 지구상 시계의 순방향으로 자유 이민의 대열에 합류하여 아시아 대륙 밖으로 진출해 나갔다. 새롭게 자유 진영 곳곳으로 멀리 가족과 함께 이민을 떠난 그들은 여러모로 이전의 한반도에 인접 지역인 사회주의 지역으로 건너간 경우와는 상이하다. 한반도로부터 시작한 코리안의 이민은 북미대륙의 캐나다와 미국에 자리 잡고, 여세를 몰아 남미대륙을 종단하였다. 그런 다음 탈 디아스포라의 기세로 대양주인 오스트레일리아 시드니에 난립한 열 개 남짓한 한글 문예동인지를 아우르고 유럽에 닿아 있는 형세이다. 유럽에서도 독일의 베를린과 프랑크푸르트에 양 도시 한글문학 동인회를 지나 이웃 나라 오스트리아에도 한인 이민자 중심의 한글문단이 들어서 있는 상태이다. 그렇게 된 결과 드디어 광복 이전에 강제 이주를 당한 채 중앙아시아 벌판에 갇힌 고려인 디아스포라문단과 잇대어 둥그렇게 지구의 동서양을 타원형의 문화 벨트로 잇고 있다. 새로운 대지에 정착한 코리안 이민지에는 으레 코리안문단이 가꿔지고 함께 꽃피우는 것이다. 따라서 분단된 우리 한반도는 남북이 서로 갈라선 채 자기만 지키려고 대치한 상태에서 이를 중재하고 조정하는 역할을 맡을 중간자로서 긴요한 역할을 해외 한인문단에서 맡았으면 한다. 그리고 앞으로 한겨레의 통일문학사를 편찬할 경우는 한반도 안에 거주하는 남북한의 상이한 문학사 기술 방법과 국외 여러 나라에 나가서 사는 동포도 함께 참여하여 공동으로 편찬함이 기대된다. 그리고 한반도의 교과서에도 남북한과 해외 한인의 작품을 함께 게재해야 함은 물론이다.

3) 세계의 한글문단 분포와 현황

이렇게 한인들이 이민 나가서 사는 세계 여러 지역의 코리아타운에는 으레 한글문예지 중심의 문학 동아리가 생기게 마련이다. 따라서 세계 여러 나라에 있는 한인촌 중심으로 형성된 한글문학 동인지는 너무나 많으므로 두어 문예지 정도씩만 든다. 구소련 연해주에서 발행된 당 기관지《선봉》에 한글 작품을 많이 발표하였다. 이 무렵 러시아 현지에서 문학 창작을 강의 등으로 가르치고 한글 작품을 〈문예페이지〉에 발표하도록 주선한 선구자는 1927년에 손수 러시아로 망명한 시인 겸 작가인 조명희(抱石 趙明熙, 1894~1938)였다. 그런데 그는 소련 당국에 의해서 극비리에 일제의 스파이란 누명을 쓰고 처형당했다. 그러나 포석의 제자들은 1937년에 중앙아시아로 강제 이주를 당한 카자흐스탄 알마티 등에서 발간한 한글신문《레닌기치》를 통해서 작품 활동을 계속했다. 중국 조선족 경우는 1935년대에 당시 만주의 용정에서 창간된《北鄕》이후 현재 연길시에서 간행되는《연변문학》,《문학과 예술》, 장춘시《장백산》등이 있다. 이들은 광복 이후 일본 조총련계 문예동(재일 조선인 문학예술가동맹)의 기관지인《문학예술》외에 민단계에 가까운 1960년대의《漢陽》, 1990년대 전후의《民濤》등도 참고가 된다.

 이와 달리 자유로운 캐나다 경우는 토론토의《캐나다문학》, 에드몬튼의《얼음꽃문학》등이 왕성하다. 더욱이 미국 지역의 한인 경우는 한국이나 미국에서 펴내는 동인지는 물론 단행본도 수두룩하다. 2022년 가을호로 이미 통권 100호를 넘은 LA의《미주문학》,《크리스찬문학》, 동부의《뉴욕문학》, 북부의《시카고문학》,《시애틀문학》밖에도《재미수필》,《해외문학 울림》,《外地》등. 브라질 경우는 상파울루의 한글 종합문예지인《열대문화》, 아르헨티나 경우는 부에노스아이레스의《로스안데스문학》이 조촐한 남미 한글문단의 쌍벽을 이룬다. 또 지구 남반구의 남서쪽으로 먼바다를 건너 대양주의 호주 시드니에는 1989년부터 코리안문단의 더 큰 단지를 이루고 있다. 이곳에는 서울에서 미리 와 자리 잡고 굵직한 영문 장편소설들로 영문학계의 주목을 받던 돈오김이 뒷받침되었다. 왕성한 코리안문단 활동을 벌이는 시드니 경우는 여러 동아리에서《호주한인문학》,《시드니문학》,《호주한국문학》,《글무늬》등, 이들과 더불어 호주 지역에는 열 개 안팎의 다양한 코리안문학 동아리들이 서로 공생하면서 근래 《문학과 시드니》로 한겨레문학의 꽃을 피우고 있다.

대양주에 이어 유럽지역에도 한겨레문학의 문단이 태동하며 자생적으로 자라왔다. 그곳에 거주하는 파독 근로자 출신 간호사, 광원들 중심으로 행해진 《베를린문향》은 먼저부터 내다 쉬고, 프랑크푸르트의 《재독한국문학》을 발간하고 있다. 그밖에도 최근 오스트리아의 비엔나에는 한글문예지 《다뉴브 담소》를 정기적으로 펴내는 코리안문단이 형성되어 있다. 《유럽한인문학》 역시 차츰 전 유럽으로 퍼져나가는 중이다. 그리고 한인들의 신대륙을 향한 이민 행렬이 남부 태평양을 거쳐 도착한 호주의 시드니 경우는 무려 10여 개의 한글문예지가 난립한 정도이다. 《호주한인문학》, 《호주한국문학》, 《시드니문학》 등이 공존하다가 근래 《문학과 시드니》로 통합 노력을 보인다.

독일 경우는 2001년에 베를린 지역의 문학을 애호하는 간호사 중심으로 《베를린문향》이 창간되어 단속적으로 복간호 등을 냈다. 그리고 특히 프랑크푸르트 지역에서 2007년에 창간된 《재독한국문학》은 현재 20호 가까이 연간으로 꾸준하게 출간되고 있다. 처음에는 뜻있는 초청 근로자인 간호사 일부가 재외동포재단의 한글문학 현상 모집에 자발적으로 응모하여 입상한 회원 중심으로 결성하여 의미가 짙다. 그리고 근년에는 독일에 인접한 오스트리아에서 조직된 비엔나의 《도나우 담소》도 2013년에 창간되어 5호를 냈다. 근년에는 특이하게 전 유럽 필진을 동원해서 해마다 《유럽한인문학》도 펴낸다. 근년엔 이미 구한말에 우리 노동자들이 파견되었던 멕시코에도 모처럼 그곳 무더운 기후나 열악한 토질에도 적응력 질긴 선인장 이름을 딴 한글 문예지 《깍뚜스》를 창간하였다. 또한 동남아지역의 경우, 2010년대 들어 자카르타의 《인도네시아문학》=《문학과 사람》, 2018년 창간된 싱가포르의 《싱가포르문학》이 있다. 이 밖에도 특이하게 일제강점기에 중국으로 이주한 조선족 후세대들 가운데 역이주 형태로 모국에 와서 서울에서 생활하며 2012년에 재한 동포문인협회를 결성하고 '디아스포라 국제문학지'라는 부제를 붙여 펴내는 한글 문예지 《同胞文學》이 서울에서 연간으로 계속 발간되고 있다.

요컨대, 한반도에서 국외로 진출한 코리안들에 의해서 한글문단은 지구촌 곳곳을 수놓고 있다. 그 판도는 세계의 주요 거점도시들을 연결하며 동반구와 서반구를 360도의 원형으로 한반도에 이어놓는 싸이클 구도構圖를 이룬다. 그런데 일찍이 한반도에서 이웃 나라로 나간 한겨레 이주민들은 아직 사회주의 속에 가려서 지내는 양상이다. 상대적으로 열린 대륙을 선택해서 찾아간 이민자들은 그곳 자유의 대지에서 활발하게 일하는 모습이다. 그러므로 한반도에서 광복 이전에 동북아의 이웃 나라로 일찍 사회주의권으로 이주해간 국가의 인민에 속한 경우는 디아스포라적이고 광복 이후에 북미나 대양주, 또는 먼 유럽 대륙으로 이민 나간 경우는 탈 디아스포라적인 초국가주의 성향을 띤다고 구분할 수 있다.

4) 소규모로 확산 가능한 세계 한글문단

국제 PEN한국본부 주최로 2015년부터 해마다 한국에서 가을에 2박 3일로 여는 〈세계한글작가대회〉는 세계 디아스포라 한인 문인들이 함께할 절호의 기회이다. 제1회 때는 논자도 집행 책임을 맡아 임원들과 협의하며 경주에서 3박 4일을 함께했다. 우선 생소했던 세계 각 지역의 한글문단 대표들을 초청하여 거류 현지의 문단 소개와 상황을 이야기하며 교류를 다졌다. 노벨문학상 수상자인 르끌레지오 작가를 포함한 외국 문인도 초청해서 각 지역 한인 문인들이 함께 한글문단 상황을 보고하고 여러 날 숙식을 함께하며 한글문학을 논의했다. 코로나 기간에도 서울에서 줌 형식으로 계속해 왔는데 금년에는 제10회 대회를 서울에서 열 준비 중이라 한다. 정권 교체와 상관없이 10년 이상 계속하며 국내외

문인들이 모국에서 함께 하는 국제적인 잔치 같은 문화행사로는 모범 사례이다. 해외에서 활동하는 문우들이 모국에서 모이는 특정 국가별 문단 단위로는 정례적인 모임이다. 앞으로는 이 행사 무대를 국외로 옮겨가면서 참여 기회를 골고루 갖게 해서 한글문단 교류를 세계적으로 더 다양하게 펼쳐나감도 좋을 것 같다.

그런데 세계 한글문단 활성화를 위한 위와 같은 한군데 공간에서의 대규모 만남들 외로 소규모의 문학통신 수단을 통한 방법도 제기해 두고 싶다. 번잡한 일상생활에서 시간과 경비 등을 절약하고 창작문학의 효율을 위한 접근방법이기 때문이다. 그 샘플이나 사례의 보기는 다음의 실례를 들 수 있다. 이를테면, 서울의 한 출판사에서 펴내는 〈수필U시간 동인 작품집 1〉『바다 건너 당신』(2022)을 들 수 있다. 참여 동인은 호주 시드니의 김미경, 유금란, 미국 LA의 김홍기, 시애틀의 정동순, 오스트리아 빈의 홍진순-다섯 사람이다. 이 회원들이 각자 자기 나라 거주지에서 생활하며 이메일로 서로 작품을 보내서 읽고 독후감을 나눈 뒤에 다듬어서 책으로 엮어내는 식이다. 국제화 시대에 시간도 아끼고 생활화된 모바일과 이메일로 간편하게 가장 빨리 만드는 과정이다. 이런 경우는 한국 번역원에서 2022년 가을부터 월별로 매끄럽고 규모 있게 운영하는 웹진《너머》경우도 마찬가지다.

5) 세계 한인 디아스포라문단의 위상

2023년 6월에 문을 연 대한민국 외교부 재외동포청에서 발표한 〈재외동포 현황 2023〉에 의하면 2022년 말 기준 재외동포 현황 총계에 의하면 전 세계 재외동포 수는 약 708만 명(7,081,510명)으로서 흔히 말하던 재외동포 750만 명을 밑돌고 있다. 근년 들어서 재외동포 수효가 줄어든 추세에서 캐나다만 증가했을 뿐 거대한 인구 비율을 지닌 3국의 한인동포 감소세 영향 때문이다. 그 3국인 중에 한인 동포가 거주하는 전체 193개 나라 중에 교민 수의 3할 이상을 차지한 1위 미국이 같은 3할 대를 차지한 중국을 근소한 차로 2위로 밀어내고 교민 수 전체 1할대인 일본이 3위를 지킨다. 그러기에 흔히 국외에 나가 사는 한인 수효는 남북한 인구의 1할이란 말도 수정해야 할 때가 올지도 모른다. 그럼에도 인터넷을 통한 국제기구의 남북한을 합한 한반도 전체 인구는 엄연한 수치상으로 세계 20위로서 대단한 저력을 지녔다. 세계의 인구 78억 가운데 모두 7천만 남짓한 한겨레가 독일, 터키, 이란에 이어 당당하게 상위 자리에 오르는 남북한 인구는 태국, 영국을 앞서 있는 것이다. 그러기에 한반도 반쪽만으로 경제 규모나 스포츠, IT산업은 물론 국제영화계에서처럼 우리 문학도 세계의 선두를 달릴 수 있다고 본다.

위에서 거시적으로 바라본 지형도에서처럼 세계 코리안문단은 이제 지구촌 곳곳에 타원형으로 확산하여 뿌리를 내린 뒤 다양한 꽃을 피우고 있다. 머지않아 무성해질 한글문단은 현지어에 익숙한 2, 3세 코리안들과 접목되어 열매를 맺게 마련이다. 그러기에 앞으로는 한글 중심의 코리안문학 접근에서 나아가 현지어와의 소통과 혼종(hybrid)적인 확대 재생산을 지향해야 한다. 그래야 전 소련의 고려인문학 경우처럼 현지 한글세대의 소멸로 쇠퇴하는 한계를 벗어날 수 있다. 코리안의 한글과 현지어의 통용은 유용한 대역판을 비롯해서 밀접한 교류와 연수, 번역기 활용 등으로 풀어갈 수 있겠다. 이민 현지어로 작품을 쓴 미국의 강용흘과 독일의 이미륵은 한겨레문학의 가능성을 연 선구자들이다. 현역인 러시아의 아나톨리 김이나 미국의 수잔 최, 이창래, 이민진, 일본의 이회성을 비롯한 아쿠다카와[芥川]문학상을 수상한 교민 작가들 또한 세계문단에서 경쟁력 높은 엘리트들이다. 이렇게 세계 코리안문학을 한글과 함께 현지어 작품까지 다루는 데서 이 분야의 연구 영역은 배가된다.

한겨레가 타의에 의해 다른 대륙으로 이주를 당하거나 본인이 자발적으로 선택해서 여러 나라로 이민 간 역사는 100년이 넘었다. 아시아권에 밀려가서 붙박이 처지로 남은 수난의 디아스포라와 그 밖의 먼 대륙으로 선택 이민을 나가서 탈 디아스포라 자세로 신유목민처럼 자유롭게 사는 경우는 대조적이다. 코리안의 권익향상은 당사자의 대응이나 구성원 서로의 밀접한 교류와 네트워크 활용뿐 아니라 위정 당국의 협조로 이루어지게 마련이다. 코리안문단의 취약점으로 지적되는 창작기법상의 아마추어리즘을 극복하고 이민 현지의 이색 풍물을 밀도감 있는 작품으로 승화하기 위해서는 전문 작가들을 통해서 익힘이 지름길이다.

앞으로 1.5세대나 2세 이후 세대에는 모국어와 현지어를 함께 익혀서 연속되는 코리안문단의 발전을 기대한다. 전 세계 인구 20위에다 분단 한국만도 경제와 문화면에서 10위권을 차지한 한겨레의 저력은 문화의 세기 주인공으로 인할 요건을 갖추고 있다.

2018년의 통계에 따르면, 약 5천1백2십만 명인 한국의 인구에다 2천5백6십만 명인 북한 인구까지 합한 한반도 인구 총계는 7천6백8십만 명이다. 이에 비해 외국에 나가서 사는 대한민국 재외동포는 194개 나라에 7백4십3만 6백88명(2017. 외교부 통계)으로서 전 인구의 1할에 이른다. 여기에다 무국적자와 북한인을 감안할 경우, 실제의 재외한인 총수는 1천만 명을 헤아린다. 그 가운데 한국계 한인들이 지구촌 곳곳의 코리아타운을 형성하고 한글 중심의 문단을 이룬 것이다.

이와 같은 한글문단의 확산 과정은 한반도를 중심으로 해서 시계 방향으로 한 바퀴 돌아오는 타원형 구조를 보인다. 중국 동북부와 러시아 연해주를 거치고 북미대륙의 캐나다를 지나 미국에서 크게 자리 잡았다. 이어서 브라질과 아르헨티나의 남미대륙을 종단한 한글문단은 대양주를 건넌 다음, 유럽에선 독일에서 머물다가 아시아로 돌아오고 있다. 그 과정에 원동에서 중앙아시아로 강제 이주당했던 카자흐스탄 알마티를 뒤로하고 2001년에 동인회를 결성해서 한글 종합문예지《인도네시아 한국문학》5호까지 낸 자카르타를 거치고 일본지역의 일부 한글문단을 지나서 한반도로 되돌아오는 사이클 구도를 이루고 있다.

2000년대 전후에 활발해진 자유이민을 통해서 북미주나 남미주 및 호주 등지의 자유세계 곳곳에 다채롭게 꽃핀 한인 동포들의 한글문단은 뚜렷하게 대조된다. 이미 구한말에 두만강 건너의 구소련 연해주를 경유하여 강제로 이주된 중앙아시아 고려인문단이나 압록강을 건넌 유이민 流移民으로서 중국 조선족문단처럼 규제받는 조건 속에 힘겹게 뿌리내린 이전의 디아스포라 문학 경우와는 판이하다.

이런 한반도 밖의 이민 현지 한글문단이 표현 기법에서는 다소 소박한 대로 흔히 시공간을 과거의 한국에서와 현재 대비적인 회상 구조라서 효율적이다. 이들의 아마추어적인 요소와 르포성 짙은 이국적 체험의 절실함이 더 흡인력을 지닌다. 언어장벽과 고국에 향한 사무친 그리움, 이방인으로서 경계인의 정체성 찾기, 뼈저린 가난에서 벗어나기 노동, 또 다른 삶의 터전 찾기 행각 등. 낯선 정취와 향수 깃든 이주 현장의 실제 체험들이 신선하고 진정성 짙어 감동을 더한다.

6) 세계 한인문학의 남은 과제

여기에는 전향적으로 20여만 명인 해외 한인 입양아들을 포함한 이민 2, 3세대에 대한 한글교육 문제도 포함해서 해결할 일이다. 그리고 겨레의 큰 자산인 1세대나 1.5세대의 한글문단과 위에서 든 한인들처럼 다양한 현지어로 작품 활동을 하는 문인들과의 효율적인 연결도 모색해야 할 것이다. 앞으로는 더 체계적으로 한글문단과 현지 어문학을 겸행하면서 상호 소통해야 마땅하다. 국제 관계가 빈번하게 교류, 변화되고 있는 다문화, 다민족 시대인 요즈음은 속인屬人 - 속문屬文 - 속지屬地의 복합성을 꾀해야 한다. 미국에서 활동하는 이창래나 이민진 작가처럼 어릴 적에 부모를 따라 나라 밖에 나가서 성장한 한인 1.5세대나 외국 현지에서 태어나고 교육받은 2, 3세대 문인들은 으레 모국어 대신 현지의 영어나 일어, 러시아어로써 한인의 정체성을 찾는 작품을 빚게 마련이다.

그러므로 한국의 문학사는 모름지기 한반도를 축으로 하여 동서양을 아우른 세계적 시야로 재구성해야 마땅하다. 요즘의 첨단적 통신 발달과 원활한 교통 여건 속에서 한글문단의 시공간 활용성은 더 긴요하다. 일상화된 장거리전화나 네트워크적인 일반 미디어 등의 채널을 통해서 민족적인 동질성을 공유하는 문화 혼종성과 융합을 지향하는 길을 모색하는 일이 기대된다. 위의 방안들과 더불어 세계 각 지역 한글문학의 모국 문단과의 교류 협력망 구축도 관계 기관과 우리 자신이 함께 노력하여 행함이 바람직하다. 이울러 21세기 변혁의 시대에 4차 산업이나 AI 인공지능의 가능성이 논의되는 21세기를 디지털 노마드의 시대라고 본 마셜 맥루헌 등의 말에도 디지털 장비를 가지고 빠르게 시공간의 제약 없이 적응해서 사는 자세도 긴요하다.

이제 이민 한 세기나 반세기를 훌쩍 넘긴 세계 여러 지역에 터를 잡아 꽃피우고 열매 맺은 한인문학은 한글문단과 현지어 문단 양면에서 세계 한인문학을 선도하리라 보인다. 구소련이나 중국, 일본 지역들과는 대조적으로 이민 생활이 원활한 이 지역의 한인문학 발전 가능성은 충분하다. 고려인 문학의 경직성이나 영세성보다는 훨씬 자유롭고 유연성 등으로 전향적으로 발전할 적합한 조건을 갖추고 있어서이다. 논자가 예측하기는 미국이나 중남미 등에서 영어나 스페인어 등으로 활발하게 활동하는 한인 1.5세대나 2세대 중에서 노벨문학상 수상자가 먼저 배출되리라 여겼다. 하지만 도리어 국내에서 생활하며 알찬 창작활동을 편 한강 작가가 한국 최초인 동시에 아시아의 여성으로서는 처음으로 노벨문학상을 수상하여 더욱 자랑스럽다. 문학은 물론 여러 문화와 국력 등에서 일본이나 중국 등에 비해서 너무 불균형스럽게 노벨상 수상에서 20여년 소외되었지만 한국에는 늦은 대로 한강에게는 이른 나이에 수상하여 자랑스럽다. 앞으로는 한국문학이 세계문단에서 제대로 인정받아 국내외 한인들에게 해외의 주요 문학상 수상의 기회가 자주 있으리라 본다.

3. 한국 수필문단의 변천과 현황 및 과제

1) 우대받은 고전수필

한국문학을 통시적으로 살펴볼 때, 한국전쟁 이후인 1960년대까지도 대학가에서는 개화기 이전의 한문으로 이뤄진 고전수필이 주류였다. 예전에는 한시나 고전소설에 비해서 수필류가 오히려 선비들의 교유交遊나 기행문 내지 시 세계의 품평에 걸친 시화詩話와 별기別記 및 만록漫錄 형태로 성행했었다. 고려 말엽의 비평서들로도 꼽히는 문집을 비롯해서 조선조에 들어서는 다양하고 왕성한 실적을 보인다. 선비들의 교유나 작품 이야기들을 모은 서거정의 『東人詩話』와 홍만종의 『詩話叢林』은 고전수필의 보물창고다. 이 밖에 김만중의 「서포만필」, 성현의 「旬五志」나 해학적인 이야기인 서거정의 「태평한화골계전」 등이 계속된다. 조선 중후기에 청나라였던 북중국의 휴양지인 열하 일대를 탐방하고 한문으로 쓴 기행수필 『熱河日記』도 여기에 포함됨은 물론이다. 흔히 사대부 집안의 문집들에도 이런 한문 수필류의 산문이 다수를 차지한다. 이 밖에 한글로써 깊은 마음의 여울을 풀어낸 혜경궁 홍씨의 「閑中錄」이나 무명씨의 「祭針文」 등은 더 각별한 규방수필 작품이라고 볼 수 있다. 그만큼 수필은 고전이나 현대 작품에 상당한 분포를 지녔다는 것이다.

근세 이후에 들어와서도 개화기 유학생으로 일본과 미국에서 수학하고 유럽 문물을 둘러본 바를 국한문 혼용체로 쓴 유길준의 『西遊見聞』은 이색적인 서양문화의 충격스러운 새 정보를 담은 기행수필로 주목된다. 그 이후에 신문학기에 들어서서는 서양문물을 갈망하던 새것 콤플렉스에 젖은 문사들이 주 장르 밖의 수필을 많이 발표하고 있다. 한국 신문학의 쌍벽인 최남선의 『尋春巡禮』, 『백두산 근참기』, 이광수의 『금강산유기』는 수려한 국토 예찬과 전통문화를 통해서 일제 식민통치에 대응하며 문화적 민족주의를 전하는 장편수필들이다.

2) 홀대받아온 현대수필

현대에 와서 일제강점기 후반에 펴낸 이은상의 기행수필집 『한라산』이나 『무상』 등이 일반 독서층에 수필의 긴요함을 나타낸다. 1930년대에 들어서는 위의 작품 밖에 우리 문단에 새로운 수필문학의 기본 논의와 이론이 대두하였다. 널리 알려진 김기림의 「수필을 위하여」, 김광섭의 「수필문학고」, 김진섭의 「수필문학의 문학적 영역」이 그것이다. 더욱이 1938년에는 최초로 수필전문지 월간 《博文》[14]이 창간되어 수필문단의 소중한 가치를 빛냈다. 1940년대에 이르러서는 그 밖에 이효석이나 이태준의 『無序錄』 등도 한국의 저명한 시인 작가가 수필문학에 애정을 지니고 있음을 드러낸다. 그러나 세계 제2차대전에 뛰어든 일본이 조선어 사용을 금하고 조선, 동아일보에 이어 《文章》과 《人文評論》지 등을 폐간하자 문단은 침체기에 처하였다. 그러다 1945년 조국 광복을 맞은 문단은 '민족문학 재건'이라는 기치로 각종 간행물들에 여러 문사들의 작품들이 쏟아져나왔다. 김진섭, 설의식, 노천명, 한흑구, 윤영춘, 석주명, 변영로, 송지영, 장만영, 정비석, 오종식 등. 특히 이 기간에 행해진 시인 정지용의 수필에 대한 실적도 새로 평가해야 마땅하다. 그는 초기, 중기의 왕성한 시 창작과 달리 후기에는 오랜 기간에 걸쳐서 각 지상에 수많은 기행수필을 연재[15]하다가 북한으로 떠난 것이다.

---

14) 1938년 2월에 박문서관에서 월간으로 창간하여 이희승, 양주동, 임화, 홍명희, 마해송, 이태준, 이효석 등의 명수필들이 게재되었으나 1941년 1월에 통권 23호로 일제의 단속에 의해 종간되었음.

1950년대 수필문학은 초엽부터 전란에 휩쓸렸으면서도 적지 않은 실적을 드러낸다.

좌우익의 분열과 이념 대립이 줄어들고 조국광복의 감격도 잦아든 상황에서 문단이 자리를 잡아가려던 중이었다. 그러나 돌발한 전쟁이 삼년 남짓 벌어진 포연 속에서도 문학은 꽃피웠고 야생화처럼 번져나 갔다. 수주, 이상로, 양주동, 손진태, 조경희, 최인욱, 전숙희, 오화섭, 안춘근, 김남중, 박승훈 등. 당시 전쟁 속에서 한창 수난을 당하는 한국에 관한 일본 여론에 대해서 김소운이 서간 형식으로 써서 부산에서 출판된 『木槿通信』은 일본에서도 번역되어 수필의 위력을 떨쳐 보인 바 있다. 해방과 동란을 겪던 한국에서는 특히 여러 문예지와 교양 잡지가 창간 또는 속간되어 1950년대와 1960년대 한국문학의 수필문단을 크게 형성해 온 지형도를 이루었다.

광복 이후 6·25 한국전쟁기를 거쳐서 1960년대 중반 사이에 일어난 일을 문예연감처럼 간행한 종합문예지들과 주요 교양지의 대강은 다음과 같다. 편의상 한국문인협회 편, 『解放文學 20年』, 정음사, 1966년 판의 각종 잡지 26개 가운데 특수지를 제외한 작품 목록을 참고로 살펴본다. 창간순서대로 《白民》, 《大潮》, 《新天地》, 《新世代》, 《民聲》, 《文藝》[16], 《思想界》, 《自由公論》, 《文學藝術》, 《現代文學》, 《自由文學》, 《新思潮》, 《文學春秋》이므로 종합문예지와 종합교양지를 절반씩 선택했다. 그 무렵은 교양지에서도 문학에 많은 비중을 두고 있어서이다. 그런데 원고의 게재 면에서는 선입견과 달리 장르가 거의 안배되어 있어 수필 장르의 소외 현상은 발견되지 않았다. 목차 순서에서 장르의 배열 순위는 거의 예외 없이 소설, 시, 희곡, 평론, 수필로 되어 있지만 창작과 비평의 기준

---

15) 이명재, 「정지용 시인의 산문 지향양상」, 평론집 『세계문학 넘어서기』, 문학세계사, 2018, 222~225. 그는 「愁誰語」《조선일보》(1936~1937, 1940), 「南遊」《조선일보》(1938), 「多島海記」《조선일보》(1838), 「畵文行脚」《문장》《동아일보》(1940), 「南海 五月 點綴」《국도신문》(1950. 5.) 등에 연재했음.
16) 이 문예지는 같은 이름의 2종으로서 창간과 종간이 1949~1959년, 1959~1960년분이 있음.

에 따른 것이므로 허물이 아니다.

그 당시에 문단의 실체였던 발표지들을 점검해 보면, 많은 독자를 가진 필자층은 비전문 수필가들이었다. 철학 교수 트리오인 김태길, 안병욱, 김형석과 농학전공의 유달영 교수가 돋보였다. 또한 언론계의 중견인 조풍연, 오소백, 오종식, 이규태와 이명온, 이영희 등이 대표적이다. 그들은 이미 해방 이전부터 문학적인 수필을 발표해온 양주동, 이효석, 이희승, 이은상, 김소운보다 왕성한 활약상을 보였다. 그리고 여성 화가 천경자가 여러 매체에 많은 수필을 발표하며 수필집을 냈고 의사 최신해 외에 여행가인 김찬삼의 세계기행문도 대중지 등에서 흥미롭게 읽히고 있었다.

그런데 주목되는 바는, 위의 일반 사회 명사들이 활발한 활동을 하던 무렵에 수필 전문화 중심으로 본격적인 수필문단을 구축하려는 조경희와 전숙희가 여성으로서 돋보이는 글을 발표해왔다는 사실이다. 주요 잡지에 수필을 선보이던 두 사람은 각기 수필집 『우화』(1955), 『탕자의 변』(1954)도 펴냈다. 이에 좇아서 교편을 잡던 윤오영과 서정범, 최승범 교수 등이 뒤따라 각별한 자세로 수필계의 일선에 나서고 있었다. 영문학자 오화섭, 공덕룡, 중국문학자 허세욱, 차주환, 불문학자 손우성도 동조하였다. 마침 그때는 독일에서 유학하고 돌아와 드물게 서양 명작들을 번역하며 사상계 등에 수필을 발표하고 1960년대 중엽에 요절한 전혜린 교수의 유고집 『그리고 아무 말도 하지 않았다』가 독서계에 한동안 신산한 자극을 주던 무렵이었다.

3) 소외된 수필의 제자리 찾기

광복 이래 사반세기 동안 그렇게 독자들의 수필에 대한 호응이 좋았는데도 정작 수필문단이 소외된 채 침체한 양상은 오히려 문단과 학계 자체의 미온적인 태도에 있었다. 우선 광복 이후 6·25 전쟁에 이어

1960년대까지는 문인단체들에서 장르별 구성에 거의 수필분과가 배정마저 되어 있지 않았다. 1948년에 발족한 한국문학가협회에는 소설, 시가, 희곡, 평론, 아동문학, 외국문학, 고전문학으로 나뉘어 있고 1955년에 창립된 한국자유문학자협회 또한 시, 소설, 희곡, 시나리오, 평론, 외국문학, 아동문학 분과뿐이다. 논자가 조사한 자료상으로는 그중에서 1961년에 결성된 한국문인협회 한 군데만 수필분과(1965년 당시 분과 회장은 조경희)가 편성되어 있을 뿐이다. 그런 형편이니 수필가들은 시, 소설, 희곡, 평론 중심인 서울시문학상, 자유문학상, 한국문학가협회상, 대한민국예술원상(문학 부문) 등에서 배제되기 마련이었다. 어쩌면 우리와 친숙한 수필을 일용할 물과 공기처럼 소홀히 여긴 탓인지 모른다.

한국 현대수필계는 젊은 에세이 지망생들의 변혁 바람에도 불구하고 1970년대 이전에는 대학에서마저 전공에 개설된 수필문학론을 으레 고전수필에 치중한 나머지 현대수필은 소홀히 여겼다. 우선 인식 면에서 수필문학의 중요성을 모르는 데다가 에세이문학론이 체계화되지 않았을뿐더러 마땅한 텍스트도 없는 실정이었다. 근래 대학의 교재용으로 널리 활용되는 현대문학사[17] 역시 으레 시, 소설, 희곡, 평론 외로 수필은 배제되어 있다. 그러기에 수필문학 지망자는 일반적으로 수필원론이 부실한 데다 수필문학의 흐름을 제대로 파악하지 못한 상태로 표현 기법에만 치중하는 기형적 성장 부담을 안게 마련이었다. 따라서 이미 문단 내에서 수필 장르를 배제할 우려는 없더라도 앞으로 실용적인 수필의 흐름을 파악하도록 간추린 수필문학사를 보완[18]하는 노력이 바람직하다.

---

17) 김윤식, 김우종 외 38인 지음, 『한국현대문학사』, 2014. 1989년 초판 이후 4번째의 개정 증보판으로서 모두 779쪽 분량에 각 시대를 10년 단위로 분절해서 시, 소설, 희곡, 평론만을 서술하고 있음.
18) 지금까지 수필문단을 통시적으로 정리한 책은 한문 중심의 고전 분야에 치우쳐 있음. 장덕순, 『한국수필문학사』, 새문사, 1985는 신라의 혜초부터 조선 후기 박지원까지, 정진권, 『한국수필문학사』, 학연사, 2010 또한 설총의 「花王戒」부터 유길준의 『서유견문』을 거쳐서 피천득까지 개괄하고 있음.

한국 수필문학이 여러 시행착오를 겪다가 1970년대에 들어서 수필가 자신들의 노력으로 다른 장르와 대등한 자리를 갖게 되었다. 당시 신진 수필가이던 박연구는 수필문학을 본격문학으로 정립해보고자 1970년에 '현대수필동인회'를 발족시켜 동인지 《현대수필》을 1972년 제5집까지 내면서 문단에 수필 장르의 등단제 실시를 촉구했다.[19] 그런 분위기 속에서 이미 1971년에 조경희, 서정범 주축으로 최초의 수필 전문 단체인 한국수필가협회를 설립한 다음 수필가의 추천제를 지향했다. 그에 따라서 1972년 3월에 김승우의 월간 《수필문학》에 이어서 1974년에 《한국수필》이 한국수필가협회 기관지로 창간된 것이다. 그리고 1975년 《월간문학》과 1976년 《현대문학》이 문예지 처음으로 등단 절차에 의해서 신인 수필가를 배출했고 1980년대부터 1990년대 말엽까지 여러 신문사 신춘문예에서 수필을 신인 등단 제도로 포함시켜 활용했다.

문단의 정규 등단 절차를 통해서 최초로 신인상 당선과 추천의 관문을 통과한 수필가는 정목일이었다. 그가 한국수필 1백 주년을 설정하여 전문 수필잡지 중심으로 접근한 4단계의 시대 구분에[20] 의하면 1970년대는 수필의 부활기로서 수필 전문잡지 대두 시대(1971~1980)이다. 30쪽 안팎으로 1938년 창간 이래 1941년까지 전문 수필잡지의 효시로서 알찬 글을 발표하던 《博文》 이래로 긴 태동기(1910~1970)를 지내고 얻은 성과이다. 그런 수필전문지가 경쟁시대(1981~현재)에 이르며 수필 인구의 대폭 증가세에 힘입어 월간, 격월간 등 계간 이상 수필잡지는 바야흐로 춘추전국시대를 이룬 셈이다. 역시 한국 수필전문지를 총괄해서 정리한 최원현의 방대한 원고[21]를 참고하더라도 그 규모나 갈래와 창간 속간 내용은 판별해서 정리하기 버거울 상황이다.

---

19) 박연구, 「문예지의 수필 신인 등단제는 이렇게 시작됐다」, 한국문인협회 편, 『文壇遺事』, 월간문학사, 2002, 108쪽. 1963년에 《신세계》의 신인작품 공모에 수필 당선으로 등단한 박연구는 《수필공원》 발행인. 한국수필문학진흥회장 등을 지냈음. 『바보네 가게』, 『사랑의 발견』 등 여러 수필집이 있음.
20) 정목일 「한국 수필잡지의 현황과 과제」, 한국수필학회, 《隨筆學》 제17집, 2009, 212~224쪽. 요약.
21) 최원현, 「수필문학 전문잡지를 통해 본 한국현대수필의 발달사」, 《수필미학》, 2015년 봄호.

1970년대 중반 이후 현재의 각종 수필전문지와 동인지만도 그 갈래나 창·폐간이며 월간, 계간, 격월간, 연간 또는 연간작품집 등은 급속도로 증가했다. 2000~2009년 사이에 창간된 수필전문지만도 10종에 이른다. -《選수필》,《수필세계》,《에세이 21》,《한국수필가》,《e-수필》,《수필시대》,《에세이스트》,《에세이플러스=한국산문》,《좋은수필》,《계간 수필계》이다.22) 그리고 권남희에 의하면, 2020년 현재 서울과 지방의 주요 수필전문지는 약 30여 종이고 연간지까지 합하면 100여 개쯤으로 헤아려지며 문협 밖의 잠재적인 한국수필가를 모두 합쳐보면 약 9천 명 정도로 추산된다고 말한다.

　오랜만에 제자리를 찾은 수필문학이 2000년대에 들어서 수필 본래의 속성으로 말미암아 드디어 수필문학의 전성기에 이르렀다. 세계가 글로벌 환경에다 디지털 인터넷 시대에 이른 요즘에는 수필이 시, 소설, 희곡, 평론보다 활성화된 장르가 되었다. 수필가의 분포와 증가율에서도 나타난다. 반세기 전만 해도 문단에서 홀대받던 처지의 수필 인구가 증가하고 근대문학의 유력한 장르로 떠오르는 현상은 실제의 문단 분포에서도 드러나고 있다. 이를테면 2020년 현재의 한국문인협회 발행 회원 주소록23)도 참고된다. 모두 1만 4천6백여 명인 회원 중에 수필가 수효만도 총 3천6백여 명에 이르러 7천8백여 명인 시인의 과반수이다. 회원 수 분포에서 시 분과 다음인 수필은 아동문학, 소설, 평론, 희곡, 번역 장르를 순서에서 훨씬 앞지르고 있다. 이미 문인 네 사람 가운데 한 사람 정도가 수필가란 것이다. 문협 밖의 펜 회원이나 작가회의 및 나머지 문인단체 미등록 문인 등을 합산하면 우리나라의 수필 인구는 1만 명에 이를 것으로 추산된다. 1955년 6월호 문예지《현대문학》부록의 문인

---

22) 최원현,「21세기 수필문학의 방향-수필의 생존을 위한 제언」,《조선문학》, 2009년 8월호.
23) 한국문인협회,『2020 회원주소록』에는 총회원 14,651명 가운데 상위 숫자별로 시분과 7,833명, 수필분과 3,634명, 아동문학분과 961명, 소설분과 953명, 시조분과 877명, 평론분과 174명, 희곡분과 120명, 민조시분과 34명, 청소년문학분과 28명, 외국문학분과 27명으로 나타나 있음.

주소록에 오른 전국 문인 170여 명이나 1961년 말에 전 문단을 아울러서 연 한국문인협회 창립총회 참석회원 427명을[24] 감안하면 대단한 성장세이다.

4) 현대수필의 위상 정립

근래 우리 문단 여러분이 말하듯 21세기는 바야흐로 수필의 시대이다. 이전의 몽테뉴나 베이컨이 서양 문단에 끼친 역할과 성과에도 불구하고 우리의 경우, 수필은 지금까지 여타 장르의 위세에 밀린 채 변방에 소외되어 왔다. 개화기 이후 신문예운동기에 들어서도 수필이 상화想華, 잡조雜藻, 편편상片片想이란 이름들로 으레 잡문 정도로 취급되어 문단에서 제외돼 왔었음은 물론이다. 그러함에도 불구하고 수필 장르가 뒤늦게나마 제자리를 차지하게 된 것은 무엇보다 수필문학 본래의 자생력 때문이다. 그 힘은 시, 소설, 희곡, 평론 등에 앞서는 현대사회에서의 친근성을 비롯해서 정보 담보 능력과 유연성 및 적정한 분량 등에 걸친 수필 특유의 속성이 뒷받침되고 있다.

수필(에세이)은 우선 글쓰기 조건이나 독자에 다가가기 등에서 친숙한 만인의 문학이다. 평소 스스로 겪고 느낀 바를 스스럼없이 제 나름의 개성대로 펼치는 생활문학으로서 친근감을 지니고 있다. 그 범위 또한 일상의 기록인 일기, 단상, 편지글을 비롯해서 기행문, 감상문, 르포, 시사칼럼, 언론사의 사설, 자서전, 독후감 등 어느 장르보다도 다양하고 넓다. 더러는 긴 글도 있지만 흔히 분량이 짧아서 차 한 잔 마시는 사이나 지하철 출퇴근 시간쯤에 읽고 음미하거나 주말쯤에는 직접 휴대전화기를 통한 문자 메시지로 짧은 수필을 쓰고 전할 만큼 현대인들에게 안

---
[24] 한국문인협회 편, 위 『文壇遺事』, 월간문학 편집부, 2002, 73쪽의 이성교 글과 174쪽의 윤병로 글 참조. 특히 후자의 총회참가자 총 수효는 당시의 한국문인협회, 자유문학가협회, 시인협회, 소설가협회, 전후문학가협회 회원들을 합산한 것임.

성맞춤이다. 마치 우리에게 쾌적한 차나 식혜, 커피 아니면 칵테일 음료 같은 기호식품이랄까? 그러기에 근래의 문단인 중에는 수필가 수효가 여느 분야보다 훨씬 많음은 자연스러운 현상이다.

21 문화의 세기에 이런 수필 강세의 장르별 부침 현상은 세계적인 문단사의 추세와도 연결해서 생각해 볼 문제이다. 일찍이 중세 전후의 17세기 유럽 사회는 서사적인 희곡이, 18세기는 낭만적인 시가 세계문학의 주류였다. 이어서 19세기는 자연주의나 사실주의적인 소설의 전성시대였고 20세기는 오카너의 주장처럼 담론이 강세를 보인 비평의 시대였다. 그런 후 바야흐로 21세기는 수필의 시대라고 대다수가 인정한다. 이렇게 금세기가 수필문학 시대인 당위성은 충분한 요인을 갖추고 있다. 그것은 문학의 본래적인 요소와 부수적인 사회 여건 면에서 뒷받침되고 남는다.

첫째로, 수필(에세이) 문학은 요즘 인터넷 시대에 걸맞게 웰빙 생활의 친숙한 벗이라는 점에서이다. 요즘 시민들에게는 짧되 난해한 시 작품이나 긴 분량의 소설보다는 적당한 길이의 수필이 안성맞춤이다. 더구나 수필에 해당하는 인터넷 이메일은 수시로 열린 세계 각처에다 실시간대에 동영상으로 서신 교환과 단상 나눔도 활성화된 문화 실체가 되어 있다.

둘째로, 무엇보다 수필문학이야말로 수시로 마음껏 카타르시스 할 만큼 자기 구현의 지름길이라는 점이다. 은밀한 자아 성찰의 미학인 동시에 신랄한 사회 비판적 칼럼으로써 스트레스를 푸는 속성을 지닌 에세이 문학은 현대인에게 더없이 긴밀한 문화적 반려인 것이다. 그리고 동시에 수필문학 본래의 퍼스넬 노트적인 특성은 자연스럽게 현대 메카니즘 사회의 틈새에서 억눌리고 왜소해진 자기를 힐링 할 수 있는 광장이 되어 왔다.

셋째로, 수필은 가뜩이나 힘겨운 일상에서 시달리는 소시민들 심신에 아낌없이 활력소를 제공하는 오아시스 같은 원초적 공간이란 점에서

이다. 어쩌면 독자들에게 수필 작품은 마치 사막에서 지친 대상들을 초록의 오아시스로 안내하여 심신을 식혀주는 시원한 바람이며 한 움큼 생수 같은 활명수이기도 하다. 그런 면에서 오늘날의 수필가는 도심의 한 자락에서 소담한 난초이며 탐스러운 실과나무나 정원수를 가꾸는 정원사요 환경지킴이일 수도 있다.

비유컨대, 문학을 한 그루의 과실나무로 친다면 수필은 싱그러운 잎에 해당하는 장르이다. 모름지기 문학나무의 꽃은 시요, 영근 열매는 소설이나 희곡이며 뿌리와 가지는 비평에 견주어 볼 수 있겠다. 여기에서 수필은 마치 사월의 배나무 이파리처럼 생명감 넘치는 녹색의 활력으로써 이운 꽃에 이어서 열린 열매를 추스르고 키우다가 곱게 물든 낙엽으로 소임을 다한다. 수필 잎은 해마다 전체 문학나무를 감싸고 쉼 없는 탄소동화작용으로 가지나 뿌리를 키우고 튼실한 열매를 영글게 하면서 묵묵히 천지화육에 이바지해 온 존재이다.[25] 수필은 그만큼 문학의 이웃 장르들과도 상생과 조화를 이끌어 문학의 위기를 이겨낼 숨은 공로자요 모범 장르이다.

따라서 오랫동안 소외되어오던 수필이 1970년대 이후 들어서 뒤늦게 문학의 한 분야로서 확고한 자리를 찾은 일은 의미가 있다. 더욱이 문학의 위기에 한국문학의 중심 장르로 역할을 맡게 된 것은 보람된 일이기도 하다. 그러므로 수필 장르는 세계적인 문화의 변화 환경 속에서 높아진 이 문학예술상의 위상에 어긋나지 않도록 잘 추슬러가야 할 것이다. 더욱이 수필은 문학예술 분야에서 전통적인 시, 소설, 희곡, 평론과의 후속 처지에서 이 장르들을 조화롭게 아우르며 전향적이고 균형 발전적인 자세를 필요로 한다고 여기기 때문이다.

그렇지만 금세기 전후부터 계속된 고도의 정보통신 기기의 발전과 영상문화의 보급으로 야기된 문학의 위축상과 위기의식은 수필문학이

---

[25] 이명재, 「문학나무를 빛내는 잎의 미학」, 『세계문학 넘어서기』, 문학세계사, 2018, 272~273쪽 보완.

당면한 과제가 되고 있다. 이런 문제에 상관해서 우리는 1960년대 초반, 미국의 비평가 겸 작가인 레슬리 피들러가 『소설의 종말』을 고한 사실을 되새겨 둘 만하다. 소설의 인기가 영상예술인 TV나 영화에 밀려 활자 문화인 출판계와 함께 쇠퇴상을 보인다는 것이다. 이어서 1990년대에 들어 미국 작가로서 교수였던 엘빈 커넌은 『문학의 죽음』이라는 책을 냈었다. 또한 2000년대에 와서 일본 평론가인 가라타니 고진은 이른바 『근대문학의 종언』을 펴낸 바 있다. 전세기의 전유물인 아날로그 문화 위주의 근대문학은 1980년대에 끝난 나머지 전업작가나 시인들도 창작을 통한 원고료만으로는 생계가 어려우므로 부업을 갖거나 디지털적인 문학적 콘텐츠를 활용하는 추세라는 것이다.

따라서 이런 문학의 위기에는 문인들 스스로 새로운 세기의 환경에 걸맞은 문화소통 방법과 창작 전략으로 대응해야 할 것 같다. "변화에 적응하는 자만이 살아서 남는다"는 찰스 다윈의 진화론적인 명제가 절실하다. 문학도 이제는 손쉽고 대중적인 영상문화나 스포츠 열기에 빠져든 대중사회에 적극적으로 접근해 가야 한다. 그리고 그 수용자들을 문학 독자로 끌어들여야 한다. 이런 문학의 위기를 극복해나갈 장르로서는 아무래도 수필문학에 희망을 걸 만하다고 논자는 생각한다. 어쩌면 문학이 쇠퇴의 위기에 접어든 여타 장르에 견주어서 생활문학적인 수필이 상대적으로 여러 면에서 경쟁력을 지니고 있어서이다.

요컨대, 너무나 오랜 소외 상태에서 벗어난 한국 수필계 스스로가 많은 개선책으로 거듭나야 한다. 그러기 위한 구체적 방법을 놓고 논자는 수필 지망생들을 일선에서 지도해온 오경자 작가나 권남희 작가와 전화로 의견을 나누었다. 그 결과, 앞으로는 우리 수필계도 시나 소설계 못지않게 젊은 층이 나서서 전문수필가 중심으로 향상된 문단을 이루길 바란다는 견해였다. 지금은 이전과 달리 사회에서 은퇴한 계층 속에 가끔씩 나타나는 40대 안팎의 지망생들에 우리 수필문단의 앞날을 기대한다는 것이다. 현역인 정목일, 지연희, 반숙자, 권남희 작가도 30대

초중반에 신인상이나 추천으로 등단한 중견들인데 요즘은 그런 전업작가들이 적지 않다. 이런 수필 지망생의 젊은 층 증가 현상은 근래 영상매체에 빠져서 문학을 외면해온 청소년층 독자를 문학 인구로 영입하는 데도 좋은 영향을 줄 것이다.

5) 마무리 – 한국수필의 과제

위에서 논의해 온 바처럼 험난한 길을 걸어서 2020년대에 이른 현재, 수필문단 자체의 노력과 문화 전반의 환경 전환에 힘입어 수필의 위상이 격상되었다. 대체적인 기반도 다져진 만큼 바야흐로 수필시대라는 흐름에 걸맞게 대응해가야 할 것 같다. 따라서 평소 수필문학을 아껴온 문단의 일원으로서 제기한다면 다음 사항들을 당면한 과제로 제기하고 싶다.

1) 이제는, 수필이 제 자리를 찾지 못했다며 너무 집착하는 의식에서 벗어나야 한다는 점이다. 이미 수필은 1970년대에 다른 장르 못지않게 본궤도에 올라서 있다. 그러므로 장르에 대한 소외의식이나 이미 중국, 일본, 대만 등에도 오래도록 공인되어 있는 수필 명칭에 관한 일부의 회의에서도 탈피해야 함은 물론이다. 오히려 수필의 위상 강화로 인해서 인접한 장르와 상생을 저해함은 금물이다. 수필 본연의 자유롭고 유연성을 경직화하게 마련인 학문적 접근 역시 과유불급의 덕목을 지킬 참이다.[26]

2) 21세기는 여러모로 수필의 시대인 만큼 수필가 자신들이 솔선해서 올바로 발전시키는 데 힘써야 한다는 점이다. 이제 수필의 됨됨이는 수필가 자신의 노력과 실적에 달려있어서 수필의 질적인 저하나

---

26) 한국수필학회(현대수필문학연구소)에서는 윤재천 교수 중심으로 1994년부터 2013년까지 연간집 《隨筆學》 20집을 내서 수필문학을 이론적으로도 정립했음.

이미지 실추는 오히려 수필계 내부에서 저지를 수 있다. 수필가 스스로 작품으로써 승부해 가는 길이 최선책이다. 청장년을 새 작가로 끌어들이고 수필 전문지의 과다한 경쟁을 조율하며 수필가로 등단하는 연령층도 보다 젊은 층으로 세대 교체하여 전문수필가 중심으로도 개선해 가길 기대한다.

3) 이전의 안이한 수필가 양산을 스스로 규제하고 수필문단에 나서려는 다수 지망자들을 충분히 조련해서 자체 내적인 충실을 기해야 한다는 점이다. 수필의 양적인 확대는 상대적으로 질적인 저하를 일으키는 이항대립적인 성향을 지니고 있다. 숙성되지 않은 신진들 글을 함부로 발표하지 못하게 비평으로도 규제하고 기성인들도 수필집 출간을 줄여서 책의 홍수를 막는 데 솔선해야겠다. 이런 노력은 상대적으로 수필에 치우침 없이 문학나무의 상생적인 발전을 돕는 길이기도 하다. 여기에는 "수필이 어느 때인가는 온 문예를 흡수해 버릴 것"이라는 아나톨 프랑스의 견해도 참고된다.

4) 전향적인 수필시대를 위해서는 지구촌 각 지역에 나가서 활동하는 세계 코리안문단의 한글 수필을 새롭게 인식해서 서로 원활하게 소통하자는 점이다. 낯선 환경에서 생활하는 한인들 작품은 단연 수필이 주류를 이루고 있다. 일상의 적응에 직결된 글로써 모국에 향한 그리움과 사랑을 새기는 한글은 외로움을 달래고 정체성을 회복하는 통로이다. 이색적인 이민 현지의 생생한 글들은 문장 역시 모국 측에 뒤지지 않는다. 국내외의 수필을 통한 상호왕래는 더욱이 인터넷이나 사이버문학 활용으로 시공간을 넘나드는 교류로써 당면한 코로나19 팬데믹 사태에 활용하기에 적합한 소통의 지름길이다.

* 위 평론은 국제 PEN 한국본부 주최로 2020년 10월 22일에 서울 프레지젠트호텔 31층에서 열렸던 제6차 세계한글작가대회에서 온라인으로 발표한 원고를 일부 수정, 보완한 것임.

4. 반려동물 시대, 견공들의 깨우침
- 류보상 장편 『견공 가라사대』론

　우리는 요즘 반려동물 인구 1천5백만 명 시대에 살고 있다. 국민의 자녀 출산율이 줄어든 탓에 인구가 감소함과 동시에 1인 가구 중심의 핵가족이 많아진 영향이다. 청소년 가장, 독거노인, 독신주의자는 물론 미혼모 형태의 핵가족이 늘어나고 있다. 그러기에 요즈음 우리나라도 가정에서 외로움을 달래기 위해서 강아지나 고양이를 한 식구처럼 여기고 생활하는 추세이다. 이런 우리의 반려동물과의 생활 모습과 문제점을 우화 장편소설로 다룬 류보상 작가의 『犬公 가라사대』가 새로운 성과로 떠오른다.
　수년 전까지만 해도 식구가 적거나 고단한 집에서는 개를 집지킴이나 취미처럼 애완견으로 키우며 애견愛犬 인구라 불러왔다. 이제는 아예 애완동물 인식을 벗어나서 개나 고양이를 적은 식구와 함께 사는 한 가족으로 챙긴다. 함께 식사하고 한 침대에서 생활할 정도로 친근해졌다. 이미 로마에는 100년이 된 반려동물 공동묘지도 있지만 1983년 유럽 국제회의에서는 인간과 함께 생활하는 개, 고양이, 새 등을 반려동물로 결의한 바 있다. 그리고 현재 국회에서는 동물보호를 더 강화하는 루시법의 입법을 서두르고 있을뿐더러 행정 당국에서도 동물 학대와 식용을 단속 중이다. 이런 노력은 더 투명하고 안정적인 반려동물 보호와 바람직한 산업을 위한 원원 상생의 접근 노력이다.
　하지만, 우리 주변에는 아직도 개를 인간의 종속물로 여기고 화풀이하거나 심지어는 보신의 대상으로 삼은 경우가 적지 않다. 최근 들어서는 인식이 많이 개선되었다지만 아직도 반성할 바가 수두룩하다. 근

10년의 통계에 의하면 집을 쫓겨난 개들이 보호소에서 47만 마리가 숨을 거두고 하루에 버려지는 동물만도 평균 370마리로 집계되고 있다. 농수산식품부에 의하면, 2023년 현재, 우리 전체 가구의 25.4%에 해당하는 602만 명 이상이 반려동물을 키우고 있는 현실에서 문제점들이 남아 있다.

이런 시점에서 우리와 제일 친근한 개(犬公)에 관한 문제점은 최근 유보상 작가의 장편 우화소설 『견공犬公 가라사대』가 출간되어 화제거리다. 이 작품을 읽는 재미에 필자는 이 역대급의 기록적인 무더위를 시원하고 유익하게 지냈다. 이 문제작은 개(犬公)가 주연으로 등장하여 사이비적인 인간들을 신랄하게 꾸짖으며 박수갈채를 받는다. 일찍이 동아방송에서 극작가로 데뷔하여 1980년대 전후에 기발한 재치와 통렬한 사회풍자로 짙은 휴머니즘을 담아낸 『이혼 파티』, 『그놈이 그놈』, 『사기꾼 천국』에 이은 회심의 역작이다. 그만큼 여러 강아지들이 주인공으로 등장하여 우리 인간들과 관계를 맺고 사는 상호관계는 시대와 사회상에 따라 다양하게 이어진 연결고리를 이룬다.

장편 『견공 가라사대』는 현대적인 우화소설답게 요즘 서울 변두리에 살면서 말하는 개들이 주를 이루고 주위의 인간들 몇 사람이 함께 어우러진 작품이다. 모두 32개의 항목으로 이루어진 이야기 전체를 살피며 이끄는 주인공 자격의 화자는 전생이 사람이었다는 한국의 천연기념물인 진돗개와 일본의 천연기념물이 합쳐진 진진眞眞이로서 사람들은 백구白狗라고도 부른다. 그리고 진진이 누이 격인 유럽 스피치 혈통의 나리(일명 언년이) 외에 주인집을 뛰쳐나온 일본산 아끼다 종이지만 들개 처지였던 검둥이, 코카스파니엘이라는 서양개인 얌전한 순돌이, 멍청이란 별명의 도사견, 그리고 이웃의 차이차이견인 곰돌이가 등장한다.

등장인물로는 진진이의 주인인 나무식이 주인공으로 역할하며 특색인 충청도 사투리로 투박한 인간미를 풍긴다. 건축업자로 통하던 나무식羅武植은 신도시개발추진위원장으로 뽑히면서 서울엔지니어링회사라는 부실기업체 주변에 끼어든 사기꾼들 속에서 갈등을 겪으며 시달린다. 그의 부인 지홍자는 고아 출신으로서 북한산 근처의 임시 사슴농장에서 '녹야원 덕스파라다이스' 운영자로서 만만찮은 개 가족을 돌보고 있다. 그러므로 오랜만에 시의적절하게 만나는 이 우화소설은 우리 주변의 삶과 문화의 현주소를 제대로 점검해 보는 거울이 되고 남는다.

작중인물들의 성격과 사건의 얽힘이나 문장의 특성은 다음 인용구들에서도 파악할 수 있다. 서두에서, 사흘 안에 돌아온다고 나간 후에 일주일이 넘도록 감감무소식인 건축업자 주인을 기다리는 진진이는 스스로 뇌인다. 이리 보여도 전생에 사람이던 자신이 진돗개로 태어났고 옛날 민주화운동 때 순종인 우리 어머니가 한눈을 팔다 일본 천연기념물인 아끼다견에 겁탈을 당해서 생긴 존재라서 혈통은 좋다. 그러니 배고픔과 서운함에도 진돗개의 주인에 대한 순종심과 절대복종심을 다짐한다. 그런 진진이에게 수상한 말코 사내가 집을 기웃거리며 말을 건다.

"너 얼마나 쓰고 개로 태어났냐?", "요즘 개로 태어난 거, 복 받은 거야. 로또야, 로또. 개 팔자가 상팔자 — 함부로 학대했다간 혼나."

"야, 이 개새끼야! 쥔놈 어디 갔냐고 묻고 있잖아, 이 개새끼야!"

이런 어려움 속에서 갖은 욕설과 협박을 받으며 진진이는 곰곰이 생각하며 살길을 찾는다. 본디 진도에서 자라던 진진이는 인천으로 분양되어 살다가 배고픔에 못 견뎌 배신을 모르는 개 신분을 잊고 월미도 해안 길을 걷다가 인상파 사내에게 목을 감겨 된장 발림을 당할 고비도 넘겼다. 그뿐만 아니라 인천 포장마차 집에서 강 사장에게 돈벌이 투견으로 팔릴 뻔하다가 모면하고 서울로 올라와 쥔어른을 찾기에 나섰다. 그러는 도중에 서울 지하철 근처의 우동집 아줌마나 인사동 거쳐서 낙원동 떡집 할머니의 도움을 받아가며 지냈다. 그러던 중에 진진이는 드디어 서울의 노숙자 왕초가 된 쥔어른을 서울 종로 공평동 지하광장에서 만난다. 그러고는 그 후에 재기한 나무식 쥔어른은 고마워하며 활동을 재개한다.

"백구가 복덩이임이 틀림없어. 백구를 만나자마자 노숙 생활을 청산하게 됐으니, 안 그렇수?" 떡집 할머니가 내 머리를 연신 쓰다듬어 주면서 쥔어른에게 말했다.
"네 그렇습니다. 우리 진진이가 나를 살린 겁니다."라고 쥔어른도 고마워하며 활동을 시작한다. 쥔 어른의 결심은 대단했다. 잃어버렸던 나를 다시 만나는 순간 자신도 다시 세상에 태어난 사람이라고 했다. 옛날의 나무식이 아니라고 했다.

하지만 그동안의 노숙 생활은 신도시개발추진위원장으로서 서울 '엔지리어링회사'라는 부실기업체 운영에 실패한 나머지 현상을 반성한 계기를 이루는 것이다. 사실 이전의 회사원들 구성이나 행태는 바람직하지 못한 것이 사실로 드러난다. 회사원 안팎의 등장인물들은 거의 사기성이 짙고 부정적인 언행을 일삼는 군상들로서 인상적이다. 회사의 건립 무렵부터 비서역을 맡은 말코 안광범은 용돈이 궁하게 되자 자기가 키우던 검둥이를 보신탕집에 끌고 가다가 놓쳐 개망신을 당한 개만도 못한 인간이다. 그는 자신이 기르던 개를 학대한 나머지 개들에게 혼쭐나게 쫓기던 중에 교통사고로 숨진 위인이다. 국정원 출신으로서 마담 주리애를 나 회장에게 소개해 준 그날 밤에 그녀와 호텔에서 동침 중 복상사한 인물이다. 그러기에 나무식 사장은 과거에 회사를 흐트러뜨렸던 사람들을 찾아 잘못을 추궁하고 바로잡으려 하지만 오히려 맞서려는 그들에게 욕설로 대응하는 게 고작이다.

"야, 이 씨발놈들아! 말코 안광범! 혁신인지 개혁인지 좆 같은 고문 문혁신 잘 처먹고 잘 뒈져라! 쥔어른은 을지로 사거리 지하도 입구 앞에 펄적 주저앉아 소리소리 질러댔다.

그런 가운데서 다만 오직 한 사람 장병균만은 긍정적으로 여기고 챙기는 모습이다. 그는 외톨이로 지내다 복상사한 문혁신의 보좌관으로서 유일하게 상갓집을 지킨 사람이어서만이 아니다. 장 보좌관만은 문학이나 음악에 대한 소양을 지니고 부인을 잃고도 재혼하지 않고 외동딸을 혼인시킨다. 그러기에 나무식 회장이 손수 주례를 맡아 주례석에서 "사람 농사를 짓게나! 사람 농사를!" 하며 인간됨을 강조하는 축사의 노래까지 부를 정도로 긍정적인 인물로 떠오른다.

나무식은 나름대로 군소 등장인물들의 임시방편적이고 사리에 치우친 비행을 바로잡고 보다 인간적인 자세로 인간과 반려동물 상호 간의 상생과 공존을 모색하는 자정 노력이 주목된다. 하지만 더 속속들이 그의 사람 됨됨이를 살펴보면 흠결이 적지 않다. 사실 나무식은 치매끼가 있는 친모 온양댁 손갑순을 인천 근처 섬에 언년이(나리)와 함께 유기한 나머지 언년이에게 상주 노릇을 시킨 불효자이기도 했다. 그에 비하면 고아였던 며느리 지홍자는 그 일에 가책을 느껴 인간적인 반성을 보인다.

이 소설의 마무리는 진진이 작 연출, 단막 풍자극으로 여섯 마리 개들이 특별 출연한 나무식 부부를 참석시킨 가운데 개들의 낙원인 녹야원 덕스 파라다이스에서 단막 풍자극 〈누구세요, 우리 쥔 맞아요?〉 장면이 액자형으로 삽입한 풍자극을 이루어 인상적이다. 개들이 주인 부부를 앞혀놓고 신랄하게 성토하는 자리가 마련되어 희곡작가의 장편소설인 특색을 이룬다. 더구나 이렇게 일상생활에서 말하며 지켜보며 함께 살아온 개들의 주인 평가를 통한 호된 비판과 충고는 요즘 열리는 국회의 정치적인 청문회보다 갑절 흥미롭고 극적이다. 그것은 인간 세상에 향한 섬뜩한 고발이며 휴머니즘의 발로이기 때문이다.

작가 유보상의 이 우화소설은 비교문학적으로도 가치 있는 역사성을 지니고 있다. 이를테면, 고려시대인 1230년대에 최자의 『보한집』에도 기록된 전북 임실군 오수면의 오수獒樹 나무 설화의 가치이다. 주인이 술에 취해서 풀밭에 잠든 사이에 불타서 번져든 들불을 끄기 위해서 자신의 모에 강물을 적셔서 주인 목숨을 구해준 대신에 개 자신은 불타 죽은 그 자리에 주인(김개인)이 꽂은 지팡이가 커다란 나무로 자란 상징성은 가치가 높다. 한편 이 오수설화에 비해서 서양인 위더 부인의 소설 『플란다스의 개』(1872) 경우는 요즘 에니메이션 등으로 널리 알려졌지만 벨기에의 고아 소년인 넬로가 주인에게 학대받아 쫓겨난 늙은 개를 안고 함께 숨을 거두는 쓸쓸한 내용과는 이질적이다.

또한 한국 신소설작가로서 말하고 듣는 동물들을 등장시킨 우화소설 경우로는 안국선의 『금수회의록』(1908년)을 들 수 있다. 잠을 자던 중에 꿈속에서 집 근처를 산책하던 중 숲속에서 새와 짐승들이 인간을 성토하는 내용이 흥미롭다. 개는 빠졌지만 까마귀, 여우, 개구리, 벌, 게, 파리, 원앙, 호랑이가 동물 그대로의 자세로 연단에 나서 인간의 이중성과 비리들을 시국 사안과도 곁들여서 매섭게 비판, 풍자하는 모습이 인상 깊다. 끝으로, 일본 작가 나즈메 소세키의 장편소설 『나는 고양이로소이다』(명치 38년) 또한 참고된다. 여기에서는 말하는 고양이를 통해서 당시 작가 자신의 집에 드나드는 친구나 교사 및 문하생들의 고지식하고 고집불통인 속물성을 통해서 근대 일본의 민낯을 드러내며 신랄한 풍자와 해학을 보여주는 것이다.

요컨대, 작가 류보상이 오랜만에 회심의 문제작으로 빚어낸 『견공 가라사대』는 위 작품의 시대적 한계를 넘어 현대적인 현안과 리얼리티를 살린 신작이라는 특장점을 지닌다. 이 신선한 우화소설은 국내외로 전례 없는 팬데믹과 엔데믹으로 나날이 착잡한 뉴스에다가 힘겨운 무더위와 무료함을 떨쳐버릴 시원한 소나기 같은 활력소가 되리라 믿는다. 따라서 앞으로 이 화제의 문제작은 장편소설뿐 아니라 희곡적인 내용으로서 드라마나 연극, 영화로는 물론이요 흥미로운 에니메이션으로도 활성화하여 새로운 문화시장을 열 가능성을 지니고 있다. 바야흐로 인간과 반려동물이 함께한 시대의 피로사회에 이 소설이 넘치는 유머에다 번득이는 위트와 함께 긴요한 사회 문제점의 고발과 신랄한 풍자해학극으로서 우리에게 신선한 힐링을 주리라 생각한다. 나아가서는 여기에 더하여 이 신작소설이 인간과 반려동물이 함께하는 우리 사회의 바람직한 모럴과 지향점도 함께하길 기대한다.

5. 2017, 2019년 소설문단 속의 군상들

1) 소설 작품의 경연과 향연

여기에서는 2017년 후반기인 5월호부터 10월호 사이에 발표된 본지 게재 소설 작품에 대한 총평을 해본다. 대상 작품의 전체 분량을 의무적으로 읽고 고언도 섞어 평가해야 하는 과제로서 만만치 않은 부담이 따르지만 청탁에 응한다. 언젠가는 내 자신도 마찬가지로 비평을 받아야 할 것이로되 발표 작품에 대한 올바른 품평은 필요한 것이기 때문이다. 사실 본지에는 월평란이 없었으므로 이 총평란은 한국 현역 작단의 수준과 기상도를 아우른 소설의 품평회 겸 조촐한 향연장인 편이다. 지난 반년 동안 작가들 나름대로 땀 흘려서 빚은 소설농산물의 품질을 알아보고 맛도 음미해 보는 자리이다. 30매 안팎으로 주문받은 원고 분량에다 개별 작품도 살피면서 총괄적으로 대화하듯 써나감을 감안해 주기 바란다.

《월간문학》에 발표된 16편과 《한국문학인》 해당 작품 5편을 합하여 모두 21편을 통독하였다. 구미에 맞는 몇 작품만 선택해서 읽는 편법을 쓰다가는 자칫 풀숲에 묻힌 주옥을 놓칠까 싶어서이다. 하지만 여기서 악평이 되기 십상이기에 구체적 언급을 피한 작품 경우는 아무래도 문장이며 접근 방법이 어설프고 중심마저 잡히지 않은 데다 의욕보다 속이 덜 익은 탓에 곤혹스러웠음을 밝혀둔다. 문학적인 글은 아리스토텔레스의 시학 기본에서처럼 즐거움과 교훈은 물론이요 요즘처럼 힐링을 선물해 주기보다 곤혹감을 더함은 반성해야 마땅하다고 생각된다. 편의상 문단 나이테 순서 겸 성향별로 간추려서 논의해 나간다.

(1) 원로와 중견들 세계

먼저 등단 반세기를 훌쩍 넘은 김녕희 작가의 「검은 노을」은 작품의 너른 폭과 밀도감, 특성 등에서 두드러져 보인다. 예술가소설이면서 동시에 지식인소설인 이 단편은 인물들의 활동무대가 세계화시대를 반영하듯 국내외로 설정된 때문만이 아니다. 일찍이 미술을 모르는 작가의 한심함을 지적한 정지용과 이태준에 대한 반증이라도 하듯 작품 전반에 짙은 회화와 음악을 활용하고 있다. 노르웨이에서 40년 만에 귀국하여 고향 마이도에다 화실을 연 장산성 화가 설정과 그의 대표작 시리즈를 제목으로 삼은 점도 수긍이 된다. 또한 주 인물인 서이화가 중학생 때 미국으로 이민 간 후에 엄마의 출분과 아버지의 재혼으로 인해 노숙자나 간병보조원 등으로 고생한 나머지 기면증을 앓으면서도 억척같이 사는 정황이 이해된다. 거기에 의사였던 부친을 어릴 적에 여읜 데 이어 의대 교수인 어머니까지 잃은 데다 애인마저 친구에게 가버린 뒤 실의에 빠진 채 프랑스 대학의 강의도 버리고 귀국한 주영국과 이화의 동병상련적인 대화도 자연스러운 역작이다. 이런 용량의 작품은 중·장편으로 확대시켜도 좋겠다.

또한 등단 반세기의 연륜을 지닌 김지연의 「이승의 한 生에, 다섯」은 우리 주변에서 흔히 보는 인간의 처세에 대한 모럴을 풍자적으로 리얼하게 다루어 재미있게 읽히는 단편이다. 위 소설이 섬세하고 치밀한 문장이라면 이 작품은 보다 일상적인 삶 주변의 이야기를 흥미롭고 화통하게 써서 친근감 있게 다가든다. 업적을 평가하는 상을 두고 빚어지는 두 살 터울 여성의 미묘한 갈등과 대립 양상을 재치 있게 보여준다. 20여 년 동안 묵묵히 매주 두세 번씩 요양원 봉사를 해온 선우 여사와 79세로서 두 살 선배지만 노동봉사는 지휘만 해온 추 여사의 관계가 재미있다. 문제는 최종 경쟁에서 그 상의 실상조차 몰랐던 선우 여사를 제치고 로비에 강한 추 여사가 지난봄의 P지역 문화대상에 이어 목관훈장까지 받게 된 사실이다. 이 작품 가운데 특히 빛난 대목은 수상에서 영문 모르고 연거푸 탈락한 선우 여사가 짧게 토로한 두 마디이다. 구청 행사장에서 소개할 때 "진작…그럴 것이지…"와 기세등등한 추 여사를 향해서 촌철살인의 메시지로 찍어 날린 "나잇값 좀 하시오"다. 물론 일관되게 이어지는 연작 중의 하나이지만 이전 시리즈와의 입체적인 접근은 유보한다.

이어서 다음의 두 중견 작가의 단편이 서두 강조법을 통한 긴장감 넘치는 미스터리물로서 눈길을 끈다. 손영목의 「밀랍인형」은 객관적 상관물로 제시한 제목부터 상징적이다. 이른 아침에 한강의 수변강변에서 산책하던 최 회장이 맹견에 물려 병원으로 이송 중 숨진 사건. 범인을 찾는 윤 반장과 소진수 형사의 추적이 집요하다. 드디어 밀랍인형 공장이 밀집해 있는 데서 주문한 사람의 차량 뒤 번호로 범인을 찾아낸다. 범인은 2년 전에 도사견을 구해서 최 회장을 닮은 인형을 공격하도록 훈련시켜 실행했다는 것이다. 심혈을 기울여 일하던 중 경영이 어려워진 회사만을 공격적으로 인수한 부덕한 최 회장을 응징했다며 당당한 범인의 자세가 수긍된다. 그리고 강호삼의「연민 뒤에 오는 것」역시 미스터리성을 지닌 정보원의 추적이 긴장감을 띤다. 36년 전 광주의 5·18 당시 부모가 피투성이인 채 병원에 실려 간 뒤 고아로 미국 기자에 입양돼간 데이빗 리 이야기이다. 그는 미국서 경제학을 전공하고 은행에 취업한 후 홍콩지사장으로 한국기업 합병 건 등으로 한국에 자주 드나들며 광주에 대해 조사했다. 최근 서울에 와 있을 동안에도 도서관 자료실을 뒤지는 그를 한국의 관계기관에서는 미행한다. 데이빗 리가 한국을 떠나는 인천공항 출국장에까지 요원인 미스터 배와 상민이 그를 따라붙은 것이다. 결국 그는 광주항쟁 때 폭행을 자행한 계림동 일대의 지휘책임자 행방을 찾아 복수하려 했으나 그만두고 나온 터였다. 이런 그의 한 맺힌 뿌리 찾기 동선을 확인한 두 정보요원은 공항출국장에서 그 자신에 관한 신문기사를 전해주며 인간미 있게 전송하는 것으로 마무리 짓고 있다. 북핵 문제와 사드 갈등 같은 현안의 한국 정치 상황을 광주의 상처로까지 연결한 작품이다.

다음에는 드물게 불교적 상상력을 통한 단편이 눈길을 사로잡는다. 특히 이 분야에는 이론과 체득 면에서 두드러진 황충상의「무지개 이야기」가 돋보인다. 존대어로 시작된 화두부터 여느 작품과는 판이하다. - "모든 형상은 빛으로 읽힙니다. 빛이 있어 이것은 저것을 보고, 저것은 이것을 봅니다. 허공에 뜨는 무지개가 하늘의 시로 읽히는 것도 빛의 작용입니다. 빨 주 노 초 파 남 보, 무지개 속에 일곱 이야기가 있습니다." 이렇게 무지개의 색깔들을 진중한 언어로 우리의 예술들과 처세를 흥미롭게 다루고 있다. 하지만 반야심경의 유현 심수한 내용을 보기를 들어 풀이하는 것일까? 아직 불교에 일천한 논자는 이 작품에만은 그 평설을 삼간다. 그 대신에 이선구의「바람 탑」은 그 줄거리를 통해서 그 대강을 알아차릴 수 있다. 원수를 찾아 3년 동안 찾던 진종(그)은 바람의 신봉자격인 승려들이 세운 절에 가서도 좀처럼 세속의 미망에서 벗어나지 못한 채 고뇌한다. 결국 춤을 잘 추는 애인인 진화를 뺏어 갔다고 여기는 그는 그곳에서 지내던 이복형(청산)과 꼭두새벽에 함께 피투성이가 되도록 싸우다 주지스님인 아버지(화인)에 발견되어 형제 모두가 절에서 추방될 인연이다.

위와 달리 이영철의「한 사람이 보이고」는 일종의 외로운 군소의 예술가소설로서 특이한 매력을 지닌다. 여기에는 예술대생으로 화자 외삼촌네의 룸살롱에서 아르바이트생으로 만나 서로 누드모델을 서주고 동침도 했던 사진작가(나)가 미술학원을 경영하는 그녀(미라 김혜숙)와 8년 만에 해후하는 장면이 흥미롭다. 우연히 같은 아파트 승강기에서 마주쳤던 그는 건너편 동에 독신으로 사는 그녀의 방을 망원경으로 자주 관찰하는 것이다. 중학 때 시골에서 배가 뒤집힌 탓에 부모를 여의고 고학한 그녀는 지금도 양담배를 피우며 그림을 그리는 모습이다. 바다에서 가족을 잃은 프로그래머로서 늘 우울해하며 마야 룸살롱에 자주 들러 그녀를 청하고 함께 일 년쯤 해외여행을 떠났던 그들 관계는 어떻게 된 것일까. 옥에 묻은 티처럼 '수표 세(석) 장'이라는 지엽적인 데를 손보면 더 좋은 작품이 될 것 같다. 아울러 작품의 완성 문제로서는 박영래의「어느 수병의 눈물」을 빼놓을 수 없다. 제목에서처럼 44년 전에 해군 당포함의 승조원으로서 동해 어로저지선에서 어선 경호 중에 39명의 전사자들과 겪은 이야기들이 실감 난다. 당시 북한의 해안포 사격에 왼팔을 잃은 5급 상이용사의 수기랄까. 제대 후에 어렵게 살면서 작가로 등단하여 백령도 안보탐방 세미나에 참가하여 옛 임백기 선임 댁을 찾은 전우애 겨운 실제 체험의 내용들이 천안함 폭침 현장과 함께 누구보다 구체적이고 설득력 있다. 하지만 이런 경우는 문장 면에서 참관기 형식의 관념어로 된 서술보다는 문예지에 싣는 작품이니만큼 보다 소설 미학적인 묘사 중심으로 접근했더라면 훨씬 감동을 더할 수 있었을 것이다.

구양근의「형제상회」는 요즈음 시중의 회사 관계를 통해서 남북분단과 일제강점기 전후의 역사 인식으로 연결한 풍자적 단편이다. 천호동 로데오 거리에서 가업처럼 견실하게 청정통조림을 운영해온 이상민은 실력자인 오달호에게서 많은 어려움을 겪는다. 상민은, 어릴 적에 아버지에게 전해 들은 바 독립군들을 미행하여 일본군에 전하던 일본 헌병 보조원 출신으로서 출세한 오달호와는 상극이던 것이다. 국회의원인 그는 기업체 여러 개를 지닌 재력가일뿐더러 상민의 동생인 종우를 포섭해서 형제 사이를 갈라놓았다. 더구나 종우 역시 오달호 산하 기업체를 경영하는 장덕배의 딸과 결혼한 후로는 형제간에 의절하고 있다. 그동안 형제의 우애가 소문났던 옆 철물점집 형제상회 경우와는 너무 다르게 틈이 벌어졌던 것이다. 조폭까지 동원해서 해코지하는 중에 동네의 가톨릭 신자들 도움으로 대적하면서 회사는 날로 영세해 가고만 있다. 그런가 하면, 박종윤의 「외곽의 하루」는 요즘의 중고차 매매센터 현장을 통해서 현대인의 각박한 경쟁의식과 피로감을 인상적으로 그려낸다. 특별한 구성 없이 중형승용차를 팔고 중고 경차라도 하나 구입할까 해서 수도권 외곽에 있는 현장에 가서 점원들과 승강이해서 겪은 한나절의 수난 기록이 실감 난다. 되도록 여러 차를 보여주고 비싼 쪽으로 유도하며 집요하게 붙잡고 압박해 드는 것이다. 특히 콧수염 등의 수작에 괴로운 나머지 당국에 신고하려 들자, 핸드폰까지 압수하는 지경이니. "사장님, 사장님!" 마침 실직해 있던 중 아버지의 호된 채근을 받고 길가에서 전단지를 돌리는 아들과 대비하는 것뿐, 소설문법의 기존 틀을 벗어나서 나름대로 끌고 가는 힘이 돋보인다.

(2) 신진들의 모색 향방

신진작가인 박황의 「전골」과 김창수의 「솔로 탈출기」는 요즈음 일반화된 반려견 세태를 반영하듯 인간과 애견 취향적인 내용을 담은 단편들이다. 「전골」에서는 중소기업에 근무하는 남매 사원이 목줄을 풀어준 해피의 부상으로 인한 입원 치료비 2백여 만원을 통한 신경전부터 시작된 이야기다. 회사에서 부장 승진 예정자인 동식은 35년 동안 7마리의 개를 키운 가운데 곰돌이, 진돌이, 순돌이, 코니 등, 여섯 마리를 묻어 주기도 한 것이다. 그리고 한여름에 진관사 골짜기서 가진 동기 모임 회식 때 보신탕 국그릇에서 수술했던 개다리의 끔찍한 보철이 나온 장면으로 마무리 짓는다. 이에 비해서 「솔로 탈출기」는 동물과 사람을 보다 아기자기하게 대비하면서 입체적인 구성을 보인다. 싱글클럽 회장인 김 과장(나)은 누나네가 미국으로 발령 나는 바람에 암캉아지인 하나(그녀)와 동거하며 정들게 된다. 목욕도 시켜주고 공원을 산책하는 중에 수캐인 달마시안(하루)을 만나 친숙해진다. 그러다가 하루와 하나가 순식간에 한 몸이 되는 걸 지켜본 주인들도 뜨거운 손을 맞잡고 부탁한다. "부족한 점이 많은 저를 받아 주시겠어요?" "생각해 볼게요." 홀어머니를 시중들다가 홀로 된 그녀와 약속한 김 과장은 다음 날 싱글클럽 회장을 내놓게 된 것이다. 동물과 인간을 자연스럽게 일치시킨 솜씨가 대견한 작품이다.

  신진인 김민혜의 「하우스 메이트」는 안정된 삶의 둥지를 지니지 못하고 불안한 나날을 이어가는 두 여성의 경우를 대조해 보인다. 독신으로 살면서 연극에 희망을 건 오피스텔방 주인(나)과 남편한테 쫓겨나온 월남의 이주여성 프엉이 불법이민자 신세로서 새로 세 들어 온 한방에서 만난다. 이혼남인 연극인 J에게마저 버림당하고 연극 후의 피부발진과 고독을 견디며 사는 여성의 환상적인 심리 묘파가 눈길을 끈다. 그러는 중에도 새 일자리를 구하고 남성 친구와 어울리며 생기를 찾아가는 프엉을 지켜보며 힘을 얻은 그녀도 첫 희곡을 상연할 준비를 하는 것이다. 이런 일자리의 어려움은 이전의 직장에서 퇴출되는 경우를 든 신진 작가 손경형의 「세상 이야기」나 신인 당선작인 이필의 「해고」에서 상이하게 나타난다. 「세상 이야기」는 중소기업 내에서 일어나는 갑을관계 사이의 성희롱 문제를 다루고 있다. 대학을 갓 졸업하고 비정규직으로 입사한 미스 한이 졸혼 당한 처지에서 술버릇까지 나쁜 부장으로부터 퇴출당할 지경인 것이다. 더구나 부하인 미스 정에게 임신까지 시킨 그가 미스 한에게 서류마저 작성할 줄 모른다고 몰아치는 것이다. 이에 반발해서 게시판에 그 부당함을 올리려는 미스 한에게 정규직 발령이 임박했다면서 이를 만류하는 선후배들 사이에서 망설이는 당사자 모습이 드러나 보인다. 그러나 아무래도 그들의 속물적인 세계를 상식적으로 느슨하게 다루었고 몇 군데 문장은 다듬어야겠다고 보았다. 끝으로 신인 데뷔작인 「해고」는 일반적인 제목보다 짤막한 서두가 눈에 띤다. ―"짤렸다. 십여 년 동안 일했던 회사가 내쫓았다." 이 작품에서는 열심히 일해 온 사원(남자)이 부장으로 승진한 직후에 상대 회사 관계자에게 여성 향응을 베풀지 않은 탓으로 대기업에 납품하는 재계약에 실패하자 단박 해고를 당한 뒤의 고뇌를 드러낸다. 문득 아가씨로서 가수를 지망하던 어머니가 돈을 바쳤던 프로덕션 사장의 아이를 임신한 채 몰래 공장에서 일하다가 해고당했던 일과도 겹친다. 어릴 적에 어머니를 여읜 나머지 상주가 되었던 일과 마무리 처리가 너무 비약되었지만 앞으로의 가능성이 기대된다.

(3) 기대와 남은 과제

위에서 살펴본 바처럼 중견 이상의 작가층 작품들 거의가 진지하고 견실하여 오래 익힌 술처럼 미학적 성취도가 높았다. 이 정도면 비교적 전성기를 누리며 일부 인기 작가들 위주인 몇 메이저 문예지와도 나름의 경쟁력이 있다고 본다. 바라기는 이런 원로 세대 작가와 발랄한 인기 작가의 작품을 문예지들이 상호 교류하듯 실어서 세대 간의 조화미를 가질 수는 없는 것일까. 그 인기작가들이 쇠퇴해 갈 때 과연 이런 문단의 전통적인 문예지와 단절되면 서로가 안타까운 일 아닐까, 걱정이 앞선다. 중견 이상의 작가들에 비해서 참신한 문장 감각으로 기대감을 주는 신진의 작품들에는 보다 실험적이고 과감한 돌파구 모색은 보이지 않는다. 그 중간 세대 작가들 또한 더 원숙하고 의욕적인 작품세계가 전개되길 주문한다.

아무쪼록 모처럼 주어진 발표 지면에 심혈을 기울여 빚은 여러분의 주옥편이 작가 자신을 비롯해서 문예지도 살리며 우리 문단을 격상시킨다는 점을 깊이 새겼으면 한다. 아울러 이 자리에서 상찬보다는 줄줄이 따끔한 죽비를 내려야겠기에 평가를 유보하게 된 나머지 분은 분발하여 다음 기회에 좋은 작품을 통해서 당당한 모습으로 만나길 기대한다. 근래 들어서 필요한 경우, 회원 밖에도 특별 필자에게 지면을 열어서 쇄신책을 써온 본지는 적어도 국내의 어느 메이저급 문예지보다 발행 부수도 많아 1만 5천 부를 넘는 종합문예지이다. 아무쪼록 2018년 새해에는 우리 모두 건승과 거듭난 문학적 성취가 발전으로 함께하길 바란다.

2) 2019년 《계간문예》 여름호에서

이어서 2019년 《계간문예》 여름호에는 창작 단편 4편과 짧은 소설 7편이 실렸다. 이들 작품을 통독한 다음에 이를 총괄하면서 낱낱의 문제점들을 논의하기로 한다. 그리고 이 밖에도 같은 기간에 별도로 발표되어 두드러진 장편 하나도 언급해 두려 한다.

(1) 그늘진 삶을 영위하는 모습들에서

조은경의 「한 방울의 눈물」에서는 어릴 적에 외도를 일삼던 아버지의 끔찍한 죽음과 간악한 새어머니로 인해서 눈물을 잃은 여인상을 그린다. 일찍이 트라우마처럼 박힌 아버지의 인상을 서술적으로 묘파한 대목이 참고 된다.

> 슬플 때 눈물이 나오지 않는 이상한 경험을 하게 된 것은 아버지가 돌아가셨을 때부터였다. 염을 하기 위해 냉동실에서 온 아버지의

관을 열었을 때 내가 목격한 것은 이 세상 색깔이 아닌 아버지의 검푸르고 굳어진 얼굴이었다. (3줄 생략) 틀니를 뺀 아버지의 입은 텅 비어서 동굴의 검은 아가리같이 벌어진 채 굳어있었다. 그, 끝이 보이지 않는 듯한 절망과 허무의 심연이 나의 시선을 슬픔을, 생명까지도 빨아들이는 것 같아서 나는 황황히 눈길을 돌렸다. 심장의 고동이 먼데 북소리처럼 쿵쿵 울려왔다.

자주 부부 싸움을 하는 부모 밑에서 알뜰한 사랑을 느껴보지 못한 2남 1녀 중 막내딸 애주(나)는 고되고 외로운 처지이다. 삼대독자로서 불임증인 남편과도 헤어진 채 홀로 살며 파출부나 간병인으로 지내는 중년 여인으로서 끔찍한 집안의 재산에 얽힌 처지를 드러낸다. 아버지가 별세한 후로 산 밑 동네로 이사를 와서는 우연히 목사님 소개로 파출부 일자리를 구하는 과정에서 뜻밖에 새어머니와 조우한다. 집 주인인 그녀로부터 거절당한 대신에 애주는 자신의 아파트 6층 다용도실에서 건너 302호의 그녀를 지켜보게 된 것이다.

70대 때 등산 중 쓰러졌던 아버지를 5년 동안 수발하며 잘 보살피는 척 학대했던 새어머니는 영악했다. 친정에서 상속받은 어머니의 신당동 커다란 집을 자기 소유로 등기 이전해놓은 것이다. 그리고 아버지의 302호 아파트도 애주를 알아본 후에 급매물로 부동산 중개업소에 내놓고 이사를 서두른다. 그 집에는 3년 전에 애주가 새어머니와 만나던 바로 50대 매부리코 변호사의 하얀 벤츠 차가 드나들었다. 그런데 그들이 떠나려던 날 302호에서는 남녀의 비명과 피투성이 된 매부리코와 새어머니가 끌려나온다. 그들을 끌고 나온 건장한 검은 옷 남자들은 두 남녀의 정사 사진들을 구경꾼들에게 뿌리며 검정색 승용차에 오르는 부분이다.

나는 새어머니 쪽으로 다가가 손을 댄다. 새어머니가 화들짝 놀란다. 고개를 들다가 내 시선과 얽혀들자 깜짝 놀라 주저앉는다. 새어머니는 떨고 있다. 와들와들 떨고 있다. 나의 몸도 떨린다. 잡을 수 없이 떨리는 채로 새어머니 옆에 털썩 무릎을 꺾고 만다. 굵은 눈물이 한 방울, 뺨에 툭 떨어진다.

극적인 마무리까지 여러모로 애를 쓴 이 작품에는 몇 가지 아쉬움이 남는다. 이런 종류의 재산에 얽힌 사건은 주위에서 너무 흔하게 겪는 기시감에서 자유스럽지 못하다는 점뿐만이 아니다. 작품 가운데 아파트 실소유주 문제로 중개사 사무실에서 시비가 된 대목에는 "매도자의 이름을 불러 준다. 역시 새어머니의 이름이다."라는 막연함 대신에 서류상의 이름 석 자만 구체적으로 적시하는 게 적절하다. 또한 앞에 인용한 대문처럼 어설프고 서술적인 문장보다는 생생하게 느껴지는 묘사체로 활성화하면 좋겠다는 견해이다. 이를테면, '다가가 손을 댄다.'(그녀 앞에 막아서며 팔목을 쥐어잡는다.)는 식으로 리얼리티를 살릴 수 있을 것 같다. 이런 지적은 아무쪼록 창작에 매진하는 작가를 위한 격려로 받아주길 바란다.

끝으로, 단편에서는 본지 신인상 당선작인 채인숙의 「바퀴벌레」가 흥미롭게 읽힌다. 도시의 다가구주택 가운데 주인댁(나)과 지하 세입자들을 통한 서민의 생활상이 주목된다. 특히 지하 4호에 8년째 사는 김막장 아저씨(그)는 6급 장애인으로서 하루 벌어서 하루 살다 실직 상태가 된 이후 제대로 월세를 못 내서 보증금마저 까먹고 있는 처지이다. 그러던 중에 지하 3호 아저씨에 의하면 지하 4호가 방을 비운 지 여러 날 째 인기척이 없다기에 문을 따고 들어가 본 주인댁은 소스라친다. 가스난방비 미납으로 보일러가 끊겨 전기스토브와 전기난로로 냉골을 견디고 사는 방에는 온통 바퀴벌레 천지인 것이다.

그나마 그 속에서 함께 지내던 검은 강아지는 여러 날 굶은 채 겨우 목숨이 붙어있어 물을 먹이고 약으로 곤충 박멸 작전을 편다. 실종 16일 만에 병원 환자복을 입고 김막장 아저씨가 나타난다. 그는 이번 실종

신고 덕분에 말소된 주민등록과 함께 기초생활수급자 혜택을 받게 된다. 그런 덕에 무절제하게 즐겼음을 자랑하는 그에게 주인댁이 뜻밖의 반응을 보이는 것으로 마무리 짓고 있다. 대학로 등에서 연극으로도 상연할 만한 작품이다.

"사모님, 사모님 덕분에 나도, 생전 처음 나라에서 주는 보조금 받았어요. 그 기념으로 밀린 외상술값 17만 원도 갚았고요. 기분이 좋아서 지하 3호 아저씨와 술집에 갔다가 노래방까지 가서 밤새도록 신나게 놀았어요."
지하 4호는 벌건 얼굴로 헤벌쭉이 웃는다. 마치 큰 바퀴벌레가 징그럽게 웃는 것 같았다. 나는 주방으로 뛰어 들어가 악을 쓰면서 부엌칼을 치켜들었다.

위 4개의 단편소설에서는 1인칭 관찰자 시점을 통해서 요즘의 고령화와 정보사회의 사각지대에서 궁핍에 질병 및 죽음으로 그늘진 삶을 영위하는 인물들의 모습을 살필 수 있었다. 앞으로는 상대적으로 바람직한 밝은 미래 지향의 실험소설도 기다려진다.

(2) 산뜻하고 촌철살인적인 한 방

이어서 본지에 실린 7편의 짧은 소설들에서는 몇 작품만 관심을 끌었다. 김상렬의 「가을 사랑」은 중견 작가다운 풍모로 아늑한 추억을 되살리는 실버의 낭만을 곁들여 위안을 준다. '동학사 뒤, 깊은 산으로 들자, 가을 냄새가 확 덤벼든다.'로 시작된 소품에서는 아침에 아내가 문득 던진 황혼이혼이 모티프로 되어 있다. 은퇴한 동료 법조인들과의 등산을 위해 집을 나서는 그에게 말한 아내는 승용차로 어디론지 떠나버린다. 이혼이란 말에 충격받은 그도 행선지를 바꿔 혼자서 계룡산으로 향한다.

그리고 뜻밖에 그곳 갑사 위 대성암 감나무 밑에서 서로를 발견한다. 40년 전에 사법시험 공부를 하던 그가 신춘문예를 준비하던 그녀를 만산홍엽의 그곳에서 만나서 3남매를 잘 키운 부부가 된 것이다. 계절 속의 사랑 투정을 짜임새 있게 다룬 가작이다.

양창국의 「오면 반갑고 가면 더 반갑고」에는 흔히 보는 가족 사이의 손주 돌보기 고충과 사랑이 진솔하게 드러나 있다. 주말에 집을 찾아온 아들 내외와 갓 돌이 지난 손주는 더없이 반가웠다. 그러면서도 백세주를 건네며 부부 동반 모임에 나갈 동안 아이를 맡아 고생이 되니 서로 회피하는 모습이 재미있다. 골프장에 간다고 집을 나와서 배회하거나 아내 역시 아침 일찍 교회에 간다고 나간 빈집에서 손주 보기에 녹초가 된 채 아들 내외가 돌아오기를 기다리는 할아버지 처지가 선하다.

오은주의 「밥벌이」는 아직도 가부장적인 잔재를 지닌 가정에서 탈출하려는 여성의 자아의식을 드러낸다. 50의 나이테를 맞은 날 김미자는 '이 집을 떠나서 이젠 김현정으로 살아가자'며 집을 나선다. "당신은 스스로 밥을 벌어먹을 재주가 없어"라는 남편에게 보란 듯 한식당에 들어가 숙식을 해결하기에 이른다. 현대판 노라를 통해서 단막극적인 페미니즘 성향의 접근을 보여준다. 긴축적인 구성에다 상징적인 마무리까지 긴장을 흩트리지 않은 문장도 밀도감을 더한다.

> 김현정은 그날 밤 박제된 퇴적층을 뚫고 새로운 깃털로 부상하는 독수리의 꿈을 꾸었다. 독수리는 묵은 깃털을 자신의 부리로 다 뽑아버리고 부리와 발톱은 바윗돌에 갈아서 새 부리와 발톱을 얻었다. 다시 날아오른다.

하지만 짧은 소설 중에 태반인 나머지 작품들은 격조가 낮고 무딘 군더더기 문장이 아쉬웠다. 여름호에 걸맞은 납량 효과도 미미할뿐더러 글쓰기의 정성마저 부족하다고 여겨졌다. 콩트나 미니소설 및 스마트

소설 성향을 띤 짧은 소설은 영상과 속도, 정보 과잉의 현대사회에 긴요한 속성을 지녔다. 그러기에 짧은 소설에는 문체나 구성에서 날카로움과 산뜻한 맛을 지닌 채 극적인 전환과 촌철살인적인 매력이 바람직하다.

(3) 한반도 전쟁을 새롭게 조명한 역작

처절했던 6·25 한국전쟁 70주년을 앞두고 최근 간행된 구양근의 『붉은전쟁』이 크게 눈길을 모은다. 그것은 3권의 방대한 분량으로 이루어진 장편소설이어서만이 아니다. 비극적인 전쟁의 뒷면에 숨겨져 있던 나라 안팎의 숱한 정보들을 통해서 한반도 분단의 아픔과 문제점을 새롭게 되살려 준다. 실로 동서 양 진영의 첨단세력이 대결을 벌이던 1950년대 당시 동서양의 문화, 역사, 군사, 정치, 외교 등에 걸친 자료를 동원하여 거시적으로 접근한 역작이다. 따라서 요즈음 현안이 되고 있는 남북미회담이나 한반도 평화의 열쇠도 이 작품 속에서 찾아낼 수 있다.

이례적으로 중국 인민지원군 사령관인 펑더화이의 눈을 통해 접근한 『붉은전쟁』에서 작가는 적진 내면의 비밀과 계략을 파헤쳐준다. 그리고 국내외의 폭넓은 정보를 통해서 흥미로운 사실을 드러내 보인다. 중공군이 참전해서 인해전술을 편 속셈은 무기 부족 때문이 아니라 중국 내전에서 자수하거나 포로로 잡은 장개석 군대 출신 병사들을 총알받이로 처치하기 위한 방책이던 것이다. 놀라운 사실은 1951년 1·4후퇴 당시 국군과 유엔군이 중공군에 밀려서 서울에서 발을 뺄 적에는 한반도를 포기할 위기였다. 전쟁 초기에 낙동강 전선에서 풍전등화의 고비 때, 극동사령부와 미국 합참본부에서는 제주도 아니면 태평양의 서사모아 쪽으로 나가서 망명정부를 세울 뉴 코리아 플랜까지 세웠었다.

극적으로 그 위기를 전환시킨 평가로 미국 남북전쟁의 게티스버그

전승으로까지 지칭되는 경기도 양평의 지평리 전투는 주목된다. 병력이 4배나 많은 중공군의 인해전술에 유엔군이 밤낮으로 폭격과 포격 같은 화해火海전술을 앞세운 도살 작전으로 승기를 잡은 것이다. 이를 계기로 북상한 유엔군이 서울을 수복하고 휴전선까지 확보했음을 알게 된다. 특히 지평리 전투에서는 1·2차 세계 전쟁에 중장으로 용맹을 떨친 랄프 몽글라르 장군이 스스로 중령급인 프랑스군 대대장으로 참전해서 착검 돌격전 등으로 큰 전과를 거둔 일은 유명하다. 그 후에 정전 때까지 오랜 기간 휴전선 고지들을 중공군과 국군의 군인들이 빼앗고 빼앗기는 톱니 전술로 쌍방의 병력 손실이 컸음은 반성할 비극이다. 동시에 이 기간에 중공군과 북한군은 전 휴전선에 걸쳐서 땅굴 8,090개를 파가며 총 길이 720km에 이르는 난공불락의 땅굴 만리장성을 거미줄 망처럼 구축했음도 제시하고 있다.

이 소설의 키워드인 피비린내 나는 동족상잔의 전쟁을 벗어나고 한반도의 진정한 평화의 길을 제시해 보이는 주 인물은 리철근이다. 인민군 사단장인 그는 어릴 적의 고향 친구로서 지원군에 파견된 박일우 장군에게 조심스러운 타진으로 밀담을 나눈다. 일제의 굴레를 벗어난 우리는 미처 나라를 추스를 겨를도 없이 삼천리강산이 초토화된 채 젊은이들이 피 흘리고 있음을 탄식한다. 그 반면에 패전국 일본은 한국전 특수로 재기의 기틀을 다지고, 미국 역시 세계 강국의 위상을 굳힌 데다 신생 중국 또한 인민공화국의 존재를 세계에 과시하기에 이르렀음을 의식한다. 그러기에 그들은 전쟁의 주체자만 처참한 피해를 본 우리 겨레의 바람직한 길은 남북이 스스로 외세의 추종에서 벗어나야 한다고 다짐한다.

"우리에게 선택의 여지가 별로 없었네만, 자네나 나나 너무나 중국을 믿고 같은 나라 취급을 했던 것도 큰 잘못이야. 지금 우리의 조국통일전쟁이 사실상 중미 전쟁이 되고 말았지 않은가.

펑더화이와 맥아더의 한판 대결이 되어버렸어. 기가 막힐 일이로구만."
"중국이 그렇게 위험한 세력인가?"
"그렇지. 어느 민족이나 역사에서 배우지 못한 민족은 불행하네. 신라가 당나라 세력을 끌어들여 삼국이 다 망해버린 역사를 모르는가?"…(중략)…
"통일한 후에는 영세중립국 선언을 해야 한다고 생각하는데 자네는 어떻게 생각하는가?"
"대찬성이야. 바로 그 안을 나도 열 번도 스무 번도 더 생각했다네."

3) 2019 – 3·1운동 100주년에

2019년 새해 벽두부터 소설 계간 평으로 시작하는 논자의 마음이 새롭다. 과연 2010년대를 마무리하고 2020년대를 준비하는 우리 소설 작단의 현재와 앞으로 향하는 풍향계는 어떤 것일까? 오늘의 성과와 더불어 내일의 향방을 본지 게재 작품에다 몇 편 신춘문예 당선작으로 가늠해 보려 한다. 대체로 창작 강세로 보이는 《계간문예》 2019년 겨울호에는 10여 편이 실렸지만 심사를 거쳐서 발표된 작품과 중견급 작가들의 짧은 소설은 지면 사정으로 할애해 둔다.

이번에 발표된 윤후명의 단편 「달마고도達摩古道」 《계간문예》는 근래 우리 작단에서 보기 드물게 만나는 중후한 수작으로 빛난다. 이미 시와 소설로 등단 반세기를 넘긴 문인의 자전적인 회심의 문제작이랄까. 몇몇 문인들과 진해-제주를 거쳐서 해남의 미술전시장에서 작가가 만난 '달마고도'라는 그림을 실마리로 해서 종횡무진한 의식의 흐름을 타고 동서양의 여러 지역을 편력하고 있다. 자신이 태어나서 자란 강릉과 부산은 물론 서울에서 유학하고 글을 쓰며 문학나무사에 드나들고 한동안 묵었던 거제도며 지심도에 세워진 자신의 조각상에 이르도록 구도자처럼 국내외에 걸친 심신의 고뇌 어린 작품 쓰기 체험이 켜켜이 담겨 있다. 강릉의 '쿠바'라는 카페 등에서 체 게바라나 멕시코 칸쿤에서 바라본 카리브 바다, 터키의 바닷가나 지중해 연안, '달마고도' 그림에서 티베트의 달마산을 탐방했던 추억과 달라이 라마 언급 등. 시인이며 작가이고 화가이기도 한 작가('나')가 반세기 넘도록 창작활동을 해오는 동안의 숱한 번민과 탐사 과정을 실명으로 기록한 메타소설로서 더욱 두드러진다.

여러 편의 시 작품을 다양하게 곁들인 이 작품은 입체적인 구도에서 더욱 중량감을 지닌 채 어필하고 있다. 이를테면, 이제는 삶의 경륜과 창작 연륜으로도 거의 깨우침의 달관이나 인생 관조를 느끼게 하는 마무리 쪽 부분 등이 심중하게 와닿는다.

> 대관령 아래 어린 좀비가 있다. 어린아이는 일흔 살을 넘기고 늙은 모습, 그게 나라고 소리치는 모습, 군용 지프차 뒷자리에 앉아 영원히 잃은 고향을 등지고 있는 모습이다. 추상과 역리로만 고향길을 더듬고 있는 존재인 것이다.
> 오늘도 나는 달마산, 한라산을 거쳐 대관령 아래 고향으로 향한다. 「돈황의 사랑」이래 재시도해 보는 '강릉의 사랑'을 이은 연속판이다. 좀비의 마지막 몸부림으로, 추상과 역리를 이겨내고 내 모습을 찾는 '사랑' 찾기라고도 할 수 있다. 여기서 '사랑'은 '사람'이 되려는 탈바꿈의 다른 표현이다.
> 나는 지금 대관령을 넘으며 과연 마지막의 나 자신을 어떻게 찾게 될지 조심스럽게 스스로를 응시한다. 얼마만큼 빨리 사랑을 찾아 좀비를 모면하고 사람이 될 것인지, 이승에서의 시간도 얼마 남지 않은 듯하건만 나는 시에서 답을 찾는다. 젊은 시절 만났던 네 명 시인들과 시 동인을 이룬 것도 그 중요한 답이다.

그리고 섬진강의 차 이야기를 다룬 하아무의 「푸른 눈썹」(《계간문예》)이 신진의 작품으로서 감동적으로 읽힌다. 나름대로 소설 미학의 긴요성을 알고 요리할 줄 아는 작가로 여겨진다. 모두冒頭에 제시한 문태준의 시 「햇차를 끓이다가」의 한 구절을 표제로 삼은 적절성이나 찻잎을 따면서 부르던 민요 활용의 효율성뿐만이 아니다. "쌍계 칠불 깊은 절에 쇠북소리 범종소리 / 우전 세작 귀한 차는 부처님께 공양하고 / 입하 지난 중작 대작 일 년 내내 집안 약차" 섬진강 유역의 하동 특산물인 정토차를 덖는 공력 못지않게 이 고장 토속 사투리를 쓰며 그 일에 종사하는 아낙들의 기구한 삶이 측은하기 그지없다.

겨울철에 심한 냉해를 입은 데다 지난해에 친모가 돌아가서 바쁜 차철의 차 따기 일에 동원된 재은이 모습을 보는 이모 하저구댁은 안쓰러워한다. 미술을 전공한 여조카는 하얀 목덜미와 팔목이 그지없이 예뻐 그녀 딸 또한 뽀얗고 너무나 귀여웠다. 하지만 유치원을 다녀오던 아이가 차 속에서 더위에 지친 채 숨지자 이혼까지 당하고 재혼해서 영준이를 키워도 그 죄책감은 어쩌지 못한다. 일찍이 원양어선을 타던 남편을 태풍에 잃고 몸도 성치 않은 칠순 이모 역시 궁색한 신세다. 게다가 아들이 캐나다로 이민을 떠나고 지난해에 아내마저 여읜 허전함에 부친 역시 낚시 등으로 집밖으로 돌며 정토차 일에는 불호령이다. "이것도 차라고 만든 기가!" 그는 이미 차를 아홉 번 덖고 아홉 번 비벼서 말리는 구증구포법을 넘은 경지를 보인다.

이어서 박명숙의 「검은 비닐 속에 갇히다」(《계간문예》)가 신인답게 인상적인 짧은 소설을 선보이고 있다. 일종의 긴박한 처지에 놓인 상황을 의식의 흐름으로 그려낸 상황소설로서 신선감을 준다. 요즘 유행하는 스마트소설보다는 분량이 짧고 콩트보다는 긴 작품이다. 짧은 분량임에도 당면한 현재 상황의 구체성과 의식을 통한 과거의 일들이 조마조마한 스릴을 자아낸다. "11월 3일, 해가 일찍 저물어 가고 있다."로 시작되는 작품은 화자(나) 혼자서 승용차로 서울에서 출발하여 고속도로를 달리던 중 졸지에 만난 위기에서 벗어난 일을 모티프로 다루고 있다. 후드득 떨어지는 빗속 도로를 천천히 달리던 승용차 유리창 전면에 어디서 날라든 검은 비닐이 시야를 가려버린 것이다. 속도를 줄이고 비상등을 켠 채 어림으로 달리는 운전석에서 진땀을 흘리던 화자는 뇌리를 스쳐가는 여러 상념에 빠져 곤욕을 치른다. 낮에 다녀온 명주네 남편 빈소 – 폐렴이 폐혈증으로 악화되어 숨졌다는 이날 검은 비닐은 무슨 조짐일까?

20년 전 초등학교 교사 시절에 3학년 현우가 미국에서 귀국한 홍준이의 게임기를 훔쳤다고 의심한 게 걸리고, 어머니가 가출한 탓에 담임했던 반 여학생을 하룻밤 재워주지 못한 일이며 주차 문제로 주민과 언성을 높였던 일 등을 뉘우친다. 그러던 중 빗방울이 멈추는가 싶더니 유리창의 비닐이 날아가고 갑자기 눈앞이 훤해진 것이다. 죽전휴게소가 보이자 '아, 살았구나.' 안도의 숨을 내쉬는 마무리도 상쾌하다.

― 검은 비닐에 갇혀 늦가을 11월 3일의 반성문을 쓴 것일까. 늦가을 바람이 뼈 속을 쌩하니 뚫고 지나갔다. 바람이 씽씽 불었다.

4) 신춘문예 작품들 성향

이 밖에 2019년 신춘문예로 등단한 신인들의 단편들을 두어 편만 살펴보기로 한다. 한국문단의 권위 있는 등용문으로서 오랜 전통을 지닌 금년 당선작에서는 과연 어떤 성향을 드러내고 있는 것일까? 위의 기성 문인 작품세계와 대비해 볼 만하다. 거의 해마다 기대를 걸고 신년호 신문의 신춘 당선작들을 눈여겨 읽어 왔지만 금년에는 실망을 주지 않을지.

장희원의 「폐차」《동아일보》는 제목에서처럼 한갓진 도 경계선에 자리한 폐차장에서 만난 젊은 형제를 중심으로 일어난 에피소드를 작품화한 단편이다. 형 정호가 근무하는 폐차장에 밤늦은 시간에 찾아온 동생 정기와 만난다. 동생이 친구로부터 폐차시켜 달라고 부탁받은 낡은 승용차를 몰고 왔는데 바로 그 차를 형이 운전하며 모처럼 나누는 형제의 대화 내용이 재미있다. 차량 운행이 한산한 밤길을 달리면서 어릴 적에 아들들을 길가에 내려놓고 떠나곤 하던 뒷모습을 떠올린다. 그런데 그 어머니는 지금 방에 누운 채로 작은아들의 시중을 받으며 노후를 산다. 몇 번 사업을 하다 엎어먹고 필리핀에 나가서 식당을 하다가 돌아온 정기와 달리 정호는 어머니를 경원하고 있다.

그런데 정호가 운전하던 중 차에 둔중한 충격이 느껴지자 뒷좌석의 정기가 내린다. 어둠 속에서 고라니 같은 동물을 안아서는 그냥 차 트렁크에 싣고 가끔씩 퉁퉁거리는 소리에도 아랑곳 않으며 운행하다가 폐차장에 돌아온다. 그러고는 마침 전화 연락으로 늦겠다는 반장이 폐차장에 나타나기 전에 트렁크의 동물을 그대로 둔 채 폐차압축기로 작업 처리해 버리는 비행을 저지른다. 으스스한 분위기와 끔찍한 행각이 인상적인 대신에 이전에서처럼 특이하고 거창한 소재나 실험적인 기법은 보이지 않는다.

끝으로 미스터리 성향을 띤 서동욱의 「당장 필요한」(《조선일보》)은 위 작품의 등장인물들처럼 결손가족이나 가족해체 여건에다 직업마저 불안정한 젊은이들 세계를 보여준다. 25세인 여주인공 마리는 10여 년 전에 집을 나와서 반도체 공장의 종업원으로서 모아놓은 돈 없이 추운 방에서 21세의 임시직 청년인 준과 동숙하고 있는 처지이다. 그런 마리가 경찰로부터 뜻밖의 전화를 받는다. 예전에 그녀가 살던 시골집 방 안에서 새벽 2시에 아버지가 변사체로 발견되었다는 것이다. 결국 시골집에까지 내려가서 조사를 받으며 마리는 대답한다. 자기는 어머니가 집을 나간 뒤에 가출해서 아버지와 전혀 만나지 않았다며 무관심한 태도이다. 그러고는 경찰로부터 아버지 집 청소 아르바이트를 하다 변사체 신고를 맨 처음으로 했다는 제이를 소개받는다. 단발머리에 마른 몸인 그 여학생은 갈 데가 없다기에 숙소로 데리고 와 한집에서 지낸다. 세 식구가 더러는 부루마블 게임을 하거나 서로 서슴없는 이야기도 나눈다.

"네가 죽였는지 안 죽였는지는 중요하지 않아. 하지만 경찰은 네가 뭘 했는지 궁금해 하고 있어. 그리고 그게 중요한 거야."
마리는 담뱃재를 바닥에 털었다. 그리고 맥주를 길게 한 모금 더 마셨다. 제이도 맥주를 더 마셨다. 제이의 얼굴은 이제 완전히 붉어져 있었다.
"어젯밤에는 그 집에 다녀왔어요." 제니가 말했다.
"거긴 왜?" 마리가 말했다.
"당장 필요한 것들을 가져왔어요. 여기에 당장 필요한 거요."

그렇지만 예년의 경향처럼 1970년대는 산업화의 그늘을, 1980년대는 민주화 세대들의 고뇌, 수년 전에는 우주적인 세계 추구 의지를 펼쳤던 접근 경우와는 상이하다. 그렇게 심화되지는 않았다 하더라도 적어도 새로운 실험적 구성이나 참신한 문장 구사의 제시도 없이 퇴영성에 머물러있음은 아쉬운 일이다. 어쩌면 위의 25세와 33세 당선작은 앞에서 살핀 중견 전후나 신진보다 더 애써 쓰느라 겉늙어 보이는 면이 안타까워 반성과 분발을 촉구하고 싶다. 앞으로는 적어도 한 신문사 당 매번 700여 편이나 응모하는 단편 부문 가운데서는 이전 세대 작가와 달리 보다 첨예한 신인이 배출되어 우리 문학을 활기차고 거듭나게 하길 기대한다. 이런 노력은 1925년에 동아일보부터 90년이 훌쩍 넘게 시행되어 온 신춘문예 응모자인 작가 지망생들의 도전의식과 심사위원의 선별 안식에 직결되는 과제이다. 올해는 마침 우리 신문학의 르네상스를 촉발시킨 3·1운동 100주년이기에 이런 주문이 더욱 긴요하게 생각된다. **

신춘문예 100년의 한국문단
한국 현대문학 성찰과 기대 지평

초판 발행일 2024년 12월 16일

지은이 이명재
펴낸이 임만호
펴낸곳 창조문예사
등 록 제16-2770호(2002. 7. 23)
주 소 서울 강남구 선릉로112길 36(삼성동) 창조빌딩 3F(우 : 06097)
전 화 02) 544-3468~9
F A X 02) 511-3920
E-mail holybooks@naver.com

책임편집 김종욱
디자인 이선애
제 작 임성암
관 리 양영주

ISBN 979-11-91797-64-0 03800
정 가 20,000원

※ 잘못된 책은 바꾸어 드립니다.